NOCH WACH?

BENJAMIN VON
STUCKRAD-BARRE

NOCH WACH?

ROMAN

KIEPENHEUER & WITSCH

Der Verlag Kiepenheuer & Witsch hat sich zu einer nachhaltigen Buchproduktion verpflichtet. Gemeinsam mit unseren Partnern und Lieferanten setzen wir uns für eine klimaneutrale Buchproduktion ein, die den Erwerb von Klimazertifikaten zur Kompensation des CO_2-Ausstoßes einschließt. Weitere Informationen finden Sie unter www.klimaneutralerverlag.de

MIX
Papier | Fördert gute Waldnutzung
FSC www.fsc.org
FSC® C083411

1. Auflage 2023

Umschlaggestaltung unter Verwendung eines Motivs von Nick Dolding / Getty Images
Autorenfoto: © Max Sonnenschein
Schrift: Adobe Caslon Pro von Carol Twombly
Satz: Buch-Werkstatt GmbH, Bad Aibling
Druck und Bindung: CPI books GmbH, Leck
ISBN 978-3-462-00467-0

WIDERRUF

Im Mai 2021 hat »Der Standard« berichtet,
dass ich zu K.W. geäußert hatte,

- dass ich sie lieben würde;
- ob ich in ihr Kleid »hinten reinschauen« und es »einmal kurz aufzippen« solle;
- dass es gut für sie wäre, hätte sie einen Mann wie mich an ihrer Seite;
- ich sie in Zukunft stärker in meinen »Schwitzkasten« nehmen werde.

Ich hatte dazu behauptet, dass K.W. diese meine Äußerungen frei erfunden hätte. Das widerrufe ich hiermit.

Wolfgang Fellner

»It depends on what the meaning of the word ›is‹ is.«

BILL CLINTON

RICHTER: »Waren Sie mit Wulff auf Sylt in einem Restaurant am Strand?«
ZEUGE: »Strand ist relativ.«
RICHTER: »Erinnern Sie sich an Uhrzeiten?«
ZEUGE: »Zeit ist relativ und spielt keine Rolle.«

Dieser Roman ist in Teilen inspiriert von verschiedenen realen Ereignissen, er ist jedoch eine hiervon losgelöste und unabhängige fiktionale Geschichte. Daher erhebt der Roman keinen Anspruch, Geschehnisse und Personen und ihre beruflichen und privaten Handlungen authentisch wiederzugeben. Vielmehr hat der Autor ein völlig eigenständiges neues Werk geschaffen.

Dann müssen sich die Frauen auch nicht wundern

Und dann fragt er dich, ob er dir den amerikanischen Botschafter vorstellen darf. Und dann machst du einen Knicks und schämst dich, aber der Botschafter ist total nett und spricht dich mehrmals mit deinem Namen an. In deinem Geburtsort habe er studiert – und sogar seine Frau kennengelernt. Sie müssen uns mal in Wisconsin besuchen! Er lobt dein Englisch, du lobst sein Deutsch. Da unten, sagt der Botschafter zu dir, schauen Sie, genau da unten ist Kennedy einst langgefahren, zu seiner berühmten Berliner Rede. Ganz unter uns: Ich war kein Fan, ich bin Team Reagan. Dessen Berliner Rede hat ja auch viel mehr gebracht. Darf man gar nicht laut sagen, aber Sie werden mich ja wohl nicht verpfeifen, nicht wahr?

Nein, um Himmels willen. Du bekommst einen Schweißausbruch, und der amerikanische Botschafter reicht dir sein Einstecktuch, unerträglich warm, nicht? Ihr lacht. Draußen auf der Terrasse sei es angenehm windig, sagt er. Es ist NULL CREEPY. Es ist einfach nur VOLL NETT! Er habe, sagt der Botschafter nun, leicht vorgebeugt, noch in der Limousine eben sein Hemd wechseln müssen, schon zum zweiten Mal heute, das neue aber sei auch schon wieder durch, seine Frau sage dazu SCHON GAR NICHTS MEHR, stimmt's nicht, Darling? Sie nenne ihn immer den Weichkäse in der Sonne, sagt er. Seine Frau bestätigt das nickend.

Er fragt dich, ob du – wie auch seine Frau – seine Rede als zu lang empfunden hättest. Du warst bei der Rede draußen, rauchen, aber du sagst, nein, die Rede sei genau richtig gewesen. Das sei sehr höflich, sagt der amerikanische Botschafter –

und dann schaut er seine Frau gespielt verzagt an und sagt, siehst du, man kann es auch höflich sagen! Die Frau des amerikanischen Botschafters sagt, dass sie deine Ohrringe mag.

Du bist jetzt immer dabei. Das ging schnell, du bist ja noch in der Ausbildung. In den ersten Wochen im Sender warst du komplett überfordert. DIREKT INS KALTE WASSER. Einmal hast du aus Versehen die BAUCHBINDEN vertauscht, das sind diese Texteinblendungen am unteren Bildschirmrand. Da war also das Kanzleramt zu sehen gewesen, du aber hast versehentlich die Erklärtexttafel für den darauffolgenden El-Arenal-Bericht eingeblendet, also stand da unterm Bild des Kanzleramts: »Die Deutschen entern wieder ihre Lieblingsinsel!«

Einen halben Tag lang hat sich darüber GANZ TWITTER lustig gemacht, das Hashtag hieß #ballaballamann (und es TRENDETE stundenlang). Dein direkter Vorgesetzter hat sehr geschimpft, deine Kolleginnen und Kollegen haben dich ausgelacht, nannten dich eine Weile lang Ballaballafrau und Königin von Mallorca – nur einer hat dich AUFGEFANGEN: er, der Chefredakteur. Er rief dich in sein Büro, du dachtest, jetzt fliegst du raus, aber er guckte sehr freundlich. Mach mal die Tür zu, setz dich – tja, sagte er, das war jetzt ein kleiner Vorgeschmack. So ist das, wenn du hier arbeitest. Das ist Fronteinsatz, jeden Tag. Und, hey, Fehler passieren, mir auch, jeden Tag, das ist MENSCHLICH. Wenn wir keine Fehler machen, können wir auch nicht besser werden. MACH DIR KEINEN KOPF! Es ist absolut OUTSTANDING, was du nach so kurzer Zeit hier schon leistest. Du bist im Game! Du wirst gehasst werden, so fühlt es sich zunächst an. Aber bald wirst du verstehen, das ist kein Hass, das ist Furcht. Respekt. Neid. That comes with it. Willkommen an Bord.

Ihr esst jetzt fast jeden Mittag zusammen in seinem Büro, Chicken Wings, für ihn ohne Soße, er will abnehmen. Für dich sowieso ohne Soße, du willst nicht zunehmen. Aber dann holt er Ketchup aus seiner Schreibtischschublade – und dann ist es fast wie eine Party, während draußen alle herumhasten, Terroranschlag, Krebswunder, Familientragödie, Superbingo, Todesrätsel, sie rennen und rufen, ihr aber esst in Ruhe Chicken Wings mit Ketchup. Wenn sein Telefon klingelt oder jemand zur Tür hereinkommt, sagt er: Jetzt nicht! Jetzt nämlich du. Das ist komisch irgendwie, aber es ist natürlich auch sehr aufregend. Anfangs denkst du noch, was du sagst, sei bestimmt dumm, aber er hört dir sehr aufmerksam zu, nickt viel, versteht dich, du ihn auch, ihr euch, es ist schön. Er sagt, er schätzt dich. Und dass es keine blöden Fragen gäbe, sondern nur dumme Antworten. Fragen, fragen, fragen – mehr könne einem in der Ausbildung gar nicht beigebracht werden. Und dann: Machen, machen, machen, sagt er. Einfach machen.

Er fragt dich, wo du hin willst im Leben, ihr sprecht kauend, es ist alles ganz vertraut, und du spürst von draußen die Augenwinkelbeobachtung der Vorbeieilenden, du siehst, wie sie dich beneiden und dich hassen. Es fühlt sich gut an, auf eine seltsame Art, alles ist plötzlich heller in deinem Leben, bunter, endlich passiert was.

Was dein Rosebud sei, fragt er dich dann. Du weißt nicht, was das sein soll, ein Rosebud. Kurz dachtest du, er wollte damit fragen, ob du ein florales Tattoo auf dem Arsch hast, aber dann erklärt er es dir. Du verstehst es immer noch nicht so ganz, aber es hat wohl etwas zu tun mit irgendeinem Kindheitsschlitten, der zum Schluss in einem Ofen verbrannt wird, aus einem ganz alten Film sei das, »Citizen Kane«, musst du nicht kennen, sagt er, aber könntest du kennenlernen. Du bist erleichtert. Schauen wir uns mal an, sagt er, wenn du magst. Natürlich magst du.

Ihr verabredet euch für übermorgen Abend, ich mache uns einen Tisch im Borchi klar, sagt er. Das hat noch nie jemand zu dir gesagt.

Andere warnen dich, aber sind die nicht einfach nur neidisch? Sie beachten dich jetzt. Du hörst Gerüchte, sogar Warnungen. Mit wem alles er WAS HABE und mal gehabt habe und so weiter, wie gefährlich er sei, und dass du dich in Acht nehmen sollest.

Frauen sagen, er wolle dich nur ausnutzen – Männer sagen, du wollest ihn nur ausnutzen.

Aber sie täuschen sich alle – du bist NICHT SO EINE, und auch er ist nicht so, so ist er wirklich nicht! Ihm geht es wirklich um DICH ALS PERSON. Silvester will er dich mitnehmen nach Jerusalem zur Klagemauer. Man müsse das einfach MIT EIGENEN AUGEN gesehen haben, sagt er.

Er zeigt dir Bilder von seinen Kindern. Er zeigt dir Bilder von seinem verstorbenen Hund. Die Halskette, die er immer trägt, ist geschmiedet aus einer Fahrradkette, die er in einem ausgebrannten Waisenhaus in Syrien fand, NACH DER SCHLACHT. Wie weich er ist, wie groß sein Herz, das hat dich am meisten überrascht. Er schaut dir die ganze Zeit in die Augen, er ist nicht das Monster, als das er oft beschrieben wird. Du lernst sein WAHRES ICH kennen. Er ist ganz anders. Er hat viele Zweifel, viel Angst. Er hat so viel Leid gesehen. Und deshalb hat er Überzeugungen. HALTUNG! Das imponiert dir. Er ist EINER VON DEN GUTEN. Er betet für Israel, er spendet für Menschen in Not, er hat sogar mal eine Geflüchtetenfamilie aufgenommen und ist mit ihnen zu allen möglichen Behörden gegangen, bis sie Arbeit und eine eigene Wohnung gefunden haben. Er weint, wenn er Bilder sieht von Kindern im Krieg. Er kümmert sich um Krankenhausplätze für Eltern von Mitarbeitern. Er vergisst keinen Geburtstag.

Er betet den Rosenkranz, ihr betet den Rosenkranz. Vielleicht, sagt er, kann er dich mal mitnehmen zu einer Papstaudienz. Du schreibst deinen Eltern, dass du dich SUPERSCHNELL eingelebt hast in Berlin.

Wenn du was sagst, guckt er dich an. Da sitzen FÜNFZIG LEUTE IM KONFI, jeder will angeguckt werden. Dich guckt er an. Manchmal fragt er dich sogar, was du zu irgendeinem Thema denkst. Du denkst dazu gar nichts, denkst du, aber da sprichst du auch schon, denkst also doch was, Hilfe, MACHT DAS ÜBERHAUPT SINN?

Offenbar schon, er nickt, macht sich eine Notiz – er schreibt auf, was du gesagt hast, und lobt dich. Er sagt, die anderen sollten sich ein Beispiel nehmen an dir. Sie hassen dich jetzt eigentlich alle, aber auf eine interessante Art: Sie grüßen dich auch außerhalb des Büros, sie fragen dich beim Kaffeetrinken oder wenn du mittags doch mal in der Kantine isst, ob neben dir noch ein Platz frei ist.

Er schenkt dir Bücher, viele Bücher. Du weißt gar nicht, wann du die alle lesen sollst, aber du versuchst es, nimmst Unterstreichungen vor und machst dir Notizen. Er ist dein MENTOR! Du hattest dir immer einen Mentor gewünscht. Aber er sagt, dass er auch von dir lernen will. Er fragt dich viel.

Männer fragen einen ja sonst oft gar nichts, die erzählen nur, wie unfassbar toll sie sind – statt es einfach mal zu SEIN. Du hast das so satt, Tinder, Raya, dann sitzt ihr da, und es funktioniert nicht, vom ersten Moment an ist einfach alles falsch. ES FÜHLT SICH EINFACH NICHT RICHTIG AN. Mit ihrem bescheuerten Bibelverkäufergrinsen sagen sie, du hast schöne Augen, ich mag deine Art, ich mag dein Lachen, Humor ist unheimlich wichtig für mich. Humor! Das sagen sie immer, alle – aber lustig sind sie nie. Du denkst dann immer an diesen holzdummen Satz, den du mal einen Typen bei »Love Island« hast sagen hören, nachdem er zwei Minuten mit einer von den Tanten da gesprochen hatte: »Wir haben voll viel gemeinsam – ob das Tattoos sind oder Ambitionen.«

Du schaffst das leider nicht, bei solchen DATES einfach nach fünf Minuten zu sagen, pass auf, tut mir leid, das haut nicht hin. Schon nach zwanzig Sekunden weiß man das ja eigentlich, spätestens. Aber dann sitzt man das eben höflich ab, und er will sogar eine Vorspeise, und das dauert. Und es ist so sinnlos. Zwar sehen diese Typen alle gut aus, sind auch groß und so – und sagen, dass sie darunter fast ein bisschen leiden, IMMER SO AUF IHR AUSSEHEN REDUZIERT ZU WERDEN. Aber die leiden an gar nichts. Du bist auch FEIN DAMIT, aber es kommt dir alles NICHT ECHT vor. Sie KLICKEN JEDE BOX bei dir, das schon, ihr SEID EIN MATCH – aber es funktioniert trotzdem nicht!

Sie sind NICHT ZWINGEND AUF DER SUCHE.

Sie haben sich DIE HÖRNER ABGESTOSSEN.

Sie mögen es echt mittlerweile viel mehr, ZU HAUSE EINEN ENTSPANNTEN ZU MACHEN.

Sie lieben es, EINE FRAU ZU BEKOCHEN.

Aber du hasst diese immergleichen Dates. Andererseits, ICH MEINE: HEY! JETZT MAL OHNE SCHEISS, wo sonst lernt man denn bitte HEUTZUTAGE NOCH Männer kennen? Es ödet dich alles so an:

Ein gutes Buch, Weihnachten unbedingt supertraditionell, ein Häuschen im Grünen.

Ohne Work-out könnten sie nicht leben, das ERDET sie.

Sie wünschen sich Familie, IRGENDWANN.

Sie erzählen dir EINEN VOM PFERD, wenn's passt auch von dem, das du als Kind nie haben durftest, aber SPÄTER IRGENDWANN MAL gern hättest. Sobald du das sagst, lieben auch sie Pferde.

Bei ihm, dem Chefredakteur, aber ist das alles anders. Da hast du, zum Beispiel, das Pferd nicht zuerst genannt, sondern er! Er ist nämlich mal in einem Kriegsgebiet mit einem Pferd davongeritten, kurz bevor ein Granateneinschlag das Café, in dem er einen INFORMANTEN getroffen hatte, DEM ERDBODEN GLEICHGEMACHT hat. Und er hatte also nur UM HAARESBREITE überlebt, indem er eben auf diesem Pferd DEM TOD ENTKOMMEN ist. Er hat dieses Pferd dann nach Deutschland ausfliegen lassen und auf einem Achtsamkeitsbauernhof VOR DEN TOREN DER STADT untergebracht, er besucht es mindestens zweimal im Monat – das Pferd, sagt er, heiße jetzt »Freedom Fighter«. Ob du mal Fotos sehen wollest von »Freedom Fighter«, oder nein, halt, findest du Pferde vielleicht doof?, hat er dich gefragt, total schüchtern plötzlich, VERLETZLICH, das fandest du – das musst du schon zugeben – ziemlich süß irgendwie.

Weil er halt zehn Minuten später schon wieder einen Bundesminister am Telefon zusammenscheißt.

Er ist eigentlich GAR NICHT DEIN TYP. Klingt vielleicht komisch, aber auch deshalb vertraust du ihm total. Deine letzten BOYFRIENDS haben immer nur sich selbst gesehen, waren krass eifersüchtig, zum Teil sogar aggro. Alles war Kampf, das hörte nie auf, auch lange nach Ende der Beziehung konnte da jederzeit noch mal eine Attacke kommen. Und plötzlich triffst du diesen Menschen, der dich sieht, der dich versteht, der dein Potential erkennt und an dich glaubt. In einer Nacht, in der du dich plötzlich wahnsinnig einsam fühlst und Angst hast, dass dein Ex, der immer noch einen Schlüssel zu deiner Wohnung hat und den einfach nicht wieder rausrückt, plötzlich in der Tür steht, da ruft dieser wunderbare Mensch dich an, er hat ein fast unheimliches Gespür für solche Momente, und er sagt dir, du könntest zu ihm kommen, auf seinem Sofa seiest du sicher. Und das ist nicht das erste Mal, dass du denkst: Er ist mein Retter. Nein, du glaubst nicht an Märchen und Barbie-Prinzen-Scheißdreck. Und du willst auch auf jeden Fall sehr PROFESSIONELL sein, und Grenzen sind wichtig und so. Aber das hier ist nicht so, wie es von außen vielleicht aussieht, dieses Klischee: Deutlich älterer Chef KÜMMERT SICH um die junge hübsche Auszubildende, knick-knack, haha. Null. Ihr habt etwas ganz Besonderes. Was die anderen für Geschichten über ihn erzählen, das ist egal, die kennen ihn eben einfach nicht richtig. Du hast ihn erkannt und er dich. Ihr müsst euch dafür nicht rechtfertigen.

City of Stars

Fast alle waren jetzt nackt. Und es war ja eh schon dunkel. Der ovale Pool leuchtete absinthfarben, ließ den Zitronenbaum schimmern, der sich über das Wasser beugte wie jemand, der nach einem schlafenden Kind sieht. Dampf stieg aus dem Pool auf, jemand drehte die Musik lauter, klirrende Gläser, Lachen – das Kind konnte oder wollte offenkundig nicht schlafen: Arschbombe, untertauchen und alles vergessen. Es waren die letzten Tage der Menschheit, wieder mal. Trump, Weinstein, der komplette Untergang zumindest dieser Welt hier stand zwar kurz bevor, aber wir wussten von all dem jetzt noch nichts, wobei, ein bisschen was wusste jeder, man hatte so dies und das mitbekommen, ZUMAL HIER IN LOS ANGELES, sehr viel mehr allerdings gehört als selbst bezeugen können, und ob man das jetzt gleich WISSEN nennen sollte – wir waren ja hier am Pool und nicht auf Twitter, hier verschwamm ja sowieso alles, deshalb genau war man ja hier; das Konzept war, unausgesprochen: Realität? Total überschätzt.

Wir ahnten vielleicht was, aber das lässt sich im Nachhinein immer sagen, einfach damit man dann nicht so dumm dasteht. Allerdings standen und liefen, lagen und laberten wir hier sehr gern offensiv dumm herum, solang man uns ließ, irgendwann würde das eh enden, bei mir zum Beispiel durch die unangenehme Realitätswindböe »Geld weg« – bald würde es so weit sein; bei anderen hier würde es bis zu dieser Klippe noch länger dauern, aber die lästige Gegenwart, sie würde sich schon auf die eine oder andere Art melden: ARBEIT!, VISUM!, LEBEN!, FAMILIE! Also im Grunde genommen: Mama kommt rein und macht das Licht an. Na ja. Das Einzige, das wir sicher wussten, war: dass es bald kühler werden würde. Und früher dunkel. Was aber ja gut war – ging die Nacht eher los, fing der Tag später an, wir freuten uns ein bisschen darauf, denn wir liebten die Nacht.

Ich kann nicht so gut rückenschwimmen, aber eine Weile lang klappt es immer. Ich sah zum Mond, der aufgestiegen war hinterm Chateau Marmont, Pool und Mond, dachte ich, bedeuten einander: I'm watching you. Aber da war ja auch noch die im Gebüsch unterm Zitronenbaum versteckte Überwachungskamera, die das alles aufzeichnete. Man konnte trotzdem immerzu machen, was man wollte. Jedenfalls taten wir das, und Ärger gab es fast nie, allenfalls wenn uns jemand IN ACTU erwischte, wie wir auf dem Ziegeldachfirst entlangbalancierten, auf den man aus meinem oberen Bungalowfenster steigen konnte, was immer so viel Spaß machte, weil dabei unter einem die Dachziegel so angenehm sanft knackend zerbrachen. Oder hin und wieder, wenn wir zum Sonnenaufgang den kleinen Holzsteg unterm Gucci-Billboard genau dann erklommen, wenn gerade Schichtwechsel war: von der vornehm großzügigen Nachtwache (mit einem von denen, Angelo hieß er, hatte ich mich angefreundet, und er sagte immer, er liebe es, unsere Poolnächte auf dem Überwachungskameramonitor zu verfolgen, für ihn sei das die beste Serie überhaupt) zum Tagessicherheitsdienst, der strenger war und sein musste, denn dann war ja alles hell, so wahnsinnig hell, als wohnten wir auf der Sonne.

Jetzt aber war das hier eben der Vorgarten des Mondes, und so bewegte ich langsam die Beine und ungelenk auch ein bisschen die Arme, damit ich nicht absoff, winkte vage Richtung Angelo – und schaute in den Nachthimmel.

City of stars
Are you shining just for me?
City of stars
There's so much that I can't see

Ist Rose schon weg?, fragte jemand. Sie habe ihr Buch am Pool liegen lassen. Ein dickes, fordernd aussehendes Buch. Ach, Rose, sagte ein Mädchen und machte so ein Hä?-Comicgesicht, als habe ein Außerirdischer sie gerade um Feuer gebeten. Rose ist doch immer nur tagsüber da, sagte ich, lass es einfach da liegen, die ist bestimmt morgen wieder hier.

Ich paddelte zum Poolrand und schaute, was Rose eigentlich gerade so las. Judith Butler, na, gute Nacht auch. Im Sommer war es wenigstens noch Joan Didion gewesen. Es schien zu stimmen, was die anderen immer sagten: Rose ist irgendwie ein bisschen ANSTRENGEND geworden. Ich kannte sie natürlich gar nicht PERSÖNLICH, aber das war hier normal, nachts dann kannte man immer irgendwen und damit gleich alle, man hatte keine Ahnung, wer die meisten waren, manche kannte man natürlich einbahnstraßig, weil sie berühmt waren, wie Rose ja auch, aber da konnte man sich, so oder so, auch sehr vertun, jedenfalls gab man sich dann immer so, als sei das alles ganz normal und man überhaupt nicht beeindruckt oder aufgeregt, und tat man das nur sorgfältig genug, war es bald darauf auch wirklich so, und dann ging alles einfach so weiter. Tagsüber nickte man einander dann leicht gedämpft zu: »Hi«. »Hi« sagte man immer, zu jedem. Und jeder – wir nannten das Pool-Sozialismus – erwiderte das »Hi« mit einem »Hi.«, wirklich jeder. Nur Rose nicht. Ich habe sie nur so kennengelernt (freilich, ohne sie kennenzulernen), klar, früher hatte sie ganz anders ausgesehen, Rose in ihrer, wenn man so will, ROLLE als Rose McGowan, als sie noch ein sozusagen AMTIERENDER Filmstar gewesen war, das war sie zumindest momentan gerade irgendwie nicht, wenn ich das richtig verstanden hatte, und sie hatte nun, anders als auf den FOTOS, DIE MAN VON IHR KANNTE, die gleiche Frisur wie ich, sehr kurz geschoren; ja, vielleicht war Rose wirklich irgendwie komisch GEWORDEN, was wusste denn ich. Irgendwie komisch zu sein, was war denn da auch groß dabei, also, mir war das sehr vertraut, als Haltung zur oder Bewertung durch die Welt um einen herum. Was denn auch bitte sonst?

Vor dem Mond zogen jetzt so schlierige schwarze Wolkentrümmer vorbei, er sah nun etwas schmuddelig aus, der süße Mond, unser Freund. Oh my god, loooooooook!, rief die kaum je nicht hier seiende Foucault-Forscherin und hörte gar nicht auf zu lachen. Sie zeigte auf meine jetzt wieder der Poolmitte zustrebenden Schwimmarme und lachte und lachte. Du hast ja WIRKLICH blaues Blut, rief sie, bekreuzigte sich lachend und tauchte unter. Dann wieder auf: Das sei das Lustigste, was sie hier JEMALS gesehen hätte, loooooooook!

Ouh. Immer wenn ich meinen rechten Arm bewegte, sonderte er dunkle Farbschwaden ab im beleuchteten Poolwasser, das wir »Das grüne Gatsby-Licht« nannten, wenn wir nachts durch den Garteneingang vom Sunset Boulevard hier in diese Arena traten, die der Garten des Chateau Marmont war, dieser Nachtspielplatz verwöhnter HOLLYWOOD KIDS (im Erwachsenenalter). Somewhere.

Tatsächlich, aber ziemlich dunkelblaues Blut, schwarz eigentlich, bei dir übrigens auch, und du weißt auch warum, gab ich zurück, und nun paddelten plötzlich alle im Pool zur Mitte hin und bildeten – wie bei einer ganz rätselhaften olympischen Disziplin – einen Kreis Im-Wasser-stehend-Paddelnder, alle schauten auf ihren rechten Arm und schrien begeistert durcheinander: Wir sind Vampire! Wir sind adelige Vampire! Und der Mond auch!, rief ich, schaut, der Mond, unser SPIRIT ANIMAL, der Mond macht auch mit! Alle schauten nach oben, bejubelten die durchlässig schwarzen Wolkentrümmer, die den Mond im Vorbeiziehen besudelten.

Das sind sie endlich, die Chemtrails, freute sich jemand, seht nur, es sind Gothic-Chemtrails! Black is the New Orange! Out of the Blue, into the Black!

Na, und so hatte also auch diese Nacht ein Thema, ein Thema war immer wichtig bei so Nächten, diesmal lautete es: Wir und der Mond – und irgendwas mit dunklen Spuren. Reicht doch. Moonriver and us.

Natürlich ließen sich die Farbabsonderungen sehr gut erklären, beim Mond waren es ebendiese sich vor ihn schiebenden Wolkenfetzen, und bei uns lag es an diesen Armbändern, die wir am frühen Abend in meinem Zimmer angefertigt hatten. Vom Geburtstag der Foucault-Forscherin noch hatte ich eine beinahe volle Spule von so weißem Seidenband, und einer von uns hatte herausgefunden, dass alle, die zu der geduldet illegalen Hyperexklusivparty eines wichtigen Film- oder Musikproduzenten (ich hatte nicht so genau zugehört) in die Hoteltiefgarage eingelassen wurden an diesem Abend, dem Türsteher schwarze Armbänder hatten vorzeigen müssen und erst dann reingelassen worden waren. Also hatten wir in meinem Zimmer das Geschenkband mit ein paar dicken Filzstiften schwarz eingefärbt und einander dann um das rechte Handgelenk gebunden – und wir waren damit auch tatsächlich hineingekommen in die Tiefgarage. Dort war ziemlich was los gewesen. Kanye West würde später auflegen, hieß es, und tatsächlich, da stand er auch schon, IM GESPRÄCH, gelehnt an einen Reifenstapel – er keepte up mit den Kardashians.

So war das manchmal HIER IN HOLLYWOOD, praktisch umgekehrtes »Purple Rose of Cairo«: In Woody Allens nämlichem Film stieg der LEINWANDHELD aus ebenjener Leinwand hinab in den Kinosaal und verliebte sich dort IN ECHT in die, die als Zuschauerin ja sowieso schon in ihn IM FILM verliebt gewesen war. In West Hollywood, also dem Stadtteil, und speziell im Chateau Marmont, lief es nicht selten genau andersherum: Unvermutet stieg man manchmal praktisch in die Leinwand hinein und bewegte sich dann ganz real selbst im, ja, Ausgedachten, in der SCHEINWELT, die aber ja real war, eine andere nämlich gab es hier eigentlich auch gar nicht. Der surreale Garten Eden des Hotels, in dem sich auch mein Bungalow befand, durch Palmen und eine hohe Bambushecke vom Pool getrennt, das war demzufolge eigentlich die Hinterbühne; allerdings war auch die schon in mehreren Filmen und Musikvideos die Vorderbühne gewesen, hinzu kam die permanente Beobachtung der Überwachungskamera unterm Zitronenbaum. Also, es war schon sehr verwirrend alles.

Hinter jeder Tür, HEISST ES IN HOLLYWOOD, befände sich grundsätzlich eine weitere Tür. Und das ist gar nicht so edgarallanpoeig oder sogar komplett esoterisch gemeint, wie man vielleicht denken mag – nein, dieser Türen-Leitspruch hatte, durchaus ortstypisch, überhaupt keine ZWEITE EBENE, er handelte recht eigentlich von, zum Beispiel, so Armbändchen, wie wir sie uns selbst vorhin gebastelt hatten. Und jede Hinterbühne kann jederzeit auch Vorderbühne sein; der SEHR DEUTSCHE Oberflächlichkeitstadel »Nichts dahinter« also ist zugleich wahr und dann doch auch wiederum nicht.

Und hinter tausend Scheinwerfern: noch mal tausend Scheinwerfer.

Die Tiefgaragenausfahrt des Chateau Marmont KENNT MAN von Fotos, Filmen, Geschichten, etwa als Startpunkt der nur ein paar Meter kurzen Todesfahrt von Helmut Newton – vor allem aber wohl aus aufgeregten Klatschportalwackelvideos, die ästhetisch der FRONTBERICHTERSTATTUNG aus ECHTEN Kriegen verwandt sind, diese Ausfahrt ist der scheinbar unergründliche Schlund, der regelmäßig TOPSTARS ausspeit, die zumeist nachts (very late check out) das Hotel verlassen und sich schützend einen Arm vor die Augen halten, um in den gleißenden Blitzsalven nicht zu erblinden:

CAMERON DIAZ & FRIEND LEAVING CHATEAU MARMONT!

BRITNEY SPEARS BANNED FROM CHATEAU MARMONT!

AMANDA SEYFRIED ALL SMILES WHILE LEAVING CHATEAU MARMONT!

LANA DEL REY LEAVING THE CHATEAU!

WILL SMITH LOSES WIFE JADA AFTER PARTYING AT CHATEAU MARMONT!

EVE DRAWS ATTENTION LEAVING CHATEAU MARMONT!

Nun ergründeten wir ihn, den Schlund. SCHEINBAR! Zwar hatte ich Fortschritte gemacht, zumindest erschrak ich nicht mehr, wenn ich zum Beispiel Ensemblemitglieder von »Modern Family« relativ regelmäßig in »Barry's Bootcamp« oder im Kinofoyer des »Sunset 5« erkannte. Und doch hatte das mit dem So-tun-als-sei-das-alles-ganz-normal-für-uns und der eingeübten Selbstverständlichkeit im Auftritt indessen dann nicht gar so gut geklappt dort in der Tiefgarage an jenem Abend, nach gut einer Stunde schon waren die meisten von uns wieder rausgeflogen, weil nämlich auf unseren selbstgemachten Einlassarmbändern – das war plötzlich auf nicht durchweg angenehme Art nachgeprüft, festgestellt und geahndet worden – so ein goldenes Emblem gefehlt hatte. Und das war nicht das Einzige, was uns fehlte, nein, auch ich, ja wirklich JEDER hätte uns im Rahmen eines »Finde die Fehler«-Wettbewerbs (und nichts anderes war das ja: Security in West Hollywood) innerhalb kürzester Zeit ausgemacht und enttarnt. Na, und wenn schon, das Kurzreingekommensein und vor allem das Rausgeworfenwerden, das reichte doch absolut, um anderen davon zu erzählen später, und so waren wir keineswegs beleidigt ABMARSCHIERT, wobei die Fotografen am Ausgang REFLEXHAFT ihre Kameras hochzogen und sie aufgeregt mal auf Verdacht losblitzen ließen; sie merkten aber sehr rasch, dass wir sozusagen NIEMAND

WAREN, und schon hörte es auf zu blitzen. Wir kauften nebenan beim Liquor Locker noch für die Nacht ein, Dealer wurden umbestellt, von der Garageneinfahrt zum Garteneingang, und dann ging es für uns eben im Garten weiter, später dann wahrscheinlich bei meinem Freund Brandon, der momentan den Belushi-Bungalow bewohnte und sein derzeitiges Leben durchaus detailbewusst dementsprechend angepasst hatte. Wo war eigentlich Brandon die ganze Zeit?

SPLASH!

Wir schraken auf, etwas offenbar Wuchtigschweres war in den Pool gefallen, jedoch kein Mensch, und ganz gewiss keine Zitrone, eher schon ein Kürbis, aber Halloween war ja erst – wann noch mal? Der Sommer war vorbei, das schon, das eindeutig, und der Rest würde sich irgendwie ergeben. War schon September? Oder noch? Hä, warte mal.

SPLASH!

Und noch mal. Da stand er, triumphierend am Poolrand: Brandon. Brandon sah aus wie Jesus, wirklich genau wie Jesus, Bart und Haare, Gesicht, Figur, alles, nur trug er andere Kleidung, heute zum Beispiel eine sehr enge Schlangenlederhose und eine Batikweste, weiter nichts, das war schon sehr unjesusig. Und Brandon war auch viel lustiger als Jesus. Brandon strahlte jetzt und rief nach mir, hier, schau nur! Er habe jetzt die Lösung FÜR ALLES gefunden, wir seien gerettet. Das klang doch gut. Brandon hatte zwei mechanische Schreibmaschinen dabei, unter jedem Arm eine. Ich blickte auf zu ihm, dann dorthin, wo es so gesplasht hatte, auf den Poolgrund. Es waren wohl vier Schreibmaschinen gewesen, zwei davon lagen nun unter mir, im Pool. Ja, ich hab's, das ist es, jetzt können wir loslegen!, schrie Brandon, durchaus euphorisiert, wie eigentlich meistens. Brandon war so toll, ich liebte ihn.

Ich stieg aus dem Wasser und war froh, dass wenigstens ich eine Badehose trug. Dieses Nacktbaden, also, ich verstehe schon, was Menschen damit ZUM AUSDRUCK BRINGEN wollen, und ich freue mich für jeden, dem das Spaß macht, aber ich bin dafür zu verklemmt. Ich setzte mich mit Brandon zum Rauchen auf Liegestühle, deren Polsterauflagen jahrelang blauweiß gewesen waren, perfekt hatte das immer ausgesehen unter den grünen Palmen und im Kontrast zum roten Ziegelboden, wirklich einfach perfekt, kürzlich aber waren sie ausgetauscht worden gegen ziegelrote, also kaum vom Fußboden zu unterscheiden; zwar mit weißer Umrandung, aber das rettete es auch nicht – und dieser POLSTERAUFLAGEN-SKANDAL hatte uns im Sommer wirklich ungefähr zwei Wochen lang beschäftigt. Wir hatten eine Petition aufgesetzt und Unterschriften gesammelt am Pool, nächtelang, natürlich folgenlos, wie eigentlich alles hier, und doch, das war so eine Angelegenheit gewesen, an die wir alle uns – sollten wir Silvester nicht abermals verpassen, so wie im letzten Jahr, als plötzlich einfach Januar war – zum Jahreswechsel beim Bilanz- und Wasweißichnichtalles-Ziehen erinnern würden.

Ja, wirklich, solcher Art waren die Debatten, die wir am liebsten führten, in diesem Spätsommer (oder Frühherbst?), kurz bevor Hollywood und sogar ganz Amerika implodierte.

Oder explodierte?

Na ja, PERSPEKTIVFRAGE! Die meisten von uns waren gar keine Amerikaner, und die paar Amerikaner waren jedenfalls nicht GEBÜRTIG aus Hollywood. Rose vielleicht, das könnte sogar sein, allerdings, eben: Die kannte ich ja gar nicht. Ich ERKANNTE sie immer, das natürlich schon, aber weil sie nie auch nur »Hi« sagte, hatte ich das dann bald auch aufgegeben, ich nickte ihr immer zu, wenn ich sie sah, und ich formte den Mund zu einem stummen »Hi«. Diese Form der Begrüßung hatte sie zuletzt, fiel mir nun ein, ein paarmal in exakt derselben Form erwidert. Offenbar war das eine für sie gangbare Version davon, einander »Hi« zu sagen, ohne einander »Hi« zu sagen. Und, meine Güte, da hatte ich auch schon verrücktere Sachen hier bezeugen können oder selbst getan, ich fand das komplett in Ordnung: »Hi« ohne Ton, dazu nicken, wunderbar, so war es höflich, aber distanziert, und ich meinte, irgendwann bemerkt zu haben, dass Rose immer erleichtert wirkte, wenn auch ich ein Buch dabeihatte am Pool. Sie selbst las immer. Und sie schaute nie aufs Handy, ich habe überhaupt noch nie ein Handy an Rose oder um Rose herum gesehen, auch das war sehr speziell an ihr, wenn man so darüber nachdachte, ein absolut sympathisches ALLEINSTELLUNGSMERKMAL, neben all den anderen, die sie kennzeichneten, wie zum Beispiel auch das Lesen – Bücher hatten hier viele dabei, oft aber eher als Accessoire, muss man sagen, doch Rose las wirklich. Und ich manchmal auch. Das war so unsere Ebene, wir sind die Poolleser, und ich war froh, dass wir schließlich eine Begrüßungsform gefunden hatten, waren wir doch UNTER DER WOCHE hier tagsüber zumeist ganz allein am Pool, Rose und ich. Weitestmöglich voneinander entfernt, sie nahe der nach Sommerende immer unbesetzten kleinen Bar, hinter der – nur noch durch Gebüsch und Zaun getrennt – das Hin&Her des Sunset Boulevards summte; und ich, ich saß immer diagonal gegenüber, unterm Zitronenbaum, zwischen uns erstreckte sich oval der Pool, und selbst wenn ich nur ein bisschen herumdenken wollte da am Pool, nahm ich fortan immer ein Buch mit, eben weil Rose das jedes Mal auf eine Art leicht zu erfreuen, ja zu beruhigen schien: noch ein Mensch, aber wenigstens einer mit Buch, na gut, dann sei es so. Buch hieß, so begriff ich das: kein noch so smaller Talk. Das Buch war für Rose augenscheinlich so etwas wie ein IRON DOME im Gemetzel des allgemeinen Gelabers. Fand ich gut. Auch ich bin gern still – und höre einfach nur zu, was in meinem Kopf so diskutiert wird, da ist ja zumeist schon auch allerhand los. Ich sage immer, das gehört zu meinem Beruf dazu, zum Schreiben, aber, ehrlich gesagt, wünsche ich mir ganz schön oft auch, dass da oben endlich

RUHE, VERDAMMT NOCH MAL herrscht. Deshalb mochte ich die Nächte hier so gern: Da war zwar vordergründig manches los (bei, natürlich, absolutem Stillstand), und obzwar sehr, sehr viel geplappert wurde, durchaus auch von mir selbst, das schon, so trat – dabei und dadurch – im Kopf dennoch das Ersehnte ein, eben: Ruhe. Ach, diese Ruhe. Absolutes Hirnschweigen. Endlich.

Das war, glaube ich, der eigentliche Grund für uns alle, hier zu sein, genau deshalb kamen wir alle immer wieder hierher, deshalb machten und redeten wir hier pausenlos einen solchen Superblödsinn: damit endlich Ruhe ist im Kopf. Dort, von woher wir geflohen kamen, jeder für sich, jeder anders schmerzmotiviert und auf seine Art, waren wir alle so gewesen wie Rose hier, irgendwie falsch, am Rand, unverstanden, gemieden wohl gar, Teil von gar nix, der Fehler. Also war es doch eigentlich TOTAL UNLOGISCH, dachte ich jetzt, dass wir Rose als IRGENDWIE KOMISCH bezeichneten und keiner damit meinte, dass sie eben dadurch genauso war wie wir alle. Irgendwie komisch sein, das war uns doch wirklich allen nicht nur EIN BEGRIFF, nein, das war die uns alle hier einende GRUNDERFAHRUNG.

Da ist sie ja!, rief nun Brandon enthusiasmiert und erlöste mich aus meinem nächtlichen ZUSAMMENHÄNGE-BEGREIFEN-Schwachsinn – zwischen uns und dem Mond stand jetzt eine etwa zweimeterfünfzig große Frau.

Das, sagte Brandon, das sei Basketballs. Ihr kennt euch! Ohne euch zu kennen! Weißt du, wie ich meine?

Wusste ich nicht, aber es war weit nach Mitternacht, es war der Chateau-Garten, da war man nicht kleinlich. Ich sprang auf – und war noch immer einen guten, einen sehr guten Kopf kleiner als Basketballs.

Hi, Basketballs, sagte ich, und dass ich ich sei.

Weiß ich doch, du Blödi, sagte Basketballs auf Deutsch. Wir haben gemeinsame Freunde. Oder Feinde, was weiß ich. Außerdem haben wir schon mal zusammengearbeitet, indirekt.

Sie nahm mich in den Arm und flüsterte mir hinunter von da oben ins Ohr, dass es so gut sei, hier zu sein und nicht mehr in Berlin, oder etwa nicht?

Absolut, sagte ich. Hier sind wir sicher.

Basketballs lachte. Dann plingte ihr Telefon und meins auch, fast zeitgleich. Wir lösten unsere Umarmung und schauten auf unsere Telefone.

Ach du scheiße, sagte Basketballs, eher zu ihrem Telefon als zu uns.

Oh, wie nett, sagte ich zu meinem.

Jetzt kommen doch die ganzen Deppen hier rüber für ein paar Wochen, sagte Basketballs, sie sind gerade gelandet. Fuck.

Langsam begriff ich, wer Basketballs war. Und woher wir uns, sozusagen, nicht kannten. Berlin, der Fernsehsender. Jaja, richtig! Die Schokoriegel-Talkshow, die ich mal konzeptioniert und die Basketballs dann mit großem Erfolg moderiert hatte. Nur getroffen hatten wir uns nie.

Und nun hatte mir der Besitzer des Senders, für den ich eine Zeit lang gearbeitet hatte, eine Nachricht geschrieben. Ich war noch immer, auch lange nach dem Ende unserer Zusammenarbeit, sehr eng mit ihm befreundet, nur hatten wir uns zuletzt etwas AUS DEN AUGEN VERLOREN. Aber wenn wir uns trafen, schien sich nichts geändert zu haben zwischen uns. Wie das so ist mit den wirklich guten Freunden. Da ist es völlig einerlei, ob man mal ein Jahr lang oder so nix hört voneinander; sobald man sich trifft, ist alles wieder wie immer. »Landed. Freue mich auf Dich!«, hatte der Senderbesitzer mir geschrieben. Und jetzt freute ich mich auch.

Bei Basketballs verhielt es sich anders. Was für ein Horror, jetzt geht DAS wieder los, murmelte sie, und irgendwie schien sie gerade zu schrumpfen. Ihre Stimme wurde auch plötzlich viel leiser, und das vorherige Garten-Eden-Tremolo, der Überschwang, die Herzlichkeit, das vergnügungseinfordernde WAS GEHT? war einer modulationsfreien Automatenstimme gewichen. Ihr nämlich hatte einer aus derselben Reisegruppe geschrieben, aber nicht der nette Besitzer des Senders, der mein Freund war und den ich jetzt gern gleich hierherbestellt hätte, der war bei so Partys immer eine Verstärkung, ganz anders als der, der Basketballs nun leider geschrieben hatte: der OPERATIVE Chef, also der Chefredakteur des Senders, der nur einen ÜBER SICH hatte, und das war mein Freund. Er benahm sich trotzdem wie Gott. Aber kein cooler Gott, wie man hier am Pool sagte. Es war ein seltsames Gespann, mein so angenehmer Freund und dieser Krawalldödel, ich hatte diese Verbindung nie ganz begriffen. Meine Freunde sind deine Freunde – nein, nicht immer. Aber trotzdem war es natürlich zu akzeptieren, wenn ein Freund sich auch mit Leuten umgab, die man ablehnte. MEINUNGSFREIHEIT! Und eben auch: Deinungsfreiheit. Na jedenfalls, diesen Typen hatte ich immer schon unangenehm gefunden, dachte ich, aber was ich alles so fand, war gerade extrem egal, war doch hier jetzt gewissermaßen Erste Hilfe zu leisten, also ging ich Richtung Pooltelefon, denn daneben hing der Rettungsring mit der hinreißend blöden Aufschrift HOLLYWOOD. Ich pflückte ihn von der Wand, die Situation war unklar, die Stimmung könnte genau jetzt kippen, und da habe ich immer gern Requisiten zur Hand, um gegebenenfalls alles etwas AUFZULOCKERN. In solchen Situationen hatte mir der HOLLYWOOD-Rettungsring schon oft sehr geholfen. Man musste sich den bloß um den Kopf legen, schon lachten wirklich alle, immer, selbst wenn sie gerade von Selbstmordgedanken erzählten oder von ihren Eltern, meistens hing das beides eh zusammen, und sobald also dergestalt alles etwas schwer zu werden drohte, hängte ich mir diesen Rettungsring um, schon klarte die Stimmung verlässlich wieder auf.

Basketballs nun legte sich auf einen Liegestuhl, schloss die Augen, alle Luft, ja alles LEBEN schien aus ihr zu weichen, sie hielt mir ihr Telefon hin, auf dem die Nachrichten des Chefredakteurs leuchteten, eine ganze Kaskade, die Manier, in der sehr junge Menschen, zu denen auch er nicht mehr zählte, sich mitteilten – oder eben die ungeduldigen Aufdemsprung-TOP-ENTSCHEIDER, die absoluten Hammertypen, diese 24/7-Tyrannen, die funkspruchartig Befehle und Gedankenfetzen rausfeuerten, Grammatik oder Interpunktion galten als so was wie gewerkschaftsorganisiertes Schwächlingsgeplärre und wurden folglich vermieden, weil keine Zeit jetzt, niemals Zeit, immer Eile, es geht um Deutschland, mindestens, es geht nicht selten sogar um GEOPOLITISCHE WEICHENSTELLUNGEN und so weiter, na, dies war also, was ihm aktuell so durch die oftmals weiche Birne rauschte:

Noch wach?
Scheiß klimaanlage komm und wärm mich
Starke vermissung
Bin da
Körper an körper JETZT
Wo du?

Was für ein Typ. Gerade als ich Basketballs ihr Handy zurückgeben wollte, plingte es abermals, noch eine Nachricht. Ach klar, natürlich, das hatte noch gefehlt. Das war der Klassiker solcher Heinis überhaupt, da schwang das ganze Dienstwagengetue mit, dieser TOP-DOWN-Wahn, das Anrufen-LASSEN, diese durchaus babyhafte Impulskontrolllosigkeit, wenn nicht innerhalb von Sekunden Befehlseingänge bestätigt wurden und Gehorsam versichert – dieses eine Zeichen, das ausreichte, um Angst und Schuldgefühle zu erzeugen und Sofortgeschufte auszulösen, es hatten aufgrund dieses einen Satzzeichens von ihm schon Väter, ja sogar Mütter Kreißsäle verlassen und Ehebetten, Einschulungen oder Beerdigungen, es waren Urlaube, Therapiesitzungen und Marathonrennen abgebrochen worden, dieses Zeichen fungierte als allgewaltiges Machtinstrument:

?

Einfach nur:

?

Und, was will er jetzt noch?, fragte Basketballs matt.

Unterwerfung, sagte ich und versuchte, es heiter klingen zu lassen, heiter und leicht. Klappte wohl eher so mittel.

Aaaaaaaaaah!, schrie Basketballs, ich kann nicht mehr!

Sie nahm eine von Brandons Schreibmaschinen und schmiss sie ins Gebüsch, biss in die Liegestuhlpolsterauflage und vergrub sich schließlich unter einem Handtuch.

Darf ich antworten, Basketballs?

Mach, was du willst, mir ist alles scheißegal. Dieser Wichser.

Ich schrieb los, pausierte aber nach jedem Wort und schloss die App kurz, damit bei ihm immer *Schreibt* … stehen würde, kurz, und dann wieder nix. Dann wieder von vorn: *Schreibt* … – und doch wieder nicht. So was machte Leute dieses Geisteszuschnitts wahnsinnig, und genau das hatte er jetzt verdient. Es machte Spaß. *Schreibt* … Schreibt doch nicht – *Schreibt* … Nee, schreibt nicht – *Schreibt* … Schweigt. Es war wie dieses Liebt-mich/Liebt-mich-nicht-Gänseblümchenblütenzerrupfen. Ich ließ mir richtig Zeit. Und es funktionierte: Immer wieder kommandierte er Fragezeichen in die Nacht.

Pling, Pling, Pling.

Ruhig, Brauner. Endlich passte diese eigentlich Pferden zugedachte Wendung mal, denn dieser Typ hatte sich politisch doch sehr unangenehm radikalisiert mit den Jahren, war direkt proportional dazu immer fetter geworden, und parallel zu seinem Haupthaar fielen auch seine Sicherungen immer schneller und großflächiger aus, er war so eine Art wirr faselnder Gartenzaunnazi geworden, der sich, ja UNS dauernd bedroht sah, was ihn zu allerlei Wutgeschäume animierte, und man hätte das einfach als kurios, sogar als recht amüsant abtun können, wenn er einfach nur ein weiterer urdeutscher Hausmeister gewesen wäre, aber er war nun mal Chefredakteur eines recht erfolgreichen Fernsehsenders, und offenbar mochten sich nicht wenige Menschen versammeln unter seinem WIR-Gebrülle, deshalb empfand man ihn als nicht gar so harmlos – jedenfalls passte das, auf ihn angewandt, also wirklich gut:

Ruhig, Brauner.

Aber das schrieb ich nicht. Als ich das *Schreibt ... -Schreibt-doch-nicht*-Spiel abschloss, indem ich schließlich doch noch eine Antwort von Basketballs Handy absendete, stand da:

Danke, dass du mich betoniert hast. Darfst jetzt ein Bundesland aufhetzen.

Wieso eigentlich »Basketballs«?, fragte ich die noch immer unter dem Handtuch einen mittleren Nervenzusammenbruch Kurierende.

Sie schob sich das Handtuch vom Gesicht, es fiel auf Brandons Drink, der zwischen den beiden Liegestühlen gestanden hatte und sich nun ins Handtuch und auf den Ziegelboden ergoss. Brandons Drinks waren ein cocacolarezeptartiges Geheimnis, große, bauchige Gläser waren es immer, seltsamfarben, zweifellos eine Mischung aus so allerlei, eine gewiss verwegene Mischung, denn Brandon wollte es grundsätzlich, wie gesagt wird: wissen. Keiner, möglicherweise nicht mal Brandon selbst (der es oft versuchte, inmitten der imposanten Aufzählung dann aber stets irgendwann das Interesse verlor) konnte genau auflisten, was da alles drin war, in den Brandon-Drinks. Fest stand, dass sie wirkten. Brandon war eigentlich durchgehend auf die eine oder die andere – ja, man muss wohl sagen: auf die eine UND die andere Art – weggeschossen. Dabei aber der herzlichste, lustigste, originellste Mensch, der sich denken lässt.

Basketballs setzte sich auf, schüttelte Kopf und Oberkörper so, als ob sie fror oder aus einem unguten Traum erwachen wollte, eine Gedankenschleife beenden. Mit den Mittelfingern massierte sie sich dann beidseitig die Nasenwurzel, ihre Augen blinzelten dabei himmelwärts, als kämen da jetzt gleich Augentropfen rein. Sie räusperte sich und erzählte schließlich die Herkunft ihres Spitznamens:

Rose hat mir den gegeben, kennst du Rose?

Rose – DIE Rose? Von hier? Also Rose McGowan?

Genau, Rose. Die hat damit angefangen, mich Basketballs zu nennen – weil ich so groß bin.

Das ist aber sehr lustig. Ist Rose also lustig? Die sagt nämlich nie was. Die liest immer nur, die sagt nicht mal »Hi«! Tonloses Lippenbewegen ist das Maximum. Gar nichts sagt Rose, nie auch nur irgendwas. Nicht »Hi«, nicht »Bye« – nichts!

Tja (Basketballs zündete sich eine Zigarette an, bog einen Arm hinter ihrem Kopf zu einem spitzwinkligen Dreieck, als Nackenstütze, und lehnte sich zurück und rauchte den Mond an), ganz ehrlich, das würde ich an ihrer Stelle auch nicht tun, vor allem hier nicht. Sie hat ja so 'n NDA unterschrieben.

Ein was?

NDA – Non Disclosure Agreement.

Was heißt denn noch mal *disclosure*?

NDA heißt so viel wie Stillschweigevereinbarung. Schweigegeld, Maul halten – und dann versuchen, damit klarzukommen, sagte Basketballs auf eine Art geschäftig, abgeklärt; aber es schwang auch Verachtung darin mit, wie sie das sagte. Verachtung allerdings keineswegs für Rose, wenn ich es richtig verstand, sondern für die Gegenseite dieser Vereinbarung. Wer auch immer das sein mochte und um was auch immer es da wohl ging. Basketballs jedenfalls, das klang deutlich heraus, würde es mir nicht erzählen. Es klang ja auch fast ein bisschen gefährlich alles. Aber ich maß dem andererseits auch keine allzu große Bedeutung bei, das war eine der vielen intuitiv von allen hier befolgten Grundregeln im Zuge solcher Poolnächte: Man muss, ja man kann nicht mal alles verstehen, was im Laufe einer solchen Nacht so geredet wird, dafür sind dann, trotz aller Gemeinseligkeit, doch alle zu unterschiedlich UNTERWEGS in diesen Nächten. Auch das ist ja so angenehm daran. Noch im allergrößten TOHUWABOHU gilt doch für einen jeden:

Alone with everybody.

Und weil alle hier das ja wussten und, so verschieden wir waren, dies doch sowieso unser aller Grundgefühl war, kamen wir hier dauernd zusammen. Am folgenden Tag war es dadurch dann noch schlimmer, aber das war eben nachts egal und konnte zeitweise außer Kraft gesetzt werden durch unser sonderbares Treiben hier, lauter Lebensschiffbrüchige am Pool, die einander halfen, sich selbst und möglichst auch alles andere zu vergessen. Ich drehte den HOLLYWOOD-Rettungsring auf meinen Oberschenkeln hin und her, wie ein Lenkrad oder so.

Das soll sie dir selbst erzählen, sagte Basketballs, und dann fragte Brandon, der unterdessen die von Basketballs ins Gebüsch geworfene Schreibmaschine geborgen hatte, warum sein Drink leer sei – und ob wir jetzt bitte in seinen Bungalow gehen könnten. Basketballs Handy plingte. Sie atmete vernehmlich aus:

Oh, Leude, ich kann nicht mehr, was ist denn nun noch?

Ach, vergiss es, Basketballs, sagte ich, das ist doch eh nur wieder eines von diesen Jeff-Bezos-Fragezeichen oder sonst irgendwas Ekliges, komm einfach mit uns mit. Wir gehen erst kurz zu mir, dann zu dir, Brandon, los, kommt!

Wir gingen los, ich winkte traditionsbewusst Richtung Überwachungskamera, Angelo mal vorerst eine gute Nacht wünschen. Basketballs blieb kurz stehen, schaute sich noch mal um zu den Nachtnacktbadenden, schüttelte amüsiert den Kopf und untertitelte durchaus treffend das sich ihr bietende Bild der unterm dunkelweiß in die Nacht sich türmenden Schloss im Mondlicht Badenden, sehr elegant am Ende eines Zigarettenrauchausatmens, mit letzter Luft sozusagen:

Hippies!

Sie drehte sich um zu uns, Aufbruch.

Na ja, die ARBEITEN wenigstens nicht auch noch zusammen, fügte Basketballs an, aber sie sagte das mehr zur hoch aufschießenden Bambushecke, die die Bungalows vom Pool trennte, als zu uns.

Ich antwortete trotzdem: Na ja, arbeiten. Nee, hier arbeitet irgendwie niemand je. Also so im klassischen Sinne. Alle machen halt irgendwas, dauernd, klar – aber arbeiten, also jetzt wirklich ARBEITEN, nee.

Basketballs lachte: Ihr seid so fertig alle hier, I love it. Hast du Drinks und Kippen oben bei dir?

Ich habe alles, sagte ich – und hoffte, dass das auch stimmte. Hier im Hotel war ich gern ab und zu GASTGEBER, es war ja auch sehr leicht. Wenn was fehlte, rief man halt den NIGHT MANAGER an, kurz darauf war das Gewünschte da, man konnte wirklich ALLES bestellen, mit ein bisschen Übung und nach vertrauensbildenden Jahren des Hierwohnens.

Du kennst die Geschichte von der Nacht am See in Berlin, oder?, fragte Basketballs. Gibt natürlich wie immer bei so was zwei Versionen von der Story, mindestens. Aber was ich mir halt denke: Das hätte ja genauso gut bei uns sein können, weißt du, wie ich meine? Diese TYPEN, oh, mein Gott. Die können sich alles erlauben, wirklich alles. Deshalb bin ich ja dann hier rübergezogen, das wurde mir echt zu krass da alles. Aber selbst hier haben die ja noch Zugriff auf einen, und jetzt kommt der echt hierher – das fehlte ja gerade noch, dass der jetzt hier auftaucht. Ich meine – ECHT JETZT MAL!

Und wieder mal verstand ich kein Wort, sagte aber, wie hier üblich: Absolut.

Ich hängte mir den HOLLYWOOD-Rettungsring um den Hals, ein bisschen wie den Strick von Lucky in »Warten auf Godot«, dachte ich, sagte das aber natürlich nicht – ich hatte nun doch einige Erfahrung mit solchen Nächten und dem, was man währenddessen so zu denken denkt. Es war für alle angenehmer, wenn man dann ab und zu eine etwas strengere Tür pflegte bezüglich dessen, was aus dem wildwirren Synapsenzirkus man auch den anderen zumutete.

Brandon, mit den zwei verbliebenen Schreibmaschinen unter den Armen, ging voraus. Barfuß und schlingernd, Brandon eben. Man konnte gar nicht anders, als ihn zu lieben. Später würden wir sowieso zu ihm gehen, und die jetzt noch Badenden würden gewiss auch nahezu VOLLZÄHLIG dahin kommen, in den Belushi-Bungalow, denn bei Brandon war es immer am besten, war Brandon doch wirklich alles, alles komplett scheißegal, vom Tage seiner Geburt an, wie mir sein Bruder mal erzählt hatte, den ich lange für Zac Efron gehalten hatte und an dem mich immer so begeistert hatte, WIE NORMAL er sich dennoch verhielt – aber er war ja auch gar nicht Zac Efron.

Also, später zu Brandon, jetzt aber kurz zu mir, denn ich musste Brandon unsere Farbbandmanufaktur zeigen – vielleicht würde die uns nämlich anderntags helfen, die jetzt noch auf dem Poolgrund liegenden Schreibmaschinen 3 und 4 wiederzubeleben. Das war doch wirklich eine Perspektive, ich freute mich jetzt richtig darauf, dass Brandon sich gleich so freuen würde.

Hast du geantwortet auf die Nachricht von deinem Freund?, fragte Basketballs. Sie habe ECHT ZERO BOCK, dass DIE jetzt noch hierherkämen. Aber ich konnte sie beruhigen: Die Nachricht, die ich bekommen hatte, nein, die hatte ich ganz vergessen, lediglich die an sie hatte ich ja beantwortet. Und zwar auf eine Art, die viele Fragezeichenplings nach sich gezogen hatte. Dem hatte ich es ganz schön gegeben. Ein Erfolg! Solcher Art waren sie oft, die Triumphe dieser Nächte: komplett erratisch, sehr special interest, am nächsten Tag zumeist schon auch von einem selbst unbegriffen.

Nightswimming deserves a quiet night
I'm not sure all these people understand
It's not like years ago
The fear of getting caught

Männer des Westens

A: 04:31 h: »What a beautiful early morning!«
B: »OMG – erstaunter Smiley – wann bist Du denn immer schon wach?«
A: »Noch …«

Ich hielt meinem Freund, dem Senderbesitzer, mein Telefon hin und zeigte ihm das Foto dieses ein paar Monate alten Posts, den ich ihm gerade vorgelesen hatte: im Vordergrund, dunkel noch, weiße Beetblumen, dunkle Wiese zum See hin, der IM ERSTEN LICHTE weißgülden strahlte, umsäumt von tiefdunklen deutschen Seelenbäumen, der Resthimmel wusste noch nicht so recht, ob Tag oder Nacht, befand sich indessen schon unweigerlich im Übergang: von Schwarz zu Blau.

Und am Ende des Abends steht ein Haus am See.

Kurz schaute mein Freund auf das Foto, aber er musste sich ja auf die Straße konzentrieren. Wir saßen in einem dieser grauenhaft SPORTLICHEN amerikanischen Männlichkeitskrisenautos (tief, fast auf der Straße sitzend, außen war das Auto lackiert mit einer Art Feuerschweif) und fuhren – vollkommen idiotisch! – von Los Angeles nach San Francisco. Aber daran war jetzt nichts zu kritisieren, das alles war ja TEIL DES KONZEPTS.

Mein Freund war mit einigen seiner FÜHRUNGSKRÄFTE hierhergekommen, und diese Reise war ein derart durchgeplanter Blenderunfug, es war zum Totlachen. Aber er war nun mal mein Freund, hatte mich gebeten, mitzukommen für ein paar Tage, und er wollte offenbar unbedingt, dass ihm selbst das alles sehr gut gefällt und WAHNSINNIG VIEL BRINGT, also machte ich mit. Das hätte er bei mir auch gemacht, ja das hatte er bei mir auch schon gemacht, oft sogar – wenn's kipplig wurde und Zuspruch vonnöten war, dann konnte ich mich auf ihn verlassen, dann war er immer da gewesen und würde das auch künftig immer wieder sein. Noch in meinen groteskesten Lebenssackgassen hatte er auch meinen Irrtümern, wenn sie als solche für ihn als Nahe-, dennoch ja AUSSENSTEHENDEN zwar offenkundig waren, es aber aktuell eben nicht anders ging, applaudiert und mich unterstützt, weil er genau wusste, dass es nur so überhaupt eine Chance gab, mich zu erreichen. Und ich versuchte das umgekehrt genauso. Also war ich mitgefahren, obwohl ich Autofahren nicht mag und MÄNNERAUSFLÜGE noch viel weniger, aber das war jetzt aktuell eben sein Vorhaben, und so behielt ich meine Einwände für mich: Klar, gern!

Auf gar keinen Fall war es jetzt geboten, Scherze über seine seltsame Kleidung zu machen; er trug einen STANFORD-HOODIE aus CASHMERE, eine Sonnenbrille mit bunt changierenden Gläsern – und, anders als sonst, keinerlei Haargel, was bei seinem noch immer sehr kräftigen Haarwuchs eine wirklich seltsame Ananasfrisur erzeugte. Kurzum, er sah komplett verrückt aus. Seine Armbanduhr war auch neu, beziehungsweise neu alt: mit Stoffarmband, gekonnt abgeschrabbelt. Seine Kleidung und Aufmachung sollten fraglos bedeuten, dass sie ihm nichts bedeuteten. Und so ging es dahin, in die Neue Welt. Offensichtlich wünschte er sich dringlich, dass diese Fahrt (er sprach von UNSEREM TRIP) ein großes und dennoch auf jeden Fall erfolgreiches Abenteuer würde und dessen Dokumentation GLAUBWÜRDIG RÜBERKOMMEN – und ECHTE VERÄNDERUNGEN praktisch auf Befehl zeitigen. Also behielt ich meinen Spott für mich; wir alle waren ja lächerliche Figuren, und wenn man das nur wusste und großzügig war mit anderen wie mit sich, ging es einem einfach besser. Freundschaft, wirklich tiefe Freundschaft. Und insbesondere wenn es beim anderen gerade in einer Schussfahrt bergab geht (oder zu gehen scheint), ist es MÜSSIG UND WOHLFEIL, die Richtung infragezustellen – da schaut man halt, ob der Freund angeschnallt ist und ob man den Aufprall irgendwie abmildern kann.

Angeschnallt waren wir, trotz FREIHEIT. Freiheit war ja ganz wichtig; sein LEBENSTHEMA, wie mein Freund immer wieder überall betonte, er hatte geradezu eine Freiheitsobsession, was in sich irgendwie unfrei wirkte, aber auch dafür liebte ich ihn natürlich. Er zum Beispiel rauchte nicht, ich aber ja sehr gern, und es bereitete ihm immer die allergrößte Freude, mir dabei zu assistieren, irgendwo mal punktuell das Rauchverbot nicht gar so ernst zu nehmen – Freiheit, so begründete er das dann gern gegenüber anderen, die sich an meinem Rauchen störten, Freiheit sei immer auch die Freiheit der Andersdenkenden, Rosa Luxemburg! Auch wenn ihn selbst mein Zigarettenrauch eigentlich sogar ein bisschen störte, liebte er das immer sehr, zwang mich manchmal fast zum Rauchen, wenn wir uns irgendwo befanden, wo das besonders verboten war, denn es machte ihm einfach so viel Spaß, Regeln nicht zu befolgen. Und das dann auch noch mit einer Heiligen der LINKEN zu begründen, er!, also das sorgte jedes Mal für Aufsehen und Erstaunen, und deshalb liebte er das. Freiheit also, once again: Wir fuhren die Westküste entlang auf, natürlich, einem FREEWAY (der bald schon in einen Highway münden würde, den Highway 1 zwar immerhin, dennoch, das verordnete GEFÜHL war: Freeway) in einer Kolonne mittelalter Männer (Frauen waren keine dabei), die sich hier allesamt NEU ERFINDEN sollten, pardon, wollten – also, sie sollten, aber es ging jetzt darum, es allen (einem jeden für sich und mittels eines dabei gedrehten Werbefilms auch UNTERNEHMENSINTERN allen zu Hause gebliebenen Mitarbeitern und obendrein den KUNDEN und WETTBEWERBERN) als ureigenen Wunsch zu verscherbeln, ja, hier lässt sich sogar sagen: UNTERZUJUBELN. Horizont, wir kommen, ist das alles, was du draufhast, wir erweitern dich, wir geben Gas, haben Spaß, Land of the Free.

Es war eine Midlife-Crisis-Prozession ins Gelobte Land. DEMÜTIG wolle man sich nähern, war gesagt worden, LERNEN wolle man – und vielleicht ja auch wirklich, so dachte ich, wenigstens kurz: endlich mal die Fresse halten. Das alles wurde natürlich gefilmt, DOKUMENTARISCH BEGLEITET, allerdings von einer Werbeagentur. Und insofern würde es natürlich ganz genau kein Dokumentarfilm werden, denn der Plot stand ja schon fest, die Stimmung, der Verlauf, alles. Es war also das exakte Gegenteil eines Dokumentarfilms, die wirklich interessanten Dinge würden natürlich rausgeschnitten werden oder gar nicht erst gefilmt. Mir fiel Hitchcocks nützliche Formel ein: »In einem Spielfilm ist der Regisseur der Gott – und in einem Dokumentarfilm ist Gott der Regisseur.« Demgemäß wurde hier also ein Spielfilm im Gewand eines Dokumentarfilms gedreht. Ratlosigkeit würde nur gezeigt werden, wenn sie alsdann aufgelöst werden könnte, ein paar Sequenzen weiter, durch BEGEGNUNGEN und EINSICHTEN. Im Drehbuch hieß das »Learnings« – und das Phantastische an dieser vorgeblichen Forschungsexpedition war, dass nämliche Learnings vorher schon feststanden. Ein paar wohlkalkulierte Schein-Peinlichkeiten würden zwar (nachdem zig Zuständige diese ABGESEGNET und DURCHGEWINKT, ja GEGREENLIGHTET hätten) enthalten sein in dieser Selbstdarstellung, aber das würde ein Trick sein, DA MUSS ES DANN AUCH MAL MENSCHELN, hatte der Regisseur gesagt. Um dann – ja, was eigentlich? Das hatte ich noch nicht so ganz verstanden: Was das alles eigentlich sollte.

Hupend überholte uns jetzt ein nicht allzu humorbegabter Controller, der dabei irgendwelche Männlichkeitshandzeichen durchs Seitenfenster in unsere Richtung gestikulierte, es machte ihm vielleicht ja sogar wirklich Spaß, und er war jedenfalls schon ganz IN DER ROLLE, es war eine Klassenfahrt mittelalter Höchstverdiener, und er war GUT DRAUF und trug, wohl um das zu bekräftigen, nicht eben vorteilhafte kurze Hosen. Dieser pünktlich mit Betreten der USA seltsam enthemmt agierende Controller würde nachher am Grill wahrscheinlich »Hau rauf die Scheiße!« befehlen und später dann das Lagerfeuer auspissen oder was weiß ich.

Versprich mir bitte eines, bat ich meinen Freund, der etwas unsicher dem überholenden Controller zurückgewunken hatte, mit solcherlei Männergetöse konnte auch er wenig anfangen, aber jetzt war es eben so: Egal, was auch passiert, dekretierte ich mit nur leicht gespielter Strenge, was auch immer ihr da tut in den nächsten Wochen, versprich mir bitte, dass du dich nicht – hörst du? NICHT! – tätowieren lässt, ja? Unter keinen Umständen.

Er lachte, er lachte so richtig befreit auf, streichelte mir mit der rechten Hand über den Kopf, zog ihn kurz zu sich auf die Brust, gab mir einen Kuss in den Nacken, sagte, dass er mich liebte, und ließ derweil ganz elegant defensiv noch zwei, drei andere von sich selbst, von diesen lächerlichen Autos, DIESER WEITE DER AMERIKANISCHEN FREEWAYS (auch wenn es ein Highway war – GESCHENKT!), vom Leben und, ach, einfach allem begeisterte Führungskräfte an uns vorbeihupen. Wir waren jetzt die Letzten. Mein Freund sagte, er könne mir das versprechen, kein Tattoo – dann drehte er leise Jazzmusik an. Aus den meisten anderen Autos hatte man laute Bässe gehört. Die lautesten Bässe hörte man aus den Autos derer, deren Ehescheidungen am kürzesten bevorstanden, wagte ich eine große These, denn auch mein Freund liebte, wie ich selbst, große Thesen – die hörten sehr derben Rap; dann gab es die, die schon geschieden waren – die hörten bevorzugt Death Metal; und dann gab es noch jene, die sich erst in ein paar Jahren würden scheiden lassen – und die hörten Talkradio.

Er lachte abermals, freute sich an diesem groben Unfug, der ja nebenbei wahrscheinlich auch einfach die Wahrheit war, und fragte mich, was es denn dann wohl über uns aussagte, dass wir nun Jazz hörten.

Das bedeutet, dass ich dich extrem gern habe, denn mich macht Jazz wahnsinnig, sagte ich, stellte das Radio aus und brachte unser Gespräch wieder auf diesen – zumindest jetzt, ein paar Monate, Erkenntnisse und Fragezeichen später – doch sehr seltsam wirkenden frühmorgendlichen Post aus dem Sommer: Also diese Geschichte mit dem See, dem nächtlichen Nacktbaden des damaligen Chefredakteurs der *BILD-Zeitung*.

Schlimme Geschichte, sagte mein Freund. Aussage gegen Aussage, die Staatsanwaltschaft hat das Verfahren dann ja eingestellt. Aber das war schon alles sehr merkwürdig. Die haben ja erst so eine Art hausinternes Gerichtsverfahren da im Verlag abgehalten, soweit ich weiß, ehe sie das überhaupt weitergeleitet haben, das war schon eigenartig. Klar ist das eine Horrorsituation, aber der Springer-Verlag ist damit nicht wirklich gut umgegangen. Ich finde das bis heute merkwürdig, so richtig zufriedenstellend aufgeklärt haben die das auch meines Wissens nie, zumindest öffentlich nicht – irgendwas stimmte da nicht. Also die waren nachts baden …

Nackt! Der *BILD*-Chefredakteur war nackt.

Ein NO-GO schon mal. Und nachts hat diese Frau, das mutmaßliche Opfer, dann – so zumindest wurde mir das erzählt – einen Vorgesetzten angerufen und behauptet, der *BILD*-Chefredakteur habe versucht, sie im See zu bedrängen. Dieser Vorgesetzte ist dann morgens auch direkt mit ihr zum Arzt gegangen, soweit ich weiß. Aber wohl nicht direkt genug – oder so.

Und dieser Vorgesetzte ist anschließend auch nicht gerade befördert worden, im Gegenteil, wird gesagt. Hingegen soll ausgerechnet der, der kurz darauf der Nachfolger dieses Chefredakteurs wurde, sich in dieser Nacht noch als sehr hilfsbereit erwiesen und gewissermaßen für höhere, wenn nicht allerhöchste Aufgaben qualifiziert haben, indem er auf der Terrasse des Hotels, in dem die Festgesellschaft schließlich gestrandet war, das mutmaßliche Opfer fotografierte.

Das habe ich auch gelesen, ja. Dieses Foto sollte dann als Entlastungsbeweis dienen, schaut mal, die sitzt da doch ganz ruhig, trinkt ein Glas Wein und raucht, also kann doch gar nichts Schlimmes passiert sein.

Das ist immer so irre, was mutmaßliche Opfer alles beachten müssen, um glaubwürdig zu sein. Wenn du nicht heulst und schreist, am besten noch blutest, dann glauben wir dir nicht. Und wenn du zu laut heulst und schreist und zu dramatisch blutest, dann hast du dem armen Mann bestimmt eine Falle gestellt und dich selbst verletzt und so weiter.

Arbeitsrechtlich ist das ein scheiß Minenfeld. Aber ich meine, ganz unter uns gesagt: Was willst du von dem Drecksblatt auch anderes erwarten? Mein Freund schaute angewidert und bat mich, ihm abermals den Post des früheren *BILD*-Chefredakteurs zu zeigen, das frühmorgendliche Foto vom See, samt der irgendwie spät(sehr spät)pubertär-stolzen Meldung, dass er NOCH wach sei.

Würde einer so was posten, wenn er – oder sogar gerade dann?

Zeig noch mal, bat mein Freund.

Ich hielt ihm den Post hin, mein Freund beugte sich leicht nach vorn, um das Foto genauer zu betrachten, lehnte sich dann wieder zurück und schaute geradeaus, Richtung Horizont (und natürlich: ZUKUNFT! San Francisco! Die Neuen Menschen!). Er wisse schon, sagte mein Freund, warum er noch niemals einen eigenen, also PERSÖNLICHEN Social-

Media-Account betrieben oder auch nur besessen habe und das auch nie, nie, nie zu tun gedächte. Alles, was man schriebe, stünde ja dann für immer dort, sei nie mehr wegzukriegen AUS DEM NETZ, und egal wie banal – es könne einem dann irgendwann AUF DIE FÜSSE FALLEN und gegen einen verwendet werden.

Wo ist denn dieser Post gewesen, Facebook?

Nee, Twitter.

Hä, aber das ist doch mit Foto?

Ja, bei Twitter gehen auch Fotos.

Sicher? Sind das da nicht immer nur diese 140 Zeichen?

280 Zeichen mittlerweile, glaube ich. Und Fotos. Fotos auch schon eine ganze Weile, soweit ich weiß.

Und was stand da noch mal genau?

04:31 h: »What a beautiful early morning!«

Hm. Mein Freund wusste auch nichts Genaues, wie auch, die Sache war ja sehr kompliziert, und so ganz genau – wie es dann immer hieß – wussten es am Ende ja nur die zwei beteiligten Personen selbst: der damalige Chefredakteur der *BILD-Zeitung* und diese Mitarbeiterin von ihm. Auch sie arbeitete mittlerweile nicht mehr für die Zeitung. War sie nun ein vermeintliches oder ein mutmaßliches Opfer?

Schwierig, schwierig, sagte mein Freund, ganz unschöne Geschichte. Er kenne diesen Mann ja ein wenig, aber ganz gewiss viel zu wenig, um sich anmaßen zu können, das zu beurteilen. Jedenfalls sei der jetzt – nach diesem Vorfall, der ja nie ganz aufgelöst hatte werden können, folglich schien keiner der beiden Beteiligten öffentlich vollständig ent- und somit beide ja irgendwie belastet – ein GEBROCHENER MANN.

Aber die Frau ist ja bestimmt nicht minder ge-, wenn nicht gar daran zerbrochen, müpfte ich auf – und kam mir dabei ziemlich bescheuert vor. Das war jetzt so ein moralischer

Gratiskonter, ganz so, als habe mein Freund das in Abrede gestellt. Ja, es war kompliziert. Und er musste sich auf die Straße konzentrieren: nach San Francisco, in die Neue Welt. Jetzt setzte mein Freund erstmals selbst zu einem Überholmanöver an und blickte zuvor natürlich in den Rückspiegel.

Ob ihn das auch so begeistere, diese amerikanischen Rückspiegel, fragte ich ihn. Das sei, wenn nicht auf alles, so aber doch auf vieles und ganz bestimmt auf diesen Seefotopost zum Beispiel perfekt ANWENDBAR, oder etwa nicht?

Hm, hm, ja – äh nee, was jetzt? Er überholte einen lachenden Unterchef, der weihnachtsfeiertauglich gespielt zeterte, also völlig ergeben die HIERARCHIE anerkennend und folglich das DUELL nicht fordernd, wer wusste denn schon, wie ernst mein Freund diese Scharade nahm?

Na, dieser Hinweis in schwarzer Schrift, da unten am Rückspiegelrand, präzisierte ich, und zeigte mit dem Finger auf die Spiegelinschrift:

OBJECTS IN MIRROR ARE CLOSER THAN THEY APPEAR

Das ist ja nicht weniger als eine WELTENFORMEL, das erspart einem doch ungefähr ein Jahr Therapie, findest du nicht? Ist auch ein bisschen wie der letzte Satz im »Gatsby«, weißt du, das mit dem Rudern gegen den Strom, der Vergangenheit entgegen und so weiter.

Stimmt, das ist genial, sagte mein Freund. Literarische Bezüge, auch wenn sie ihn mal unwissend erwischten (wie beispielsweise in diesem Fall, schien mir), bereiteten ihm als SALONGEISTESMENSCHEN immer den allergrößten Genuss, zudem kokettierte er stets geradezu fröhlich mit dem, so er selbst, bemerkenswerten Grad seiner berufsbedingten, vielleicht auch berufsbedingenden Paranoia – und war also für Dräuendes, Verfolgungsmutmaßungen und Doppeldeutigkeiten immer offen; und für alles die Seele Betreffende durchaus auch, allerdings nur, wenn wir zu zweit waren und mal ein bisschen Zeit hatten. Und die hatten wir ja nun wirklich jetzt auf dieser gottverdammten KONZEPTFAHRT, mindestens zehn Stunden würde die dauern, denn wir nahmen nicht den schnellsten Weg, sondern (wegen der mit schrecklich vielen Ideen uns begleitenden Werbedokumentarfilmer) den in der filmischen Darstellung wirkmächtigsten: den Pacific Coast Highway. Diese WEITE!

Wenn wir also, wie jetzt, mal so richtig viel Zeit zu zweit hatten, dann brauchte es nie lang, bis wir in unseren Seelen herumgründelten und miteinander in die tiefsten Tiefen uns aufmachten. Was sind das nur für dumme Menschen, die irgendeine Beziehung damit lobpreisen, in dieser habe man GAR KEINE GEHEIMNISSE VOREINANDER. Wir hatten beide jede Menge Geheimnisse voreinander, man hat ja sogar VOR SICH SELBST ganz viele, von einigen weiß man gar nichts, sie aber Hand in Hand mit einem so vertrauten Schluchtbegehungsbegleiter zu ergründen und einander darzulegen, das war natürlich sehr schön. Es erforderte Mut und Vertrauen – aber von beidem hatten wir sehr viel, wenn wir zu zweit waren. Vielleicht war er sogar mein ALLERBESTER Freund, wenn ich so darüber nachdachte. Meine Güte, was hatten wir schon alles zusammen durchlitten, wie oft einander gerettet oder wenigstens beigestanden. In amourösen, medizinischen, familiären und anderweitig fundamentalen Kippmomenten waren wir einander seit Jahren die treuesten Flugbegleiter gewesen, wir konnten uns vollkommen aufeinander verlassen. Eigentlich waren wir uns erst dadurch so nahegekommen: durch und in Krisen. So richtig ENG waren wir miteinander geworden, als es bei uns beiden aus unterschiedlichen und dann doch auch sehr ähnlichen Gründen genau das gewesen war: eng. Das waren private Sachen, wirklich existenzielle Weggabelungen, an denen wir uns getroffen hatten und deren Überwindung wir dann gemeinsam, immer im Abgleich, geschafft hatten, bis zur nächsten, und die dann auch und weiter. Immer war es einem von uns beiden gerade noch schlechter gegangen als dem anderen, das wechselte häufig ab, und so war es gut – und seither waren wir praktisch Brüder. Es war uns beiden überhaupt nicht vorstellbar, was eigentlich passieren müsste, damit diese Verbindung mal bedroht oder gar zersprengt werden könnte. Da konnte es eigentlich – darin waren wir uns einig und das besiegelten wir oftmals mit sehr langen, festen Umarmungen und einander ins Ohr geflüsterten Schwüren – wirklich nichts geben, was sich zwischen uns würde schieben können. Gar nichts.

Ich brachte die Rede auf das, was am Vorabend passiert war, dieses nächtliche Nachrichten-Bombardement seiner Superführungskraft auf Basketballs. Zwar hatte ich ihr versprechen müssen, niemandem ein Wort davon zu erzählen, aber er war ja mein mindestens zweitbester, wahrscheinlich sogar bester Freund – und Basketballs Erlebnisse betrafen ihn ja auf den spätestens zweiten Blick auch selbst, konnte doch sogar für ihn eine Gefahr daraus erwachsen, ich musste es ihm also erzählen, dachte ich, anonymisierte Basketballs allerdings und nannte ihren Namen auch trotz seines mehrfachen Insistierens nicht. Nicht wem das, aber doch was da offenbar geschehen war und fortwährend geschah (und, wie Basketballs angedeutet hatte: nicht nur ihr allein), das musste mein Freund ja unbedingt wissen, fand ich, schließlich ging es da um seinen Fernsehsender, um den Chefredakteur dieses Senders und dessen Verhalten gegenüber Mitarbeiterinnen.

Auch hier: alles wahnsinnig kompliziert. Zumal ja dieser Typ jetzt auch Teil unserer Reisegruppe war, er fuhr uns allen voran, hatte als Einziger darauf bestanden, in einem HUMMER zu fahren, so einem paramilitärischen Straßenpanzer, eigentlich die autogewordene Rhetorik Donald Trumps. Er hatte, trotz ausgiebigen Protests der Werbefilmer, darauf bestanden, dieses Auto und nur dieses zu nehmen. Sonst sei er

RAUS! Na also, hatte ich reflext, ist doch super, ich sehe nur Gewinner – daraufhin hatten alle gelacht, und dafür sage ich so Sachen ja eigentlich auch zuvörderst immer, das ist die Rolle, die ich in Gruppen am liebsten einnehme, die des unzuverlässigen und in nichts einplanbaren Witzeheinis. Ernst meinte ich es mit solchen Partycrasherbemerkungen trotzdem immer, DAS war ja der Witz, aber den verstand selten einer. Hier jedenfalls: niemand. Na, vielleicht der Gemeinte selbst, der war so hellhörig, wenn es GEGEN IHN ging, war das doch sein, wie mir schien, einziger Weltzugang: das Sortieren in FEINDE und VERBÜNDETE. Die Feinde wurden plattgemacht, und wer dabei half, war fortan Verbündeter, jedoch auch das immer nur bis auf Weiteres, man musste seine LOYALITÄT immer wieder neu unter Beweis stellen. Loyalität war eines der Wörter, die er am häufigsten benutzte – ich dachte, speziell bei ihm, dann immer an die ewiggültigen Worte des seligen Wiglaf Droste: »›Loyal‹ heißt das Hundefutter bei ALDI.« Mich jedenfalls konnte er nicht so leicht plattmachen, denn ich hatte ja gar nichts zu tun mit ihm, wobei, das hatte der chinesische Staatspräsident zum Beispiel ja auch nicht DIREKT, und den versuchte der Chefredakteur dauernd plattzumachen, was nur er selbst nicht hochkomisch fand. Mich aber schützte noch etwas anderes: Ich war einer der besten Freunde seines Chefs. Das machte es schwierig für ihn. Versuchen würde er es trotzdem, daran bestand kein Zweifel. Aber, mit Eddie Murphy gesprochen: »SO?«

Natürlich durfte er diesen Panzer dann doch nehmen, denn wie immer, wenn es argumentativ karg wurde bei ihm, hatte er als TOTSCHLAGARGUMENT seine etwas allzu häufig bemühte KRIEGSERFAHRUNG angeführt, über die es sehr lustige Gerüchte zwar gab, aber ihm direkt gegenüber hatte noch nie jemand gewagt, diese angeblich grunderschütternden Erlebnisse in Zweifel zu ziehen. Schon wenn er nur mitbekam, dass jemand Witze über Soldaten machte, die am Wochenende die erste Klasse der Deutschen Bahn vollrülpsten mit ihrer TOXISCHEN MÄNNLICHKEIT aus Dosenbier, schweißschwitzenden Scheißwitzen, Bundesligaergebnissen, Schnurrbärten und Strohhüten, die geschmückt waren als märklineisenbahnartige Hügellandschaft – dann rastete er komplett aus und faselte irgendwas von einem BRUDER, den er einst IM KAMPFE VERLOREN habe, von Blut und Schützengräben und warmen Leichen, von SYRISCHEN KINDERN, die mit GRANATHÜLSEN Fußball spielten, von humanitären Katastrophen, verursacht allein durch LINKSGRÜNVERSIFFT-VERLOGENE Doppelmoral und so weiter.

Ruhig, Brauner.

Der Regisseur des Werbefilms hatte für unsere Deppenkolonne nun einen Zwischenstop eingeplant, Big Sur, das würde natürlich toll aussehen. Es war sehr windig, und wir standen also in diesem Postkartenklischee herum und waren folgsam BEEINDRUCKT VON DER LANDSCHAFT. Ich wartete auf den Ersten, der sagte:

DA MERKT MAN ERST, WIE KLEIN MAN ALS MENSCH EIGENTLICH IST.

Es dauerte nicht lang, der kurzbehoste Controller sprach selbstergriffen diesen Satz, und alle nickten statt zu lachen. Nur einer mochte dem gewiss nicht zustimmen, der hatte gerade das ganz konträre Gefühl, konnte uns aber nicht hören, denn er hatte das Kamerateam just befehligt, mit ihm kurz etwas für seinen Brüll-Sender aufzunehmen. Er stand, den Ozean im Rücken, da und trug etwas scheinbar sehr Dringliches vor, las es von einem iPad ab, das jemand direkt unter der Kamera als Behelfsteleprompter bediente. Ich ging etwas näher heran, um dieses Schauspiel nicht zu verpassen. Es klang seltsam, was er da redete, ich ging noch näher heran, der Aufnahmeleiter schaute schon streng, nicht ins Bild latschen, wichtig! Jaja. Der

Chefredakteur sprach nicht Deutsch, das war – war das RUSSISCH? Tatsächlich. Er las einen Lautschriftsalat vom iPad ab, seine Stimme BEBTE, es schien sehr, sehr wichtig zu sein.

Was rhabarbert der denn da, fragte ich flüsternd den Aufnahmeleiter. Ach so, er spricht in seiner besten Rolle, nämlich als DER WESTEN, Wladimir Putin direkt an, nee klar. Eine BRANDREDE, wieder mal, diesmal irgendwas mit GESCHLACHTETEN KINDERN, BLUT AN DEN HÄNDEN – und KONSEQUENZEN, die das haben würde, denn: WIR SIND ALEPPO.

Mir fiel Steve Martin ein, wie er bei seinem Oscars-Eröffnungsmonolog 2003 angesichts des Irakkriegs mokant bemerkte, nun, er sei froh, dass man diesmal bei der Verleihung auf jeglichen Glamour verzichtet habe, wahrscheinlich hätten ja alle bemerkt, dass es in jener Nacht keinen schicken roten Teppich gegeben habe – und dann, wunderbar überzeichnet gespielt, zu allem entschlossen: »That'll send them a MESSAGE!«

Wir hatten jetzt anscheinend ausreichend dargestellt, dass uns klar wurde, wie klein man ALS MENSCH (als was eigentlich sonst?) bloß ist, und durften weiterfahren, »Ich hab genug Atmo eingefangen«, hatte der Regisseur gesagt. Und das konnte ich auch von mir selbst sagen – ich hatte ein bisschen mitgelesen auf dem Synchronübersetzungslaufband, das Rücksicht darauf nahm, dass diesen deutschen Seltsamsender natürlich, neben dem russischen Präsidenten, schon auch Deutsche sahen, und besonders gut gefallen hatte mir dieser Wutmarschflugkörper: »SO NICHT, LIEBER PRÄSIDENT WLADIMIR WLADIMIROWITSCH PUTIN!«

Das war schon wirklich sehr lustig gewesen. Und sprach nicht Putin sowieso Deutsch? Aber Russisch klang natürlich furchteinflößender, mitmischender, AUGENHÖHE, WELTBÜHNE, INTERNATIONALES PARKETT!

Ich hatte mich für diesen Typen nie interessiert, weder für ihn noch für das, was er da so sendete in seinen immer verrückter werdenden POLITIKFENSTERN (der Rest der Sendezeit bestand eigentlich aus Werbung, die hier nicht das Programm unterbrach, es war eher umgekehrt, manchmal wurde die Werbung von Programm unterbrochen, genau das war es ja, was die SHAREHOLDER so begeisterte). Vor allem, was er selbst in diesen FENSTERN von sich gab, stets aufgeregt, eigentlich permanent schreiend oder lachhaft hochnäsig ein vermeintliches WIR gegen DIE DA OBEN aufwiegelnd, war mir immer schon zuwider gewesen. Immerzu bezog er sich auf eine ominöse überwiegende Mehrheit, die das (egal was) genauso sähe wie er, aber sich eben nicht zu sagen traue, weshalb er das heldenhaft übernähme. Psychiatrisch ganz gewiss interessant, aber natürlich keinesfalls das, was zu sein es behauptete: Journalismus. Es mangelte ihm so schmerzlich an jeglicher Selbstironie – obwohl er die so verdammt gut und in großen Mengen hätte brauchen können. Hin und wieder wurde mir von irgendwem mal ein besonders grotesker Ausschnitt geschickt, aber ansonsten schaute ich mir diesen Wutfunk nie an. Warum auch, es war nicht informativ – und unterhaltsam nur auf einer dritten oder vierten Ebene, doch auch das hatte man schnell begriffen, und dann war es einfach nur langweilig. Und laut. Viel, viel zu laut. In Tonlage, Infamie und Dauerhetze ahmte er überdeutlich den amerikanischen Lügenprediger Tucker Carlson nach, SENDERINTERN nannte man ihn, wenn er gerade nicht in der Nähe war: Tucker Carlson für geistig NOCH Ärmere. Er schien zu gleichen Teilen aus Wut und Angst (und weiter nichts) zu bestehen und war so überdeutlich auf Macht als Selbstzweck versessen, es ließ einen wirklich schaudern, ihm bei seinem Getobe zuzuhören. Ohne Ton war es ganz lustig. Aber auch das: schnell verstanden, für immer, und das reichte dann auch. Ich hatte mal eine Nacht lang mit so Bekifften rumgehangen, die sein Herumgekrähe hingebungsvoll nachsynchronisierten mit Bernd-das-Brot-Stimme, und ich hatte das ganz lustig gefunden für etwa eine Stunde – die allerdings nur fünf Minuten gedauert hatte, wie ich beim Blick auf die Uhr bemerkte, als ich mich von den Bekifften verabschiedet hatte.

Aber darüber sprachen mein Freund und ich nicht, ihm war dieses Thema unangenehm und mir auch, es brachte immer so einen uns miteinander sonst ganz fremden Rechthaberton in unsere Gespräche, da wurde es dann so talkshowig, und ich hatte viel mehr feste Meinungen plötzlich zu vertreten, als ich wirklich hatte oder je hatte haben wollen. Einmal war es so weit gegangen, dass ich meinen Freund in einem rasch eskalierenden Gespräch über diesen Typen und sein Tun, über den durch ihn zusehends geprägten GEIST DES UNTERNEHMENS ernsthaft fragte: UND DIE PRIVATISIERUNG VON KRANKENHÄUSERN ZUM BEISPIEL FINDEST DU ALSO AUCH VOLL OKAY, ODER WAS?

Da merkten wir zum Glück beide, dass wir in die absolute Debattenlächerlichkeit geraten waren, lachten wirklich zeitgleich wie wahnsinnig los, minutenlang, umarmten uns dann und beschlossen, so schien es mir, ohne es auszusprechen, dass wir über diesen Typen fürderhin nicht mehr sprechen würden.

We agree to disagree, hätte mein Freund die dazu international gängige Formel gewiss parat gehabt, die liebte er ohnedies, und er streute höchst gern solche Sentenzen ein, wann immer es ging und passte (manchmal passte es auch gar nicht, dann fand ich es immer am besten), aber wir hatten ja gerade zuvor nonverbal vereinbart, dazu wirklich gar nichts mehr zu sagen, also entfiel sogar das.

Jetzt aber musste es dann doch mal sein, allein schon für Basketballs – wobei mir der BINNENWIDERSPRUCH natürlich bewusst war, dass Basketballs mich zwar in dieser Angelegenheit inständig um absolutes Stillschweigen gebeten hatte, ich aber gerade deswegen fand, dass ich es meinem Freund unbedingt erzählen musste. Es ging schließlich auch um ihn! Ihm selbst, so dachte ich, könnten solche Vorgänge in seinem Unternehmen doch überaus große Schwierigkeiten bereiten, und wenn er diese Zustände einfach alsbald ändern würde, dann wären doch Basketballs UND er gerettet, oder nicht? Ich war jetzt sehr aufgeregt, eifernd fast, und das ist ja fast nie gut. Ging aber nicht anders.

Also, nehmen wir noch mal dieses nächtliche Nacktbaden des damaligen *BILD*-Chefredakteurs, hob ich an, selbst wenn es alles bloß genauso HARMLOS gewesen war, wie der es offenbar empfunden hatte, und was ja auch die Staatsanwaltschaft zumindest nicht hatte widerlegen können – so bliebe doch die Frage, ob das eigentlich richtig ist, dass ein Chefredakteur mit einigen seiner UNTERGEBENEN nackt badet.

Nein, so was sei vollkommen inakzeptabel, das sei doch völlig klar, sagte mein Freund.

Eben, fuhr ich möglicherweise etwas unangenehm triumphierend fort, das will man nicht, und das sollte man nicht müssen, den eigenen Chef nackt sehen, unter absolut gar keinen Umständen, und das als Chef zu verhindern, das ist doch auch wirklich nicht so schwer: Hose anlassen, ganz einfach, Hose bleibt an, in egal welcher Situation und Stimmung, wenn Mitarbeiter auch nur in der Nähe sind.

Ob mir da ein bestimmter Kilometerradius vorschwebe, der künftig in deutsche Arbeitsverträge aufzunehmen sei, versuchte mein Freund es und sich in einen Witz zu retten, aber ich war jetzt nicht IN DER STIMMUNG, sondern rechtete in diesem mir überhaupt nicht angenehmen Ton des moralisch Siegesgewissen weiter: Auch die Wachheit eines Chefs, und erst recht die der für ihn Arbeitenden!, sollte – außerhalb der KERNARBEITSZEIT – doch wohl bitte auch niemals zur Sprache kommen, das hat doch immer gleich so einen unangemessen frivolen Unterton. Ich meine, um 04:31 Uhr wird zurückgeschossen in Form von Informationen darüber, dass man nicht schon, sondern NOCH wach ist? Gefolgt natürlich von diesen drei elenden Doppeldeutigkeitspunkten, »Noch – PunktPunktPunkt«, diesem satzzeichengewordenen schwülen Augenzwinkernebel. Das ist doch unangenehm!

Ja klar, da waren wir uns einig.

Aber genau daran, fuhr ich so etwas bescheuert fernsehkommissarig fort, erinnerte mich gestern diese ja noch viel schlimmere nächtliche Verzweiflungsfrage eben deines Chefredakteurs an eine Mitarbeiterin, ob die noch wach sei. Mitten in der Nacht! »Noch wach?«, was soll denn das bitte heißen? Was ist denn da die Idee?

Na ja, mal langsam, sagte mein Freund und schaute wieder in den Rückspiegel, um jetzt nämlich abermals zu beschleunigen und wenigstens noch den irgendwie trostlos vergnügten Controller einzuholen, der tags drauf garantiert der Erste sein würde, der – noch im Jetlagtaumel – ganz früh an irgendeiner Shoppingmalltür kratzen und sich direkt bei Ladenöffnung eines dieser ortstypischen und hiesig GEISTESEMBLEMATISCHEN Fitnessarmbänder kaufen würde, um sich weiter zu OPTIMIEREN. Auch eine Sonnenbrille mit Scheibenwischern oder eine Schirmmütze mit so Klatschhänden links und rechts dran, mittels einer vor der Brust baumelnden Schnur zu bewegen, schien mir nicht unrealistisch. Wenn schon alles falsch verstehen, dann doch bitte komplett entgleisen.

Sex-Pistols-Shirts von DESIGNERMARKEN, Gegenkultur als eine Modeoption von vielen dekonstruiert. Pailletten-GEPRÄNGE von Philipp Plein oder was weiß ich, Pailletten, die Folgendes zu vermelden haben: »Never Mind the Bollocks!«. Oder sie behaupten »Surf!« oder »Adventure!« – und sagen also gar nichts, sagen nur, du bist LOCKER DRAUF und gegen gar nichts.

Du liebst das System.

Du bist dabei.

Du performst.

Das System liebt dich.

Es gibt kein Problem.

Bei »Smells Like Teen Spirit« GEHST DU RICHTIG AB.

Einer geht noch, einer geht noch rein.

Deine Selbstbegeisterung ist nichts als eine Weltverzweiflung.

Es war wirklich ein Elend, und mir fiel dazu ein guter Merksatz ein von Jerry Seinfeld: »Ab einem gewissen Alter kleiden sich Männer immer so wie in dem letzten guten Jahr, das sie hatten.«

Was wir aber sicherlich auch nicht wollen, sagte mein Freund und fiel jetzt – wie ich zuvor ja auch schon – in eine andere Rolle, er klang, als spräche er vor einer Mitarbeiterversammlung und nicht zu mir, seinem Freund, in diesem Witzauto, mit Blick auf den Pazifik. Was WIR, so er, also auch nicht wollten: so eine VERDACHTSKULTUR, also dieser neue Puritanismus, diese bigotte Prüderie, wo man – wie mittlerweile hier in Amerika …

Komm mir jetzt bloß nicht mit diesem Fahrstuhlklassiker, rief ich – und jetzt war es doch talkshowig geworden. Aber diesen Mumpitz, wirklich, nicht im Ernst. Blablabla, dass man ALS MANN IN AMERIKA nicht mal mehr zu einer Frau in den Fahrstuhl steigen dürfe, wenn niemand sonst dabei ist.

Ist aber so, habe ich selbst erlebt, sagte mein Freund.

Wenn wir jetzt nicht aufpassten, würde es gleich um die QUOTENREGELUNG gehen oder ums GENDERN. Interessante, wichtige Themen. Meiner Erfahrung nach allerdings nur dann, wenn man sie nicht im Rahmen eines Streits erörtert. Der nämlich lässt ja zwangsläufig die POSITIONEN VERHÄRTEN, und dann ist es nichts als ein vollständig durchchoreographiertes Schlammcatchen. Fachleute sollen darüber bitte in Ruhe (und also nicht im Fernsehen – auch Twitter scheint mir ungeeignet dafür) streiten und GEMEINSAM EINEN WEG FINDEN. Der wird dann ausprobiert, abgeglichen, beständig neu justiert und so weiter. Aufeinander einzukeifen hingegen, höhnisch alle die zu beleidigen, die nicht genau derselben Meinung sind wie man selbst, und das dann HERRSCHAFTSFREIEN DISKURS zu nennen, das jedenfalls scheint mir kein ERFOLGSREZEPT zu sein. Hat man jemals irgendeinen Beteiligten einer diesbezüglichen öffentlichen Diskussionssimulation erlebt, der an irgendeinem Punkt gesagt hätte: Stimmt, da haben Sie recht, das hatte ich nicht bedacht, das war mir nicht bekannt, Sie haben mich überzeugt, ich habe jahrelang Unsinn geredet und bin fortan Ihrer Meinung?

Ich irgendwie nicht. Es ist auch so antiintelligent, zu solchen Großthemen bloß EINE Meinung zu haben. Ich jedenfalls höre mir gern alles Mögliche an, lese dies und das und denke lieber nach, als dauernd zu MEINEN. Schließlich erfährt man viel mehr, wenn man nicht immer gleich kontertriumphiert mit dem bisschen, was man sich nach einem relativen Zufallsprinzip so zusammengemeint hat. AMBIGUITÄTSTOLERANZ! Diesen Saisonbegriff lernen wir dann zwar wie alles andere auch schnell noch mit, den SCHAFFEN WIR UNS DRAUF und verwenden ihn zwei Sommer lang gelehrig – und wissen doch nichts. Und kaum jemand scheint mal in Betracht zu ziehen, dass auch diese Zeit irgendwann später mal als »Das war noch ne ganz andere Zeit« musealisiert und belächelt werden wird. Dabei sind doch wir heute bitte ganz gewiss noch nicht der Höhepunkt der menschlichen Existenz!

Na ja, die Sache musste jetzt beschwichtigt und zu ihrem KERN zurückgeführt werden; eine heitere Überleitung war nun wichtig, also sagte ich: Ach, du Süßer, lies doch ruhig weiter WINNETOU-BÜCHER und nimm gern als Ausdruck deines kulturellen Behauptungswillens weiterhin dezidiert an SANKT-MARTINS-UMZÜGEN teil und besauf dich auf dem für alle Zeit so und nicht anders von dir bezeichneten WEIHNACHTSMARKT – aber wenn einer deiner FÜHRUNGSKRÄFTE-Dudes seine Kraft und also Macht dahingehend missbraucht, dass er ihm unterstellten Frauen nachts mitteilt, IHREN KÖRPER SPÜREN zu wollen, dann solltest du da wirklich mal zusteigen, in diesen Fahrstuhl zum Schafott.

Er brauche Namen und Screenshots, sagte mein Freund ernst. Dann werde er DURCHGREIFEN. Er nehme das SEHR ERNST und werde dem NACHGEHEN. Er klang jetzt wie der Anrufbeantworter eines Rechtsanwalts.

Ich hinterließ ihm darauf folgende Nachricht: Ich werde dir ihren Namen nicht sagen, denn sie erzählte von ähnlich gelagerten Fällen, die zu Entlassungen geführt haben – Entlassungen allerdings der betreffenden Frauen.

Dann wenigstens Screenshots.

Vergiss es.

Ich kann doch nicht auf Basis von anonymen Behauptungen und Hinweisen AKTIV WERDEN, da gibt es schon auch Regeln, und es ist gut, dass es die gibt.

Ja, tut mir leid. Kann ich nicht, werde ich nicht.

Tja, auch wenn das vielleicht hart klingt, aber dann ist sie selbst schuld.

Und eben DAS ist ja der Machtmissbrauch, krakeelte ich in einem wirklich fürchterlichen Auftrumpfton, als hätte ich gerade die vierte binomische Formel bewiesen und somit erfunden.

Rechtsstaat, sagte er.

Leck mich, sagte ich NICHT – aber es schwang mit in meinem anschließenden Schweigen. Wir schwiegen jetzt beide, ermattet und unentwirrbar verkeilt wie ein gerade geschiedenes Ehepaar, das in postdramakalter Unerbittlichkeit die ehedem gemeinsame Wohnung ausräumt und den aufgeteilten Krempel in zwei verschiedene Umzugswagen dirigiert.

Er fummelte am Radioknopf herum, ich zündete mir eine Zigarette an.

Miles Davis – mein Freund liebte natürlich Miles Davis (tat er wirklich, und doch dachte ich manchmal: Vor allem liebte er es, Miles Davis zu lieben), und jetzt hatte er einen Radiosender gefunden, der vierundzwanzig Stunden täglich, immer, seit Jahren schon, ausschließlich das Album »Kind of Blue« VERHANDELTE. Heute ging es da mal wieder um das Eröffnungsstück: »So What«.

Schweigen. Dann murmelte mein Freund, es sei doch wirklich unfassbar, was es hier für Sender gebe – und in Deutschland dagegen? Diesen POLITISCH KORREKTEN STAATSFUNK in all seinen absurd milliardenteuren Verästelungen und die privaten Debilsender – aber so was hier? So was gebe es in Deutschland nicht.

Das ist Webradio, Schatz, sagte ich, wieder etwas zugewandter, ich ertrug so SPANNUNGEN und erst recht SCHWEIGEN nie lang – Webradio, das heißt, du kannst das überall hören, auch in Deutschland.

Jaja, ich weiß, sagte er, wie so oft, wenn er etwas nicht wusste. Und sofort durchfuhr mich ein solches Wärmegefühl wieder, ach, mein Freund, der hatte es ja wirklich auch nicht leicht. Jetzt war er hierhergekommen, um KONTAKTE ZU KNÜPFEN und irgendwann irgendwelche Anteile an seinem Sender zu verkaufen und ihn zugleich durch so allerlei START-UP-ZUKÄUFE zu vergrößern, wenn ich das richtig verstanden hatte (es war nicht zu verstehen – DAS immerhin hatte ich verstanden). Und vielleicht konnte man so was überhaupt nur tun, wenn man das, womit man da handelte und was man da in ganz großem Stile einander abluchste und andrehte, überhaupt nicht im Detail begriff, oder nein, er begriff es wohl schon, denn sein WELTWEITES AGIEREN war sehr erfolgreich, aber er kannte es einfach nicht. Wir hatten einmal ein Gespräch über Facebook, das zunächst sehr langweilig war (Datensammelmonopolkrake und so weiter), aber sehr hübsch endete:

Na ja, sagte er, trotz alledem muss man natürlich konstatieren, Facebook ist eine schöne Möglichkeit, in Kontakt zu bleiben. Oder nicht?

Es ist eine schöne Möglichkeit, fremde Menschen »Hurensohn« zu nennen.

Ende des Gesprächs.

Es war schon einigermaßen kurios: Er betrieb den finanziell erfolgreichsten deutschen Krawallnachrichtensender, kannte aber kaum eine der dort gezeigten Sendungen; er dachte, dass man bei Twitter keine Fotos posten kann, und wunderte sich, dass man Webradio weltweit empfangen konnte – und schickte sich nun an, im Silicon Valley irgendwelche WEICHEN ZU STELLEN, um somit irgendwann dem WELTWEIT FÜHRENDEN DIGITALEN MULTIMEDIAHAUS vorzustehen. Vielleicht konnte man allein aus dieser Privatjetperspektive solche Sachen überhaupt nur denken, was wusste denn ich? Ich wusste, dass man Fotos twittern und auch in Detmold den Sender empfangen konnte, der sich ausschließlich der Exegese von »Kind of Blue« widmete – aber sonst? Ich hatte keine Ahnung. Auch und schon gar nicht von FÜHRUNGSKULTUR, wie er das immer nannte, es gab eine ganze Abteilung mit dem irgendwie beängstigenden Namen HUMAN RESOURCES, erfuhr ich jetzt, als mich mein Freund bat, in seinem Handy UNTER KONTAKTE nach einem bestimmten Namen zu suchen und mir selbst dessen Visitenkarte zuzuschicken. Falls diese Sender-Mitarbeiterin, die mir von diesen Nachrichten und anderen Zudringlichkeiten des Chefredakteurs berichtet hatte, es sich doch noch anders überlegen würde. Er könne und wolle das wirklich empfehlen, diese Mitarbeiterin möge sich doch bitte, wenn ihr wirklich etwas UNANGEMESSENES widerfahren sei, an diese Abteilung wenden, das sei der einzige Weg. Und dann werde man der Sache MIT HOCHDRUCK NACHGEHEN.

Apropos Hochdruck, sagte ich nun, um die betretene Aussegnungshallenatmosphäre in unserem schweinepeinlichen Feuerschweifauto endlich wieder mit etwas Heiterkeit zu durchlüften, und ich liebte diese Frühstücksfernsehmoderatorenidiotie der Apropos-Überleitungen, speziell in seinem Sender waren sie auch diesbezüglich MARKTFÜHREND, alles Moderieren bei denen morgens war komplett durchseucht von dieser Überleitungsversessenheit, vollkommen abwegig alles, alles, alles miteinander zu verbinden in diesen Palliativsendungen, die einem gar nichts zutrauten und damit sehr viel zumuteten – ein Thema war fertigbesprochen, dann kam das nächste, und als unverzichtbar erachtet wurde dazwischen eine BRÜCKE, als die fast immer das APROPOS diente, von zum Beispiel einem Terroranschlag zum Frühlingsanfang:

Apropos Explodieren – die ersten Blumenknospen explodieren jetzt landauf, landab!

Apropos Hochdruck, sagte ich also, nur eines noch – es ist ja kein Zufall, dass dieser Typ mit seinem Steinzeitgebaren nicht zu sehen sein wird in dem Werbefilm, den ihr von dieser Zukunftsfahrt dreht, einfach, weil er nicht davon abzubringen war, mit diesem lächerlichen Panzerauto zu fahren. Man ließ ihn schließlich gewähren, er fuhr dann eben voraus, das

Hauptkamerafahrzeug hinter ihm, so dass er in der gefilmten Kolonne nicht zu sehen sein wird. Trotzdem führt er ja diese Kolonne an. Das Erste, was man von euch mitkriegt, wenn ihr irgendwo ankommt, wird er sein. Er ist eure VISITENKARTE, euer GRUSS AUS DER KÜCHE. Da könnt ihr hinter ihm noch so toll und drehbuchgerecht agieren, der, der eure Vorgaben missachtet, ist euer Gesicht. Damit kommt ihr, gewissermaßen, zur Tür rein. Und ich weiß nicht, ob das so gut kommt. Die Werbefilmer wissen es genauer: Das kommt gar nicht gut, also kommt es in deren Film gar nicht vor. Aber trotzdem IST es ja so. Verstehst du?

Meinst du, ich sollte mal ein Zeichen setzen?, fragte mein Freund, jetzt spürbar froh, ins Spielerische wechseln zu können, ins Riskante, Unberechenbare. In der GESCHÄFTSWELT wurde dieser Wesenszug an ihm häufig – mit einer Mischung aus Bewunderung und Verachtung – als der entscheidend charakterbildende oder charakterabbildende beschrieben: Ein Spieler sei er.

Er gab Gas. Er gab jetzt richtig Gas. Aber als er vorn angekommen war, an Position drei, vor uns niemand mehr als der wie gewohnt noch sehr wache Putin-Herausforderer in seinem lächerlichen Panzerfahrzeug und das Hauptkamerafahrzeug, das mein Freund nun auch noch zu überholen ansetzte, da hupten die wie verrückt, riefen auch sofort an, auf seinem und auf meinem Telefon, wir würden die Aufnahmen versauen, gleich nämlich seien wir ja am Zielort, und wenn der Senderbesitzer sich nun vor das Hauptkamerafahrzeug, ja wohl gar noch vor den Chefredakteurshummer schieben würde, wäre alles perdu, dann würde ausgerechnet er, mein Freund, fehlen in der ja sehr wichtigen Schlusseinstellung dieses ersten Spots aus dem SAN-FRANCISCO-ZYKLUS.

Spießer, sagte er gut gelaunt und blieb aber, wie gewünscht, an Position drei, die ja im Film dann Position eins sein würde.

Auch der Chefredakteur in seinem Panzerhummer hatte uns wohl herannahen sehen im Rückspiegel, »closer than they appear« – und hatte also lieber noch mal richtig beschleunigt, er war jetzt schon um die nächste Kurve, vielleicht auch um die übernächste, man sah ihn jedenfalls nicht mehr.

Mein Freund sagte, klar, er wisse schon, was, aber vor allem auch WER alles gegen seinen Chefredakteur spräche. Aber da sei eben auch immer VIEL NEID DABEI.

Also bei mir sicher nicht, da war bloß Mitleid – aber gewiss nicht mit dem Chefredakteur, sondern mit meinem Freund. Der hob nun zu einem seiner berühmten LEIDENSCHAFTLICHEN PLÄDOYERS an, er wolle, so er, JETZT MAL EINE LANZE BRECHEN:

Weißt du, BEI ALLER BERECHTIGTEN KRITIK, der traut sich wenigstens was. Und das brauchen wir, mehr denn je. Kürzlich hat er mal gesagt, wenn er die Bundeskanzlerin interviewen würde, dann würde er die behandeln wie das, was sie ist, aus Staatsbürgersicht: seine Angestellte. DAS ist Journalismus.

Ich lachte. Und gebrochen hätte ich auch gern, aber gewiss keine Lanze. Was sollte man dazu noch sagen, wenn man Streit vermeiden wollte? Ich versuchte es hiermit:

Aha, seine Angestellte also – heißt das, er will dann auch den Körper der Bundeskanzlerin spüren?

Dann waren wir da. Im Werbeclip würde mein Freund zuerst den Boden des Gelobten Landes betreten, die Werbefilmer setzten das mit einem heiligen Mondlandungsernst ins Bild, der irgendwie süß war.

Aber dann musste das alles noch mal gedreht werden, weil der Chefredakteur – der ja schon lange vor uns angekommen war und da gestanden hatte, gegen seinen Hummer gelehnt, mit vollkommen lächerlicher Extremsportsonnenbrille und mit verschränkten Armen, als sei er der Sheriff von

San Francisco – mitten ins Bild schritt und meinem Freund FÜNF GEBEN wollte.

CUT!

Na, noch wach?, begrüßte ich ihn mit einem Nicken – und fing direkt an, nach Rückflügen zu suchen, ich musste da weg. Und zwar nicht über Los (Angeles), sondern direkt ins Gefängnis: nach Berlin.

Jetzt wird's schmutzig

Wir gingen durch die Zukunft, aber die Zukunft war noch nicht fertig. Und doch war mein Freund schon jetzt ganz begeistert, auch wenn sich natürlich – wie das auf Baustellen, und speziell auf Berliner Baustellen, so üblich ist – alles wahnsinnig verzögerte und längst viel weiter VORANGESCHRITTEN sein sollte.

Wir trugen Gummistiefel und Helme. Man musste sehr aufpassen, wohin man trat (und wohin besser nicht, wenn man weiterleben wollte – wogegen ich aktuell nichts hatte). Überall Gerüste, Gruben, Leitern, Schlamm, Schmutz, Kies, noch nasser Beton, aus den Rohwänden ragten Metallstäbe, es war nicht ungefährlich.

An einigen Stellen konnte man hinaussehen, sah sogar den riesigen Bildschirm auf dem Dach des bisherigen Firmensitzes gegenüber, der die Stadt von morgens bis abends anschrie, ohne Ton zwar, aber mit permanenten EXKLUSIVSENSATIONEN in riesigen Buchstaben. Das war der mittlerweile völlig enthemmte Brüllsender, an den alle Menschen zuerst dachten, wenn sie den Namen dieser Firma hörten (oder den meines Freundes). Und für die meisten war's das dann auch schon wieder mit Denken. Für die einen, weil Denken eh nicht so IHR DING war und sie sich folglich recht gern von diesem Sender gegen dies und das, zumeist gegen DIE DA OBEN aufbringen ließen oder in ihrem allgemeinaggressiven Schnauzevoll bestätigen – und für die anderen, weil sie sich angewidert abwandten. Ich schaute hin, hasste es wie immer, mochte meinen Freund aber ja trotzdem. Okay, was war nun schon wieder los?

LIEBES-AUS!
Hat ER schon eine Neue?
»Meine Ex wollte mich zerstören!«

Ein berühmter Fußballer und, wenn ich das von dort unten richtig begriff: mindestens zwei Frauen. Eine zu viel. Alle gegen alle. Breaking News. Diese Schwachmaten, wirklich, es war so grauenhaft alles.

Jetzt wird's schmutzig!
Ex startet Liebes-Schlammschlacht!
Wir bleiben dran, jetzt live!

Ich aber blieb nicht dran, sonst hätte ich hier den Anschluss an die Besichtigungsgruppe verloren, also wandte ich mich ab vom Drama des Tages und ging hinter den anderen her, da blieb seinerseits der Bauleiter plötzlich stehen, breitete feierlich die Arme aus, und ich dachte kurz, er bezöge sich auf die vom Dach gegenüber weithin über die Stadt verkündete SCHLAMMSCHLACHT:

Denken Sie sich den Schmutz mal weg, das hier – so der Bauleiter jetzt, nicht ohne Pathos – ist unser HERZSTÜCK!

Er wies auf eine große dreieckige Fläche, komplett matschig noch, in der Mitte drei Dixiklos, überall Gerümpel und Schmutz, die künftigen Außenglaswände planenverhangen und gerüstumstellt, was auch immer das hier mal werden sollte, es mochte toll werden, jetzt aber war es einfach noch eine halbdunkle Halle voller Müll und Matsch, jederzeit hätte man auch hier in eine Schlammschlacht ziehen können, sie hätten da drüben im HAUPTHAUS eigentlich gar nicht warten müssen, bis dieser Neubau hier fertig sein würde, die hätten jetzt direkt von hier aus ihren dauererregten Fernsehparodie-Müll senden können – und es war jedenfalls wirklich gut, Gummistiefel anzuhaben.

Wie Sie sehen, sehen Sie nichts, bemühte mein Freund

einen schon arg welken Spruch, sah selbst aber zugleich mehr als wir, das war ja SEIN JOB: immer den Eindruck zumindest zu vermitteln, er wüsste, was kommt. Und wie man sich GUT AUFGESTELLT in diese Zukunft aufzumachen hätte.

Probleme? Ach, HERAUSFORDERUNGEN! CHANCEN! Mit Blick kaum auf den Schmutz, vielmehr – seine Spezialität – über den Schmutz hinweg sah er DAS HERZ:

Hier ist das Herz, hier schlägt künftig das Herz unseres Unternehmens. Hier passiert's!

Ja, äh, was denn genau?, fragte ich.

Transformation, Wachstum, Kulturwandel! Hier kommen sie alle zusammen, TECHIES und Redakteure, Vertriebler und Programmierer, Content und Targeting, Controller und Trainees, Vorstand und Azubis. Alle.

Die Kantine?, riet ich.

Quatsch, Kantine! Das wird unser ATRIUM.

Der Bauleiter sekundierte: Fünfzig Meter hoch, schauen Sie mal, das hört ja gar nicht mehr auf nach oben hin, lichtdurchflutet, dieses Atrium durchzieht das gesamte Gebäude wie ein Tal …

In Anlehnung an das Silicon Valley!, rief mein Freund strebsam dazwischen, als sei er Adalbert, der Schwätzer.

Der Bauleiter nickte und sagte dann einen absolut irren Blendwörter-Lalltext auf, den er auswendig gelernt zu haben schien, er betonte auch alles falsch, es war, als stünde Siri vor uns:

Die Vereinzelung von Arbeitnehmern in der digitalen Arbeitswelt, wo also quasi jeder für sich versunken ist in seine DEVICES, das wird hier eben spielerisch aufgebrochen und transformiert zu einer transparenten, gleichsam global zugewandten Arbeitsatmosphäre, die ein kreatives Miteinander im Grunde raumgestalterisch VERARGUMENTIERT und einen massiven IMPACT haben wird als Inspirationsquelle und Innovationstreiber.

Das ist ja unglaublich!, rief ich, sagen Sie, sind die Verfilmungsrechte noch zu haben?

Alle lachten, ach, stimmt ja, dachten sie, der seltsame Freund vom Chef. Der darf sich ja so allerlei rausnehmen, dieser Freund, weil er eben der Freund des Chefs ist – den wiederum sie aber seit ein paar Jahren nicht mehr Chef nannten, sondern CEO, weil ihnen das nämlich das Gefühl gab, sie seien Teil einer zwar etwas vagen, so oder so aber ganz gewiss strahlenden Zukunft. Und der Freund des CEOs, also ich, ich war die lose Bordkanone, der betrunkene Onkel am zweiten Weihnachtstag, kann man nichts tun dagegen, ist nun mal so – und machte eben immer so meine Witzchen. Der CEO, mein Freund, lachte dann immer voraus, gab also das Kommando, und dann fielen sie gleich mit ein. Sie kannten es nicht anders von mir und hörten schon lange nicht mehr genau hin, wenn ich was sagte.

Es klatschte, wer klatschte denn da, ah, die Feelgood-Managerin (das stand wirklich auf ihrem Namensschild, größer als ihr Name stand da: Feelgood-Managerin). Sie klatschte in die Hände und jubilierte: Der Arbeitsbereich ist die sexieste Fläche!

Ich latschte quer durch den Matsch, also durch nämliche sexieste Fläche, schob eine staubbedeckte Plane zur Seite, um nichts zu verpassen vom LIEBES-DRAMA, das aktuell auf dem Dach gegenüber praktisch live übertragen wurde:

Es geht um Liebe und Verrat!
Jetzt wird's richtig schmutzig!
Die privaten Nachrichten von IHR an die Ex!

Mein Freund sah das nicht, also jetzt gerade konnte er es auch gar nicht sehen, aber er wollte es auch SO GANZ GENERELL nie sehen, diesen Kerngeschäftsdreck. Immer wenn ich ihm mal wieder einigermaßen fassungslos von irgendeiner Entgleisung seines Senders erzählte, reagierte er sehr unwirsch und absolut, man merkte dann, dass er all die menschen- und staatsverachtenden Tiraden, die sein Sender täglich, Stunde um Stunde ins Land spie, im Detail gar nicht kannte – und auch nicht kennen wollte. So konnte er Widerspruch viel leichter abtun: Das seien doch alles nur öde Ressentiments, entgegnete er auf eigentlich jede INHALTLICHE Kritik, ÜBERHOLTE KLISCHEES AUS DER MOTTENKISTE seien das, natürlich würde so ein Sender auch mal danebenhauen, wo gehobelt wird und so weiter. Und dann verlor man ihn immer, genauer gesagt: er sich. Er fabulierte sich dann in eine nicht mehr von außen erreichbare Empörungsspirale, faselte von der bigotten, verlogenen, LINKSWOKEN ZEITGEISTBUBBLE, die angeblich glaubte, DIE MORAL GEPACHTET zu haben und so weiter. In Kulturkriegsrefrains wie diese flüchtete er sich oft, wenn er wütend war oder besonders zukunftsungeduldig, und doch war es interessant, dass er sogar der Moral zumeist direkt einen geldassoziierten Begriff folgen ließ: gepachtet. Auf diese Binnenkomik hatte ich ihn mal hingewiesen, im Rahmen meiner Eigenschaft als ebenjene lose Bordkanone, vor langer Zeit, als das alles noch lustiger war, unernster, genauer gesagt – und damals hatte er darüber sehr gelacht. Allerdings nicht, so schien es mir, weil ihn der Gedanke erreicht hätte, sondern einfach, weil für Gespräche, die ins Unangenehme kippen könnten, ein Lachen immer ein gutes Ende ist.

Er stand jetzt vor den drei Dixiklos, den Blick verzückt nach oben gerichtet, und drehte sich einmal um sich selbst. Er klang schwärmerisch, beeindruckt wohl auch von sich selbst, es war ja sein Haus, sein Traum, es war, natürlich, MEHR ALS EIN GEBÄUDE, es würde die Lösung sein, die Zukunft, die LOGISCHE KONSEQUENZ und was nicht alles:

Hier finden ALLE GEWERKE zusammen. Alles verzahnt. Von hier, seht mal, die BLICKACHSEN, das ist schon wirklich mehr als beeindruckend. Stellt euch mal hierhin und schaut hoch, dreht euch dann langsam.

Ich stellte mich zu ihm in den Schmutz, tat wie geheißen und sah auf jeden Fall, dass da noch ZIEMLICH VIEL GEMACHT WERDEN musste. Die rundherum sich auftürmenden Stockwerke waren zum ATRIUM hin offen und sollten das wohl auch bleiben, man konnte hineinsehen, das sah nicht ungefährlich aus, würde aber, so mein Freund, der Hammer werden:

Überall Glas, musst du dir vorstellen, Offenheit, Kommunikation.

So, muss ich das?

Hier wird, da kommt, das soll, von hier aus kann man dann, dadurch wird dann jeder – ah ja.

Alles implementieren, sagte er, das sagte er in letzter Zeit andauernd. Irgendwas sollte immer implementiert werden.

Die Feelgood-Managerin schaute ebenfalls ganz implementiert, mit dem Kopf im Nacken auch sie: Und was das Dach angeht, kommen wir ja später noch hin, also, das ist für mich so 'n absolutes Highlight – wir werden Duschen haben auf dem Dach! Das ist wirklich Work-Life-Balance at its best!

Der Bauleiter: Und das dort drüben, das wird unser Learning Lab – ne multifunktional nutzbare Fläche. Es gibt auch eine Silence Area auf der Arbeitsfläche. Raum zum Entspannen, Digital Detox.

Das ist schon sehr bewegend auch für mich, sagte mein Freund. Dieses Gebäude würde, so er, alles verändern, es sollte ein MAGNET werden und ein PULSGEBER für die VERÄNDERUNG, ja, es sollte und würde die Veränderung SEIN. Eine RADIKAL (so mein Freund, der mit dem Wort gern flirtete, um es zu domestizieren) transformiert-implementierte Veränderung mit Duschen auf dem Dach.

Meinetwegen, Veränderung konnte grundsätzlich und aktuell im Unternehmen meines Freundes ganz gewiss nicht schaden: Was die so sendeten, posteten, MULTIMEDIAL von sich gaben, wie die sich zuletzt politisch und GESELLSCHAFTLICH mehr und mehr radikalisiert hatten, es wurde ja alles immer nur noch schlimmer. Ihr Hauptfeind momentan war kurioserweise jede GESELLSCHAFTLICHE Veränderung (deren Rückveränderung sie sich selbst dann auch wieder als Veränderung verkauften, und schon passte wieder alles). Außerdem sehr aggressiv machte sie aktuell, schlampig zusammengefasst, die Wissenschaft. Die ja von niemandem bei Verstand mehr abzustreitende MENSCHENGEMACHTE Erderwärmung und Überhitzung der Atmosphäre wurde mit der Bezeichnung KLIMAWANDEL verniedlicht – und unstrittig notwendige Maßnahmen dagegen galten als Bedrohung der Wirtschaft und damit als NAIV und (ironischerweise) WELTFREMD. Wissenschaftler wurden als Alarmisten, Müsliprofessoren und Spaßverderber diskreditiert, mit Ausnahme jener Forscher, die versprachen, dass alles so weitergehen könne wie bisher, weil nämlich: Wachstum und Innovation – und dann wird das schon alles wieder. Alles andere bekämpften mein Freund und sein Sender hysterisch als ANGRIFF AUF UNSERE FREIHEIT.

Es läuft meinem Wesen völlig zuwider, irgendwelche politischen Ansichten in einem STREITGESPRÄCH zu äußern, ich habe auch gar nicht so viele, oder vielleicht auch viel zu viele, jedenfalls bevorzuge ich es, andere damit nicht zu belästigen. Neuerdings aber zwang mein Freund mich praktisch dazu, immer wieder. Sich nur auf ein ganz paar fundamentale Vernunfts- und Anstandsregeln zu einigen, empfand er neuerdings als GESTRIG IDEOLOGISCH. Und dann wurde er immer ganz barsch und hörte einem nicht mehr zu. Was insofern nicht weiter schlimm war, da ich dann sowieso immer rasch vollkommen verstummte.

Es war mir jedenfalls sehr recht gewesen, dass wir uns vorher an einem Baustellencontainer vor diesem Neubau und also gegenüber des Firmen-HAUPTSITZES getroffen hatten – denn ich weigerte mich seit langem, in das bisherige und ja noch aktuelle Haus hineinzugehen. Ich wollte damit nichts mehr zu tun haben.

Trennungs-Schlammschlacht tobt!
SIE gönnte sich Generalüberholung – Gesicht feingetuned!
ER rechnet bei uns mit seiner Ex ab!

Ich war etwas zu früh vor dem Neubau angekommen und stand rauchend an der Straße, wo auch eine Moderatorin des Senders stand und auf ein Taxi wartete. Auch sie blickte hoch zum riesigen Bildschirm, man sah dort gerade ein Orchester die Nationalhymne spielen, unten am Bildschirmrand lief wie beim Karaoke der Text mit, und die auf ihr Taxi wartende Moderatorin wirkte ziemlich verstört, sie klagte in ihr Telefon: … nein, nicht ER, wobei er neulich auch mit Natascha beim Friseur war, weil er findet, dass sie zu brav aussieht immer. Aber nee, viel krasser, das war der Fummel-Opi! Ich schwör's dir! Eigentlich sollte ich heute die Hymne abnehmen und dann die Liveschalte zum Kanzleramt moderieren … Ja, wegen der Gesetzesänderung … Nein, das stand seit Wochen im Dienstplan, dass ich heute »Das wird man ja wohl noch sagen dürfen« hoste. Und dann kam plötzlich, keine Ahnung, fünf Minuten vor Sendebeginn oder so, kam der Fummel-Opi und meinte original zu mir: »Mit ungemachten Haaren kommst du mir nicht mehr auf den Sender, das habe ich dir immer gesagt – und dann macht's eben statt dir heute die Melli. Punkt, aus, end of discussion.« … Ja, ich weiß, das meinte ich auch zu ihm. Aber er dann nur so: »Dann gehst jetzt halt zum Friseur, Kleines, und morgen ist ein neuer Tag.« ICH MEINE – HALLO? …

Hallo! Sehr viel Hallo plötzlich um mich herum, ach, hallo, GRÜSST EUCH – da waren dann leider die anderen gekommen, und ich konnte nicht mehr weiter dieses FRISEURGATE belauschen. Das war so eine weitere Abstrusität dieses Trashsenders, dass sie jede Kleinigkeit, die sie zum MEGASKANDAL aufpumpten, völlig sinnbefreit mit einem Kompositum betitelten, dessen zweiter Teil immer GATE war. Dass WATERGATE einst einfach nur der Name eines Büro- und Hotel-Gebäudekomplexes in Washington D.C. gewesen war – ach, Details, egal:

BENZINGATE! ABSEITSGATE! ÖKOGATE! BUSENGATE! DIENSTWAGENGATE! SCHNITZELGATE!

Es hatte schon auch eine Komik, dass dieser Sender immerzu sich gerierte wie so ein unangenehmer Imzugtelefonierer, jemand, der noch im kleinsten Halligpostamt ab einer Minute Wartezeit unwirsch verlangt, er wolle SOFORT DEN GESCHÄFTSFÜHRER SPRECHEN.

Und in diesem neuen Gebäude, DURCH dieses neue Gebäude würde das dann alles besser, zumindest wieder weniger schlimm vielleicht? Ich glaubte es eigentlich kaum, aber mein Freund war nun mal trotzdem noch mein Freund – auch wenn all dieser Dreck ja unter seiner ÄGIDE verbrochen wurde. Doch der gegenwärtig GRASSIERENDEN Idee eines humorlos strengen PEER-GROUP-Reinheitsgebotes mochte ich noch weniger nachkommen; sich ausschließlich mit Menschen zu umgeben, die das Gleiche wie man selbst denken, sagen, lesen, hören, anschauen, meinen, wählen, essen, tragen, tun, gut finden, blöd finden – also das lehnte ich ab. Auch war ich zu immerhin dieser Form der Selbstherrlichkeit gar nicht fähig: Alle müssen so sein wie ich, denn ich bin perfekt. Dafür – und damit geht es ja nur los – empfand ich mich selbst als viel zu dumm und lächerlich, als dass ich mein SOSEIN ernsthaft als Standardeinstellung aller Menschen einfordern würde.

Und außerdem war hier, in diesem Rohbauwitz, ja auch noch nichts Gesellschaftszersetzendes getan worden, soweit ich wusste, also: Warum nicht mal angucken? Mein Freund hatte mich darum gebeten, er wollte meinen KÜNSTLERISCHEN RAT, so wie früher, ach, früher. Er wollte zur Eröffnung dieses Neubaus ein Theaterstück oder einen Film produzieren lassen, und ich sollte ihn dabei beraten. Ich hatte ihm klar gesagt, dass ich – anders als früher – daran keineswegs offiziell mitwirken würde, mir war der Laden einfach nicht mehr geheuer. Ich hatte sogar GELD abgelehnt, und ich kam mir dabei nicht mal toll vor. Aber einen Rat geben, das schon, natürlich. Das tat er umgekehrt ja auch oft. Seit wir Freunde waren, taten wir das, einander beraten, in egalwelchen Angelegenheiten, und Freunde waren wir schon viele Jahre lang.

Plötzlich hatte ich eine komische Überblendung im Kopf, das war jetzt entweder ein Schlaganfall oder – ah, nein, es war die Vergangenheit. Über die Baustellengegenwart schoben sich jetzt durcheinanderblitzende FLASHBACKS, mit so einer Art Super-8-Filter drüber. Szenen einer Freundschaft, nein, Freundschaft fasste es nicht, es waren – Szenen einer Liebe:

Unser erstes Treffen in seinem grotesk runtergekühlten Büro, wir tragen seltsamerweise exakt identische Anzüge, grau mit kaum sichtbarem hellblau-orangefarbenen Karomuster – und verlieben uns praktisch direkt ineinander, obwohl wir uns noch jahrelang weiter siezen werden / Wir gehen durchs verschneite Fextal in Sils Maria, ein ganzes Tal nur für uns, die großen und allergrößten, vielleicht gar letzten Fragen erörternd – am Ende des Tals angekommen: Ein abgebranntes Haus, wir legen uns aufs Dach der Ruine in die Wintersonne, Arm in Arm, abends haben wir extrem sonnenverbrannte Nasen, liegen zusammen in einem Hotelbett, schauen diesen italienischen Film, dessen Namen wir uns nie merken konnten, und essen wahnsinnig viel Schokolade, schmieren versehentlich das ganze Bett voll damit, schlafen so ein, komplett bekleidet, beide zutiefst melancholisch, aber zusammen geht's / Wir sitzen im Wartezimmer unseres gemeinsamen HNO-Arztes, er hat den Termin direkt nach mir, ich warte und lese in dem Buch von Ben Hecht, das ich ihm mitgebracht habe / Los Angeles, unser nächtliches Wasserballmatch mit Zitronen im Chateau-Pool, das nach Stunden mit einem präzise leistungsabbildenden 0:0 endet / Nächtliche Begehung meiner neuen Wohnung, als mein Leben gerade sehr unübersichtlich geworden war, es gibt noch keine Lampen dort, gibt noch gar nichts, aber er hat eine Taschenlampe dabei und kann mich ein bisschen beruhigen. Dann Kartonpizza essen auf dem Boden, bei Kerzenschein, dazu auf Repeat Woodkids Mollversion von »Happy« aus seinem Telefon / Die spätsommerliche Bootsfahrt, eine seiner ersten mit Bootsführerschein, plötzlich geht uns das Benzin aus und wir müssen zurückschwimmen, lachend, durchgängig lachend /

Diese wahnwitzige Kellerparty in Italien, wo wir irgendein Fest des kommenden Tages vorbereiten sollen und das dann einfach vorverlegen und die komplette Bude zerlegen / Nächtelange interkontinentale Liebeskummertelefonate, mal so herum, mal andersherum / Seine schauderhafte Kreuzfahrt, die ich ihm aushalten helfe, indem ich ihm jeden Tag ein paar abfotografierte Foster-Wallace-Buchseiten whatsappe / All die Akutzusammenkünfte, bei denen wechselseitig einer von uns beiden dem anderen die Dämonen verscheucht /

Jetzt aber schnell wieder einfädeln in diese Baustellenführung, dem Bauleiter weiter zuhören, der unablässig seinen programmiert wirkenden, eventuell zwei-, dreimal zu oft AN DIE BÖRSE GEGANGENEN Investorenbeeindruckungskram in den Rohbau hineinpredigte:

… wir wollen hier auch eine Transformation des Raumes quasi permanent vollziehen. Auch der Raum selbst soll sich transformieren, mal zu einem Meeting, mal zu einem Event. Also da geht wirklich EINIGES. Etwa einhundert Monitore kommen dann da hin, da, da, dort, überall! Und die zeigen Nachrichten aus aller Welt, einlaufende Tweets, Fotos und Videos, aber auch Traffic-Trends, Themen, die gerade viral durchstarten …

Mir fielen Worte des großen Roger Willemsen ein, der beim Durchwandern einer deutschen Stadt einmal diese Art Fortschrittstragik voller Wehmut so beschrieb:

»Voller MEDIENKOMPETENZ und Know-How im Kopf – aber ohne Know-Why.«

Der Bauleiter zeigte IRGENDWO hin und fuhr fort, fuhr echt ziemlich weit fort, in eine Zukunft, in der es dann vielleicht doch wieder keine fliegenden Autos geben mochte, aber dafür NEW WORK:

Die Kreativität entfaltet sich dann, sage ich mal, automatisch, eben durch New Work. Sich emotional hingezogen fühlen zum Gebäude, zum Zusammenarbeiten, das fördert kreative Prozesse, die hier praktisch im Vorbeigehen, ja, ich sag mal, akkumuliert werden, vielleicht mal aus einem Witz, einer zufälligen Begegnung. Und das ist eben neu, das ist der Nukleus. Das ist New Work.

Ich verstand eine Weile lang immer New York statt New Work. Den Begriff New Work nämlich kannte ich noch gar nicht und fragte also meinen Freund, was denn der Bauleiter immer mit New York hätte, da erklärte er es mir. Ah, sagte ich adäquat hilflos, verstehe, New Work – das ist wie mit AI, was ja KI bedeutet.

Ich wusste selbst nicht, was ich da redete, aber das ging den anderen hier genauso, schien mir. Selbst nicht zu begreifen, ja nicht mal zu wissen, was man so daherredete, das störte hier nicht – es half. Ich wertete die Ausführungen des Bauleiters jetzt einfach als PERFORMATIVE KUNSTDARBIETUNG, und schon ging's: Mit der Integration von Bewegtbild, Newsportal und TV ziehen auch innenarchitektonisch neue Elemente ein, wie zum Beispiel zusätzliche Videoscreens, dezentrale Studiosets und eine moderne Möblierung, die den New-Work-Gedanken unterstützen soll.

Sagt mal, warf ich ein, um uns alle mal kurz aus diesem Quatsch zu erlösen, sagt mal, habt ihr nicht auch so 'n bisschen Angst, dass gleich Elon Musk vorbeikommt und mit dem ganzen Ding hier ins All fliegt?

Lachen, aber eher mitleidig, INKLUSION, die lose Bordkanone – HERRLICH.

Doch was machte eigentlich die OLD WORK derweil? Und wie NEW sie auch werden mochte, wie übermorgig ein Gebäude auch alle und alles irgendwie implementieren mochte – blieb nicht das Wesen der Menschen seit Jahrhunderten auf eine erstaunliche Weise unbeeindruckt vom Fortschritt?

Liebes-Aus wird immer schmutziger!
Nun packt IHRE ehemals beste Freundin aus!
Vereinbarung mit Ex aufgetaucht!

Das künftig LICHTDURCHFLUTETE, an Zukunftshausen, San Francisco, angelehnte Tal war natürlich, und das erhöhte die Komik und immanente Helmutdietligkeit der Situation kolossal, im Moment noch eine absolute Rumpelbude: unfertig, matschig, staubig, provisorisch, WEITLÄUFIG noch ausschließlich in der Zukunftsgewissheit meines Freundes und seiner Vasallen; überall Bretterstapel, Schuttcontainer, Betonmischmaschinen, Müll, aber immerhin: Musik. Ein paar Bauarbeiter machten gerade die berühmte BAUARBEITERFRÜHSTÜCKSPAUSE, man kennt sie aus Standbildern zu irgendwelchen Lohnerhöhungen und aus dem BEWEGTBILD der Knoppers-Reklame. In ihrer absoluten Zeitlosigkeit zwischendurch mal sehr angenehm, endlich mal etwas, das man kannte und begriff, etwas, das schon WAR, das immer so gewesen war und immer so bleiben würde. Auf mich jedenfalls wirkte zumindest diese Bauarbeiterfrühstückspause noch ziemlich untransformiert, und das gab einem etwas Halt. Ein INNERES GELÄNDER, wie mein Freund präsidial gesagt hätte, wenn er es gesehen und begriffen hätte, aber mit der Gegenwart HATTE ER ES JA NICHT SO. Dauernd war EPOCHENWECHSEL, zumindest aber eine GANZ ENTSCHEIDENDE WEICHENSTELLUNG jetzt sofort unabdingbar, weil sonst: Feierabend. Am Ende ging es immer um NEUE MÄRKTE – irgendwas mit jedenfalls sehr viel Technologie und aber auch DNA und was weiß denn ich. Ich hörte da nie so genau zu, weil es für mich langweilig klang und außerdem auch unangenehm kryptofaschistisch: DER NEUE MENSCH! Nein, all seine IMPACT TRIPS nach San Francisco hatten ihm wirklich nicht gutgetan. Irgendwie hatten seine NEUEN PARTNER da sein geistiges Betriebssystem beängstigend neu formatiert.

Die Gegenwart also war ihm vollkommen abhandengekommen, weil er sie ja dauernd vor allem überwinden wollte, TRANSFORMIEREN und so weiter, schließlich würde andernfalls die Zukunft ja nichts sein als ein einziger Untergang. Mein Freund war zugleich besessen vom Untergang – und auch von möglichst waghalsigen Zukunftsmodellen, die den sonst unweigerlich drohenden Untergang aber ganz bestimmt noch abwenden könnten, freilich nur, WENN MAN DEN WEG KONSEQUENT ZU ENDE GEHT. Ich hingegen dachte, dass Untergang und solche Science-Fiction-Szenarien einander nicht ausschlossen, sondern möglicherweise gar bedingten. Aber was wusste schon ich?

Ich war dieses Zukunftsgelalle so leid, also konzentrierte ich mich auf die Beobachtung der guten alten Bauarbeiterfrühstückspause, ein Fanal wider die Künstliche Intelligenz: Die Bauarbeiter aßen enorm große Frikadellenbrötchen und tranken Cola, hörten dazu das Beste der Achtziger, Neunziger und das Beste von Heute – das war ihre Work-Life-Balance. Und sosehr ich mich auch vor Frikadellenbrötchen ekelte und obwohl ich ganz andere Jahrzehnthits als Das Beste apostrophiert hätte – ich verstand zumindest das dieser Frühstückspause zugrundeliegende Konzept, konnte das darin sich VERDICHTENDE Leben mir immerhin vorstellen. Ganz unvorstellbar hingegen war es mir, auf dem Dach zu duschen und dabei ein Projekt zu implementieren.

Einwurf des Bauarbeiterradios: »Du hast mich tausendmal belogen, du hast mich tausendmal verletzt.«

Die Feelgood-Managerin salbaderte weiter: Und der totale OBERBURNER ist ja auch, dass ein Großteil des Fußbodens mit Douglasie ausgelegt wird – das ist eine Holzart, die das alles dann SCHLUSSENDLICH sehr warm macht und haptisch ganz anders erlebbar. Dort hinten, muss man sich vorstellen, da werden wir dann eine große Tresenlandschaft haben, die einlädt zum gemeinsamen Kochen, zum Verweilen.

Allmählich dachte ich, ich befände mich inmitten einer Dokumentation über die perversesten Immobilienprojekte Dubais.

Die Feelgood-Managerin, einmal mehr sinnlos euphorisiert: Das hat schon nen echten WOHLFÜHLCHARAKTER hier.

Statt mich direkt zu übergeben oder die Feelgood-Managerin zu fragen, ob man bei ihr eigentlich auch VIP-Tickets fürs FYRE FESTIVAL kaufen kann, hörte ich ihr einfach weiter zu, ihre stupende Überhöhungsrhapsodie hatte ja durchaus etwas HYPNOTISCHES – und ich erinnerte mich an die schönen Stunden, in denen ich früher, komplett dicht, mit recht unsoliden Freunden so amerikanischen Fernsehpredigern zu folgen versuchte. Auch diese Feelgood-Managerin schien vom Ewigen Leben zu berichten, vom Paradies, das wir alle dermaleinst bewohnen könnten, wenn wir nur ihren Anweisungen folgten:

Und unser akustisches Vorbild für dieses Atrium ist – ja,

runtergebrochen ist das Arbeiten im Park, eine summende Atmosphäre, es ist nie ganz still.

Darauf das Bauarbeiterradio: »Shiny Happy People«.

Mein Freund beschrieb indessen mit leuchtenden Augen die Hölle: Nicht jeder wird hier ein Büro haben, einen festen Schreibtisch. Das findet sich dann immer neu, PROJEKTBEZOGEN. Das da drüben werden ja eben keine Räume im eigentlichen Sinne, sondern Halbinnen-, Halbaußen-Kammern.

Er liebe ja Streit, sagte er immer. Auseinandersetzung! Wettstreit der Ideen! Flache Hierarchien! Widerworte! Diskurs! Konsens killt Innovation, wir müssen streitbar bleiben, und wenn alles zu glatt läuft: selbst die Gegenposition einnehmen!

Stimmte natürlich gar nicht, niemand liebt so was, mit Ausnahme seiner JOURNALISTISCHEN FÜHRUNGSKRÄFTE, die das völlig falsch (und ihn: gar nicht) verstanden und also sehr eindimensional UMSETZTEN, indem sie einfach immer dagegen waren, egal gegen was, gegen eigentlich alles, was von außen kam. Und von außen kam ja viel. Was sie nur noch bestärkte – Geisterfahrerlogik.

Aber einer seiner liebsten GESELLSCHAFTSTRICKS war eben – besonders gern in holzvertäfelter, denkmalgeschützter SALON-Umgebung – die stets überaus freudestrahlend verkündete Rabatzeröffnungsformel: DARF ICH MAL DEN AGENT PROVOCATEUR GEBEN (wahlweise auch: DEN ADVOCATUS DIABOLI)? Durfte er natürlich immer, und das fanden dann alle um ihn herum sehr geistreich und Harvard, und beim Nachhausegehen dachten sie dann: Geil, das sind jetzt die Zwanziger Jahre mit WLAN, und ich bin dabei.

Ich wiederum, als lose Bordkanone, konnte diesen koketten Widerspruchstrailer weglassen. Zwar würde ich in dieser Hyperzukunftsklapse auf gar keinen Fall jemals irgendwas tun, gab jetzt trotzdem stellvertretend den ARBEITNEHMER, total OLD WORK, aber mir war einfach langweilig: Also zum DENKEN ist das doch absolut ungeeignet, so ein FLUIDER ARBEITSPLATZ, so eine Höllenhalle, in der man sich jeden Tag einen neuen Platz suchen muss. Das ist doch vollkommen geistesfeindlich! Wie soll man denn da irgendwas Begonnenes weiterdenken, wenn man sich jeden Morgen erst mal neu zurechtfinden muss, wo ist die Kaffeemaschine, wer sind diese Leute jetzt schon wieder um mich herum, wo ist das Klo, wo ist mein SITZBALL?

Im Gegenteil, sagte mein Freund, aber schön, du gibst den Agent Provocateur …

Lieb's!, rief die Feelgood-Managerin, also Agent Provocateur kenne ich eigentlich nur aus meinem Kleiderschrank, aber das ist ein ganz anderes Thema.

Weiß ich gar nicht, sagte ich. Im Sender drüben ist auch das implementiert, nach allem, was ich von da so höre.

Mein Freund ließ die peinliche Pause nicht zu lang werden und referierte leichthin, als hätte er auf meinen Kaffeemaschinensuch-Einwand lange gewartet, irgendwelche ganz neuen Hirnforschungsergebnisse, aus denen folge, dass WIR in Zukunft ALLE, wenn ich das richtig verstand, in so einer Art technikpervertiertem, hirnkommunistischen Glasparkhaus die besten Denkergebnisse erzielen würden.

Das war wirklich Steve Jobs NEXT LEVEL SHIT: Er dozierte über das künftige Verhalten des Menschen (aller Menschen, klar), die bisherigen Denkfehler der Menschheit – und deren alsbaldige Abschaffung (also: der Denkfehler, nicht der Menschheit) durch eine neue Erfindung, die ALLES verändern werde. Nur holte er dann eben kein GADGET aus der Tasche, viel besser: Man konnte sie noch nicht sehen, nicht anfassen, sie EXISTIERTE noch nicht, die Lösung, außerhalb seines Kopfes. Er hatte NICHTS in der Hand. Und stand vor einem Betonmischer. Ein Hütchenspieler ohne Hütchen.

Sag mal, kann das sein, dass der Architekt, auch wenn er ein SIR ist und, keine Ahnung, die Oper in Barcelona oder so, die Botschaft in Keineahnung und das Parlament in Wasweißichwo gebaut hat – dass der dich komplett verarscht hat? Wie soll man denn hier ARBEITEN? Das wird ja wie so ein beleuchteter Riesensandwichautomat hier.

Er liebte diesen Einwand, ich war jetzt der KLEINGEISTIGE DEUTSCHE MICHEL, der sie einfach noch nicht verstanden hatte, diese Zukunft.

Wir werden künftig ganz anders arbeiten, sagte er.

Wer WIR? Du auch? In so einem wandlosen Albtraum?

Alle. Alle Mitarbeiter, alle Menschen. Das lässt sich gar nicht mehr aufhalten. Das ist nur konsequent, das denkt alles zu Ende. Und da sind wir international zwar late to the party, national allerdings früh dran. Kein Stein bleibt auf dem anderen, wortwörtlich. Völlig neues Arbeiten. Es wird auch keine Arbeitszeiten mehr geben. Keinen Dresscode. No bullshit.

Aber DAS ist doch Bullshit! Woher WEISST du denn das alles? Und jetzt bitte nicht Henry Fords Autoerfindungsbonmot zitieren!

Das war ein weiterer Zitatklassiker, den er immer brachte, wenn seine Pläne einmal mehr als erratisch aufgefasst wurden und ihn genau das dann darin bestärkte – Henry Ford: »Wenn ich die Leute gefragt hätte, was sie wollen, hätten sie gesagt: schnellere Pferde.«

Er grinste, von der Zukunft geküsst, jetzt zu uns hienieden herabsteigend, um uns ABZUHOLEN und MITZUNEHMEN dahin. Und wenn jemand nicht abgeholt werden wollte und mitgenommen, würde mein Freund genussvoll einen weiteren seiner All-Time-Hits raushauen: Wer nicht mit der Zeit geht, geht mit der Zeit!

Der Bauleiter jedenfalls kam auf jeden Fall mit, der hatte sich längst auf den Weg gemacht: Wir haben uns entschlossen, der modernen Zeit zu folgen und Unisex-Toiletten einzurichten, die für alle Geschlechter da sind. Sie sind als »Restrooms« ausgeschildert, und mit einem Extrazeichen auch Stehurinale.

Ich wusste ja, wie mein Freund diesen Aspekt der MODERNEN ZEITEN verachtete, deshalb gefiel mir das jetzt besonders gut: dass ihm das gefallen MUSSTE. Seine Grobklotzkeifer im Altbau-Turm gegenüber führten, sicherlich nicht zu seinem Verdruss, völlig von Sinnen einen lächerlichen Dauerkrieg gegen DEN WOKE-WAHNSINN – für sie und ihn war dieser ganze Kram, STICHWORT GENDERTERROR, nichts anderes als ein Walking-Dead-Aufstand jener ACHTUNDSECHZIGER, die unerklärlicherweise auch gegenwärtig noch seine NEMESIS waren. Es war sagenhaft unterhaltsam, ihm dabei zuzuschauen, wie er nun aber nickend dem Bauleiter zuhören musste, der diese heutige An-alle-und-alles-ist-gedacht-Vorgabe DURCHZUBUCHSTABIEREN hatte und also auch meines Freundes persönlichen ACHTSAMKEITS-/ÖKOTREND-Albtraum mit all seinen Insignien, der – wie ja ALLES – natürlich auch in diese wilde Transformationsorgie hier INTEGRIERT wurde:

Es gibt im Untergeschoss eine Fahrradgarage mit Werkstatt, Duschen, Umkleidemöglichkeiten und speziellen Ständern für eBikes. Und Gebets- oder Andachtsräume für jede Weltreligion.

Pause. Dann vielleicht mein Lieblingssatz, natürlich wieder von der Feelgood-Managerin: Der Clou sind natürlich ganz klar die Duschen.

Immer wieder die Duschen. Überall hier sollte man sich künftig immerzu BEGEGNEN und Kaffee trinken und IDEEN AUSTAUSCHEN, ja am besten AUCH MAL OUT OF THE BOX RUMSPINNEN – und davor, danach, vielleicht sogar dabei: duschen. Was für ein beschissener Albtraum.

Der Bauleiter unterdessen nannte Fenster »öffenbare Elemente« und war weiterhin die Zuversicht selbst, die Zuversicht mit Helm und Gummistiefeln: Der Newsroom hier zu unserer Rechten sieht im Moment mit Gerüst und Abdichtungsebenen noch so 'n bisschen eingeschränkt aus, aber das wird, das wird alles. Was man, denke ich, an und für sich schon ganz gut sieht, das ist, wie wir hier also die Zukunft des Arbeitens in der digitalen Welt durch Architektur gestalten. Also GROSSO MODO eine Arbeitsumgebung, die sowohl Konzentration als auch lebhafte Zusammenarbeit fördert.

Die Feelgood-Managerin, die mich tatsächlich zu dem Schluss brachte, es sei kaum möglich, dass sie NICHT komplett bekifft war, vielleicht ja auch IN ANLEHNUNG ANS SILICON VALLEY durchgängig mit MICRODOSING unterwegs und da heute einfach versehentlich macrodosiert, die Feelgood-Managerin also sagte: Es gibt unendlich viel Platz, viel frische Luft und ein Innen, das fast wie ein Außen aussieht oder fast draußen ist! The inside comes outside – und umgekehrt! Also die Übergänge zwischen Innen und Außen sind sehr fließend. Es gibt die gemütlichen Ecken, die großen Konferenzräume, Lounges und viele andere Orte, an denen Menschen gerne zusammenkommen, sich ZWANGLOS treffen, austauschen, Kaffee trinken, Projekte ENHANCEN, das heißt also, gemütlich hinsetzen, von morgens bis abends einfach – ja, und hier auch das Gebäude genießen.

Und ich dachte an »American Psycho«: kein Ausgang.

Im alten Haus wütete derweil der Chefredakteur des Senders. Einige von denen, die dort arbeiteten, UNTER IHM, wie gesagt wird, erzählten mir regelmäßig von den Zuständen dort, die so gar nicht passen wollten zu den VOLLMUNDIGEN Fortschrittlichkeitspsalmodien des Unternehmens. Es sei denn: als sehr triftige Ausgangslage für ein frappierendes Vorher-Nachher.

Wir standen jetzt im zukünftigen Nachher, das aber ja noch nicht fertig war, und hier wurde auch noch kein CONTENT GENERIERT, hier war ja noch nicht mal das Dach fertig. Vom Dach des Vorhers war derweil zu erfahren:

Schmutziger Rosenkrieg!
Was ist die Wahrheit?
Instagram-Zoff der Ex-Frauen!

Der Weg über die Straße war also eine Zeitreise: aus dem absoluten Gegenwartselend in die spekulative Zukunft. Ich wollte mit beidem möglichst wenig zu tun haben. Die Gegenwart drüben verabscheute ich ZUTIEFST – und die Zukunft hüben begriff ich schlichtweg nicht. Ich glaubte kein Wort von dem Veränderungsmumpitz, den mein Freund da verkündete, ich glaubte auch nicht, dass so ein futuristischer Unsinn etwas änderte am grotesk vorzeitlichen Neandertalerwesen dieses Unternehmens. Und ich glaubte erst recht keiner Feelgood-Managerin:

Also hier drüben, wenn wir da vielleicht mal, Achtung hier, nicht stoßen – das also ist der Co-Working-Bereich. Schon in der Lobby wollen wir die Gäste ja animieren zum Arbeiten, sie sollen sich natürlich aber auch gastronomisch versorgen können, deswegen entsteht dann hier hinter mir alles zum Thema Take-away, Grab and Go – GENAU. Das ist EBEND HALT so positioniert, dass man sich auf die Fahrstuhlkerne konzentrieren kann und im Vorbeigehen relativ schnell seinen Kaffee, seinen Snack, sein belegtes Brötchen abholt. Meet and Eat im urbanen Umfeld. Die aktuellen Megatrends verzahnen sich hier, also Nachhaltigkeit, gesunde Ernährung, Fusion, Streetfood, Work-Life-Balance. Also, da kann ich nur sagen, da bin ich jetzt supergespannt, wie Sie das künstlerisch umsetzen würden zur Eröffnung.

Sie schaute mich an. Alle schauten mich an.

Äh. Drei Ideen, sagte ich, denn drei ist immer gut, ich

hoffte, ich käme auch wirklich auf drei, ich fing einfach mal an. Also erstens, euer unangenehmer Aufhetzchefredakteur sollte ab sofort seine Brüllkommentare genau hier filmen lassen, sein Skandalgebelle ist ja mindestens so roh wie dieser Bau, und die Gummistiefel und der buchstäbliche DRECK hier, das wären schlüssige Requisiten für seine Schmutzschleuder-Tiraden.

Zweitens: Ein Remake von »Modern Times«, in Farbe, hier in euerm Zukunftsgewächshaus – Pastewka als Chaplin.

Drittens: Ein Theaterstück, mit nur einem Menschen, überhaupt muss die Abwesenheit von Menschen gezeigt werden, um dieses Haus, tja, zu versinnbildlichen, keine Ahnung, ob es das Wort gibt. Also, stellt euch vor, ein Galerist, der – meinetwegen von diesem Weltraumpenis von Jeff Bezos aus – das weiße Nichtgemälde aus Yasmina Rezas Theaterstück »Kunst« als NFT zum Höchstpreis versteigert. Also, wie auch immer, ich werde daran ganz bestimmt nicht mitwirken, aber so was wäre gut. Etwas ganz ohne oder zumindest mit möglichst wenig Menschen. Wichtig für euch: keine Menschen. Das fällt mir dazu ein.

Stille. Ratlosigkeit. Das gefiel mir jetzt richtig gut.

Der Bauleiter: Tja, von der Umsetzung her …

Die Feelgood-Managerin: Danke für den Input. Klingt für mich erst mal spannend!

Sie verstanden gar nichts, mein Freund aber schon: Lass uns doch mal kurz eine rauchen, schlug er vor.

Der Bauleiter sagte, das ginge AN UND FÜR SICH nicht, mein Freund aber befand, das ginge sehr wohl. Die Feelgood-Managerin flocht ein, dass sie sich das Rauchen vor einem Jahr abgewöhnt hätte. Es fehle ihr TOTAL.

Vielleicht wieder mal, weil es verboten, ihm aber natürlich möglich war, nahm auch mein Freund sich eine Zigarette. Wir gingen EIN PAAR SCHRITTE, weg von den anderen, blieben stehen mit Blick auf den Dachmonitor gegenüber:

Wut-Posting!
SIE nennt IHN »Teufel«!
Schmutzige Trennung!

Was ist denn nur los? Du wirkst unzufrieden, befand mein Freund.

Ihr hingegen wirkt alle wahnsinnig zufrieden.

Stimmt, das ist immer gefährlich. Gut, dass du das sagst.

Kommt mir alles so gehirngewaschen vor.

Das ist unfair, und das weißt du auch. Aber wo ich dir EINEN PUNKT GEBE: Wir dürfen nicht selbstzufrieden sein, nie, das ist sonst der Tod. Angriffslustiger müssen wir wieder werden, riskanter, auch selbstkritischer, das sehe ich schon auch. Aber da kommst du ja jetzt ins Spiel.

Äh – nein.

Jetzt lass mich mal nicht hängen hier! Humorvoller, selbstironischer – was wäre denn die ultimative Provokation?

Den Sender dichtzumachen. Ihr labert immer von Frauen in Führungspositionen, die Wahrheit aber bei euch im Sender scheint zu sein: Führungskräfte in Frauen.

Wie jetzt? Was soll das denn heißen?

Wusstest du, dass die Moderatorinnen drüben im Sender einen deiner dort Verantwortlichen FUMMEL-OPI nennen?

Wer? Wen? Das ist doch Quatsch.

Doch! Irgendeine Moderatorin von euch habe ich das vorhin sagen hören, keine Ahnung welche. Ich kann die alle nicht auseinanderhalten, die sehen ja auch vollkommen identisch aus alle – wie aus einem Fox-News-3-D-Drucker.

Lass doch bitte mal diese Polemik jetzt weg.

Ungern. Ihr könnt euch dieses ganze wolkige Zukunftsgelaber hier doch wirklich komplett sparen, wenn ihr IM KERN weiter so absurd rückständig seid. Da wirkt dieses futuristische Gewand drumherum nur umso lächerlicher.

BIN DA JA VÖLLIG BEI DIR, dass sich da noch viel tun muss.

Ist ein Lernprozess, hm? Ein GESELLSCHAFTLICHER, meinst du das?

Hör auf, mich zu verarschen, ich meine das absolut ernst. Wir müssen auch da noch besser werden, das ist doch überhaupt keine Frage. Aber – Idee! – wenn dich das so umtreibt, dann mach doch genau darüber was! Schreib doch einfach ein EDGY Skript für einen IMAGEFILM, der hier im Neubau spielt, und da hast du eine komplette CARTE BLANCHE. Versprochen. Mach was über #MeToo! Ist mein voller Ernst. Kann auch gern wehtun. Muss es sogar! Wir wollen ja besser werden, lernen. Das kann ein absolutes LEUCHTTURM-PROJEKT werden, ein MILESTONE. Das wäre doch geil, überleg mal – ein humorvoller #MeToo-Spot. Wirklich zeigen, dass wir da führend sind.

Und wie DER TOLLE MENSCH bei Nietzsche die Laterne, so schmiss ich nun vor meinem Freund die verspiegelte Sonnenbrille auf den Beton, die ich ihm doch nach der Besichtigung eigentlich hatte schenken wollen. Es war jetzt alles auch ein bisschen schülertheaterig: Gott ist doof!

Ich haute dramatisch ab, ein wirklich gelungener MIC-DROP-Abgang, so schien es mir selbst zunächst, als ich, am ganzen Körper zitternd, durch den Matsch nach draußen eilte.

Nur leider musste ich, schon beim Taxistand angekommen, direkt noch mal umkehren, weil ich meine Tasche im ATRIUM hatte liegen lassen. Oben auf dem Dach des BESTANDSGEBÄUDES hysterisierte der Empörungssender verlässlich die Stadt:

Nächste Runde im Liebes-Drama um Fußball-Weltmeister!
Und jetzt wird's immer schmutziger!
Fußballer-Ex posted krasse Audio-Pöbeleien!

Ich kann mich einfach nicht gut streiten. Früher, bei uns zu Hause, erwuchsen aus allerkleinsten Zwistigkeiten regelmäßig vollkommen unübersichtliche, entgrenzte Tobsuchtsorgien, da wurde rumgeschrien, geschubst, Möbel wurden umgeworfen, Türen eingetreten, alles war Gebrüll und Gezeter – und seither verlasse ich schon bei der kleinsten Andeutung eines eventuellen Streits praktisch meinen Körper und kriege kaum Luft, mein Herz ballert dann los wie die Hi-Hat eines David-Guetta-Refrains. Mir tut dann auch bei Bedarf gleich alles leid, was gefordert wird, nur damit die von mir gewiss oft überempfindlich wahrgenommenen KAMPFHANDLUNGEN abgebrochen werden.

Mit also GESENKTEM HAUPT schlich ich zurück in das dreieckige Atrium, und ich hoffte, dass mein Freund mir nicht mehr böse war, dass er großzügig sein würde und Herbert Wehner zitieren, auch so ein trüb ausgeleierter Merksatz aus seinem Standardrepertoire, aber jetzt sehnte ich diesen Wehner-Satz wirklich herbei, der würde signalisieren, dass alles nicht so schlimm war und wir noch Freunde waren.

Mein Freund stand lächelnd da, meine Tasche in der Hand, ich blieb stehen, traute mich nicht, näher zu kommen, aber dann sagte er tatsächlich den Wehner-Satz: »Wer rausgeht, muss auch wieder reinkommen.«

Tut mir leid, ich weiß auch nicht, was mich da …

Lass gut sein. Kann passieren. Ist wohl am besten, wenn wir das mal vertagen.

Er nahm mich in den Arm und küsste mir auf den Kopf. Ein Glück, es war wieder gut. Nicht mehr streiten!

Mein Freund setzte die zersprungene Spiegelsonnenbrille auf, die ich ihm hingeschleudert hatte, schaute mich liebevoll lächelnd an, und da konnte ich endlich wieder lachen, das hatte jetzt kurz wirklich auf der Kippe gestanden, zwischen Weinen und Lachen – komplette Hysterie. Jetzt aber konnte ich lachen. Mit implementierten Tränen!

Hast du gesehen, was auf den Gläsern steht, außen, auf der Spiegelseite?

Er nahm die Brille ab, trotz des Glassprungs konnte man es noch ganz gut lesen:

Linkes Glas: OBJECTS IN MIRROR ARE CLOSER THAN THEY APPEAR.

Rechtes Glas: »Es ist zu schwer, in den Spiegel zu schauen. Da ist nichts.« (Andy Warhol)

Phantastisch, sagte mein Freund. Ich liebe dich, das weißt du doch.

Ja, weiß ich, sagte ich. Ich dich auch!

Und dann legte ich meinen Kopf auf seine Brust, musste jetzt doch noch ein bisschen weinen, was wohl die anderen dachten, ach, egal.

Komm, lass uns das zusammen machen. Das wird gut, sagte er.

Und ich darf wirklich machen, was ich will, keine Diskussionen?

Darauf hast du mein Wort. Das haben wir immer so gehandhabt, bei allem, was du je fürs Unternehmen gemacht hast. Hat dir da irgendwann mal irgendwer reingeredet? Du bist Künstler! Und Künstler müssen nicht diskutieren, dafür bin ich immer eingetreten. Komplette Freiheit.

Na gut. Ich mache also diesen #MeToo-Spot. Du gewährst mir da komplette Freiheit und weißt ja: Die Kunst ist oft ein Arschloch – aber wenn sie das ist, hat sie meistens recht.

Ich find's jetzt schon sensationell.

Als wir uns verabschiedeten, unten vor dem Neubau, war abermals der riesige Bildschirm nicht zu übersehen, der vom Dach des mittlerweile ALTBAU genannten, vom Bauleiter aber kategorisch als Nein-nicht-Altbau-sondern-BESTANDS-GEBÄUDE bezeichneten Firmensitzes unaufhörlich die gesamte Stadt anschrie:

Jetzt geht seine Ex-Ex auf seine Ex los!
Lügen, gefälschte Social-Media-Accounts, massive Alkoholprobleme!
»Ich hoffe, dass sie die Hilfe bekommt, die sie dringend braucht.«

Neues vom Dauerzustand

Und ich habe halt schon irgendwie Angst, keine Ahnung, dass es aufhört. Also, im Moment ist es alles ziemlich cool und so, aber es ging halt auch superschnell alles. Ich meine, ich bin jetzt da, wo ich immer sein wollte, aber es – ja, weiß auch nicht. Und gestern dann hatte ich echt so extrem hartes Craving plötzlich. Ich war wie ferngesteuert. Und alles in Zeitlupe. Ich wollte nur noch, dass da oben endlich Ruhe ist, nichts mehr fühlen und so, die alte Leier, na, ihr kennt das ja alle. Bin einfach nicht mehr klargekommen auf mein Leben.

Es hatte so banal angefangen, aber so ist es ja immer, ne? Ich meine, ihr kennt mich ja hier sonst mit normalen Haaren, also so, wie meine Haare halt sind. Aber wenn ich auf Sendung gehe, dann glätte ich sie immer so ultrakrass, so auf brav. Ich habe das von Anfang an irgendwie automatisch immer gemacht, einfach, weil alle das da so machen. Aber ich wusste nicht aktiv, dass das so 'n DING ist. Und dann kam ich eben gestern direkt vom Sport ins Studio, mit normalen Haaren, so wie jetzt, ziemlich aufn letzten Drücker, und dann meinten die da plötzlich: Vergiss es. Und ich nur so: Wie jetzt? Ja, meinten die, mit den Haaren so, no chance, so kannst du nicht vor die Kamera. Und es war halt schon zu spät, die noch zu machen, weil das schon immer so 'n richtiger Akt ist, die ganz zu glätten und so, das dauert locker ne Dreiviertelstunde jedes Mal, und die Zeit war eben nicht mehr. Und dann haben die mich original zum Friseur geschickt und ne Kollegin einspringen lassen, die nie mit ungemachten Haaren vor die Tür geht, egal ob Sendung oder nicht, die geht nicht mal ungeschminkt zum Work-out oder zum Brötchenholen, die posted auch immer so

Superdeluxe-Sundaymorning-Mood-Videos von sich, wo sie schon voll geschminkt im Bett liegt und dabei aber so full on einen auf Natur macht.

Na jedenfalls, ich dann so zum Friseur, und ich war maximal dramaqueenmäßig drauf, hab ne Freundin angerufen und – ohne Witz jetzt – echt 'n bisschen geheult sogar, und dann abends hab ich plötzlich so richtig abgepanikt aufm Sofa. Ich lag da so und hatte das Gefühl, dass ich ganz tief falle. So in mir drin. Und dass ich aus meinem Körper rausmuss. Das ging bestimmt ne halbe Stunde. Ich bin so krass gecrasht, ich weiß, das klingt voll lächerlich. Weil, hey, es ging um meine HAARE! Aber das war – das war so 'n Auslöser irgendwie. Ja, und dann hatte ich mich 'n bisschen beruhigt und war aber so komplett durch, und da meldete sich halt die fucking Sucht wieder. Einen Joint nur, dachte ich, 'n halben, und war schon so am Alte-Handys-Durchsuchen, nach ner Nummer, irgendne alte Conneggi reaktivieren, das war, als ob ich jemand anders wäre. Das klingt jetzt hyperbescheuert, aber ihr wisst ja alle, wie das dann abläuft – das ist so, als ob man schon druff wäre. Kein Umweg über die Ratio mehr und so. So richtig massiver Suchtdruck, wie schon ganz lange nicht mehr.

Aber ich hab dann plötzlich gedacht, nee, komm, morgen ist Gruppe – und wenn ich jetzt was besorge und mich richtig fett abdichte, dann muss ich hier dann lügen oder so superlost das alles beichten oder die Gruppe diese Woche ausfallen lassen, und dann bin ich wieder genau da, wo ich früher war, STOP. Ich hab mir echt dieses Stop-Schild vorgestellt, für das ich dich letzte Woche noch ausgelacht habe, André, sorry dafür noch mal. My bad – das hilft nämlich echt, wenn man so 'n Film schiebt. Einfach dieses rote Stop-Schild sich vorstellen. Ich hab mir sogar eins als Bildschirmhintergrund installiert, auch auf Laptop und Handy, und dann wollte ich es mir sogar noch ausdrucken, für die Wohnungstür, von innen, und dann war aber das Rot im Farbdrucker eingetrocknet, und ich habe gesucht, ob noch irgendwo frische Patronen rumliegen – und dabei konnte ich dann plötzlich lachen. Ich kniete da echt vor meinem Drucker und hab auf einmal so einen derben Lachflash gekriegt, das war so befreiend, Alder, habe ich gedacht und konnte echt nicht mehr vor Lachen, Alder, was für eine Scheißaktion.

Und dann habe ich, obwohl es schon total spät war, ganz laut Katie Melua angemacht, ich weiß, supercheesy, aber was soll's, und hab mir echt vorm Schlafengehen – ich meine, wie sinnlos ist das, bitte? – die Haare geglättet. Mir liefen dabei die Tränen übers Gesicht, aber so gute Tränen, wisst ihr, wie ich meine? So euphorische Tränen. Ich habe das dann gefilmt und geposted, und das war meine erfolgreichste Story überhaupt bisher.

Als ich heute Morgen aufgewacht bin, dachte ich zuerst, das war alles nur ein Traum, auch weil ich morgens nachm Aufstehen ja dann immer so ne Brokkoli-Frise hab – aber als ich dann Insta gecheckt habe und die ganzen Herzen unter meiner Story gesehen habe, wusste ich, das alles ist echt passiert.

Sie sah auf, während ihrer gesamten Rede hatte sie vor sich auf den Boden gestarrt, aber jetzt schaute sie hoch, scannte den gesamten Stuhlkreis unserer Selbsthilfegruppe, und als sie mich erblickte, verharrte ihr Blick kurz, wir sahen einander in die Augen, ich hatte meine Hände schon zum Klatschen erhoben, klatschte gerade los, als unsere Blicke sich trafen, die ganze Gruppe klatschte jetzt, so wie wir das immer machen, wenn einer fertig ist mit seinem Eröffnungsbeitrag in der einleitenden Runde, manche sagen nur ihren Namen und ihr Problem, kurz die Eckdaten, seit wann suchterkrankt, seit wann abstinent, denn jedes Mal ist die Gruppe ein bisschen anders besetzt, manchmal kommt jemand Neues, manchmal kommt jemand – so wie ich heute – nach längerer Zeit wieder und so weiter, aber man kann eben auch länger reden, wenn aktuell gerade was los ist bei einem, so wie bei ihr jetzt, sie hielt noch immer den Blick, ich auch, und es war sehr klar, was ihr Blick mir bedeuten sollte: Ein Wort davon außerhalb der Gruppe von dir – und du bist tot.

Mit meinem Blick versuchte ich ihr zu vermitteln: Die Gruppe ist heilig, auf gar keinen Fall werde ich irgendwem davon irgendwas erzählen, was glaubst du denn?

Der Applaus hörte gar nicht auf: Mutig, tapfer, toll die Kurve gekriegt, Heldin, danke für deine Offenheit und so weiter.

Als ich dann dran war, suchte wiederum ich Augenkontakt zu ihr, diesmal alles umgekehrt, ich wollte nun ihr vermitteln, dass das Schweigegelübde auch andersherum zu gelten habe. Sie nickte, und dann fing ich an zu erzählen. Soundsolang schon abstinent, jetzt länger nicht in der Gruppe gewesen, aber vor ein paar Tagen ist dann was vorgefallen, und da dachte ich, oh, besser mal wieder in die Gruppe gehen. Das war nämlich so: Eine neue Dokumentation über Buch, Film und Fall »Wir Kinder vom Bahnhof Zoo« lief auf irgendeinem STREAMINGDIENST, darin auch Gespräche mit der echten Christiane F., wie es der heute so geht. Wie schon das Buch und der Film damals, so war auch diese Dokumentation ganz klar als Abschreckung gedacht, Finger weg von den Drogen, das endet im Desaster oder gleich im Grab und so weiter. Und zu sehen war also nun diese Frau, mittlerweile vielleicht hundert Jahre alt, aber irgendwie immer noch ein Kind, ein unerlöstes Kind im Körper einer komplett erloschenen Oma. Sie hing da rum in der nicht allzu schönen EIGENTUMSWOHNUNG, die immerhin sie sich hatte leisten können damals, von den Buchtantiemen, und sie erzählte vollkommen freudlos davon, dass sie sich immer noch alle paar Wochen Zeug besorgt und sich wegballert, insgesamt gehe es ihr ganz okay und so deprimierend weiter. Und ich schaute mir das an und begriff sehr wohl, wie das bitteschön aufzufassen war, es war ja hoch didaktisch alles, nein, keine Drogen, liebe Zuschauer, oder wollt ihr so enden? Das alles verstand ich natürlich, aber dann passierte etwas Seltsames: Ich versank in der Tristesse dieser Lebensvergeudungslegende – und wünschte mich dort hin. Ich wurde ganz unruhig. Das Allertollste und Legendärste, dachte ich, wäre es doch, genau jetzt diese Dame ausfindig zu machen und mich mit ihr gemeinsam wegzuschießen. Alles, alles an der dort gezeigten Wohnung und dem darin zugebrachten Leben war so unstreitig trostlos – aber ich, ich hatte nur diesen einen Wunsch, jetzt sofort da hin und mir mit ihr so richtig die Lichter ausballern.

Ich stoppte den Dokumentarfilm mittendrin, weil dieses Sehnen minütlich stärker wurde, den Stop-Schild-Trick kannte ich natürlich auch, zwar nicht von André, ich war ja, wie gesagt, länger nicht in der Gruppe gewesen, aber es wiederholt sich ja auch alles permanent da, immer dasselbe, das ist ja so deprimierend an einer chronischen Erkrankung, die kommt eben immer mal wieder vorbei und begehrt Einlass in dein Leben, und es ist immer genau derselbe Ablauf, dieselben Gedanken, es sind immer diese kippligen Momente, in denen sich dieser Elendsstrudel einem geschickt flirtend als Wiedervorlage anbietet. Stop, stop, stop.

Keiner, der nie suchterkrankt war, versteht das, was wiederum auch ich verstehe, und man will das auch seinen anderen Freunden nicht zumuten, die machen sich dann gleich wieder viel zu viele Sorgen, KÖNNEN DAMIT NICHT UMGEHEN, und das ist auch vollkommen in Ordnung so – dafür gibt es ja solche Gruppen wie diese hier. Da wird man nicht ausgelacht und auch nicht gleich ins Krankenhaus gebracht, da verstehen einen alle, und wenn man da hingeht und sich erklärt, das hilft einfach. Und man erkennt mit der Zeit auch sofort jeden anderen Menschen, der irgendein Suchtproblem hat, egal in welcher Phase er gerade ist, man erkennt einander. Und dann ist da immer direkt eine immense Intensität. Es ist, auch wenn man sich zum ersten Mal begegnet und dem Anschein nach unterschiedlicher kaum sein könnte, direkt eine solche Verbundenheit da, als sei man mal gemeinsam auf den Himalaya gestiegen oder so.

Anschließend steht man da immer noch so ein bisschen zusammen mit den anderen aus der Gruppe, Filterkaffee aus so ganz traurigen Runterdrückkannen, und mit diesem Kaffee geht man dann raus, noch zusammen eine rauchen. Manchmal auch zwei.

Hi, jetzt noch mal ganz förmlich, sagte sie, ich bin Sophia. Sie gab mir die Hand. Hast du Filterkippen? Habe gerade keinen Bock, mir eine zu drehen.

Ja, klar.

Wir setzten uns auf die kleine Mauer, die den Schulhof abtrennte vom Bolzplatz der GESAMTSCHULE, in deren AUFENTHALTSRAUM diese Selbsthilfegruppe ihr wöchentliches MEETING abhielt.

Gute Triggerwarnung, sagte sie. Also nicht diese Doku gucken, check. Dann hat das hier heute doch schon mal was gebracht. NUTZWERT, hehe.

Das Hehe gefiel mir. Vielleicht war sie selbst gar nicht so unangenehm wie die Sendung, die sie moderierte, und wie der ganze Sender. Selbsthilfegruppenleute: sowieso immer okay eigentlich.

Du musst die alten Telefone löschen oder gleich ganz wegschmeißen, sagte ich. Wegfahrsperre.

Ja, ich weiß, sagte Sophia.

Und wie machst du jetzt weiter mit deinen Haaren?

Sie lachte: Kommt jetzt der übliche Left-Wing-Beschützervortrag?

Der was?

Blablabla, die nutzen dich nur aus, blabla, du bist für die nur das dumme Blondchen und die Kühlerfigur dieser krypto-nationalistischen Krawallmanfreds, blabla, unverantwortlich, du bist da nichts weiter als das Äußere für deren Henker-boulevard-Inneres, blabla.

Okay, dann lasse ich das weg.

Sie nahm statt eines Taschenspiegels ihr Handy, drehte die Kamera auf Selbstansicht, betrachtete prüfend das gelockte Durcheinander auf ihrem Kopf, steckte das Handy wieder in ihre Handtasche und sagte: Mich nerven die eh.

Wer, die?

Na, meine Haare. Wenn die nicht gemacht sind, sehe ich ja echt aus wie die letzte Uschi.

Du unterschlägst in dieser Rechnung Uschi Glas, sagte ich.

Wen unterschlage ich?

Uschi Glas.

Aha. Cool story, bro. Wer soll das sein?

Egal.

Pass auf, ich sage es jetzt einmal, und dann ist gut, okay? Also, ich kann mir doch sicher sein, dass du jetzt nicht sofort zu deinem Freund rennst und dem erzählst, dass wir uns hier getroffen haben und was ich heute so erzählt habe, right?

What happens in Vegas stays in Vegas.

»Hangover 3«, oder was?

Nee, Gruppengrundgesetz.

Okay, cool. Was machste jetzt noch?

Die Friseure haben ja leider schon zu.

Nerv mich nicht! Ich mache das jetzt echt dauerhaft, das mit dem Haareglätten, habe ich beschlossen. Aber nicht, weil die mich zwingen oder so. Ich finde einfach, die haben recht – das sieht besser aus. Gehen wir noch was trinken? Ein funky Wasser für uns Nachtlebenversehrte – oder richtig steilgehen und uns 'n KiBa reinlöten?

Kirsch-Bananensaft?

Ich lieb das! Irgend'n Fun muss man ja auch noch haben, dieses ewige Wassergesaufe geht mir dermaßen auf die Eierstöcke, Alder.

Aber natürlich: Zuckerfalle.

Ah, geil – auch essgestört?

Klar. Gibt nichts Besseres. Man hat immer zu tun. Ich nenne solche Lebensmittel: 16:9-Zeug.

Weil man sich dann so breit fühlt, also breit im Sinne von extremely fett?

Ganz genau. Und wenn man so was zu sich genommen hat, kann man es auch als Adjektiv benutzen: Ich fühle mich dann 16:9.

Okay, ich glaub, ich mag dich doch. Dachte erst, dass – ach, vergiss es. Gehen wir?

Kulturwandel

... ist es mir eine Ehre, für einen Mann zu arbeiten, der keine Grenzen kennt und für den immer gilt: The sky is the limit ...

Die Dachdusche sprinklerte auf die langen blonden Haare, auf den Bikini, den bleichen dünnen Körper – und plötzlich erklangen die Quietschstreicher aus »Psycho«. Sophie Rois trat von der Seite hinzu, in dunkelblauem Anzug, hellblauem Hemd und roter Krawatte, und sie stach nun ein auf Lars Eidinger, der während seines gesamten Monologs in einem pinkfarbenen Bikini unter der plätschernden Dachdusche gestanden hatte.

Und im Rhythmus ihrer Stiche in den zeitlupenhaft zusammensackenden und dahinsterbenden Eidinger plärrte DIE ROIS, wie nur sie es kann:

Noch wach?
Körper an Körper JETZT
Will mit dir sein, jetzt und immer, die Blicke der anderen, unser Geheimnis
Liege allein und kriege dich
nicht aus meinem Kopf
Weil ich nicht zum Liebhaber tauge
mich in dieser schönen, wortgewandten Welt von heute zu amüsieren
habe ich mich entschlossen
ein Scheusal zu sein

Sie trat aus der Dusche, ließ den erdolchten Eidinger in seinem Blutduschbad liegen, stülpte einen rotschaumgummierten, mit Senderlogo bedruckten Ploppschutz über das große, bluttriefende Messer, das ihr jetzt als Mikrophon diente, und weiter im Text:

Ich will König sein!

Ich will die Bastarde tot sehen!

SELBSTMORDDRAMA!

WARUM WOLLTE SIE NICHT MEHR LEBEN?

CUT! Und – danke!, rief David Schalko, der Regisseur. Sehr schön, bis hierhin erst mal, das rollt schon gut, sagte Schalko. Aber du, Sophie, sag, was war jetzt das, am Ende, Selbstmorddrama, warum wollte sie nicht mehr … Fangst schon jetzt an mit dem Improvisieren?

Sophie Rois zeigte mit dem ploppschutzbewehrten, darunter noch ketchupblutigen Gummimesser auf das BESTANDSGEBÄUDE gegenüber, zum großen Bildschirm.

Ich dachte, das passt irgendwie, sagte Rois.

Und tatsächlich, da stand es, brüllend rot auf schwarz:

SELBSTMORDDRAMA!

WARUM WOLLTE SIE NICHT MEHR LEBEN?

Die Feelgood-Managerin, die unseren Filmaufnahmen auf dem ja immer noch sehr baustelligen Neubaudach angemessen ratlos beigewohnt hatte, wortlos die ganze Zeit, was angenehm war, nur einmal kurz hatte sie beinahe tonlos gesagt, ALSO DAS MACHT SCHON AUCH WAS MIT MIR – aber nun, wieder GANZ BEI STIMME, sagte sie, mit Blick auf die Neuigkeiten vom Dach gegenüber, das sei ja SUPER SAD.

Der Bauleiter indessen schaute auf sein Telefon und verkündete hocherfreut: Entwarnung, Leute! Denke ja wirklich, gerade auch in Anbetracht des wirklich tighten Schedules sollten wir doch lieber auf Nummer Sicher gehen zur Eröffnung – und good news an der Front: Barbara Schöneberger hat wohl gerade zugesagt, sie würde es moderieren!

Er ging ganz nach vorn, an die Brüstung, beugte sich fast

titanicartig übers Geländer, reckte seine geballte Faust in den Nachthimmel und schrie: YES!

Nope, sagte ich leise, sehr leise.

Wer ist er denn?, fragte Eidinger, der sich umstandslos vor uns allen seines Bikinis entledigt hatte und direkt wieder in seinen Gerd-Heidemann-Anzug gestiegen war; direkt vom »Faking Hitler«-Dreh war er hierhergekommen und musste nun aber schnellstens weiter, zur Schaubühne. Was für ein Beruf. Was für ein Genie: Lars Eidinger.

Der hat die Dusche zum Laufen gebracht, sagte ich, und das, obwohl hier oben ja noch gar keine Anschlüsse sind.

Ich denke, das werden so ziemlich die höchsten Duschen von Berlin sein, jubelte die Feelgood-Managerin, die wirklich froh zu sein schien, dass unsere ihr ganz und gar unverständlichen Dreharbeiten endlich vorbei waren, sie klang jetzt wieder high wie immer: In einem heißen Sommer werden die wohl kaum unbenutzt bleiben! Spannend, oder?

Ein Thriller, pflichtete ich ihr bei.

Ah okay, wow, sagte Eidinger. Okay, Party People, ich muss jetzt los, Richard spielen. Kommt ihr noch mit oder was?

Ich bin leider raus, ganz dickes Sorry, sagte die Feelgood-Managerin, Girls-Night-Out! Ähm, ist mir jetzt superpeinlich, aber meine Girls killen mich, wenn ich das nicht – also, Herr Eidinger, könnten wir noch kurz, ich weiß, das ist jetzt superdoof, aber, oh my gosh, ich sterbe, ein Selfie zusammen machen?

Klar, sagte Eidinger und setzte die Heidemann-Hornbrille dafür kurz ab.

Ich muss auch passen, sprach der Bauleiter, einer muss ja den ganzen Kladderadatsch hier jetzt auch noch ZURÜCKBAUEN.

Schalko, leise: Der hat jetzt arg gelitten, der Duschentyp. Andererseits, er wäre noch viel missmutiger, wenn nicht Barbara Schöneberger eben zugesagt hätte, gell?

Dann wieder lauter, IN DIE RUNDE: Ja, ich kann auch nicht mitkommen, muss morgen eh ganz früh zurück nach Wien, aber ich mache jetzt direkt noch einen Rohschnitt – kriegst du heute noch im Laufe des Abends. Ich wetransfere dir das einfach aufs Handy. Ist dann noch sehr rough und nicht farbkorrigiert und so, aber das wird schon gut ausschauen. Ton könnte noch bissl mies sein, aber das weißt ja eh. Für deine Zwecke reicht's auf jeden Fall erst mal. Und jedenfalls hast du es dann heute noch, wie versprochen.

Ich umarmte ihn und flüsterte ihm ins Ohr, dass er bei mir jetzt nicht nur einen, sondern etwa einhundert guthabe.

Ach geh, sagte Schalko, wir rechnen doch nicht.

Wir verabschiedeten uns, Eidinger fuhr schon mal voraus zur Schaubühne, ich wartete noch vor der Tiefgaragenausfahrt auf meinen Freund, den Senderbesitzer, der großer Eidinger-Fan war, aber trotzdem bei unseren Dreharbeiten auf dem Neubaudach nicht zugeguckt hatte, nicht mal kurz VORBEIGESCHAUT, obwohl ich das dem Bauleiter und der Feelgood-Managerin die ganze Zeit annonciert hatte, der kommt gleich noch, natürlich kommt der noch, wenigstens kurz, das lässt der sich doch nicht entgehen, hatte ich die ganze Zeit gelogen, um den beiden so zu vermitteln, dass dieser ganze, ihnen doch einigermaßen verdächtige Vorgang VON OBEN ABGESEGNET war. Nun aber waren wir verabredet, er wollte mitkommen ins Theater.

Ich schaute nach oben, wie das alle stets taten, die hier zwischen der künftigen und der bisherigen Zentrale des Senders unterwegs waren, mit ungläubigem, langsamen Kopfschütteln, je nachdem fassungslos darüber, WAS dort auf dem riesigen Bildschirm berichtet wurde – oder darüber, WIE es berichtet wurde. Breaking News, Brechnachrichten:

SELBSTMORDDRAMA!

Alle Einzelheiten jetzt bei uns!

Live-Special – Liebe, Hass, Tod!

Aha. Eine Woche lang hatten sie von dort nun eine Hetzjagd auf die ehemalige Freundin dieses Fußballers choreographiert. SERVICEORIENTIERT, wie sie nun mal waren, hatten sie den Online-Mob ANGEFÜTTERT, den sie mit ihrem Programm mittelbar dazu anleiteten, bestimmte Politiker oder Wissenschaftler zu hassen oder warum nicht gleich Fackelaufmärsche vor deren Privatwohnungen abzuhalten, Asylsuchende zu fürchten oder eben irgendjemandes Privatleben durch den Wolf der Volksabstimmung zu wursten, um daraus eine NACHRICHTENSENDUNG genannte Aufwiegelungsgameshow zu machen, eine Soap Noir, deren Fortgang man per Wutkommentar mitbestimmen kann – um hinterher, wenn dann, vollkommen überraschend, etwas SCHOCKIERENDES passiert, das ja nur folgerichtig ist, schamlos verheuchelt zu barmen: Woher kommt nur all der Hass? Zusammen gegen den Hass! Deutschland steht auf!

Nee, lass mal, Deutschland. Bleib mal bitte liegen, Deutschland, halt mal die Fresse.

Und jetzt hatte sich die eine Woche lang mit der völlig skrupellosen Ausbreitung ihres Privat- und Intimlebens Gedemütigte also das Leben genommen. Bei der nun folgenden medialen Leichenschändung würden sie ebenfalls konsequent voranschreiten auf ihrem Menschenverachtungssender: ein bisschen Entsetzen aus der Tüte, derweil schnell mal Verwandte, Nachbarn, Mordkommission stalken, Blumen und Kerzen vor dem TODESHAUS zählen. Vielleicht hätten sie Glück, und da läge auch ein Kuscheltier. Kuscheltiere an Trauerorten klickten immer besonders gut.

Sie hatten diese Frau mutwillig im Fadenkreuz eines von ihnen selbst enthemmten Onlinekommentarhetzermobs positioniert. Und jetzt aber trauerten sie, natürlich trauerten sie, sie betrauerten ZUTIEFST diese TRAGISCHE WENDUNG und gaben sich FASSUNGSLOS. Und genau diese

Gefühlssimulation versprach natürlich mindestens eine weitere Woche CONTENT. Aber mein Freund bezeichnete all das trotzig immer noch als JOURNALISMUS. Wahrscheinlich würden wir nachts, nach dem Theater, wieder streiten.

Es hupte. Ich erschrak, oh, ich stand in der Tiefgarageneinfahrt. Der SPORTCHEF des Senders wollte hinein ins Haus, natürlich, handelte es sich bei der Verstorbenen doch um eine »Fußballer-Ex«, folglich war das jetzt SEIN MOMENT. Seine Stunde, seine Nacht, seine Woche wohl gar, je nachdem, wie ausgreifend ihm die WEITERDREHE gelingen würde. Weiterdrehe – so wurde das Auswringen von Katastrophen genannt. BESTÜRZTE REAKTIONEN, Abschiedsbrief, Testament, bestochene Notfallkräfte, was auch immer.

ALL FORCES, hatte der Chefredakteur ganz gewiss, wie immer in solchen Fällen, geschrien oder geschrieben – jedenfalls füllte sich das BESTANDSGEBÄUDE nun merklich, TROTZ SPÄTER STUNDE, statt sich zu leeren. Nachrichten scheren sich nicht darum, ob jemand gerade die Kinder ins Bett bringt oder so. DAS IST JA DER THRILL! Sie nannten so was wie dieses SELBSTMORDDRAMA jetzt: EINE LAGE. Sie spielten eigentlich die ganze Zeit Krieg. Bei übrigens bester Laune. Je schlimmer die Nachrichten, desto besser die Laune.

Krass oder, Alter, was für ne Tragödie, sagte der Sportchef aufgekratzt durchs Autofenster. Ich meine, sinnierte er weiter, ganz ehrlich, jetzt hat sie es wirklich geschafft – jetzt hat sie ihn zerstört.

Ah ja. Sie ihn. Mit ihrem Selbstmord. Klar. Was für eine hinterhältige Bitch. TRÄNENTRAININGSLAGER anybody?

Mein tief empfundenes Beileid, sagte ich, das sind jetzt sicher sehr schwere Stunden für dich, nicht wahr? Übrigens, hast du das mitgekriegt, Max Liebermann hat eben was zu der Sache getwittert: »Ich kann gar nicht so viel fressen, wie ich kotzen möchte.«

Max wer?

Liebermann. Sitzt im Vorstand von Union Berlin.

Ah okay. Checke ich mal.

Er fuhr in die Tiefgarage, ich stand da und war wütend, fühlte mich IM RECHT – und ich mag dieses Gefühl überhaupt nicht. Moralisch im Recht zu sein oder auch nur sich zu wähnen, macht so dumm, das ist immer das Problem.

Da entdeckte ich, offenbar einen Präsentationsspaziergang rund um den Neubau herum abschließend, endlich meinen Freund, wurde auch Zeit, nur noch eine Dreiviertelstunde bis zur Wiederaufnahme von »Richard III« in der Schaubühne. Mein Freund hatte zwei sehr ungleiche Begleiter dabei: der eine regierte die Welt (und möglicherweise bald das ganze Universum), der andere bloß Brandenburg.

IN ECHT sah er so unecht aus – ELON MUSK stand nun vor dem künftigen Haupteingang des Neubaus und lachte nicht beim Reden, sondern redete beim Lachen. Die Welt – ein Witz für ihn. Kann der eigentlich mal aufhören zu lachen?

Auch er betrieb gerade eine Baustelle, weit draußen, auf dem Brandenburger Acker, eine Tesla-Fabrik – und angeblich hatten mein Freund und er damals IM VALLEY gewettet, wessen Neubau zuerst fertig sein würde. Sandkastenspiele von Milliardären:

Meine Fabrik wird toller als deine!

Meine wird schneller fertig!

Meine wird klimaneutral!

Meine wird sogar alternative Energie erzeugen!

Meine wird mehr gefördert als deine!

Meine wird die Welt vernetzen!

Meine wird die Welt retten!

Meiner ist am längsten.

Du darfst nicht vergessen, wir sind in Deutschland, sagte mein Freund zu Elon Musk.

Na, das habe ich jetzt aber nicht gehört, sagte der brandenburgische Ministerpräsident so hilflos wie jovial. Er wirkte wie ein Teilnehmer des Bring-deinen-Opa-mit-zur-Arbeit-Tags. Brandenburg ist bestens gerüstet für die Zukunft, ein Innovationsstandort, wie er im Buche steht, sagte er müde.

Aber Elon Musk war das – auch das, muss man sagen – vollkommen egal. Wo er ist, ist Amerika, wird Amerika gewesen sein, denn die Welt ist ja sowieso nur ein Transitort – Elon Musk will auf den Mars. Von wo aus, ist eigentlich egal. Er lacht die Welt aus und redet dabei seinen Chancen-Salat.

Mein Freund hatte nie Science-Fiction gelesen oder solche Filme oder Serien geschaut. Ich auch nicht, aber ich weiß dennoch, worum es da geht. Was die IDEE DAHINTER ist: Die Welt ist nicht mehr zu retten – lasst uns also eine neue suchen und dann die auch noch kaputtmachen!

Tags zuvor hatte Musk den Bundeswirtschaftsminister düpiert, der eigentlich von dem gemeinsamen Termin und vor allem von dessen Bildern hatte profitieren wollen, dann aber bloß von Musk verhöhnt worden war, indem dieser von einem Zettelchen das darauf in Lautschrift notierte Wort GENEHMIGUNGSVERFAHREN derart spöttisch abgelesen hatte, dass alle lachen mussten und wahrscheinlich erst in ein paar Jahren begreifen würden, was dieses Lachen bedeutet hatte. Dieses Zettelchen war das bündige Libretto von Musks Staatsverachtung gewesen, und die kurze Videosequenz dieses Entwicklungslandkaraokes war UM DIE WELT GEGANGEN. Und dann hat eben die ganze Welt einen Tag lang über Deutschland gelacht.

Ja, Genehmigungen – pffff. Ask forgiveness, not permission! Zahlt man eben hinterher irgendeine Strafgebühr, na und?

Man schafft ja hier Arbeitsplätze, mithin: ZUKUNFT!

Grundwasser, ach, lächerlich – man sieht doch schon vom Flugzeug aus, im Landeanflug, wie viele Seen es in und um Berlin gibt. Soll ihm noch einer was von Grundwasser erzählen.

Der mit ihnen da stehende Ministerpräsident war ziemlich nervös. Elon Musk nicht.

Musk bittet um nichts, er bietet an: Er bietet an, mit Steuergeldern gefördert zu werden. Er bietet an, gegen Genehmigungen zu verstoßen. Er bietet an, Wälder umzuholzen. Er bietet an, Arbeitsplätze ohne Tariflohn zu schaffen, keine gewerkschaftliche Organisation seiner künftigen Arbeitnehmer zuzulassen. Sollte das irgendwen stören, easy, dann bietet er eben an, Arbeitskräfte aus Nachbarländern anzumieten, die keine kommunistischen Bedingungen stellen, weil sie bis vor Kurzem ja selbst noch im Kommunismus lebten und also noch relativ neu und HOFFNUNGSFROH UNTERWEGS sind im Kapitalismus-GAME.

Und dann, lieber Herr Ministerpräsident, müssen Sie – damit ich nicht doch noch woanders hingehe mit meiner Fabrik – künftig jeden Morgen meiner Frau die Haare flechten, sagte Elon Musk zwar nicht, aber seine Haltung war genau diese. Und der Ministerpräsident würde, so verstand ich dessen irgendwie gebückt wirkendes Auftreten Musk gegenüber, daraufhin bloß zurückfragen, um wie viel Uhr er denn dann immer da zu sein hätte, zum Investorgattinenhaareflechten.

Und leise klang mir Kurt Cobain im Ohr:

Rape me / Hate me / Waste me
I'm not the only one

Doch der Ministerpräsident formulierte es etwas anders: Es ist uns eine Ehre, Sie in Brandenburg begrüßen zu dürfen!

Klar, man, easy.

Der arme Ministerpräsident. Es wirkte so, als habe er unter den Nutzungsbedingungen irgendeiner Betrüger-App etwas vorschnell »Gelesen, verstanden und akzeptiert« angeklickt.

Done is better than perfect, lachte Elon Musk.

Na denn, frohes Schaffen noch, sagte der Ministerpräsident, wandte sich schon zum Gehen, da flüsterte ihm sein herbeieilender Referent etwas zu, ach richtig – ob sie noch schnell ein Foto zusammen machen könnten? Ich habe natürlich nicht so viele Follower wie Sie, sagte der Ministerpräsident, und Elon Musk lachte (natürlich lachte er, er lacht ja immer) und lachsagte, er könne das Foto ja reposten, dann würden das schon so ein ganz paar Leute sehen.

Das wäre mir natürlich eine Ehre, dienerte der Ministerpräsident. Alsdann streckten sie die Top-Daumen aus fürs Foto – ein Gemälde der Unterwerfung.

Are you coming with us to the theater?, fragte ich Elon Musk und klang wie früher im SPRACHLABOR, das erste Jahr Englischunterricht in der Schule, als man nachsprechen musste, wie zum Beispiel ein Kind einen Polizisten nach dem Weg fragt oder einen Passanten nach der Uhrzeit.

Elon Musk schaute auf die Art fragend, die alles will, nur bitte keine Antwort.

Berliner Schaubühne, legendärer Ort, sagte ich und klang wie der wirklich allertraurigste Tripadvisor-Kommentator der Welt. Ob mein Freund ihm das nicht erzählt habe, wir gingen jetzt ins Theater. »Richard III«, Shakespeare!

Da hohnlachte Elon Musk, als hätte ich ihn gerade gefragt, wie ich ihn bei Myspace erreichen kann.

Nein, nein, keine Zeit, er führe jetzt zu seiner Baustelle zurück, er übernachte dort in einem Baucontainer, er müsse anderntags sehr früh irgendwelche durchgeknallten Grundwasser-Hippies treffen.

Im Baucontainer? Sie schlafen in einem BAUCONTAINER?

Natürlich im Baucontainer, reicht doch, lachte sagend Elon Musk, der dasselbe T-Shirt trug wie am Abend zuvor bei irgendeiner Preisverleihung, dazu auch wieder diese seltsame Lederjacke vom Typ Bistrobesitzer in Osnabrück, die dezidiert nicht modisch ist, es nie war oder je sein wird (und auch niemals sein wollte). Mir ist alles scheißegal, sagte die Kleidung Musks. Und das sagte er auch selbst: Also, auch er bilde sich kulturell fort, so sei es ja nicht. Momentan lese er nachts immer Ernst Jünger. Das sei sehr inspirierend.

Herrenmensch, dachte ich und sagte aber scheu: Nice to meet you, too.

Die unaufhörlichen STUDIENREISEN meines Freundes durch den Teil Amerikas, den er nachplappernd als ZUKUNFTSLABOR bezeichnete, hatten ihn verändert, fraglos. Ein GAME CHANGER sei diese Zeit für ihn gewesen, verkündete er unablässig, öffentlich wie privat, absolut EINSCHNEIDEND für ihn und damit auch für sein Unternehmen, das sich seither auch tatsächlich noch entschiedener gewandelt hatte: Aus dem einstigen konventionellen Fernsehsender war mittlerweile eine Multimedia-Ballerbude geworden, mit zig AUSSPIELOPTIONEN auf allen nur erdenklichen Kanälen (und an neu zu erdenkenden arbeiteten unterdessen auch jeden Tag Hunderte Mitarbeiter) – und einem Dschungel von Portalen, Apps, Beteiligung hier, RISIKOKAPITAL dort, man verstand von außen eigentlich gar nicht mehr, was die da überhaupt machten. Von innen auch nicht unbedingt, wie mir Leute erzählten, die da noch arbeiteten und selbst kaum mehr begriffen, in was sie sich da dauernd (artig aufsagend: ES GEHT NUR SO!) verwandeln sollten. Aber es LIEF GUT, die ZAHLEN STIMMTEN. Der Brüllsender selbst war längst nicht mehr DER UMSATZBRINGER, sie verdienten ihr Geld mit all dem anderen unübersichtlichen Kram, den Brüllsender betrieben sie nurmehr – und das war eigentlich besonders ulkig – fürs Image. DAFÜR!

Mein Freund trug, seit er dauernd in Amerika war, seltsame Kleidung, nicht eben ALTERSGEMÄSS. Neben der von ihm gemeinten, ja schon vor seiner amerikanischen Hirnwaschung damals selbstverordneten und dann durchaus konsequent exekutierten Veränderung seines Unternehmens hatte auch er selbst sich fundamentaler verändert, als ihm das vielleicht selbst bewusst und auch (zumindest dem, als den ich ihn zuvor gekannt hatte) lieb war. Vielleicht auch deshalb war unsere Freundschaft, seit er zurück war aus Amerika, ein wenig EINGESCHLAFEN, aber an diesem Abend wollten wir sie mal wieder aufwecken.

Elon, eine Sache noch, sagte mein Freund und legte Musk einen Arm auf die Schulter – wir müssen noch mal kurz live gehen zusammen, bitte.

Oh klar, muskte Lach, pardon, lachte Musk. Es war schon auch sehr lustig zu beobachten, wie hiesige WÜRDENTRÄGER ihn für das leibhaftige Internet oder jedenfalls den Statthalter der Zukunft zu halten schienen, aus der Cloud hinabgestiegen zu uns in die noch nicht vollends digitalisierte Bürokratiesteinzeit – und wie erwachsene Männer die Wachstumsprobleme ihrer Unternehmen, ihres Bundeslandes oder wenigstens ihres Selbstbewusstseins mit dem Abglanz seines Heiligenscheins zu kompensieren gedachten, indem sie entwürdigende Selfiegesuche an ihn richteten.

Musste jetzt sein. Wofür sonst solche Treffen – IDEEN AUSTAUSCHEN?

Mein Freund wusste natürlich gar nicht, wie das funktioniert, live gehen. Das machten sonst immer irgendwelche Referenten für ihn, wenn er sich zwecks Verkündung guter oder interpretatorisch gewiefter Beschwichtigung schlechter Nachrichten digital an seine Mitarbeiter wandte.

Das durfte nie zu professionell wirken, sonst bekamen die Mitarbeiter Angst. Nein, unbedingt ohne Krawatte, Kamera bisschen wackelig, alles LÄSSIG, CASUAL, duzend, einer von euch.

Aber jetzt war kein Referent zugegen. Also bat er mich, die App für hausinterne Kommunikation in meinem Handy zu öffnen, die ich aus früheren Zeiten tatsächlich noch IN DER CLOUD hatte. Und tatsächlich funktionierten mein Benutzername (Neil Tennant) und mein Passwort (I_love_you_you_pay_my_rent) noch immer, sie waren IM SCHLÜSSELBUND gespeichert. Vor diesem digitalen Schlüsselbund hatte ich immer eine irgendwie vage Angst, und jetzt zum Beispiel verstand ich auch mal wieder, wie berechtigt diese Angst war. Die Wolke vergisst nichts!

Kamera an, es konnte losgehen.

Warte, ich muss noch meine Krawatte abmachen, sagte mein Freund und knöpfte sein Hemd auf. Kannst du die kurz halten?

Klar. Okay, stellt euch mal näher zusammen!

Nee, wir müssen gehen, glaube ich, sagte mein Freund, das kommt dynamischer, beiläufiger.

Meinetwegen, dann gehe ich rückwärts vor euch her. Sag mal, ich heiße da zwar Neil Tennant, aber das ist egal, oder?

Nee, das ist kacke, sagte mein Freund. Gib mal her. Das kann man doch bestimmt ändern irgendwie. Er schaute auf mein Telefon, wusste auch nicht, wie's nun weiterging. Irgendwie auf »Profil«?

Musk fragte, ob er mal dürfe. Wie war das gut, dass das inkarnierte Internet selbst bei uns war. Musk drückte und wischte ein bisschen herum und gab mein Handy dann meinem Freund, hier, musst jetzt nur noch dein Passwort eingeben.

Ist das das, mit dem ich auch den Computer öffne?, fragte mein Freund.

Das aber wusste nicht mal Elon Musk. Einfach ausprobieren, riet er.

Toll, das war diese AMERIKANISCHE PHILOSOPHIE: nicht DEUTSCH zergrübelt, nein, Just Do It.

Mein Freund tippte sein Passwort ein, und tatsächlich, es funktionierte, jetzt stand also sein Name im Profil, und wir konnten von meinem Handy zwar, aber von seinem Account aus: LIVE GEHEN.

Und los: Sie gingen GANZ LÄSSIG über den Vorplatz des neuen Gebäudes und sprachen von BENCHMARKS, MILESTONES und FUTURE MARKETS.

Und danke, dass du dir die Zeit genommen hast.

Ist doch selbstverständlich. Und danke, dass ich hier sein darf.

High Five, Umarmung – Gipfeltreffen. Und so menschlich!

Auf dem unteren Bildschirmrand des Displays, in der Live-Kommentarspalte, sah ich pausenlos anerkennende Flammen-, Bizeps- und Topdaumen-Emojis von Mitarbeitern durchlaufen. Wirkte ein bisschen wie Wahlen in Nordkorea, aber nun ja.

The future starts right here, sagte mein Freund und machte eine ausgreifende Präsentationsarmbewegung, den Neubau vermessend, es war eine Mischung aus Homeshopping und Wirecard-Aktionärsversammlung.

Impressive, sagte Musk.

Dann fuhr er zu seinem Baucontainer, Ernst Jünger lesen und im selben T-Shirt wahrscheinlich sogar noch schlafen. Falls der überhaupt jemals schlief. Wir hingegen fuhren zum Theater.

Mein Freund hatte ursprünglich Schauspieler werden wollen, das erzählte er oft, weil das ja immer sehr MENSCHLICH MACHT, wenn irgendein Konzernchef sagt, tja, eigentlich ganz andere Pläne gehabt damals, mit der Bürste vorm Badezimmerspiegel gesungen oder im Hinterhof weltmeisterschaftsfinalentscheidende Tore geschossen oder eben die Theater-AG für das SPRUNGBRETT gehalten direkt auf die Burgtheaterbühne. Er übte für besonders wichtige öffentliche Auftritte immer mit einem Schauspielprofessor und verwechselte dadurch aber nur umso mehr Theater mit Theatralik. Sie liebte ihn zwar nicht zurück, umso überbordender aber liebte natürlich er die SCHAUSPIELKUNST und ZUVÖRDERST SELBSTREDEND das Theater, sagte er immer und zog also schon beim Sprechen über das Theater auch seiner Sprache gewissermaßen einen Festspielhausscheitel – und saß dann auch mit sogenannten glühenden Augen, GEBANNT natürlich, in irgendwelchen Logen und GAB SICH GANZ DER KUNST HIN.

Auch und insbesondere liebte er Lars Eidinger, selbstverständlich, wer tat das nicht. DER BESTE, DEN WIR HABEN – oder so, er konnte gar nicht anders, als in Superlativen zu sprechen über Kunst gleich welcher Spielart, die WELT DER KUNST, wie er immer sagte, da hatte er eine ganz IM WORTSINNE AMATEURHAFTE, also liebende Urnaivität, und die war, nebenbei, natürlich auch ein sehr gutes kommunikatives Schmiermittel hinterher dann beim Backstagegeheuchel. Denn Künstler selbst sind ja, wenn sie große Künstler sind, nicht weniger unverstellt naiv: Sie lieben es, geliebt zu werden.

Und mein Freund konnte ihnen ebendas so gut wie sonst kaum jemand vermitteln: Ob das Carl Craig war (»Für mich bist du der Miles Davis des Techno!«), Maurizio Pollini (»Maestro! Was für ein großer Abend, nein wirklich, ich glaube, ich habe Brahms erst HEUTE, erst DURCH SIE verstanden!«) oder Jonathan Meese (»Also, das ist wirklich der Höhepunkt deines bisherigen Schaffens – du BIST die Revolution!«). Kaum eine als wichtig erachtete Premiere oder Eröffnung verpasste er jemals, der enorme zeitliche und REISETECHNISCHE Aufwand, den mein Freund betrieb, um nur ja als SCHÖNGEIST anerkannt zu werden, wirkte manchmal etwas gefallsüchtig und zu ehrgeizig, vermutlich aber war das seine Art der Kompensation für all den Ungeist, der aus seinem Senderturm schwappte, so eine Art kultureller CO_2-Ausgleich – und natürlich gesünder als beispielsweise Heroin oder was auch immer sonst einem helfen könnte, die Mitverantwortung für diesen Dreck auszuhalten.

In Ausstellungen wusste er genau, an welchen Bildern man vorbeirauschen durfte und vor welchen Bildern man länger stehen bleiben musste, vor und zurück gehend, erkenntnisdurchströmt den ausgestreckten Zeigefinger am Kinn, hinaufweisend zum Mund, der andächtig schwieg. Und er fand auch immer den richtigen Moment, dem ANWESENDEN KÜNSTLER zu versichern, dass dies wohl das Größte sei, was es derzeit gebe auf dem Kunstmarkt, dass er trotz seines so EXORBITANTEN Erfolges noch immer weithin unterschätzt werde und sein Werk wahnsinnig viel über die Vergangenheit, Gegenwart und auch Zukunft aussage – und dass die ganze Welt dies schon sehr bald begreifen würde. »Nein, wirklich, das ist mein voller Ernst«, sprach er dann gravitätisch und breitete die Arme aus, gerade so, als zeige und erkläre er selbst dem Künstler gerade dessen WERKE.

Dann musste er immer los, aber wir sehen uns später noch!, los musste er noch stets, es ging ja alles immer weiter. Tiefnachts saß er dann irgendwo mit solchen, denen er ja versprochen hatte, dass man sich später noch sehen würde – und wenn er dann, weit nach Mitternacht, irgendeinem Kellner noch antizyklisch Pommes frites abringen konnte, war alles perfekt. Das funktionierte weltweit, und er liebte kaum etwas so, wie diesen Satz auszuhandeln: »Die Küche ist eigentlich schon geschlossen, aber ich glaube, einer der Köche ist noch da, Moment, ich schaue mal, was ich da noch für Sie machen kann.«

Vielleicht mochte er gar keine Pommes. Aber diesen Vorgang liebte er – und wenn sie dann kamen, die Pommes, dann aß er sie mit den Fingern, knäuelweise und am liebsten noch viel zu heiß fuhrwerkte er sich die in den weit aufgerissenen Mund und beklagte dann kauend, dass die Weinflasche gar nicht mehr so voll sei – ein Wink, ein Fingerzeig, die Sache lief, und dann leuchteten seine Augen wie ein See im Mondenschein, denn es ging noch mal in die nächste Runde.

Mit ihm unterwegs zu sein, war herrlich, aber ich musste mich hernach immer erst mal ein paar Tage ausruhen, während es für ihn genauso weiterging, ich hatte keine Ahnung, wie er das schaffte.

Direkt vor der Schaubühne trafen wir meinen Anwalt, spezialisiert auf Persönlichkeitsrecht und darob häufig vor Gericht stehend gegen den Sender meines Freundes. Auch das noch. Die beiden begrüßten einander mit EISIGEM Nicken, das ins Deutsche übersetzt hier eindeutig ein Kopfschütteln war. Wie unangenehm, die beiden waren ja praktisch professionell verfeindet – und ich stand nun dazwischen, mochte ja beide sehr und wäre jetzt gern woanders gewesen.

Ich hoffte, sie hätten aktuell nichts zu besprechen, sonst würde das gewiss laut werden und ich mich dann wieder so erschrecken. Mein Anwalt sagte in einem Ton, mit dem Elon Musk selbst in der Wüste noch erfolgreich nach Grundwasser hätte bohren können:

Dieser Selbstmord der von Ihrem abscheulichen Sender so bezeichneten DUNKELHAARIGEN SCHÖNHEIT – Sie wissen schon, dass das jetzt Ihre persönliche Neuauflage von Katharina Blum ist, oder?

Das ist doch Schwachsinn, und das wissen Sie auch, sagte mein sekundenschnell vollverpanzerter Freund.

Das Veröffentlichen dieser hochprivaten Nachrichten des Opfers, führte mein ebenso schnell praktisch in seine Robe sich hineinargumentierender Anwalt kühl und unnachgiebig aus, das gezielte Stimmungsschüren Ihres Hauses gegen diese wehrlose Frau, eng an der Seite eines wegen Körperverletzung Beschuldigten und munitioniert mit intimsten Details durch ebendiesen, während sie nichts sagen durfte, weil sie eine natürlich nur einseitig geltende Verschwiegenheitsvereinbarung hatte unterschreiben müssen – das ist ein Tabubruch. Und ist als solcher ja Teil Ihres Geschäftsmodells. Sie haben täglich dutzendfach die Persönlichkeitsrechte dieses Opfers verletzt in einem so obszönen Ausmaß, der Online-Volksgerichtshof, der sich dadurch natürlich nahezu vollständig auf Seiten des berühmten Fußballers formierte, hat diese Frau in den Tod getrieben. Das ist keine Kleinigkeit. Sie tragen eine Mitschuld an diesem Todesfall.

Also, dafür habe ich nun wirklich überhaupt kein Verständnis, wie Sie mich hier angreifen, ereiferte sich mein Freund, seine Halsschlagader schwoll sichtlich an, und sein Gesicht färbte sich leicht rot. Diese BEGRIFFLICHKEITEN sind völlig inakzeptabel. Natürlich ist der Tod dieser Frau tragisch, aber Sie können ja hier nicht den Überbringer der Nachricht praktisch zum Täter machen. Das ist so was von verlogen. Und ganz generell bin ich es satt, dass dann immer wir die Bösen sind, die wir nur darüber berichten – also wenn eine Person freiwillig ihr Leben dermaßen auf Social Media ausbreitet …

Das hat sie nicht, das haben SIE gemacht. Ihr Sender hat beispielsweise über eine angebliche Alkoholabhängigkeit des Opfers orakelt, allein das schon ist gesetzeswidrig und im höchsten Maße ehrabschneidend, und das wissen Sie auch. Und jetzt hat sie sich das Leben genommen, und zwar das Leben, das SIE zuvor zerstört haben.

Ich staunte immer über den offensiven Mut meines Freundes, sämtliche Kritik an dem, was sein Haus sendete, postete und auslöste, IN BAUSCH UND BOGEN von sich (und seinem Haus) zu weisen, zumal er diese Vergehen im Detail schlichtweg nicht kannte. Vielleicht ging es auch nur deshalb. Wenn man mit ihm abends unterwegs war, kam immer irgendwer an und hielt ihm etwas Diesbezügliches vor, das Image des Senders war grauenhaft. Eigentlich alle, die ich mochte, hassten ihn. Also den Sender. Und wenn sich dann die Chance bot, diesen UNMUT in der direkten Begegnung ZU ADRESSIEREN, taten sie das zumeist. Und dann konterte er routiniert und redete die Leute müde.

Er hatte Übung darin. Genau deshalb war er ja so oft unterwegs, dachte ich. Denn ihn konnte man kaum nicht mögen, wenn man sich mit ihm unterhielt. Na ja gut, meinem Anwalt gelang das schon, aber sonst kaum jemandem. Er war ein guter Redner, man glaubte ihm alles. Also, weniger seine REDEN; die waren etwas zu STAATSTRAGEND (wiewohl inhaltlich neuerdings irritierenderweise eher staatszersetzend, ja staatsfeindlich) – aber im DIREKTEN GESPRÄCH war er unschlagbar. Ach, er sei doch eigentlich nur so eine Art TEPPICHHÄNDLER, kokettierte er dann, und man musste also automatisch denken und sagen: Na, STELL DEIN LICHT MAL NICHT UNTER DEN SCHEFFEL. Und das tat er ja auch nie. Er stellte es auf den Scheffel. Und er handelte ja auch nicht mal mit Teppichen, er verkaufte ja Immaterielles: IDEEN! MÖGLICHKEITEN! LÖSUNGEN! SCHNITTSTELLEN! ZUKUNFT! Also wenn überhaupt, dann fliegende Teppiche.

Er musste, das war nun mal sein Beruf, DAS GROSSE GANZE sehen – oder zumindest doch glaubhaft versichern, es zu sehen, ganz genau zu sehen, zu begreifen UND DARAUS DIE RICHTIGEN ENTSCHEIDUNGEN ABZULEITEN. Das Zukunftsmodell. Die Art und Weise, in der Menschen künftig dies und das. Und weil er ständig in dieser Überflug-Totalen auf die Welt zu schauen hatte, waren ihm Kenntnis und Verständnis des Kleinen – mithin der Wirklichkeit – mit den Jahren abhandengekommen.

Er wusste alles, aber er verstand eigentlich gar nichts. Und das war seine Aufgabe. Dafür bekam er wahnsinnig viel Geld.

Das machte ihn zwar AUCH NICHT GLÜCKLICH, sagte er immer, aber das stimmte natürlich gar nicht. Geld war toll, der FREIE MARKT war für ihn die Antwort auf sowieso alles – und natürlich sah man das automatisch so, wenn man im FÜHRUNGSFELD dieses Rattenrennens lief. Ja, das Geld. WAR NIE MEIN ANTRIEB! Und wenn schon; er verstand es, damit herrliche Dinge zu tun und geilen Unfug zu kaufen. Dabei immer scheinzergrübelt und unzufrieden. Denn sonst war man ja tot oder würde jedenfalls bald sterben. Man musste weiter, immer weiter. Nichts reichte je. Seine absurde Angst vor dem Tod, eigentlich sein Hauptthema, hatte mich in ihrem kindischen Selbstmitleid immer sehr zum Lachen gebracht.

Ich musste meine Freundschaft zu ihm oft erklären gegenüber anderen, die in ihm einen KALTEN, BIGOTTEN KAPITALISTEN und so weiter sahen, und den sah ich natürlich auch, aber da guckte man doch bitte noch weiter, da hörte man doch noch nicht auf mit dem Gucken, das konnte doch nicht schon alles sein. Mit meinen AUSGREIFENDEN Studien zu Thomas Middelhoff etwa – einem zuletzt gescheiterten Zukunftsapologeten durchaus vergleichbarer Art, der auch irgendwas mit Internet und Zukunft dauernd gesehen, gekauft und verkauft hatte und schließlich im Knast gelandet war – konnte ich erst aufhören, als ich in einer Dokumentation über ihn, der heute natürlich nicht als GEBROCHENER, sondern als GELÄUTERTER dastehen will, ebendiesen Middelhoff als FREIGÄNGER gesehen hatte, der tagsüber in einer Bielefelder Behindertenwerkstatt als Betreuer arbeitete: »In der Werkstatt ist er für alle nur ›der Thomas‹.«

Schnell war beim Anschauen klar, dass der Thomas sich eventuell gründlich täuschte darin, wer da wen betreute. Jedenfalls gab es da diese ganz kurze Szene, die mich sehr rührte und durch die ich denkerisch erst zum MENSCHEN Middelhoff vorstoßen und damit meine ins Groteske ausgeuferten STUDIEN über ihn (warum, wozu? Ich wusste es selbst nicht) abschließen konnte:

Middelhoff, mit Rucksack und Jeans, hager zerfurcht, allzu demonstrativ NEUGEWONNENE DEMUT verkörpernd, betritt die sogenannte Behinderteneinrichtung in Bethel/ Bielefeld. Mit verschränkten Armen geht er unsicher umher, tätschelt unbeholfen Schultern – also wenn da einer behindert wirkt, ist es er, und man kann (soll wohl auch, natürlich) bei allem zwar unangenehmen, leider aber zumindest von mir doch verspürten Geschieht-ihm-recht-Triumphieren endlich, endlich auch Mitleid mit ihm empfinden. Und was mich betrifft, funktioniert das absolut.

Ein geistig behinderter Mann, der in einem Spezialrollstuhl sitzt und ein Fußballtrikot der deutschen Nationalmannschaft trägt, zieht ein Spielzeug aus einem durchsichtigen Zipp-Plastikbeutel und hält es Middelhoff hin:

Das ist der Elefant …

Middelhoff: Oh, super!

… der Elefantenwagen.

Middelhoff: Ein Elefantenwagen! Da stehen die Elefanten drauf?

Ja!

Middelhoff: Gibt's doch nicht!

Ja, aber Elefanten habe ich nicht mehr.

Middelhoff: Die sind weg?

Ja.

Middelhoff: Jesses noch mal. Ein Elefantenwagen. Darf ich's wieder reintun? Bitte.

Ja.

Und dann steckt Middelhoff den elefantenlosen Elefantenwagen wieder in den Plastikbeutel des geistig behinderten Mannes, den (oder: der?) Middelhoff da betreut, vormittags, wenn er dafür das Gefängnis verlassen darf. Der geistig behinderte Mann verschließt den Plastikbeutel, Ende der Szene.

Man schaut das an und blickt in die Aussichtslosigkeit der MENSCHLICHEN EXISTENZ.

Aber mein Freund sah ja eigentlich nie irgendwelche Filme. Er ging oft zu Premieren, das natürlich schon. Er war ab und zu dabei, wenn Filme liefen, ja, aber er SAH keine Filme. Er las eigentlich auch keine Zeitungen. Zwar wusste er sehr genau, dass es Social Media gab, und er war gut darin, da irgendwie mitzubieten, wegzuelstern, RUMZUDITSCHEN, ein PORTFOLIO zusammenzustellen. Aber er benutzte sie nicht. Er sah auch kaum je Fernsehen. Nie hat er die WEIHNACHTSSHOW von Helene Fischer gesehen, nie in einer Talkshow Politiker einander ihre Ratlosigkeitsscharaden vorführen, nie eine dieser komplett enthemmten VERBRAUCHERSENDUNGEN, in denen so Fußgängerzonendeutsche bei einer BLINDVERKOSTUNG jeden Mittag wieder irgendwo zu dem unerhörten Ergebnis kommen, dass NO-NAME-PRODUKTE geschmacklich und qualitativ den Vergleichsprodukten HOCHPREISIGER MARKENARTIKLER kaum je unter-, oftmals sogar, ja ist es denn zu fassen, überlegen sind. Was ihn aber keineswegs davon abhielt, allerlei dazu zu MEINEN. Es zu BEWERTEN, das war eben sein Beruf. Niemals INHALTLICH, auch wenn er das durchaus überzeugend simulierte, nein, immer nur danach, ob ihm irgendwas davon nutzen konnte oder schaden, ob er es unterstützen oder bekämpfen sollte, ob er es haben wollte oder hassen musste. Oder beides.

Fast mal Netflix gekauft (daran nur gehindert von so KURZSICHTIGEN BEDENKENTRÄGERN, natürlich) – aber keine Ahnung, wie man das auf irgendeinem ENDGERÄT, vielleicht gar zu Hause auf dem Fernseher anschaute. Er hatte sowieso keinen. Was es da so gab, was man da so tat, wie der Gebrauch aufs jeweilige Leben rückwirkte, all das war ihm nicht bekannt. Es hätte vielleicht auch einfach gestört dabei, kühle Entscheidungen zu treffen, und für die war er berühmt, für sein GESPÜR wurde er bewundert, für seinen Wagemut gefeiert – und gefürchtet.

Er sprach oft über Deutschland, die Deutschen, die STIMMUNG IM LAND, das wurde eigentlich jedes Jahr schlimmer, je weniger er hier mitbekam, weil er ja dauernd in Amerika war beziehungsweise von dort zumindest geistig niemals zurückgekommen war, desto kategorischer wusste er zu deuten, WORAN ES BEI UNS KRANKT und so weiter. Vielleicht verband ihn das mit seinem Chefredakteur, diese permanent zur Schau gestellte ANGST UM UNSER LAND? Auch nicht zurückhaltend war er mit forsch analytischen Einlassungen über GESELLSCHAFTLICHE STRÖMUNGEN in Amerika und speziell über den unbedingten Wert der verfassungsgemäß garantierten und dort beinahe alles andere ausstechenden Meinungsfreiheit – zwar konnte er keinen einzigen Moderator von der rechtsabsurden Lügenbude Fox News benennen oder hatte sich das Programm dieser als Nachrichtensender verkleideten terroristischen Vereinigung, die sein eigener Chefredakteur so kläglich wie schändlich zu kopieren versuchte, auch nur mal länger als ein paar Minuten angeschaut, aber er unterhielt sich gern stundenlang AUF AUGENHÖHE mit dem Besitzer Rupert Murdoch, den er schon auch kritisch sähe, teilweise, so er – und da wurde es dann auch schon recht dünn in der Beweisführung. Diese Gespräche mit Murdoch aber waren ja zwangsläufig sehr beeindruckend, schließlich waren ja beide so beeindruckt von einander und sich selbst. Ich stellte mir das lustig vor: Na, bist du auch so geil? Ja, ich auch. Cool.

Bei jeder Gelegenheit und zu jedem Anlass oder jedem geschäftlichen MOVE hatte mein Freund diesbezüglich so allerlei Thesen parat. Und vielleicht ging das eben nur, weil er sich das alles vollkommen erfahrungslos einfach so ausdachte. Ein bisschen ANEKDOTISCHE EVIDENZ hier und da, und als Digestif immer dieselben Witze und die immergleichen Zitate. Das war mir früh aufgefallen an ihm, und ich hatte es immer als charmant abgetan, als liebenswürdige Schwäche, dass er, wenn man ihn kennenlernt, einen jeden zunächst sehr für sich auch dadurch einzunehmen vermag, indem er oft, ja fast immer gute Zitate parat hat – die sich allerdings dann, wenn man ihn besser und schließlich gut kennenlernt, als die immerselben aus einem dann doch erstaunlich kleinen Reservoir erweisen.

Seine All-Time-Klassiker sind:

Stalin: »In Deutschland kann es keine Revolution geben, weil man dazu den Rasen betreten müsste.«

Tucholsky: »Wegen ungünstiger Witterung fand die deutsche Revolution in der Musik statt.«

Lenin: »Revolution in Deutschland? Das wird nie was – wenn diese Deutschen einen Bahnhof stürmen wollen, kaufen die sich noch eine Bahnsteigkarte!«

Harry S. Truman: »Das einzig Neue in dieser Welt sind die historischen Fakten, die man nicht kennt.«

Im antiautoritären Kindergarten die verzweifelte morgendliche Frage eines Kindes: »Müssen wir heute schon wieder machen, was wir wollen?«

Lenin (oder Heiner Müller? Mal so, mal so. Lenin knallte natürlich mehr. Müller aber klang irgendwie belesener. Also variierte er das, je nach Gegenüber): »Optimismus ist nur ein Mangel an Information.«

Woody Allen: »Statt in den Herzen und Köpfen der Menschen würde ich lieber in meiner Wohnung weiterleben.«

Albert Schweitzer: »Wer glaubt, ein Christ zu sein, weil er die Kirche besucht, irrt sich. Man wird ja auch kein Auto, wenn man in eine Garage geht.«

Und dann noch irgendein ganz langer Witz mit drei Hirschen, den aber nie jemand kapiert.

Doch nun standen wir auf dem Trottoir vor der Schaubühne, mein Freund, mein Anwalt und ich, und all seine Witzchen, das merkte sogar er, passten jetzt nicht. Mein Freund wollte diese unangenehme Diskussion mit meinem Anwalt jetzt gewiss BÜRGERLICH zwar, aber doch vor allem rasch beenden, ihm gingen die Argumente aus, die ja auch nur Standards waren, sonst aber zumeist reichten, nur gegenüber meinem Anwalt natürlich nicht. Wusste er auch. Und das machte ihn wütend. Er war es einfach nicht gewohnt, dass Menschen keine Angst vor ihm hatten und auch auf seinen vielgepriesenen CHARME nicht hereinfielen. Sein nun folgendes rhetorisches Manöver war so trostlos durchschaubar, dass mich das auch schon wieder rührte:

ABER DAVON MAL GANZ AB – ich freue mich wirklich, Sie endlich mal in Person zu treffen. Ich würde mich unheimlich gern mal mit Ihnen unterhalten über die, äh, Situation der jüdischen Rechtsanwälte in der Weimarer Republik.

Ja, sagte mein Anwalt antarktiskühl, das kann ich mir vorstellen, dass Sie das gern tun würden. Aber ich habe mit Ihnen und Ihrem Haus wirklich ganz andere Themen.

Unangenehme Pause.

Und jetzt schön Kultur, nicht?, spottete mein Anwalt. Er gewann gern. Sehr gern sogar. Jaja, fuhr er fort, die schönen Dinge. Lesen Sie mal lieber Böll heute Abend, »Die verlorene Ehre der Katharina Blum«. Und dann stellen Sie den Sendebetrieb ein. Das ist doch wirklich unfassbar.

Aber da stirbt doch der Journalist, in dem Buch, nicht?

Ist aber nicht das Opfer. Ganz hübsch, dass ausgerechnet Sie das wahrscheinlich wieder so auffassen. Müssen Sie noch mal genauer nachlesen. Falls Sie bei der Schilderung gewisser journalistischer Praktiken Ähnlichkeiten mit denen Ihres Hauses feststellen, sind diese, ich zitiere aus dem Gedächtnis, aber ziemlich wortgenau, denn dieses Böll-Buch war für mich tatsächlich der Urgrund für meine Berufswahl: »weder beabsichtigt noch zufällig, sondern unvermeidlich«.

Mein Freund gab jetzt DEN UNBEIRRTEN: Wenn Menschen einerseits ihr Privatleben zu einer öffentlichen Soap Opera machen und dabei unseren Sender übrigens höchst gern ausnutzen, um daraus Kapital zu schlagen, sich dann aber beschweren, wenn man auch die unangenehmen Dinge berichtet – das ist der Gipfel der Heuchelei. Da geht es um Pressefreiheit. Diese Diskussion ist so grundsätzlich verlogen, und am Ende ist immer der Boulevard schuld, sorry, da gehe ich nicht mit.

Er, der STREITBARE, hatte in letzter Zeit zu streiten verlernt. Ziemlich genau seit er die UNSELIGE Entscheidung für diesen Chefredakteur getroffen hatte, was entweder der Grund oder gar schon ein Symptom seiner Veränderung gewesen war. Er gab sich noch immer offen, nach überallhin offen, aber seine Streitbarkeit kannte nur noch eine Richtung, ihn selbst erreichten Einwände, Vorwürfe, Kritik nicht mehr detailliert, er tat sie ab als Kampagnen und Neid, band die ungezählten Zurechtweisungen stets ab mit der Formel: Gut möglich, dass die eine oder andere Formulierung mal überzogen war – aber die Kritik ist es auch!

Ende der Diskussion. Zustand der STREITKULTUR. Sogar IM HAUS selbst nannten sie das mittlerweile WAGENBURGMENTALITÄT. Aber das Gehalt war besser als anderswo – und die Weihnachtsfeiern waren toll.

Jetzt war mein Anwalt wieder dran, und was auch immer er als Nächstes sagen würde, es würde brutal werden. Er hatte nun diesen Zielfernrohrblick, den er am Telefon immer ersetzt mit der Formulierung: »Dann ist Hiroshima.« Er holte schon Luft, ich atmete gar nicht mehr, kann ich doch derartige Konflikte einfach nicht aushalten, ich bekomme dann immer gleich eine solche Angst und will einfach nur noch, dass sich ganz schnell alle wieder vertragen, auch wenn ich hier IN ALLEN PUNKTEN meinem Anwalt gut folgen konnte, aber ja nur theoretisch, es praktisch jetzt hier auszutragen und auszuhalten, diese Frontstellung, das war mir einfach nicht möglich. Meine Herzfrequenz raketete hoch, ich musste was tun, was sagen, musste mich bewegen, flackernden Auges die Fluchtwege klären, die rhetorischen sowieso, aber auch ganz schlicht die tatsächlichen: Ich war, wie immer bei so entgleisenden Streitigkeiten, plötzlich wieder acht Jahre alt und alles verschwamm, das energische Rechtgehabe, die Lautstärke, hin und her, körperliche Bedrohungsnähe, sich rot einfärbende Kontrahentenköpfe, wer gegen wen, Hilfe – und dann wollte ich, wie immer in solchen Situationen, nur noch weglaufen, einfach weg.

Ich blieb aber stehen und versuchte es mit meinem bewährtesten Bewältigungstrick, meiner bevorzugten Schlichtungsmethode: mit einem Witz. Also erzählte ich tatsächlich mitten hinein in das hasserfüllte Schweigen dieser Männer, die ja beide meine Freunde waren, aber untereinander ERBITTERTE Gegner und einander, wenn in irgendwas, dann nur in tiefer Feindschaft verbunden, einen Witz. Einen Witz, dessen Anfang ich zwar vergessen hatte, die Pointe aber verstand man auch ohne den Anfang:

Wie viele Psychotherapeuten braucht man, um eine Glühbirne zu wechseln?

Das ist ne Fangfrage, ne?, überlegte mein Freund. Hm. Wie viele Psychotherapeuten … Keine Ahnung. Bestimmt ganz viele, oder?

Einen. Aber dann muss die Glühbirne die Veränderung auch wirklich WOLLEN.

Teilnehmer hinzufügen

Sophia und ich gingen jetzt jedes Mal nach der Selbsthilfegruppe in so ein verranztes Café in der Nähe der Gesamtschule, in der unsere Trümmertruppe einmal pro Woche zusammenkam.

Die vergangenen Wochen hatten wir beide ganz gut hinbekommen, sogar ohne auf den Stop-Schild-Trick zurückgreifen zu müssen. Sophia hatte jetzt immer ganz glatte Haare, die aber nur sie selbst anfangs noch als kommentarbedürftig empfand: Ja, ist jetzt so, ist mein Style, und was jetzt, willst du mich verhaften?

Gerade nicht, nein. Zwei Kirsch-Bananensaft, bitte.

Wir zerrührten die unterschiedlichen Saftschichten zu einem blassrosa Brei und rauchten. Jedes Mal gab es natürlich mindestens einen Fall aus der Selbsthilfegruppe, über den sich – Gemeinschaft hin oder her – gut ABLÄSTERN ließ:

Ist dir mal aufgefallen, dass Ralf immer seine Schuhe auszieht, wenn jemand weint?

Swantje war heute hundertpro komplett druff.

Ich musste mir vorhin in der Pause ALLE Tauchfotos von Sebi angucken. Von DREI Tauchurlauben – und jedes Foto sah gleich aus: blau mit bunt.

Manu will zurück zu diesem Vollhonk? Was ist denn mit der alles nicht los? Ich meine, warum dann nicht gleich direkt zurück in die Klapse?

Wenn Thorben noch einmal »vorprogrammiert« sagt, bewerbe ich mich bei »Goodbye Deutschland«.

Hast du die Ohrringe von dieser Kerstin gesehen? A cry for help, Alder.

Tobi hat jetzt angefangen, MOTTO-TOPFLAPPEN zu HÄKELN? Wäre da nicht ein Rückfall schlauer?

Vicky immer mit ihrem WERTE-Bullshit, »Ich möchte der Gesellschaft gern was zurückgeben, was Sinnvolles« – chill mal, Alte, echt. NIMM dir doch erst mal was, du hast doch noch gar nicht losgelegt mit deinem Leben.

Ja, die Magie von Gruppenbildung – auf ihre Gesamtheit ließ man auch deshalb nichts kommen, weil man sich in Untergruppen zusammenfand, für die allerdings auch konstituierend war, sich über andere aus der Gruppe (die wiederum sich in anderen Untergruppen zusammenfanden) zu erheben. Das war im Detail mitunter etwas boshaft, wirkte insgesamt jedoch gruppenstärkend. Wie in einer großen Familie: wechselnde Koalitionen. Und nach außen, in der Gesamtheit: eine uneinnehmbare Festung.

Sophia und ich hatten die Untergruppe »KiBa-Gang« gegründet, nur wir zwei, weitere Zugänge waren von uns bei Gründung ausgeschlossen worden. Natürlich verfügten wir auch schon über eine eigene WHATSAPP-GRUPPE (eben: »KiBa-Gang«), an der so besonders schön und unsinnig war, dass sie jeweils nur eine weitere Nummer, nämlich die des anderen, enthielt. Aber seltsamerweise fiel es so, unter diesem klar der SELBSTHILFEGRUPPE zugeordneten Begriff leichter, einander recht ungeschönt das aktuelle Befinden mitzuteilen. Wir hatten auch genaue Regeln ersonnen, inwieweit der eine den anderen nerven dürfe oder gar müsse, wenn der donnerstags mal nicht erschiene. Oder wie eine taktvolle, aber trotzdem erfolgversprechende INTERVENTION ablaufen könnte, falls einer von uns beiden doch mal wieder rückfällig werden sollte. Und wenn einer von uns mal länger in irgendeinem Ausland sein würde, so unser

Beschluss, würden wir mittels dieser Selbsthilfegruppenabspaltung mindestens einmal pro Woche BEIEINANDER EINCHECKEN – und zwar mit Bild, nicht nur Ton; keine Tricks.

Darauf noch einen KiBa?

Nein, der Zucker.

Ach richtig, 16:9, du Freak. Deine Essstörung ist echt komplett Neunziger.

Ja, BODY POSITIVITY schaffe ich irgendwie nicht.

Wirklich next level ist Body Neutrality – also Body Acceptance.

Ach so?

Ja, aber was soll das heißen – dass dann keiner mehr Sport macht, oder was?

Zwei Wasser, bitte!

Scheiß auf morgen – MIT Kohlensäure, bitte!

Um uns herum tranken alle Alkohol. Wir schauten gar nicht so genau hin. »Inzwischen ist das ganz normal für mich, ich habe trotzdem meinen Spaß«, imitierte Sophia extrem präzise Antony, den Stoiker unserer Selbsthilfegruppe. Der sagte nie was anderes als diesen Satz, und so besonders gut daran war, dass Antonys ohnehin vollkommen apathisches Sprechen beim Wort »Spaß« so endgültig tot klang. Wir verehrten ihn.

Sag mal, Sophia, wie bist du denn überhaupt bei diesem seltsamen Sender gelandet?

Er hat mich auf Insta angeschrieben, ganz normal.

Das ist NICHT normal.

Wo denn sonst, auf der Schwachmatenpinnwand LinkedIn oder was? Da schreiben einem doch echt nur irgendwelche todeslosten Boomer kurz nach ihrer Kündigung. Weißte, so IM BESTEN ALTER, noch mal ganz neu durchstarten und so. Von der Abfindung ne Harley gekauft. Und sie wären jetzt bereit, noch mal die Extrameile zu gehen und so, und man denkt einfach nur, yo, Martin, mach mal. Was für Loser. Nee, er war super charming: Er war mir schon länger gefolgt, hat alle meine Posts geliked, hat mir manchmal auch geschrieben, hey, cooles Outfit, schön sieht's da aus bei dir und so. Und dann hatte ich einmal ne Story aus der Uni-Bibliothek geposted, ich so voll am Träumen zwischen meinen ganzen Büchern – und hatte da nur hingeschrieben: Visuelle Kommunikation lol.

Das ist dein Studiengang, oder was?

Ja, an der HAW in Hamburg.

An der was?

Hochschule für Angewandte Wissenschaften. Und darauf hatte er dann geschrieben, hey, wenn du mal irgendwie Unterstützung brauchst für irgendeine Hausarbeit oder so – be my guest. Das weiß ich noch genau: Be my guest. So fing das eigentlich an. Also, dass wir dann – ja, keine Ahnung, ey. Ich dachte einfach, wie meine Oma immer sagt: frech kommt weiter. Und habe ihn einfach mal auf doof gebeten um ein Skype-Gespräch, als Recherche für meine Masterarbeit, und dann war er super easy, paar Minuten später kam schon die Antwort. Ich hätte nie gedacht, dass der überhaupt antwortet, wenn es so konkret wird. Aber er nur so: Können wir gern machen, aber komm doch besser mal vorbei, zwei Tage Berlin, wir zahlen Anfahrt und Hotel, am besten checkt man unseren Wahnsinn hier vor Ort. Und dann bin ich da hin – und das hat sofort gematched. Er hat mir alles gezeigt, ich fand's direkt übelst spannend, obwohl ich mich vorher nie bei so was gesehen hätte, aber ich hatte eh keinen Plan, wohin nach dem Studium – und am zweiten Tag meinte er dann, ich hab da so 'n Gefühl, bleib doch noch ne Nacht, heute Abend ist keiner im Studio, da können wir direkt mal was ausprobieren.

Creepy.

Null creepy! Was haben denn eigentlich immer alle mit ihm?

Soweit ich gehört habe: Sex.

Du magst ihn echt gar nicht, ne?

Ich kenne den gar nicht, habe ihn erst zwei- oder dreimal überhaupt gesehen, und ich möchte auch, dass das so bleibt.

Aber du bist doch extrem CLOSE mit dem Boss.

Ja, der ist mein Freund. Den Sender finde ich trotzdem widerlich. Abgrundtief schrecklich.

Wir sind eben anders.

Ja, so kann man das natürlich auch sagen.

Biased.

Bitte?

Dein Blick, überhaupt alles, deine Körperhaltung, deine Stimme, wenn es um ihn geht – ultra biased.

Sein Lieblingswort, nehme ich an?

Ja, na und? Also, ja, schon, aber ich sehe das genauso. Wirklich jeder von außen, ob das jetzt meine Mitbewohner sind oder, keine Ahnung, meine Mutter. Oder eben du jetzt.

Bisschen nah an deiner Mutter stehe ich da jetzt, aber wir waren ja heute schon in der Therapie.

Du Lullkopf. Ich meine das ernst! Sobald von ihm die Rede ist, reagieren die Leute immer extrem voreingenommen, also alle von außen.

Oh, von innen auch.

Die kennen ihn halt alle nicht richtig. Ich kenne die ganzen Geschichten auch, aber ich kann das nicht bestätigen. Zu mir ist er so nicht – und ich glaube, da ist einfach auch viel Neid dabei, also bei denen, die da so abhaten. Er ist ein Guter! Der fördert einen richtig. Und wir haben nicht dieses »Soll ich die Tür auflassen oder zumachen?«, also er ist mein Boss und so, klar, aber wir SPIELEN HALT IM SELBEN TEAM. Ohne Witz jetzt, ich kannte das vorher einfach nicht, also bei so Praktika, da durfte man dem Chef, wenn man ihn überhaupt mal gesehen hat, maximal Kaffee bringen oder die Post. Oder vielleicht seine Kinder mal für zwei Stunden entertainen. Ist bei uns völlig anders, da ist man direkt Teil des Teams. Ich meine, ich war erst zwei Tage da, wollte da ja eigentlich nur für meine Masterarbeit recherchieren – und dann haben wir abends echt original einen Piloten aufgenommen. Tja, und daraus ist dann »Das wird man ja wohl noch sagen dürfen« geworden, das momentan erfolgreichste Primetime-Format. Ich fand mich ten-out-of-ten erbärmlich, aber er meinte, ich hätte es.

Das gewisse Extra? Bitte nicht das gewisse Extra.

Hä, wieso? Doch! Ich meine, das musste er ja nicht sagen. Aber er hat mir von Anfang an so 'n Gefühl, keine Ahnung, von Sicherheit gegeben und dass er an mich glaubt und so, und ich so, wow, das geht ja jetzt echt ziemlich schnell, krass. Aber, hey: Go with the flow.

Mir war das plötzlich alles sehr unangenehm; wie ich ihr hoffnungserfülltes Strahlen so griesgrämig einzudüstern suchte, das war falsch, falsch, falsch. Und es war ja mindestens genauso CREEPY wie Instagram-Behelligungen und spontane nächtliche Castings, hier jetzt den holden Beschützer zu geben. Keine gute Rolle. Was wusste ich denn schon? Ihre Schilderungen des wundersam leichten Anfangs glichen aufs Verblüffendste denen von Basketballs damals in Los Angeles. Nur war es bei Basketballs dann eben sehr unschön weitergegangen – und bei nicht wenigen anderen ja auch, so zumindest hatte Basketballs es mir erzählt. Und es passte zu Beobachtungen, die ich selbst in der Folgezeit gemacht hatte. Bei allen aber hatte es so flirrend blumenumsäumt begonnen wie nun bei Sophia.

Der Umgang des Senders mit dem Fall dieses Fußballers und dem Suizid seiner vormaligen Freundin hatte zu einer

Debatte über die KULTUR des Senders geführt, die ebenso schrill wie kurzlebig und im Grunde folgenlos verlaufen war, wie das Debatten eben heutzutage meistens beschieden ist. ALLE, so machte es den Anschein, stritten lauthals darüber, die Urteile waren so harsch wie eindeutig, es gab Lärm, Lagerbildung, allseitige Verwünschungen – und dann war es auch schon wieder vorbei. Neu war diesmal gewesen, dass vernehmlich auch im Sender selbst Proteststimmen so laut geworden waren, dass sie nach außen gedrungen waren, nicht nach ganz außen vielleicht, aber mich zum Beispiel hatten sie erreicht. Es waren ausschließlich weibliche Stimmen: Andeutungen, gefolgt von Relativierungen. Einerseits sagten alle, die mit mir sprachen, ich sei doch mit dem Senderchef befreundet und der müsse mal wissen, was da eigentlich los sei, wie da über Frauen gedacht würde und mit Frauen umgegangen – andererseits beschworen sie mich alle, bloß nichts davon dem Senderchef zu erzählen. Die Rolle, die mir dabei zukam, war nicht nur rätselhaft, sie war mir auch ganz und gar unangenehm. Was konnte ich denn dafür? Was sollte ich denn jetzt machen, ich begriff mein Mandat nicht mal, ich soll meinen Freund in Kenntnis setzen, ihm dabei aber bloß nichts sagen, EXCUSE ME?

Okay, sagte Sophia jetzt ziemlich angedreht, du hast das zufällig gehört, wie ich am Telefon ner Freundin erzählt habe vom FUMMEL-OPI, so what? Wenn du mir jetzt erzählst, das ist alles frauenfeindlich, ich meine, wie frauenfeindlich ist DAS, bitte? Fühlst du dich jetzt für mich diskriminiert, weil ich zu stulle bin, das selbst zu schnallen, oder was? Komm mal klar! Ich lache darüber. Du glaubst, das ist eine Ausnahme? Ich will dir mal was erzählen über deine sensationelle Neuentdeckung SEXISMUS: Das ist überall, jeden Tag. Get over it! Schon mit elf, zwölf haben wir als Mädchen gelernt, nachts die Straßenseite zu wechseln, wenn wir hinter uns Schritte hören – und dass wir, wenn wir nachts allein unterwegs sind, am besten echte oder zumindest Fake-Telefonate führen, damit die Typen eben denken, wir könnten direkt Hilfe verständigen. Wir suchen Handtaschen auch danach aus, ob da ein Fläschchen Reizgas reinpasst. Unsere Wohnungsschlüssel halten wir auf dem Weg von der Bahn zur Haustür die ganze Zeit wie so 'n Mafia-Ring zwischen Zeige- und Mittelfinger, so dass der Zahn oder Bart oder wie das heißt da als Klinge rausguckt, um eventuellen Angreifern damit ins Auge oder was weiß ich wohin stechen zu können. Wenn wir auf ein Tinder-Date gehen, checken wir in eine App ein, auf der unsere Freundinnen live unsere Standorte verfolgen können, für alle Fälle. Wir lassen beim Ausgehen keine Sekunde lang unser Glas aus den Augen, und wenn uns ein Typ einen ausgeben will, kommen wir mit zur Bar, um sicherzustellen, dass er da unterwegs keine K.-o.-Tropfen reintut. Jeden einzelnen fucking Tag bekommen wir mehrere widerliche Zuschriften, oft unkommentierte Penis-Bilder oder gleich Videos, wie sich irgendein Ficker einen auf uns abschruppt, das nennen die ENTSAFTEN, Alder, und das tun sie mittlerweile noch nicht mal mehr anonym, sondern das wird schön unter Klarnamen verschickt, they don't care. Wir gehen durch die Gegend mit starrem Blick, um Blickkontakt mit aufdringlichen Gaffertypen zu vermeiden. Wir setzen uns Kopfhörer auf, ohne Musik zu hören, einfach um das Risiko zu minimieren, von so random Dudes angelabert zu werden (wird man trotzdem). Wir lernen: NICHT freundlich gucken. Wir müssen hundertmal am Tag sagen: Nein. Face it, das ist NORMAL für uns Frauen. Wir kennen es LITERALLY nicht anders. Und jetzt willst du mir erzählen, der Fummel-Opi sei das Problem? Der ist ein komplettes Opfer, der Typ. Ein fucking Joke. Wie alt ist der, hundertzwanzig? Grabscht er da eben bisschen rum, wenn wir verkabelt werden, ja und? Wir finden immer am lustigsten, dass er dabei so was murmelt von wegen »Sonst raschelt das Mikro, wenn du dich bewegst«, als sei er jetzt so voll der Tonmann und überhaupt das allwissende TV-Mastermind, nur weil er irgendwann vor neuntausend Jahren mal in der Schweiz ne Quizshow moderiert hat. Mir tut der nur leid. Yo geil, Opi, erzähl noch mal, wie du das Farbfernsehen erfunden hast, cool story, Boomer. Ja, hoppala, das sind meine Titten, macht ja nix, mein Fehler – du stirbst eh bald.

Hat das meiner Karriere geschadet, dass ich gut aussehe? Sicher nicht. Aber wenn ich die Nachteile, eine Frau zu sein, ja eh habe, warum dann nicht wenigstens auch die paar Vorteile mitnehmen? Der Deal ist doch klar, und das ist überall so, keine meiner Freundinnen kennt das NICHT: Eine Frau zu sein, das ist KARRIEREMÄSSIG ein Nachteil, aber es gibt eben diese zehn, höchstens fünfzehn Jahre, von knapp zwanzig bis Anfang dreißig, da hat der Sexismus auch ein paar Vorteile. Gut aussehen, lächeln, nicht ernst genommen werden – drüber wegkommen und einsacken, was du kriegen kannst. So einfach ist das. Kotzt mich das an? Klar kotzt mich das an. Kann ich es ändern? Deine Mudder kann das ändern. Ey, ohne Scheiß jetzt, aber wenn es echt nur um meine HAARE geht, what's the point – die Ansage war klar, und damit kann ich umgehen. Außerdem mag ich meine Haare so glatt eh auch selbst viel lieber, mir ist das nur sonst immer zu viel Aufwand gewesen, aber dann mache ich es jetzt halt, wenn das andersherum bedeutet, dass ich nicht auf die Nachmittagsschiene verlegt werde, in die Kaffeeklatschtodeszone, um zur Strafe dieses Emo-Format »Was macht das mit mir?« zu moderieren – echt zero Bock drauf. Ich will die Primetime behalten, ich will das Gesicht bleiben von »Das wird man ja wohl noch sagen dürfen«. Das hübsche Gesicht, meinetwegen. Geht doch hier nicht um meine Frisur, sondern um meinen Lebenslauf. Ansonsten einfach an Tina Feys goldene Regel fürs Berufsleben denken: Trage immer einen BH – egal, was passiert, das wirst du nie bereuen. Und dann auf in den Kampf.

Sie hatte während ihres gesamten Vortrags in meine Richtung geschaut, aber die ganze Zeit so über mich hinweg, nach schräg oben, wo im gegenüberliegenden Haus sich gerade Reste der Abendsonne im Giebelfenster spiegelten. Jetzt, ein bisschen erschöpft, verbarg sie kurz ihr Gesicht hinter ihren Haaren, vornübergebeugt, mit dem Strohhalm die Reste ihres Kirschbananensafts aus dem Glas bergend, dazu murmelte sie, kaum hörbar:

Findest du das Wort »schlürfen« auch so eklig?

Ich mochte Sophia wirklich sehr gern. Am Glasboden war nun nichts mehr zu holen, sie bahnte sich mit dem Strohhalm eine Art Augen-Schleichweg durch den Haarvorhang, hinter dem sie ihr Gesicht gerade verbarg, sie schaute mich zum ersten Mal seit vielen Minuten wieder direkt an.

Du guckst so zitronig, biste jetzt geschockt, oder was?

Geschockt, tja – ich schäme mich einfach.

Für mich oder was?

Quatsch, für dich doch nicht. Für – keine Ahnung, für mich, für alle Männer, ich weiß es nicht. Das ist alles so furchtbar, was du da erzählst.

Next step, alles klar. Hey, echt nichts gegen dich, no offense at all, aber das darf natürlich auch nie fehlen: Wir Frauen müssen dann anschließend immer die Männer trösten. Das ist so pervers, was soll man denn da sonst noch machen, als einfach nur zu lachen? Wenn wir einfach mal sagen, wie es ist, bleibt übrig: Erstens, du Arme. Zweitens: Bisschen nuttig klingt das trotzdem. Drittens: Leckt mich doch alle. Und wenn du jetzt noch diesen WG-Text ablallen willst, dass unser Sender ein GESELLSCHAFTLICHER BRANDSTIFTER ist und so, hau rein. Erwarte bitte nur nicht, dass ich das noch nie gehört hätte. Und by the way: Ich finde zum Beispiel deine Bücher auch nicht geil, dich aber mag ich trotzdem. Und jetzt? Es ist unsere ARBEIT, es sind nicht WIR! Klar bin ich ON AIR anders. Ich meine, es ist FERNSEHEN. Das ist ne ROLLE! Mich amüsiert der ganze Hate. Motiviert mich. Wenn es richtig knallt und alle gegen uns sind – das heißt doch, dass wir irgendwas Sensibles angestoßen haben. Ich sehe das eher statistisch. Lärm ist Quote. Und »Das wird man ja wohl noch sagen dürfen« ist doch der beste Beweis, dass News eben auch Entertainment sein können, ja sogar müssen, sonst erreichst du nur die Eingeweihten, die aber interessieren uns gar nicht. Freedom of speech und so, ja, kann sein, aber ich sehe das viel nüchterner: Steile These, steile Quote. Geht doch nicht darum, was ICH meine. Ich sehe das als Sprungbrett. Mein offizieller Twitter-Account, das ist meine PERSONA. Das bin ja NICHT WIRKLICH ich. Mein Insta habe ich auf privat umgestellt. Da bin ich total ich.

Aber Twitter? Da bin ich die aggro Neocon-Bitch, das ist Rollenprosa. Der blaue Haken verifiziert ja nicht, dass ICH das bin, sondern die, für die man mich in der Öffentlichkeit hält. Die von dem Sender. Und für mich ist das einfach ein Riesenfun, wie leicht das dann geht: Ich sehe gut aus, arbeite bei nem Boulevardsender, ballere aus meinem engen Oberteil Thesen raus, die die Leute aufregen – schon ist Traffic. Ich bin doch nicht dumm, ich weiß natürlich, dass mein enges Oberteil die Leute mindestens so aufregt wie die Thesen, sie verwechseln das dann in ihrer Aufregung, die Diskussion ist ein Alibi, aber es ist eine. Auch wenn der Subtext bei achtzig Prozent, egal ob Zustimmung oder Ablehnung, von meinen süßen Titten handelt, mir doch wumpe. Das war immer so und wird immer so sein. Und es ist so unfassbar einfach. Aufstrapsen, Haare glätten, rechthaberisch paar Triggerwörter setzen, einfach die Gegenposition einnehmen zum aktuellen Konsens, fertig. Dann hauen diese Wutpimmel sich da die Köpfe ein, ich kriege Morddrohungen und Heiratsanträge, it's a fucking game. Und dann dieses Gejammer von so bärtigen Projekte-Stammlern, ouuuh, das ist jetzt verletzend – da antworte ich dann immer: Ja, Brudi, das kommt vor, entspann dich mal, mich zum Beispiel hat Andrea Wehlings im Kindergarten ganz oft an den Haaren gezogen.

Meine Freunde mussten sich da erst dran gewöhnen, aber inzwischen haben die das auch geschnallt, wie das läuft. Es ist ein JOB, ihr Pussys, get over it, was wollt ihr alle von mir? Und ich meine, was bitte ist lustiger als irgendwelche woken Maltes, die da, um jetzt endlich mal und für immer den Sexismus zu besiegen, stundenlang Frauen wie mich beschimpfen, weil die ihnen ZU SEXY auftreten und, so ereifern sich die Maltes, nicht das Problem bekämpfen, sondern das Problem SIND. Ja, geil, Malte, super Input, du Honk. Applaus für dich, Applaus für mich – merkste selbst, oder? Erwartungscollage, Niklas Luhmann, bla.

Schnallen die aber nicht. Good for me. Echt, diese Typen! Wie viele Stunden habe ich in Hamburg bei so toten Studentenpartys mir diese Gülle angehört, so nach dem Motto: Ja, FC St. Pauli, natürlich, Ultra, Alter – wobei, irgendwie ist es auch beyond cool, also, keine Ahnung, Pauli-Fan sein ist so okay-okay, dass ich mich frage, ob es eigentlich noch wirklich okay im Sinne von cool ist, weil halt das Underdogsein auch irgendwie Mainstream geworden ist, also für viele ist das ja inzwischen auch so ein Lifestyle nur, und da ist halt das Anti-Sein dann auch Establishment, und man kann aber ja auch nicht nicht St.-Pauli-Fan sein und so weiter und so fort.

Ganz ehrlich, man will ja auch nicht unhöflich sein und so, bis auf manchmal, wenn die so hart am Nerven sind und dann echt noch anfangen damit, wie viele Hochkulturreferenzen pro Minute vorkommen in ihrer Lieblingsfolge von den fucking »Simpsons« – wo ich dann doch schon mal so 'n kurzen REALITY CHECK anbiete: Ey, Typ, was laberst du denn da für einen Schrott? Sei doch mal ganz kurz interessant, Alder. Die sind so langsam alle. Ich meine, ich hab ja gar nichts dagegen, wenn Leute nach irgendeinem angeblichen Sinn suchen – schlimm wird's nur, wenn sie dann echt meinen, ihn gefunden zu haben. ALLES HINTERFRAGEN, go home, du Leiche. Das ist doch nur eine Camouflage dieses permanenten Chill-Modes von so Für-immer-Endzwanzigern, wo ich mich echt immer frage, wovon die sich eigentlich die ganze Zeit ausruhen. Meine Freunde ticken zwar fast alle so, sollen sie auch gerne tun, aber mich interessiert das einfach nicht – und im Job, speziell auf Twitter, nutze ich deren Denkfaulheit eben aus. Hast du noch Kippen?

Hatte ich. Es war unterdessen dunkel geworden, heute war Sophia mit Bezahlen dran, wir wechselten uns ab, wir waren modern, HEHE. Auf dem Weg zur U-Bahn lachten wir gemeinsam über so pseudoverunsicherte Stehengebliebene, die scheinbar eine NEUE ACHTSAMKEIT berücksichtigen wollten, dabei aber GANZ PRAKTISCHE PROBLEME feststellten, mit deren Darlegung sie eigentlich nur eines zu beweisen trachteten: Früher war alles besser, lass uns doch lieber so weitermachen, wie wir es immer gemacht haben. Eben so Haralds, die dann so rhetorische Dummkopffragen IN DEN RAUM WARFEN, all die Klassiker: Man weiß ja GAR NICHT MEHR, ob man einer Frau noch die Tür aufhalten darf, den Mantel abnehmen, den besseren Platz überlassen, sie zum Essen einladen, ein Kompliment machen und so weiter. Ja, Harald, voll schlimm. Totales Chaos. Echt superschwierig alles.

In der Ferne sahen wir vom riesigen Dachbildschirm des Fernsehsenders die Prophezeiungen eines weiteren baldigen Weltuntergangs in die Nacht blinken, irgendwas mit CHINA-HAMMER und PANZER-PANNE. Zum Nachtisch: RENTEN-KEULE und NACKT-GATE.

Ich fragte Sophia, wie sie die Rolle des Senders in Bezug auf diesen hetzebedingten Suizid der früheren Fußballerfreundin bewertete. Sie reagierte mit einer plötzlichen Tiefkühlung, sie sprach auf einmal so roboterhaft wie sonst nur in ihrer schrecklichen Sendung. Es war die sogenannte OFFIZIELLE LINIE. Und die sagte sie nun auf: Boulevard wird immer Boulevard bleiben, wir berichten nur, und zwar so, dass es DIE MENSCHEN auch wirklich verstehen.

Ein komisches Menschenbild, sagte ich.

Fick dich, sagte Sophia.

Zeit, das Thema zu wechseln. Ich erkundigte mich nach ihrer Masterarbeit, und an diesem onkeligen Themenvorschlag allein schon konnte man meine vollkommene Hilflosigkeit gut ablesen. Doch Sophia war so höflich und führte nun also akademische Dinge aus, von denen ich gar nichts verstand oder begriff – aber es war schön, dass sie das tat. Das, was ich verstand, fand ich extrem interessant. Sophia war sehr, sehr klug, und ich dachte darüber nach, wie vergleichsweise dumm hingegen ich in ihrem Alter gewesen war – und musste jetzt lächeln, weil das allein ja auch schon wieder so ein Harald-Gedanke war. Und wie eklig es eigentlich ist, jemandem Klugheit zu attestieren, weil man damit ja automatisch sich selbst als noch klüger definiert, wie sonst schließlich sollte man Klugheit überhaupt beurteilen können? Das ist IN DER KULTUR auch immer so lustig, wenn da jemand behauptet, irgendein Buch sei DAS KLÜGSTE ZUR GEGENWÄRTIGEN KRISE – fußt doch diese Urteilsanmaßung auf der Behauptung, der dies Dekretierende habe nicht nur sämtliche Bücher ZUR GEGENWÄRTIGEN KRISE gelesen und sogar verstanden, nein, er sei obendrein gar intellektuell befähigt, deren jeweilige Klugheit exakt taxieren zu können, wofür er selbst natürlich noch klüger sein muss als das klügste Buch. Interessantes Selbstbild.

Sophia erzählte mir von einer Spezialdisziplin dieser Belehrungskrankheit: MANSPLAINING. So bezeichne man den offenbar weitverbreiteten Drang vieler Männer, Frauen langatmig Dinge zu erklären, über die die so Belehrten häufig viel mehr wüssten als diese Männer selbst, die es dennoch gern so ausführlich wie ungefragt erläuterten, extra langsam, damit die Frauen es auch verstünden. Sie habe da schon die irrsten Stegreifreferate durchstehen müssen:

– Wie man eine Tabelle in das Programm Word einfügt (nachdem sie dem dies ihr Erklärenden genau das eine Woche zuvor beigebracht hatte).

– Dass es falsch sei, wenn sie sich nachts allein unwohl fühle, weil ihr nämlich niemand irgendwas Böses wolle.

– Dass der Mond ein Planet sei (und als sie entgegnet habe, der Mond sei kein Planet, sei der Mann sehr wütend geworden).

– Dass der Name Sophia mitnichten aus dem Altgriechischen käme und »Die Weise« bedeute oder »Die Wissende« – nein, der Name leite sich ab von der Hauptstadt Bulgariens, und deshalb sei es auch falsch, den mit ph zu schreiben und auf der zweiten Silbe zu betonen, richtig sei: auf der ersten.

– Frauen bräuchten nur einen einzigen Tampon pro Periode (er verstand folglich gar nicht die allfälligen Beschwerden über Tampon-Preise, denn: 12er-Packung = ein Jahr Vorrat).

– Sie solle keine Antidepressiva nehmen, die brächten nichts (er habe nämlich mal eine Freundin gehabt, die Antidepressiva nahm – und die habe trotzdem Depressionen gehabt).

– Dass 6 + 4 = 10 ist.

Ich fand Sophia unfassbar lustig. Und so schnell, sie entwarf jetzt in enormem Tempo einen THEORETISCHEN UNTERBAU, ich begriff knapp die Hälfte, höchstens – Bestätigungsfehler, Versuchsleiter-Effekt, ich würde das alles mal nachlesen müssen, ich selbst hatte es an der UNI exakt einen Tag lang ausgehalten, Sophia aber plante gerade ihre Doktorarbeit. Ein klassischer Dialog zwischen uns ging so:

Äh, Sophia, was heißt noch mal »internalisiert« – man hat's so drin?

Man hat's so drin, ja. Hat auch ne systemische Komponente.

Ah ja. Und »intrinsisch« ist dann aber irgendwie …

Durch in der Sache liegende Anreize bedingt.

Hab ich's mir doch gedacht.

Sie konnte mir viel mehr erklären als ich ihr, und das traf sich gut, denn ich mochte es eh nicht, irgendwem anderes als meinem Sohn Dinge zu erklären. Einzige Ausnahme, vielleicht: in der Selbsthilfegruppe, falls da jemand gerade an einem anderen Punkt war in der Krankheitsbewältigung als ich und mir irgendwas Sinnvolles einfiel, was der andere zwar eh auch wusste, THEORETISCH, nur in dem Moment vielleicht gerade nicht. Das drehte sich ja immer im Kreis. Und genauso gut könnte es da auch bald schon mal wieder andersherum verlaufen, dass mir was erklärt würde dort, was ich schon mal gewusst hatte; deshalb ja gingen wir da alle hin. Und für Spezialfragen im Alltag gab es ja nun die KiBa-Gang.

Dass Sophia so vieles so kühl durchschaute, dachte ich, das würde ihr fraglos helfen dabei, nicht komplett hereinzufallen auf diesen Laden und vor allem diesen Typen.

Wir waren jetzt an ihrer Haustür angekommen, ich hatte sie nach Hause gebracht, und weder sie noch ich hatte auch nur eine Sekunde lang darüber nachdenken müssen, OB MAN DAS ÜBERHAUPT NOCH DARF HEUTZUTAGE.

Sophias Telefon klingelte. Sie schaute drauf, zuckte kurz, führte dann verschwörerisch ihren rechten Zeigefinger an ihre Lippen, wandte sich ab von mir und klemmte sich das Telefon zwischen Schulter und Ohr, es verschwand inmitten ihrer wirklich sehr, sehr glatten Haare. Ihre Stimme veränderte sich kolossal, als sie nun lostelefonierte, sie klang jetzt wie eine flirtende Minnie Mouse auf der Flucht.

Hi! Nein, gar nicht, ich sitze hier mit ner Freundin, wir waren eben beim Sport. Wie, jetzt direkt? Ja, klar kann ich kommen, bei dir im Büro? Gib mir ne halbe Stunde.

Lost Angels

Ich hatte eigentlich über LIEBE schreiben wollen, aber es kam immer was dazwischen. Und WAR das nicht schon der Text? Natürlich nicht.

In Deutschland war es wieder zu grau und zu kalt geworden, und so war ich also wieder abgehauen nach Los Angeles. Der Herbst hier ginge in Berlin locker als Hochsommer durch, alles war – zunächst – wie immer. Die Foucault-Forscherin, Brandon, Basketballs – und auch Rose kam jeden Tag an den Pool. Sie hatte jetzt MILITANT kurze Haare, und ich hatte zuerst noch mehr Angst vor ihr als sonst, aber seit sie wusste, dass ich mit Basketballs und Brandon befreundet war, die sie beide schon länger kannte und offenbar sehr mochte, war sogar sie nett zu mir. Eines Tages, als wieder nur wir zwei am Chateau-Pool waren und dergestalt routiniert gemeinsam einsam den Vormittag oder Nachmittag (wer wusste das hier schon so genau?) nach kurzem, wortlosen Gruß in der gewohnten Diagonal-über-den-Pool-Maximaldistanz verbrachten, beide lesend und schreibend (Rose schrieb jetzt auch, anders als noch beim letzten Mal), sie neben der VERWAISTEN Bar, ich unterm Zitronenbaum, da kam Rose herüber zu mir und überreichte mir eine Biographie über Monica Lewinsky.

Ich sprang auf von meinem Liegestuhl, bedankte mich mit einer so ungelenken wie auch unangebrachten VERBEUGUNG, schämte mich für mein sonnencremeweißglänzendes Gesicht und auch für sonst alles – und wusste überhaupt nicht, wie es nun weitergehen sollte. Sprechen vielleicht? Ja, gute

Idee – bloß WAS? Und was nur könnte ich Rose im Gegenzuge schenken? Aber weil es ja L.A. war, löste sich schnell alles in Leichtigkeit auf, denn Rose sagte: Lieber jetzt wie ein Clown aussehen als später mal wie ein Reptil – du hast verdammt recht, kann ich bitte auch was haben von deiner Halloweensonnencreme?

Ich hatte sehr viel davon und schenkte ihr eine noch unangebrochene Tube. Rose schaute prüfend, bald schon anerkennend kopfnickend auf das Kleingedruckte, das die Inhaltsstoffe der Creme auflistete. Alles sehr hypoallergen und durchdacht, ja sogar VEGAN, teuer natürlich auch, Rose war zufrieden.

Pass mir gut auf Basketballs auf, sagte sie und cremte ihre Nase noch ein drittes Mal ein. Sie glaube, so Rose weiter, dass ich in Ordnung sei, und es könne gut sein, dass bald eine Bombe platze und Basketballs dann meine Unterstützung brauche. Mehr könne sie jetzt leider noch nicht sagen, sie wolle auch niemanden beunruhigen, aber ich solle bitte einfach engen Kontakt zu Basketballs halten, NO MATTER WHAT. Ja, natürlich.

Für mich, sagte sie noch, bevor sie zurück zu ihrem Liegestuhl an der Pool-Bar ging, für mich ist es ja leichter – ich bin wenigstens vergewaltigt worden. Und ich habe BEWEISE. Tja, und bald brennt dann ganz Hollywood. Oder ich. Höchstwahrscheinlich beides. Komm, gib mir fünf.

Ich verstand kein Wort und gab ihr fünf. Unsere Hände klatschten sonnencremeschmierig gegeneinander, patsch. Dann reckte sie eine Faust in den Himmel, drehte sich um und ging zurück zu ihrem Liegestuhl, die Faust noch immer himmelwärts gestreckt. Ich klappte das Lewinsky-Buch auf, es war sehr dick und natürlich AUF ENGLISCH, aber ich freute mich. Vorn hatte Rose einen kurzen Gruß hineingeschrieben, dazu eine gezeichnete Faust:

Monica was Patient Zero.

#whywomendontreport
Love, Rose

Die Tage zergingen im immergleichen Licht, nur das Gucci-Billboard war mittlerweile von Netflix übernommen worden. Es war, als ob im elterlichen Wohnzimmer seit der Kindheit ein Gemälde gehangen hatte, das man plötzlich AN WEIHNACHTEN (oder wann immer man eben seine Eltern auch IN FORTGESCHRITTENEM ALTER noch besucht) ersetzt sah durch einen Apothekenkalender. Wir hatten uns darüber schriftlich bei Gucci beschwert – und sie hatten uns sogar geantwortet, allerdings nicht sehr zufriedenstellend: Es freue sie sehr, dass wir eine so starke Bindung an ihre Werbung empfänden, aber die Zeiten änderten sich nun mal (in L.A.? Noch dazu im Chateau? Seit wann das denn?), jedenfalls würden sie dem Chateau Marmont so oder so für immer aufs Engste verbunden bleiben, ja demnächst sogar eine COOP lancieren: Gucci-Produkte mit Chateau-Logo. Sie würden sich ERLAUBEN, uns schon ganz bald limitierte BADELATSCHEN aus dieser Reihe zu schicken, gratis, da sie in uns perfekte MARKENBOTSCHAFTER sähen, viele Smileys, wichtigtuerisch ausgreifende Unterschrift. Tja, das war nun ganz und gar nicht das, was uns fehlte (Badelatschen und Smileys), aber bitte. Wenn die Zeiten sich änderten, wer waren wir, uns dem entgegenzustellen? Hauptsache, das Chateau selbst würde sich nicht ändern müssen – und wir auch nicht. Was das betraf, bestand augenscheinlich kein Grund zur Sorge: Tagsüber passierte praktisch nichts, nachts dafür alles. Wenn die Bar im Haupthaus irgendwann schloss, kam Brandon immer noch für ein paar Stunden zu mir, er verfolgte weiterhin dieses verstiegene KUNSTPROJEKT mit den mechanischen Schreibmaschinen, seiner Vorstellung nach sollten wir Gedichte schreiben, die es dann im Internet zu kaufen gäbe, aber immer nur ein Exemplar, das sei das

Tolle, digitalisiert und trotzdem limitiert, irgendwas hatte es, wenn ich das richtig verstand, auch zu tun mit KRYPTOWÄHRUNGEN, na ja, Brandon saß auf meinem Sofa und redete so vor sich hin, ich lag mehr, als dass ich saß, aber immerhin an meinem Schreibtisch, ich machte mir unsinnige Notizen und überlegte, welches Lied uns jetzt retten könnte, aber dieses Lied gab es nicht – und irgendwann bald würde die Sonne auf- und wir ins Bett gehen. Ich verstand überhaupt nicht, worauf Brandon hinauswollte, er selbst eventuell auch nicht, und genau dieser dichtgewobene Schleier über Vernunft und Logik machte diese Chateaunächte so schön. Die Hauptsache war, dass wir nicht so allein waren in der Nacht.

Es waren die letzten Wochen der GEFÜHLTEN Unschuld Hollywoods. Noch dachten wir, eigentlich alles, inklusive unserer selbst, sei ein Witz, ein recht guter Witz, angenehm temperiert und stets sonnenbeschienen von einem verlässlich klaren Himmel; das Jahr im Grunde eine 365-tägige Abfolge von Goldbergvariationen.

Manchmal besuchte mich auch Kimberly, die in der Nähe wohnte und die ein kurioser, chateautypischer Zufall erstmals in meinen Bungalow geführt hatte: Sie war auf der Flucht gewesen vor den Männern vom FICKBUS. Dieser Bus hatte uns schon wochenlang Rätsel aufgegeben. Er parkte immer direkt am Garteneingang und sah aus wie ein sehr moderner Spezialeinheitenbus, praktisch ohne Fenster, komplett mattschwarz, ein ENIGMATISCHER MONOLITH am Sunset Boulevard.

Es war ein später Sonntagnachmittag gewesen, ich saß am Schreibtisch, mit dem Rücken zur offenstehenden Tür, ich mochte es, wenn frühabends ein bisschen Wind aufkam und an diesem totesten Punkt der Woche, wenn alles vorbei ist und noch nichts so recht wieder begonnen hat, die Übergangsgeräusche in mein Zimmer trug: letztes nachmittägliches Poolgeplansche, kaum mal ein Sirenenheulen, aus keinem anderen Zimmer mehr als dem von Brandon gemäßigt aufständische, von den Wellen der ZEITLÄUFTE glattgeschliffene Musik (sonntags immer nur The Doors oder Thelonious Monk), allmählich wieder leiser werdend das Verkehrsgesumme vom Sunset Boulevard; die wirklich letzten Sonntagsfrischler dieses Tages waren nun vom Strand zurückgefahren IN DIE STADT, die ja eigentlich gar keine war, wie man GEMEINHIN über L.A. sagte, wenn man tiefgründig wirken wollte. Wir wollten das nicht. Für uns war L.A. nicht nur eine, für uns war es DIE Stadt – jedenfalls war es unsere Stadt, unser Ort. Wenn du ES überall anderswo auch nicht geschafft hast, schaffst du es hier höchstwahrscheinlich auch nicht, versuchen aber konnte man es ja mal; außerdem schien immer die Sonne.

Und plötzlich stand also Kimberly in meinem Zimmer, ich hörte Schritte hinter mir, dachte aber, es wäre Brandon, und sah mich also gar nicht um, bis ich STUTZTE, denn Brandon kleidete sich zwar immer exzentrisch, nie zuvor aber hatten seine Schuhe (er trug fast nie welche, und wenn überhaupt: Sandalen. Oder Pailletten-Slipper) STILETTO-Geräusche gemacht. Also drehte ich mich nun doch um – und sah eben Kimberly, die mehr schwankte, als dass sie stand. Ich hatte sie nie zuvor gesehen, aber jetzt stand sie da, mitten in meinem Bungalow, in einer Hand ein Champagnerglas, in der anderen ein weißes Seidenbündel, sie ließ beides fallen, griff haltsuchend nach der Gardine und starrte mich an. Das war mal ein Auftritt.

Äh, hi?

Puuuuuuh, entfuhr es ihr.

Ja.

Heyyyyyyy.

Hey.

Kann ich – oh mein Gott. Kann ich mich mal kurz hinsetzen hier bei dir?

Ja, natürlich, Moment.

Ich räumte die beiden mechanischen Schreibmaschinen vom Sofa und bot Kimberly meinen Arm an, um sie sicher zum Sofa zu geleiten. Sie ließ sich darauf fallen, saß noch kurz aufrecht, legte sich dann hin. Und lag da und schwieg. Sie war ungefähr Mitte zwanzig, roch sehr intensiv nach Alkohol und Selbstbräuner – und was auch immer hier gerade los war und wie auch immer es weitergehen würde, interessant zu werden schien es auf jeden Fall.

Ich setzte mich wieder an meinen Schreibtisch. Das Chateau Marmont war wirklich ein gesegneter Ort – man musste eigentlich nie hinausgehen, hier drinnen passierte immer was. Sonntagspätnachmittag, ich hatte bloß noch im Greenblatt's Deli eine Suppe und Zimtmilchreis kaufen wollen und dann die Colbert-Sendungen der vergangenen Woche anschauen, aber jetzt schien es eben anders zu kommen, auch gut.

Entschuldigung, sagte sie.

Alles in Ordnung, sagte ich – und fragte mich, was genau ich damit wohl meinte. Ich war etwas ratlos und beschloss, mal die ECKDATEN ZU KLÄREN, also sagte ich ihr meinen Namen und dass Sonntag sei, später Nachmittag, ich blickte auf die Uhr und präzisierte vollkommen sinnlos: SEHR später Nachmittag. Wir befinden uns hier im Chateau Marmont, Bungalow 89, fuhr ich NAVIMÄSSIG fort und kam mir dabei dermaßen bescheuert vor, es hätte mich nicht gewundert, wenn ich als Nächstes gesagt hätte: DIE ROUTE WIRD BERECHNET.

Ich bin Kimberly, entschuldige bitte, sagte sie und richtete sich auf. Darf ich ein bisschen hierbleiben?

Ja, klar. Du siehst ein bisschen so aus, also versteh' mich nicht falsch, aber – möchtest du vielleicht einen doppelten

Espresso und ein großes Glas kaltes Wasser mit ordentlich Zitrone?

Ich sei ein Engel, sagte Kimberly, legte sich wieder hin, und ich ging in die Küche. Vom Sofa her kamen Katerleidgeräusche, also machte ich mal besser gleich einen dreifachen Espresso. Ich füllte die Wasserkaraffe, quetschte eine komplette Zitrone darüber aus und ließ einen Schwung Eiswürfel hineingleiten. Aus dem Wohnzimmer hörte ich Schuhe auf den Holzdielenboden fallen, Kimberly schien sich also ganz wohl zu fühlen. Hatte Brandon nicht Alka Seltzer hier in der Geschirrschublade deponiert, wie an all seinen bevorzugten Orten? Ich zog die Schublade auf, sah einen großen Beutel Weed, ach, Brandon, aber unter dem Beutel lagen tatsächlich Alka Seltzer. Eine, nein, besser zwei, dazu den nun wirklich sehr offensiven Espresso, die Karaffe, und endlich also konnte ich mal artgerecht das TABLETT benutzen, ein silbernes Tablett, dem während meiner RESIDENCY hier eigentlich nie eine andere Aufgabe zugekommen war, als Brandon und seinen unsortierten Freunden ARBEITSPLATTE für verschiedenerlei Drogenzubereitungen zu sein – und so proviantiert, GANZ GASTGEBER, ging ich zurück ins große Zimmer. Ein Engel zu sein, wenn es so einfach war, machte auch mal Spaß.

Kimberly saß rührend aufrecht da, öffnete und schloß rhythmisch ihre Augen, weit aufgerissen, stark zugekniffen, weit aufgerissen – und immer so weiter. In ihr Gesicht zu schauen war jetzt so, als ob man einen Digitalwecker betrachtete, bei dem man gerade auf RESET gedrückt hat. Und dann erzählte sie mir vom FICKBUS und ihrem Erlebnis mit dessen Besitzern.

Sie hatte also recht ausschweifungsbeschädigt von einer mehrtägigen Party IN DEN HILLS nach Hause gehen wollen, als sie – beinahe zu Hause angekommen – an der Gartentür zu unserem zitronenbebäumten Somewhere-Pool von zwei Männern angesprochen worden war und eingeladen, ob sie nicht mit hineinkommen wolle, kleine EXKLUSIVE Party und so weiter. Und weil Kimberly eh so hinüber war, und es ja mitten am Tag war, warum also nicht noch etwas weitermachen? Außerdem war es das Chateau, und die Männer trugen Anzüge und offiziöse Headsets, vom FBI schienen sie nicht zu sein, denn sie bewachten ja offensichtlich die Tür zum Chateau-Garten, was also sollte schon schiefgehen?

Noch mehr als in jeder anderen Stadt ging es in Los Angeles pausenlos darum, irgendwo hineinzudürfen, wo nicht jeder (am besten: fast niemand) reindurfte. Nachts natürlich besonders, doch auch tagsüber prägte dieses Denken den Alltag. Man ging nicht einfach nur zum SPINNING (alle gingen zum Spinning), sondern setzte manches daran, in genau den Spinning-Kurs zu gehen, in den kaum jemand hineinkam; es ging nie so sehr darum, was man aß (GESUND musste es natürlich schon sein, aber das war es hier ohnedies überall, immer), als viel mehr darum, wo man das tat. Und mit wem. Und, noch spezieller, an welchem Tisch dann. Und, ganz entscheidend: zu welcher Uhrzeit! Und wenn an irgendeinem allzugänglichen Ort dann mal JEMAND gewesen war, pilgerte praktisch die ganze Stadt fortan dorthin, um sich molekülweise Abglanz und Echo dieser Aura einzuverleiben – hatte also Billie Eilish einmal bei In-N-Out-Burger gegessen und das hernach geposted, war klar, was zu tun war. Zwar wusste man sehr wohl, dass sie längst nicht mehr dort war, aber sie war ja dort gewesen! Und käme ja vielleicht, wer weiß es denn, noch mal wieder. Also los. Abends, draußen, auf der Jagd nach Zugang, stand man immerzu vor irgendwelchen Türen, Kordeln, Absperrgittern oder Sicherheitsleuten und versuchte, sich hineinzudiskutieren. Absurderweise hieß es über genau die Ereignisse, zu denen praktisch niemand, den man besser kannte, Zutritt hatte: ALLE waren da.

Pausenlos also war man damit beschäftigt, irgendwen irgendwo zu kennen, auf irgendwelche Listen zu kommen, durch irgendwelche Türen, vorbei an Schranken aller Art. Das Gute am Chateau Marmont war: Wenn man einmal drin war, entfiel dieser aufwändige Teil des lokalen Soziallebens, man befand sich praktisch in DEM Backstagebereich von Los Angeles. Wenn wirklich etwas LOS WAR in der Stadt, dauerte es nicht lang, bis Ausläufer und Abspaltungen davon ins Chateau fanden, nicht selten sogar die Eskalationen. Wenn tatsächlich mal etwas passierte, passierte es zumeist hier. Völlig egal, wo Grammys, Oscars und so weiter zeremoniell vergeben wurden – die wirklich interessanten Weiterungen davon fanden, später in der Nacht, verlässlich im Chateau statt; gemäß dem Leitspruch eines LEGENDÄREN Filmproduzenten: »If you must get into trouble, do it at the Chateau Marmont.« Und selbst wenn man, wie nun Kimberly, gerade mal eigentlich gar nicht dort hineinwollte, sich aber unverhofft die Möglichkeit ergab, nun, dann gab es kaum einen Grund zu zögern. Irgendwas würde da schon sein, und würde man dort erst sein, dann war man bald vielleicht nicht mehr nur irgendwer.

Aber es war dann wohl nicht sehr angenehm weitergegangen. Kimberlys sowieso schon sehr breites Amerikanisch erfuhr noch mal eine gehörige Verbreiterung durch ihre aktuelle Breitheit, es war für mich etwas schwierig, ihre Ausführungen ganz genau zu verstehen, so viel aber verstand ich: Die Anzugmänner schienen Teil einer Privatarmee zu sein vom Chef irgendeines marktführenden BEZAHLDIENSTLEISTERS. Und der hielt offenbar gerade im großen, zweistöckigen Bungalow 2, ja, HOF, es schien sich um eine ganz seltsame Orgie zu handeln, so zumindest hatte Kimberly das empfunden, in was man sie da so höflich wie wortlos hineingeleitet hatte. Kimberly war PROGRAMMIERERIN und von sehr präzisem, schnellen Verstand, das war sofort klar geworden, als sie mich ein paar Tage darauf dann erstmals vollkommen nüchtern besuchte; nur war sie eben jetzt gerade, einigermaßen wüst intoxikiert, natürlich nicht ganz auf der Höhe. Sehen, verstehen, dementsprechend handeln – das alles war ihr aktuell eben nur sehr verlangsamt möglich. Und genau deshalb, so ihre einleuchtende Theorie, war sie auch ausgesucht worden und direkt vom Sunset Boulevard – man könne es, so sie, nicht anders sagen – heruntergeangelt. Like an alley cat, sagte sie. Alley cat? Ich tippte es in meine Lexikon-App: Straßendirne, Bordsteinschwalbe, ach so, oha.

Der ganze Bungalow, erzählte Kimberly, nun halbwegs wiederbelebt vom dreifachen Espresso, der ganze Bungalow – ein einziger Puff. Alle Gardinen geschlossen, Kerzenlicht, überall Kerzen, die Sorte sakraler Helligkeit also, die Dunkelheit meint; sehr viele mit Bademänteln mehr ent- als bekleidete, im Grunde nackte Frauen, die, so Kimberly, auf komplett derangierten, halbangezogenen, geliftet und reich aussehenden Männern HERUMSCHUFTETEN. Man habe auch ihr einen Bademantel überreicht, dazu einen Champagner, der Headset-Mann habe ihr noch viel Vergnügen gewünscht und empfohlen, sie solle was draus machen – dann habe er den Bungalow wieder verlassen, aber nicht allein, er eskortierte einen dieser reichen Männer mitsamt einer Bademantel-Frau hinaus, auf geht's zum Fickbus, habe der Mann kriegsgewinnlerisch gerufen. Kimberly war noch kurz stehen geblieben, aber nur weil sie sich nicht habe bewegen können, sagte sie, plötzlich sehr leise geworden. Weißt du, verurteile mich nicht, aber ich schwöre, es war so, ich wollte einfach nur weg, stand da mit Champagner in der einen, Bademantel in der anderen Hand – ich wollte laufen, ich hatte panische Angst und blieb doch stehen, wie in Bernstein gegossen stand ich da, es war vollkommen verrückt. Und weil ich so ein Techbranchen-Nerd bin, habe ich ernsthaft noch – stell dir das vor, wie verrückt ist bitte das? – den Raum gescannt, das ist so eine Angewohnheit von mir, weil man einfach in meinem Job so oft irgendwo mit lauter

Silicon-Valley-Milliardären herumsteht und nicht weiß, was man sagen soll, auch weil die alle so beschissen langweilig sind, und dann scanne ich also immer den Raum und taxiere in Sekundenschnelle den NETWORTH des Raumes, das beruhigt mich dann irgendwie, das bringt so eine Distanz rein – ich summiere also die Forbes-Vermögensangaben der versammelten Goldgräber-Dudes. Ich habe ein eidetisches Gedächtnis, und ich liebe Zahlen. Vollnerd, ich weiß. Na gut, da waren also weit über dreißig Milliarden Dollar in diesem Bungalow versammelt, und ich konnte mich erst bewegen, als ich das ausgerechnet hatte – wobei das immer schnell geht, wahrscheinlich diesmal auch, es kam mir da vorhin aber vor wie zwei Stunden, mein Dastehen, Scannen und Rechnen. Und dann bin ich sofort raus – und habe mich hier im Garten komplett verirrt, das war so tranceartig alles, raus aus dieser dunklen Vorhölle, plötzlich im Hellen zwischen all diesen hohen Bambussträuchern und Bäumen, die verwinkelten Wege, ich hatte noch immer Champagnerglas und Bademantel in den Händen, ich war so verkrampft, dass ich meine Hände nicht lösen und den Krempel einfach fallen lassen konnte. Und dann erkannte ich aber doch endlich die Gartentür raus zum Sunset wieder, nur direkt dahinter stand ja eben der Fickbus, und da wollte ich ja nun wirklich nicht hin, also habe ich mich wieder umgedreht, wollte zum Vorderausgang laufen – tja, und dann habe ich wohl irgendwie die falsche Treppe genommen und bin hier bei dir gelandet.

Sie legte sich wieder hin, schaute an die Decke und sagte, es sei schön hier bei mir, genauer betrachtet also sei es eigentlich gar nicht die falsche, sondern exakt die richtige Treppe gewesen.

Ähm – jetzt musste ich mal irgendwas sagen. Nur was? Aus Brandons Zimmer wehte die Hippieorgel der Doors hinüber, »Riders on the Storm«. Ich hatte natürlich viele falsche Sätze zur Auswahl, wählte aber den wohl groteskesten:

Und dieses weiße Bündel da an der Tür, in den Scherben, das ist dieser Bademantel?

Kimberly nickte, ich ging also zur Tür, benutzte das Seidenbündel als Behelfsfeudel und schob die Scherben zusammen, sehr vorsichtig und sorgsam, denn wir beide waren ja barfuß. Ich hatte eine gewisse Übung im Scherbenzusammenkehren, eine Fertigkeit, die nützlich war, wenn man hier wohnte; und wenn man hier länger wohnte, lernte man das automatisch. Es kamen ja dauernd Menschen weit jenseits der Fahrtüchtigkeit vorbei, und es verging eigentlich keine Nacht ohne Scherben. Schau mal, was hintendrauf gestickt ist, sagte Kimberly, also hob ich das nun extrem scherbenhaltige Bademantelbündel vorsichtig hoch, zum Fenster hinaus, schüttelte die Scherben draußen aufs Karlsson-Vordach, auf dem wir nachts oft stundenlang saßen und schweigend in den Himmel guckten, bis Brandon dann irgendwann in wirklich jeder Nacht so verlässlich wie erlösend fragte:

Na, stellst du auch gerade bestimmte Entscheidungen in deinem Leben infrage?

Ich schüttelte nun also den Bademantel noch ein bisschen weiter aus, bis man keine Glassplitter mehr aufs Vordach fallen hörte, dann erst entfaltete ich ihn so, dass man die Bestickung auf der Rückseite lesen konnte, riesig groß, in so taschenrechnerartigen Nerdbuchstaben stand da:

DATA'S INFERNO

Yeah, right, sagte Kimberly, Tür auf – lasset alle Hoffnung fahren.

Ich legte den Bademantel auf die Fensterbank und sah durch die ja immer noch offenstehende Tür, wie nun, pünktlich in der Abenddämmerung, meine aktuelle Nachbarin aus Bungalow 88 versuchte, ihrem Hund beizubringen, die Treppe herunterzugehen. Es war Drew Barrymore, die das, seit sie hier war, allabendlich tat. Ich sang mehr, als dass ich es sagte: Hiiiiiiiiiii. Mit wirklich wahnsinnig langgezogenem i. Und ich schämte mich sogleich dafür, wie extra beiläufig ich das heute tat, offenbar mit dem Ziel, Kimberly zu beeindrucken, ach ja, meine liebe Freundin Drew (ich hatte noch nie ein anderes Wort mit ihr gewechselt als ebendieses Hi, das aber immerhin lief doch recht gut inzwischen). Kimberly aber hatte es gar nicht mitgekriegt, sie hatte schon wieder die Augen geschlossen. Hilfe, Hilfe, wie peinlich man immer ist.

Kimberly bat mich, die Tür zu schließen, und fragte, ob sie noch ein bisschen bleiben könne – oder ob sie mich von irgendwas abhielte.

Zimtmilchreis und Colbert bloß, sagte ich – also nichts, das man als unmittelbar dringlich bezeichnen könne.

Oh, Zimtmilchreis! Da wäre sie mit Freuden dabei, sagte Kimberly und setzte sich auf. Darüber hinaus sei von ihr heute leider nicht mehr viel zu erwarten, gab sie zu bedenken, was sie mir allerdings anbieten könne, und zwar von Herzen und weil sie das wirklich richtig gut beherrsche: Ich kann dir gern einen blasen.

Ah ja. Schon wieder lachte ich einfach laut auf, eine andere Antwort fiel mir nicht ein. Ich bedankte mich verneinend – zugegebenermaßen nicht unbedingt ganz ohne einen gewissen Widerstreit an Empfindungen – für dieses nun doch sehr überraschende, grundsätzlich ja gar nicht so uncharmante Angebot. Was hieß noch mal VERKLEMMT auf Englisch? Na ja. Show, don't tell – und wozu braucht man schon das Wort »verklemmt«, wenn man stattdessen sagen kann: Ich gehe mal Milchreis kaufen, da ist die Fernbedienung, Badezimmer dahinten, in zehn Minuten bin ich wieder da.

Vorbei an Brandons Bungalow, aus dem Marihuanaschwaden drangen und das Barmen von Jim Morrison: »Break on through to the other side«. Und das tat ich, Gartentor auf – da stand der Fickbus. Wenn nachher Kimberly fort wäre und Brandon vorbeikäme zur nächtlichen Welterörterung auf unserem Karlsson-Vordach, hätte ich ihm endlich mal wieder was Neues zu erzählen, endlich mal wieder Plot! Ich blieb vor dem Bus stehen, dessen abweisendes Mattschwarz jetzt natürlich ganz anders zu mir sprach als in den Wochen zuvor. War es gar nicht nur ein Bus, sondern vielmehr ein Tatort? Ich imaginierte eine FLATTERBAND-Absperrung rundherum um den Bus, unmissverständlich beschriftet: CRIME SCENE. Man konnte nicht hineinsehen in den Bus, es drangen auch keine Geräusche heraus. Vielleicht waren alle darin TOT? Müsste ich nicht eigentlich die Polizei rufen? Na, erst mal Milchreis kaufen.

Als ich von Greenblatt's Deli zurückkam, TORKELTEN zwei sehr junge Frauen, wahrscheinlich sogar noch als Mädchen zu bezeichnen, vor mir her, sie waren bester Laune und filmten sich selbst mit ausgestreckten Armen von schräg oben, damit hinterher niemand sagen könnte, sie hätten aus Versehen keinen SPASS gehabt am Wochenende. Der abendliche Sunset Boulevard war immer ein gutes Argument, zumal auf Höhe des Chateau Marmont; das aus dem Gebüsch knapp vor dem Gartentor ragende, VERHEISSUNGSVOLL in die Nacht leuchtende Neon-Logo machte sich immer gut als Beweis für ein gelungenes Leben. Wieder stand ein Headset-Mann am Gartentor, und ich ahnte, wie es weitergehen würde, und fragte mich wirklich, ob ich da jetzt nicht eingreifen musste, und wenn (beziehungsweise weil natürlich: JA), wie überhaupt? Was sollte ich denn sagen? Vor allem, wenn sie mich fragten, wer ich denn bitte sei – ein BESORGTER ANWOHNER? Natürlich sprach er sie an, und natürlich jauchzten sie begeistert auf und folgten ihm in den Garten. Der Headset-Mann, rein körperlich schon nicht der Typus, mit dem man gern diskutieren wollte, riss die zufallende Tür, nach der ich, zwei Schritte hinter ihnen gehend, gegriffen hatte, um sie wieder zu öffnen, gebieterisch auf und musterte mich bedrohlich, fragte, wer ich sei und was ich wolle. Ich wohne hier, Bruder, beruhig dich, sagte ich und bereute es sogleich. BRUDER? Ich zog meinen Schlüssel aus der Tasche, den Zauberschlüssel mit dem schweren goldenen Chateau-Anhänger und dem dunkelgrünen Kordelbündel. Okay, you're good, sagte er, der ja nun wirklich gar nicht fürs Chateau arbeitete, sondern für irgendwelche Reichen, die dort gerade wohnten und eine offenbar widerliche Orgie ausrichteten – und trotzdem, sehr seltsam, war ich ihm dankbar und dienerte unterwürfig. Die Sonderarmeen des KAPITALS waren die eigentliche Macht in dieser Stadt. Vielleicht auch deshalb hatte ich es nicht ERNSTHAFT IN BETRACHT GEZOGEN, die Polizei anzurufen, obwohl mir die Notrufnummer hier so gut gefiel, weil sie so unpassend nach Porsche klang: 911. Aber es war tatsächlich immer noch so, wenn man WEISS war, hatte man eigentlich nie was mit der Polizei zu tun, und es schien zwischen ihr und den dubiosen Privatgeschwadern irgendwelcher Reicher auch ein klares, höchstwahrscheinlich finanziell unterstütztes Hierarchiegefälle zu geben. Außerdem wäre es sowieso allzu absurd, die Polizei ins Chateau zu rufen, das hatte, glaube ich, zuletzt jemand im Jahr 1982 getan, als John Belushi in Bungalow 3 an einer Überdosis verreckt war – das Risiko, der Polizei ungewollt zu allerlei BEIFANG zu verhelfen und sich selbst damit geschätzte Nachbarn zu Feinden zu machen, war nicht unbeträchtlich, war doch unser heiliger Garten ohnedies ein Festival der chronischen Gesetzesübertretungen. Ich war also GUT, hatte der Mann gesagt, der direkt vor meinen Augen diesen perversen Zahlungsdienstleistermilliardärswichsern neue Mädchen vom Sunset Boulevard gepflückt hatte, und ich hatte mich bedankt. Soviel zum Mut eines besorgten Bürgers an einem warmen Sonntagabend, 8221 Sunset Blvd., West Hollywood, CA 90046.

In Brandons Zimmer kein Licht, Stille, doch unten an der Treppe, hinauf zu DREW UND MIR, roch ich wieder Marihuana und hörte die Doors – beides jetzt aus meinem Bungalow, die Tür stand offen, Brandon und Kimberly saßen auf dem Vordach und kifften. Er unterwies sie gerade in den Gebrauch einer unserer mechanischen Schreibmaschinen. Kimberly sang dazu, ihr Lieblingslied von den Doors, rief sie mir begeistert zu, »L.A. Woman« hieße das, ich kannte es gar nicht, aber Kimberly befahl, ich solle mal genau zuhören, wie gut das gerade heute passte, los Brandon, noch mal von vorn. Und ich wusste einmal mehr, warum ich das Leben hier so liebte wie nirgends sonst: Sonntagabend, eine Tüte mit Zimtmilchreis von Greenblatt's in der Hand, kommt man NICHTSAHNEND (aber mittlerweile doch immer irgendwas erwartend) zurück in sein Zimmer, und da saßen also jetzt diese beiden liebenswerten Amerikaner auf meinem Vordach, schauten mich freudestrahlend an und sangen mir durchs Fenster herein:

Took a look around, see which way the wind blows
Where the little girls in their Hollywood bungalows
Are you a lucky little lady in the city of light
Or just another lost angel, city of night

Oh, 6 ANRUFE IN ABWESENHEIT: Sophia. Das wirkte dringend. Und eine Nachrichtenkaskade. Die unterste und also letzte lautete:

Jetzt hassen mich ALLE!

Why Me? Why Not

Der Fickbus stand noch immer vor unserem Gartentor, als ich Kimberly schließlich nach Hause brachte. Sie hatte sich bei mir untergehakt und stakste neben mir den Sunset Boulevard hinunter, der in wunderschönem Straßenlaternengelb tatsächlich funkelte. Eigentlich war diese Straße ein ziemliches Arschloch: Dauernd versprach sie jedem alles Mögliche, nur höchst selten trat davon auch etwas ein, und doch vertrauten so viele Menschen ihren Versprechungen immer wieder aufs Neue. Wir waren einmal ganz herumgeschlichen um den Fickbus, eine Art dreißig Milliarden Dollar enthaltender Tresor mit Rädern, weiterhin sah und hörte man nichts – und umso mehr malten wir uns natürlich aus, was darin wohl alles stattfand.

Auf dem Rückweg zum Chateau rief ich endlich Sophia zurück, die unterdessen noch zig weitere Male angerufen hatte und bei der jetzt ja schon Morgen war, plus neun Stunden, es war wirklich schwierig, von hier aus MIT DEUTSCHLAND Kontakt zu halten, man war immer in sehr verschiedener Stimmung, kaum je gleichzeitig richtig wach. Ein Umstand, der einem das Gefühl gab, wahnsinnig international zu sein und zu leben. Weltbürger! Doch Sophia forderte jetzt von mir extreme Wachheit, sie war sehr aufgeregt. Auf der Treppe zu meinem Bungalow hörte ich energisches Schreibmaschinentippen aus meinem Zimmer, Brandon war also noch dort, ich drehte um und ging zum Pool, setzte mich auf den Rose-Liegestuhl, mal gucken, wie es sich dort lag; das MAJESTÄTISCH in die Nacht sich türmende Chateau also mal nicht im Rücken, sondern Blick direkt darauf. Auch sehr schön.

Sophia sprach extrem leise, denn sie war schon im Büro. Sie sprach zugleich sehr hastig und aber auch langsam, alles sehr seltsam. Ich fragte geradeheraus, denn so hatten wir es ja im KiBa-Gang-Pakt vereinbart, ob sie eventuell gekifft hätte – sie sagte, das sei JETZT GAR NICHT DER PUNKT. Also ja. Okay, eins nach dem anderen. Das funktionierte so mittelgut.

Es hatte offenbar begonnen damit, dass sie geposted hatte, das Schlimme am Feminismus seien vor allem die Feministinnen – der neue, modernere, bessere Feminismus bestünde vor allem darin, keine Feministin zu sein.

Ah ja, ist das so? Na, und dann brach die Hölle los, vermute ich.

Du hast ja KEINE AHNUNG, was seitdem hier abgeht, flüsterte sie und schrie dennoch zugleich, es war ein sehr mühsames Telefonat.

Dieser Post also sei derart ABGEGANGEN, dass der Sender beschlossen hatte, dazu eine Spezialausgabe von »Das wird man ja wohl noch sagen dürfen« zu bringen. Die Sendung sei eigentlich toll gewesen, jedenfalls wohl ein großer Erfolg, vor allem eine JUNGE UNTERNEHMERIN habe extrem viel Lärm und also wertvolle Aufmerksamkeit erzeugt, indem sie sich wahnsinnig echauffiert hätte über die NEUE EMPFINDLICHKEIT und so weiter, die Geschäftswelt sei nun mal KEIN PONYHOF und dergleichen mehr. Der Chefredakteur sei absolut begeistert gewesen, erzählte Sophia, er habe mit Champagner im Regieraum auf sie gewartet und sie eingeladen, gemeinsam den ja geradezu bestellten SHITSTORM zu genießen.

Du bist wirklich der jüngste alte weiße Mann, den ich kenne, sagte ich.

Lass mich mit deiner Scheiße in Ruhe, beschied mich Sophia. Sie konnte gar nicht glauben, dass ich von all dem nichts mitbekommen hatte. Was ich denn da überhaupt die ganze

Zeit machte in meinem komischen Hotel, ICH MEINE – HALLO?

Och, du – wir, naja, wir machen hier so rum, also, das ist so eine Art offenes Atelier, da macht halt jeder so seinen Krams. Ist halt alles ein bisschen, äh, naja, kann man nicht so gut erklären. Aber jedenfalls kriegen wir mit Absicht kaum was mit, deshalb sind wir ja hier. Das ist so das Prinzip. Aber wir sind dabei nicht unproduktiv, das nun auch nicht. Gar nicht!

Ich hörte mich das sagen und kam mir vor wie ein Hippie im achtundzwanzigsten Semester, der mit seinen So-geht's-nicht-weiter-Eltern telefoniert. KANN MAN DENN DAVON LEBEN?

Sophias Flüstern hatte so einen seltsamen RAUMKLANG, ich fragte sie, wo genau sie denn bitte sei, im DRUCKERRAUM? Nein, unter ihrem Schreibtisch. Ach so, natürlich. Also, du bist bekifft jetzt, ja? Ich solle sie jetzt mal nicht nerven, sagte die Frau, die mich mit siebenundzwanzig ANRUFEN IN ABWESENHEIT heimgesucht hatte. Ich bat sie darum, dass wir besser später noch mal telefonierten, wenn bei mir Tag und bei ihr Abend sei, ich war nun doch sehr müde. Na gut, aber eins noch, das sei jetzt wichtig: Ob ich bitte sofort das Foto mit Basketballs und diesem Jesus-Typen am Pool, das ich am Wochenende geposted hatte, löschen könne und aufhören damit, Basketballs Posts zu LIKEN? Da müsse man ja nur EINS UND EINS ZUSAMMENZÄHLEN, und dann sei sie dran. Diese Frau, Basketballs, sei nämlich der Teufel. Ja, Sophia, nein, ganz sicher nicht – ich habe keine Ahnung, wovon du sprichst, aber du bist bekifft, und das kriegen wir schon alles wieder hin, wir telefonieren morgen wieder, also bei dir dann heute Abend, okay?

Brandon freute sich außerordentlich, als ich wieder in mein Zimmer kam, ihm sei nämlich, so er, EIN DURCHBRUCH gelungen: Schreibmaschine tippen ohne Farbband! Dabei sei unbedingt zu beachten, so stark auf die Tasten zu hauen, dass die Buchstaben geradezu ausgestanzt würden, das sei jetzt im Grunde Bildhauerei, dreidimensionale, fast skulpturale Lyrik und höchstwahrscheinlich die Technologie, die uns dem Nobelpreis näherbringen würde, als ich jetzt vielleicht erst mal dächte. Wir haben's!

Ich freute mich mit ihm, sagte, dass dann jetzt ja bloß noch die Gedichte fehlen würden, aber das hätte ja vielleicht auch noch bis morgen Zeit. Natürlich, natürlich, sagte Brandon, morgen käme ja auch der SPRAYER AUS DOWNTOWN, den wir beauftragt hatten, auf das Netflix-Billboard »Gucci Gang, Gucci Gang, Gucci Gang« zu sprühen, ach, das würde ein toller Tag, wie jeder Tag hier, nicht? Er umarmte mich, nahm den Weed-Beutel aus meiner Geschirrschublade und ging singend die Treppe hinunter, zu seinem Bungalow: You know the day destroys the night / Night divides the day.

Ich legte mich ins Bett und nahm das Lewinsky-Buch zur Hand. Mehr als zwanzig Jahre war es her, dass ich Witze für die Harald-Schmidt-Show geschrieben hatte. Monica Lewinsky war in jenen Tagen einer der sichersten Lacher gewesen. Ihr Name reichte eigentlich schon. Was war damals eigentlich so lustig? Die Blamage des Königs natürlich. Wie klein der Größte plötzlich dastand, der FÜHRER DER FREIEN WELT – ein kleiner, gewöhnlicher Wichser. Wie wir alle? Nein, noch schlimmer sogar! Oral Office – ein Brüller. Seine Zigarre, ihr blaues Kleid, die HEXE Linda Tripp und deren Befehl, das vollgewichste Kleid nicht zur Reinigung zu bringen. Nach seiner legendär peniblen Unterscheidung zwischen Kiffen und Inhalieren nun die Differenzierung von Sex und Oralsex – wer musste da schon noch lang überlegen, was die Pointe sein könnte? »Was gibt's Neues von unserem lieben Freund und Bündnispartner William Jefferson – Bill! – Clinton? Viele Mitarbeiterinnen des Weißen Hauses blasen jetzt Trübsal!« Das war so DAS LEVEL. Funktionierte, Abend für Abend, über Monate. Man liebte es, ihn lügen zu sehen und seine gedemütigte und doch unverändert ehrgeizige Frau Hillary so tun, als glaube sie ihm jedes Wort; dazu die Tochter mit Pickeln und Zahnspange, es war eine Soap, mit jeder neuen Wendung ließ sich ein ganzes Stand-up füllen. Monicas Lippen, das Barett, die seltsamen Geschenke, die sie ihm verehrt hatte – was war noch mal das komischste? Ach richtig, ein PORZELLANFROSCH.

Ich blätterte das Buch auf, begrübelte abermals die Widmung von Rose: »Monica was Patient Zero.« Ob Sophia mir das vielleicht erklären könnte? Wahrscheinlich nicht, der ganze Fall war zu lange her und trug sich zu um ihre Einschulung herum. Als ich ihr mal irgendwas von Harald Schmidt erzählt hatte, war ihre Reaktion gewesen: Harald Schmidt – ist das dieser weißbärtige Weirdo mit der Brille? Ja, lange her. Es hatte Jahre gebraucht, bis man überhaupt nur den Gedanken mal fasste, dass Monica Lewinsky natürlich ein Opfer gewesen war, in eklatantem Maße, sie war über Jahre zum Abschuss freigegeben, begründet mit der weitgehenden Publikumseinigkeit: Selbst schuld, sie wollte den Präsidenten ausnutzen. Tatsächlich so herum. Sie ein Witz, ein KARRIEREGEILES FLITTCHEN bloß, er hingegen so ein am Grill stehender, mit Football-Trikot bekleideter AUCH-NUR-EIN-MANN – und wen von beiden empfand die Welt damals als irgendwie schmuddelig und wen als sympathisch normal? Er blieb Präsident, sie war für ein Leben blamiert vor tatsächlich der ganzen Welt. Von der Wichsvorlage zur Witzvorlage und wieder zurück – das Wort PRAKTIKANTIN hatte seither automatisch einen SCHLÜPFRIGEN Beiklang, Monica Lewinsky selbst aber hatte man bald vergessen, nächstes Thema.

Patient Zero – seltsam, wie unzugänglich uns dieser Gedanke damals gewesen war, als wir in diesem Jungsinternat, das der Schmidt-Show-Witzeschreiberkombüsentrakt war, hohnlachend all die Umkleidekabinenwitzeleien notierten, die sich ja praktisch von selbst schrieben; die Geschehnisse waren so grotesk, man musste sie bloß nacherzählen und dann alle zwei, drei Sätze eine Pointe finden, die eigentlich immer dieselbe war: Oralsex.

Patient Zero, wovon?

Herrschte da nicht mittlerweile EIN GANZ ANDERES BEWUSSTSEIN? Äh, nein. Eigentlich nicht. Zwar war man hier im LIBERALEN (so hieß es hier, nicht verrückt zu sein) Hollywood neuerdings ACHTSAM, es gab allerlei Initiativen und Selbstverpflichtungen, ernst nehmen wollte man jetzt praktisch alles, permanent aufeinander zugehen und sich gemeinsam an irgendwelche Tische setzen, Schauspielerinnen sollten nicht mehr schlechter bezahlt werden als Schauspieler, und das wäre nur der Anfang, vorbei sei die Zeit, in der alles von Männern dominiert war – das ändere sich jetzt nämlich alles, hieß es. Aber das war natürlich mehr ein Wunsch als ein Befund, nun, so geht es ja immer los. I HAVE A DREAM. Da sind die Amerikaner immer erst mal dabei, zumindest solange es alles Konjunktiv bleibt. Alle waren einverstanden und applaudierten, kostete ja nichts. Präsident des Landes jedoch war nun Donald Trump. Es war das eine Mal gewesen, dass ich recht behielt mit einer politischen Prognose: Kurz vor den Wahlen 2016 saß ich mit der Foucault-Forscherin und einem Journalisten von der *Washington Post* auf meinem Chateau-Sofa, wir schauten eine Fernsehdebatte mit Hillary Clinton (also der Ehefrau des Porzellanfroschsammlers) und ebenjenem Donald Trump. Kurz zuvor war eine Tonaufnahme publik geworden, in der man Trump klar vernehmlich prahlen hörte, wenn man berühmt sei, könne man sich Frauen gegenüber alles herausnehmen, der »Grab them by the pussy«-Skandal, und unser Chateau-Sofa-Freund von der *Washington Post* sagte, das sei es jetzt gewesen für Donald Trump, das könne er unmöglich überleben, keine Chance, die Wahl sei gelaufen.

Ich aber sagte: Glaube ich nicht. Im Gegenteil. Gerade deshalb wird er gewinnen.

Einen großen FRAUENMARSCH in Washington gab es dann, als es tatsächlich so gekommen war, die Frauen trugen PUSSYHATS, vaginaförmige rosa Plüschmützen, dazu wütende Transparente und alles vollkommen berechtigt; speziell Hollywood verfiel nach Trumps Wahl in tränenblinde Schockstarre, was wiederum auch etwas Überhebliches hatte, dieses Hadern mit dem Dummsein der Mehrheit – und so oder so jedenfalls natürlich gar nichts änderte. Immer wenn am Pool jemand anfing zu jammern, Hillary, lalala, ging ich in mein Zimmer, ich konnte das nicht ertragen. Es gab jetzt wieder einen klaren Feind, Trump, darauf konnten sich hier alle einigen, aber wenn sich alle einig sind, langweile ich mich immer ein bisschen. Ich war ganz ihrer Meinung, aber das musste man ja nun nicht täglich mit neuen Beweisen untermauert feiern. In der Apotheke schräg gegenüber, in der die Kassenbons, selbst wenn man nur drei Tuben Sonnencreme kaufte, immer etwa zwei Meter lang waren, erzählte mir Andrew, der Apotheker hinten am Tresen mit den richtig interessanten, nämlich verschreibungspflichtigen Sachen, dass nach den Wahlen sein Umsatz an Antidepressiva und Schlafmitteln sich verdoppelt hatte. Und damit er es nicht sagen musste, sagte ich es: »That's so L.A.«

Alle paar Wochen ging ich abendessen mit dem durch Emotionen seit jeher nicht bestechlichen Bret Easton Ellis, der sich immerfort lustig machte über dieses LIBERALE GEGREINE; abschätzig bezeichnete er die erregt hashtaggenden Social-Media-Aktivisten als SNOWFLAKES, Schneeflocken also, viel zu empfindlich, bei der ersten Schwierigkeit schon weggeschmolzen. Ideologie schlage neuerdings Ästhetik, in der öffentlichen Debatte und sogar in der Kunst, das war Brets stetig wiederholte Gegenwartsdiagnose. Und er hasste alles daran. Er selbst hatte eigentlich das härteste Anti-Trump-Buch geschrieben, wiewohl das nun auch schon wieder fast dreißig Jahre her war, und es hatte damals eigentlich auch kaum jemand begriffen: Eine essentielle Zutat der Charakterprägungen von Patrick Bateman in »American Psycho« war Trumps widerwärtige Kapitalismusverherrlichung und Männerallmachtsschmonzette »The Art of the Deal« gewesen, und die Konsequenz des splattercomichaften Frauenschlachtens und überhaupt ALLES in der Kapitalismusapokalypse, die dieser Ellis-Roman ja entwarf, war weniger surreale Fiktion gewesen als, wie heute festzustellen war, doch recht präzise Prognose. Bret Easton Ellis, das Genie, hatte tatsächlich alles vorausgesehen, und dass er heute nun bloß Verachtung und Hohn empfand für all jene, die höchst zufrieden damit waren, fußaufstampfend darzulegen, was jetzt ja jeder sah, war also aus künstlerischer Perspektive gar nicht so unverständlich. Ich fand es trotzdem mühsam. Lange zuhören mochte auch ich den Wehklagenden nicht, die vor allem nach den Wahlen jetzt niemals vergaßen, sich einen Hillary-Button anzupinnen, aber Brets Spott störte mich dann doch, das war so GEMEIN. Vielleicht störte mich auch seine tiefgefrorene Überlegenheit. Warum denn so NIHILISTISCH? Lustig eigentlich, erwartete ich womöglich, dass Bret Easton Ellis EMPATHISCH reagieren würde auf den Weltenlauf? Das war ja vollkommen lächerlich.

Was schenkt man zum Muttertag, verehrter Eminem?

Moinsen, Anonymous, wie lautet Ihre IP-Adresse?

Yo, Angela Merkel, Bock auf Trichtersaufen?

Och, Taliban, jetzt chillt doch mal!

Sehr geehrte Frau Thunberg, wir würden Sie gern als Schirmherrin gewinnen für unser traditionelles Oldtimer-Rennen. Um Ihnen die Anreise zu erleichtern, würden wir uns natürlich erlauben, Sie von einem Ort Ihrer Wahl mit unserem Firmenjet abzuholen.

Ich wollte einfach, dass sich alle vertrugen. Bei Streit und Meinungsbrutalität geriet ich noch immer sofort in Panik. Verdammte Scheiße, wie viele Jahre sollte ich eigentlich noch zur Therapie gehen, bis das irgendwann mal aufhörte, dass ich beim kleinsten Dissens schon auf Fünfjährigkeit zusammenschrumpfte und sich mein Vater ins Bild schob. Vielleicht war auch ich eine Schneeflocke. Und Bret war der Flammenwerfer – aber wer konnte es ihm verdenken, zu Hause hing apathisch sein Lebensgefährte Todd herum, seit den Wahlen hatte dieser, so Bret, nicht mehr geduscht, er schlich die ganze Zeit im Schlafanzug umher, nahm irgendwelche Pillen und twitterte, dass er zornig sei und verzweifelt. Und dass dies der Weltuntergang sei, diesmal wirklich. Mindestens einmal pro Woche färbte sich Todd jetzt die ungewaschenen Haare in lauter sehr erstaunlichen Farben und setzte sich dann ans Klavier. Simple Akkorde, schläfrig verhallend, dazu unverständlicher Klagegesang, Tränen liefen ihm übers Gesicht. Das Risiko, dass Todd bald – natürlich mittels HOMERECORDING, wozu noch das Haus verlassen jetzt, nach Hillarys und also UNSERER Niederlage? – ein gramgebeugtes ALBUM aufnehmen würde, depressiv hingetupftes Mollpiano samt anklagenden Kopfstimmenlamenti über den Niedergang Amerikas und die Machtübernahme der Dummheit und so weiter, schätzten Bret und ich als hoch ein.

Das Lewinsky-Buch war wirklich sehr umfangreich. Ich hob den ganzen Seitenbatzen um, es war ja jetzt auch schon viel zu spät und ich sehr müde, aber das Ende wenigstens wollte ich noch kurz prüfen, vielleicht reichte es ja auch, nur das zu lesen. Oh, ganz hinten hatte Rose noch etwas ins Buch geschrieben:

Wenn sie sich dir anvertrauen – sei kein Arschloch.

Hör ihnen zu. Such nach anderen. Hör ihnen zu. Und dann setz dich für sie ein.

Die Belohnung wird groß sein: Ihr werdet keine Jobs mehr

kriegen, ihr werdet mit Schmutz beworfen, man wird euch als Lügner darstellen.
Wird lustig.
Bist du bereit? Oder bist du ein Arschloch?
Deine Entscheidung.
PS: Und vielleicht solltet ihr dann noch erwähnen, dass ihr MICH kennt – dann kommt ihr direkt in den Knast.
#rosearmy

Ich klappte das Buch zu und LÖSCHTE DAS LICHT. Was hatte ich zu tun mit Monica Lewinsky, und wen meinte Rose mit »ihr«, »euch«, »sie«, und was überhaupt für eine Armee? Auf Basketballs solle ich aufpassen, hatte sie mir aufgetragen. Was aber verband nun Basketballs und mich mit Monica Lewinsky? Oder hatte Rose gar Kimberly zu mir geschickt, war das irgendein Test gewesen, der Fickbus, der Bademantel? Nein. Oder? Vielleicht auch ganz anders, Rose war doch auch mal in Berlin gewesen und hatte dort KUNST gemacht oder Musik oder, schlimmer noch und in ihrem Fall wohl auch wahrscheinlicher: KUNSTMUSIK – konnte sie seither vielleicht DIE DEUTSCHE SPRACHE verstehen und hatte vielleicht also gar Sophias höchstwahrscheinlich komplett unangenehme Feminismus-Sondersendung gesehen (die ich wirklich auf gar keinen Fall anschauen würde, weil ich Sophia weiterhin mögen wollte, und das hatten wir einander ja versprochen: DASS WIR DAS TRENNEN), und war es in diesem JUNGE-UNTERNEHMERINNEN-Gekeife vielleicht um Basketballs gegangen, Sophia hatte doch vorhin irgendwas dahergeredet, dass ich Basketballs meiden solle und Fotos, die uns beide zeigten, löschen? Ging es um MEHR? Möglicherweise, aber wo, also was und wie – alles unklar. Aufgepasst, dachte ich, ein solch diffuser Fragensalat führte neuerdings häufig dazu, dass Menschen einen Telegram-Account eröffneten, um dort im Verbund mit anderen Verwirrten ihr Gedankendurcheinander in eine komplett wahnhaft-schwachsinnige Weltenformel zu erlösen. Das jetzt nicht machen. Nein, natürlich nicht.

Wie auch immer, ein Geheimnis umwaberte Rose; mindestens eins. Mehrfach hatte sie in den letzten Jahren wüste Hollywood-Verwünschungen in die Welt geschickt. Eine Mischung aus Deutlichkeit und Verrätselung; es schien um sehr konkrete Männer zu gehen, die ihr offenbar Leid zugefügt hatten, andererseits beklagte sie auch ein SYSTEM HOLLYWOOD. Mir fiel plötzlich diese seltsame Geschichte ein, die die Foucault-Forscherin mir mal erzählt hatte über Rose: Der Schauspieler Stephen Dorff hatte im Bungalow 2 eine Festivität ausgerichtet, die Foucault-Forscherin war dort gewesen, und Rose ebenfalls. Dorff war in unserem Ovalpool-Privat-Hollywood natürlich eine Legende, weil er mitgespielt hatte in »Somewhere«, diesem erratischen, spektakulär misslungenen Chateau-Film von Sofia Coppola. Es sei ein lustiger Abend gewesen, Bungalow 2 wie auch alle Anwesenden voll bis unters Dach. Einer dieser besonders heiteren Gartenabende hier bei uns im Paradies. Plötzlich aber, mitten in der Nacht, habe es Geschrei und Gepolter gegeben, am engen Durchgang zwischen Küche und Wohnzimmer, so die Foucault-Forscherin, habe Rose laut herumgezetert, ein Bild von der Wand gerissen und dann mit dem Zeigefinger zornig auf die Brust irgendeines Schauspielers eingepikst, er sei ein Schwein, er habe sie bedrängt und so weiter – und das habe große Irritation ausgelöst, weil es dort, so die Foucault-Forscherin, gar nicht möglich war, einander nicht zu bedrängen, so überfüllt wie der Bungalow zu jener Stunde gewesen sei, ach, Rose wieder, hätten alle geflüstert und gewartet, bis sie sich beruhigt hatte. Dann war alles wie immer weitergegangen. Es gab viele solcher Geschichten über Rose, jeder hatte mal irgendeinen MELTDOWN von ihr bezeugt oder zumindest davon gehört, sie waren so zahlreich wie immergleich, dass nicht mal mehr das Weitererzählen nötig schien; zusammengefasst wurde es am Pool mit der Formel, mit der auch mir, als ich Rose zum ersten Mal dort wahrnahm, meine Frage »Ist das nicht Rose McGowan?« bündig beantwortet worden war: Ach Rose, ja – die ist irgendwie anstrengend geworden.

Mit ihrem Werk war ich kaum vertraut, »Scream« hatte mich nicht interessiert, in »Charmed« hatte ich MAL REINGEGUCKT (keine Erinnerung daran), es reichte gerade so für das stumpfe »DAS GESICHT SAGT MIR IRGENDWAS«, aber was eigentlich genau sagte es mir? Ich hatte sie unter COOL verbucht, weil sie mit Tarantino gedreht hatte, auch wenn »Death Proof« NICHT SO MEINS gewesen war. Naja, Rose McGowan, klar, kennt man irgendwie und dann eben doch nicht – die momentane Zimmernachbarschaft von Drew Barrymore elektrisierte mich bedeutend mehr, und seit ein paar Tagen hieß es am Pool oft um die Mittagszeit herum, dahinten, aber starr da jetzt nicht so hin, sitzt Uma Thurman, die, wenn ich das richtig verstanden habe, momentan die Lebensgefährtin des Hotelbesitzers ist. In aller Hollywood-Brutalität: Rose war da im Vergleich eher ein SIDE CHARACTER. No offense! Deshalb ja auch hatte ich überhaupt ein paar Worte rausgebracht, als sie mich angesprochen hatte. Tatsächlich hatte uns an der Geschichte über ihr Ausrasten bei der Party von Stephen Dorff ehrlich gesagt mehr Stephen Dorff interessiert als Rose, weil der ja der Held in »Somewhere« gewesen war und dieser Film nun mal hier spielte und so weiter. Was für idiotische Gedanken, aber es machte Spaß, so auf den hier dargebotenen Weltausschnitt zu schauen. Tja, und was Rose betraf, so teilte die hier übliche, sehr prosaische Kinokassenumrechnung, mit der beinahe jedes Geflüster über irgendwelche öffentlichen oder halböffentlichen Eventuellskandale untertitelt war, das Publikum dann in die hierzulande immer zwangsläufigen zwei Lager: War die Filmkarriere von Rose McGowan praktisch vorbei, WEIL sie solche

Anschuldigungen machte – oder war es nicht doch vielleicht umgekehrt? Dazu die übliche Kampfformel: ICH STELLE NUR FRAGEN!

Am Pool jedenfalls hatte Rose zumindest mir bislang nie das Gefühl vermittelt, dass man sie auf all das ansprechen durfte. Oder war das mein Fehler, meine Bequemlichkeit, meine Konfliktscheu, mein Starkomplex vielleicht auch, als Statist, der ich hier natürlich nur war, Statist ohne Text – als solcher will man diese Menschen ja vor allem nicht stören oder gar nerven, oberste Chateau-Regel. Bestimmt will sie darüber nicht reden, mit dir jedenfalls ganz gewiss nicht etwas so Intimes erörtern, ja klar – oder war das einfach eine Ausrede möglicherweise für alle, sich nicht weiter damit zu befassen, nachdem einmal alle Gerüchte VENTILIERT worden waren? Und jetzt, jetzt hatte Rose sich doch mit dem Lewinsky-Buch und vor allem der Widmung und dem abschließenden Auftrag hinten im Buch eindeutig an mich gewandt. Durfte, ja musste ich sie jetzt nicht doch mal fragen, was das alles zu bedeuten hatte und inwieweit ihre Geschichte mich irgendwas (nur was?) lehren sollte – und was überhaupt ihre Geschichte war? Die gleiche Frisur hatten Rose und ich jedenfalls schon mal, war ich jetzt Teil der #rosearmy? Fragen über Fragen – über die ich schließlich einschlief.

Ein offenes Geheimnis

Na los, jetzt frag mich doch endlich.

Was denn?

Jetzt tu mal nicht so. Das war dir doch von Anfang an klar, und wir haben es halt weggelassen.

Verstehe ich nicht.

Nun FRAG mich schon! So verklemmt?

Immer, ja, sowieso. Aber fragen, was denn fragen?

Findest du mich nicht sexy genug oder was?

Für was?

Du denkst das doch hundertpro schon die ganze Zeit.

An Sex oder was? Ist jetzt nicht dein Ernst. Geht mir gut, danke. Alles okay.

Jetzt FRAG ENDLICH!

Wirklich keine Ahnung, wovon du sprichst. Colorblocking, OnlyFans, Sternzeichen?

Sternzeichen my ass. Ob ich auch was mit ihm habe. Oder hatte.

Ach so. Aha. Ja – nee. Klang nicht so. Hat mich tatsächlich gar nicht beschäftigt, diese Frage. Hattest du denn?

Ey, gleich vorweg – ich bin nicht so eine. Aber ja. Ich dachte, du wüsstest das eh.

Woher denn, nein.

Es ist ein so absolut verfickter Albtraum alles.

Sophia zog an ihrem Joint, schloss die Augen, legte den Kopf in den Nacken und fluchte vor sich hin. Wir saßen auf dem Boden in ihrer abgedunkelten Wohnung, draußen der ja immer fünf Monate umfassende Berliner November, im Oktober geht es los und ist vor März niemals zu Ende, diagonaler Kampfregen, keine Farben, alles grau, menschenfeindlich, Partitur der Unfreundlichkeit – oder knapper: Da ist man besser in Los Angeles. Aber ich hatte zurückkommen müssen. Dachte ich. Fehler.

In Los Angeles, so hatte ich fälschlicherweise gedacht, konnte ich jetzt auch mal ein paar Wochen fehlen, da ich offenbar dringender in Berlin gebraucht wurde, schade zwar, denn es wäre so angenehm gewesen, Winter im Chateau, bis zur AWARD SEASON würde dort, wie immer, auf die allerschönste Weise wirklich überhaupt nichts passieren (Fehleinschätzung Nummer eins), hingegen in Berlin – so dachte ich, und das war Fehleinschätzung Nummer zwei – konnte ich jetzt (und musste das sogar, so schien es mir) Sophia helfen.

Beides ein Riesenirrtum.

Kaum hatte ich L.A. verlassen, war dort der Skandal um Harvey Weinstein explodiert. Weinstein WAR Hollywood – und lange Zeit hatte alle Welt geglaubt, das sei etwas Gutes: Hollywood zum einen, und auch dass Weinstein dessen König war, schließlich hatte er so viele bedeutende Filme herausgebracht. Und sogar Hillary unterstützt! Jetzt erfuhr man: Alle Bracheninsassen hatten ETWAS gewusst, jedoch – angeblich – nicht, dass es wirklich so schlimm war.

Einige der Weinstein-Opfer aber hatten nun schließlich doch die Stimme erhoben, zuerst in der *New York Times*, fünf Tage später im *New Yorker* – und dann wurden es immer mehr. Unter den Ersten, die mit ihren Aussagen das nun aufgedeckte perfide System der Belästigungen und der sexualisierten Gewalt, des Zwangsumtauschs »Karriere gegen Würde«, der Bedrohung, Erpressung und Vertuschung durch ein engmaschiges Netz aus Mitwissern enttarnt hatten und das Schweigekartell gesprengt, befand sich: Rose.

Rose McGowan war offenbar die Erste überhaupt gewesen, die den Mut gefasst hatte – und lange Zeit, bis eben genau jetzt, auch die Einzige. Nun verstand man natürlich ihre jahrelangen Andeutungen, und man verstand erst recht, warum sie nicht konkreter hatte werden können. Aber las man jetzt nach, was sie über die Jahre geäußert hatte, waren ihre Anschuldigungen eigentlich sogar ziemlich konkret gewesen. So konkret jedenfalls, auch das erfuhr man jetzt, dass Weinstein mit »dubios« noch freundlich beschriebene Privatermittler beauftragt hatte, das Vertrauen von Rose zu erschleichen und herauszufinden, was sie weiter zu tun gedachte – und wie man sie möglichst wirksam daran hindern und sicherheitshalber diskreditieren konnte. Rose war EIGENTLICH nicht zum Schweigen gebracht worden, es war bei ihr sogar noch schlimmer: Sie war durchaus laut gewesen, zu laut sogar, nicht nur für den Täter und dessen konkrete Mitwisser und bezahlte Vertuscher, sondern auch für die sanft weichgezeichnete Xanax-Wirklichkeit Hollywoods. Und Weinsteins Machtfülle einerseits und der allseitige Opportunismus andererseits hatten es ihm erlaubt, noch ein zweites Sicherheitsnetz zu installieren, nämlich offenbar GANZ Hollywood zum Schweigen zu bringen, für den Fall, dass eines seiner Opfer den Bedrohungen trotzte und sprach – dann nämlich in ein Vakuum hinein. Hm, war was? Ich habe nichts gehört, nein. Schön, wie läuft's zu Hause, was machen die Kinder? Phantastisch.

Rose ist irgendwie ein bisschen anstrengend geworden – sogar mir gegenüber hatte man sie ja so charakterisiert an unserem absichtsvoll weltvermeidenden Pool, auf meine Frage hin, wer denn sie noch mal sei, die kennte man doch. Ach die, anstrengend geworden. Und das habe ich dann natürlich auch nicht HINTERFRAGT. Na gut, dann ist die also die Anstrengendgewordene, dachte ich, und weil ja wirklich jeder dort am Pool auf je eigene Art seltsam war, krumm und schief ins Leben gestellt, ja individuell psychiatrisch HERAUS-

GEFORDERT, nun, deshalb hatte ich darüber auch gar nicht weiter nachgedacht.

Ja, Rose war ANSTRENGEND, sie störte das Bild, verdarb die Stimmung – und zwar völlig zu Recht, wie man jetzt begriff, in Hollywood jedoch galt das als Todsünde. Wenn du nicht mitspielst, darfst du nicht mehr mitspielen. Ganz konkret ablesbar an all den Filmen, in denen Rose nach dem so vielversprechenden Beginn ihrer Karriere eben – ganz plötzlich – nicht mehr hatte mitspielen dürfen. Irgendwie anstrengend geworden!

Das Schweigen oder Flüstern, wenn sie die Bühne Chateau-Pool betrat, das Lewinsky-Buch samt Widmung, ihr PROTEST-Haarschnitt, die in den Himmel überm Pool gereckte Faust, auch ihr Ausrasten im möglicherweise ja wirklich harmlosen Gedränge auf der Bungalow-Party von Stephen Dorff (jetzt natürlich begreiflich als Retraumatisierung) – deutlicher hätten ihre Signale doch kaum sein können.

HABEN WIR NICHT GENAU GENUG HINGESEHEN?

Ich, äh, ich habe ihr einmal eine Tube Sonnencreme geschenkt.

Kein Tag verging ohne neue Offenlegungen über das Weinsteinsche Horrorsystem, weitere Opfer, die sich offenbarten; die Zahl der Opfer stieg schnell in dreistellige Dimensionen, heimlich gemachte Ton- und Video-Mitschnitte von Vergewaltigungsversuchen Weinsteins wurden öffentlich – und jetzt begriff ich natürlich, was Rose damals gemeint hatte mit ihrer mir am Pool so dahingesagt wie kryptisch erschienenen, bald vergessenen Ankündigung:

Und bald brennt dann ganz Hollywood. Oder ich. Höchstwahrscheinlich beides.

Aber ich saß jetzt nicht am Pool. Genau dieses eine Mal, da endlich einmal etwas tatsächlich RELEVANTES dort vor sich ging, saß ich nicht unterm Zitronenbaum. Jetzt, als dieses Livingthedream-metime-powerfulfriend-amazing-connection-lowcarb-selfcare-gorgeous-nicetomeetyou-Soufflé vor den Augen der ganzen Welt in sich zusammensackte und die ganze palmenidyllumsäumte Unschuld und eiswürfelklickernde Schönheit des bis eben gerade noch heilig erschienenen Ortes sich entpuppte als speziell heimtückische Täterschutz-Kulisse.

Nicht am Pool – weiter weg vom EPIZENTRUM des Skandals konnte man kaum sein: An Sophias Flurgarderobenhaken hing mein Regenschirm, von dem es immer noch heruntertropfte. Zur falschen Zeit am richtigen Ort, das war immer unser frohgemut-eskapistischer Leitsatz dort im Chateau gewesen, jetzt also verhielt es sich umgekehrt. Sophia war KRANKGESCHRIEBEN, sie kiffte seit Tagen durch, an diesem Abend nun wären wir eigentlich zur Selbsthilfegruppe gegangen, wenn alles halbwegs normal gewesen wäre. War es aber ganz eindeutig nicht. Also hatte ich mich aufgemacht zu ihr, auch das hatten wir einst so ausgemacht im Rahmen unseres KiBa-Gang-Pakts: Kontakt halten, da sein, erst mal nicht schlau daherreden, aber auf jeden Fall da sein, den anderen nicht komplett wegrutschen lassen.

Wenn man sich, wie nun Sophia, MIT ANSAGE wegschoss aus der Welt, bekam man von dieser natürlich nahezu nichts mit. Deshalb tat man das ja. Gerade redete sie irgendwas über Wladimir Putin, das ging echt ordentlich aneinander vorbei, was wir beide gerade so vor uns hin dachten: sie über Putin, ich über Hollywood. Naja.

Es war sehr schwierig, ihrem sprunghaft-elliptischen Erzählstrom zu folgen, am Telefon hatte das überhaupt nicht funktioniert, jetzt bei ihr zu Hause war es schon leichter, weil man die Tonspur etwas ausblenden konnte und sich einfach nur umschauen musste: Die Wohnung eines Menschen, der akut in einem Rückfall gefangen ist, gibt viel beredter Auskunft über dessen Lage als er selbst. Was ich sah, neben den völlig uninteressanten Klischee-Requisiten (komplettes Chaos aus Kleidung, stapelweise halbleeren Take-away-Fraß-Schachteln, Eisteeflaschen mit einem Bodensatz aus aufgelösten Zigaretten und so weiter), war irritierend – aber zugegebenermaßen auch sehr, sehr lustig. Man verstand es nicht, natürlich nicht, aber gerade das machte es ja wahrscheinlich so lustig: Die Wände waren nahezu vollständig bepflastert mit aufgeklebten Bildern und Karteikarten, verbunden durch ein so präzise wie vollkommen wirr erscheinendes Netz aus Wollfäden, viele Eddingausrufezeichen, A Beautiful Mind. Man begriff sofort, hier waren mit intoxikierter Wahnsinnsakribie Stunden, Tage, auf jeden Fall vor allem auch Nächte, möglicherweise Wochen damit verbracht worden, irgendeine Art von Tiefenrecherche zu betreiben; was auch immer es war oder sein sollte, zweifellos hatte es SYSTEM. Nur welches? Das würde man nie herausfinden, weil es nur Sophia wusste, allerdings auch nur, bis sie irgendwann mal wieder nüchtern sein würde; vorher würde sie es einem nicht verständlich machen können, und wenn sie nüchtern und also eigentlich dazu wieder in der Lage wäre, würde sie es selbst nicht mehr verstehen. Das alles kannte ich ja nur zu gut.

Mir fiel Brandon ein mit seinen Schreibmaschinen im Chateau, die und deren von ihm ersonnene spektakuläre Nutzungsrevolution ja seiner Auffassung nach die Lösung darstellen würden für ALLES – nur hatte ich in der ganzen Zeit dort nicht begriffen, wofür genau eigentlich. Aber auch aus meinen eigenen Drogenzeiten erinnerte ich mich schmerzhaft genau an solcherlei giftverseucht dadaistische Heureka-Selbsttäuschungen, und ich wusste auch, dass ich eine Frage jetzt ganz gewiss nicht stellen durfte: Was das alles zu bedeuten hatte.

Es gab nur einen einzigen sinnvollen Moment für das Schleusenöffnen zu dieser gewiss rettungslos ausufernden Erläuterung – nämlich während der Fahrt zur Klinik. Da konnte das eine willkommene Ablenkung sein.

Und dazu musste ich jetzt unbrutal, aber doch klar überleiten. Zwischen uns stand summend Sophias Laptop, darauf waren – anders als in ihrer vollgekifften Wohnung – so viele FENSTER OFFEN, alles klar, diesen Computer jetzt auf keinen Fall benutzen für die Kliniksuche, das würde für erhebliche Aufregung sorgen und barg zudem die Gefahr, dass sie mir jedes einzelne offene Fenster da in ihrem Laptop würde erklären wollen. So UNTERWEGS, wie sie gerade war, da galt unbedingt die Maßgabe von diesen Busfahrerkombüsenschildern: »Während der Fahrt nicht mit dem Fahrer sprechen!« Also nahm ich mein Telefon zur Hand.

Sophia stand auf, stellte sich vor die größte Wand des Zimmers, die mit all diesen eng beschriebenen Karteikarten, pixelig ausgedruckten Fotos, Zeitleisten und Wollfäden wirklich aussah wie die Kindergartenversion einer Indizien- und Beweismaterial-Leuchtwand im natürlich LOFTARTIGEN, roh bebacksteinten Büro irgendwelcher Superzielfahnder in so einer Serie, in der amerikanische Ermittlergenies stundenlang vor so Wänden stehen und dann, ganz plötzlich, sicherheitshalber doch noch mal die Steuerklärung des Busfahrers mit der DNA auf der Tatwaffe und der Infrarotaufnahme des U-Boots kombinieren, ohne dabei außer Acht zu lassen, dass ja die Schweiz gar nicht in der EU ist, der frühere FBI-Chef nun in Moskau wohnt und der Vizepräsident in diesem einen Jahr eben nicht auf der Weihnachtskarte des Weißen Hauses unterschrieben hat – und dann wissen sie, was los ist.

Ein Mixpiktogram aus Lupe und Stethoskop bot die Karten-App auf meinem Telefon an, »Klinik in der Nähe suchen«, während Sophia ein Wollknäuel zur Hand nahm und eine Dose Stecknadeln, um weitere Verbindungslinien an der

Wand zu befestigen, leise eine Melodie summend und möglicherweise gar so allerlei Stimmen hörend. Jetzt durfte ich sie nicht verlieren.

Sag mal, hast du denn in den letzten Tagen mal irgendwelche anderen Leute gesehen als den Dealer?

Viel telefoniert habe ich. Das kommt jetzt alles raus. Es sind so krasse Verstrickungen, ich war wirklich so was von beschallert, dass mir das die ganze Zeit nicht aufgefallen ist.

Hmhm, ähm, klar, ja, musst du mir bei Gelegenheit mal – aber sonst so? Irgendwas Schönes auch passiert, hast du irgendwas zum Runterkommen auch, also irgendwas, tja, was Beruhigendes? Weiß nicht, irgendwelche Musik oder Homeshoppingkanäle ohne Ton gucken oder so?

Sie drehte sich um, ihr Gesicht klarte auf, sie legte Wollknäuel und Stecknadeldose auf ihre Kommode und war auf einmal ganz DA, wie schön.

Das muss ich dir unbedingt zeigen, ich habe den wirklich lustigsten Space gefunden, den es überhaupt gibt. Wo man es echt nicht erwarten würde – so entertaining, warte.

Sie setzte sich wieder zu mir, jetzt direkt neben mich, beide auf dem Fußboden, mit dem Rücken am Sofa lehnend, Sophia nahm ihr Handy, öffnete Instagram und dort den Account von – Wladimir Putin.

Ich mochte sie wirklich sehr, sehr gern, so unangenehm ich ihr Fernsehtreiben auch fand. Sie gab mir ihr Telefon und wies mich an, die Kommentare unter Putins Posts zu lesen. Und das war wahrscheinlich das Lustigste, was ich in diesem Jahr erlebt hatte. Alles Mögliche hatte ich erwartet, irgendwelche Tiervideos schlimmstenfalls oder Skateboarder, die sich irgendwas brechen; Betrunkene, die versuchen, »Massachusetts« zu sagen; Richard David Precht irgendwas über »Äußere Fassaden« vorlesen oder hotdogkotzende texanische Hockeymütter, und ich hätte das alles höflich ertragen, oh ja, WITZIG. Aber den lustigsten Ort der Welt angekündigt zu bekommen und daraufhin mit hochoktavigem Lachen vertraut gemacht zu werden mit dem ungeheuren Metaspaß, der sich abspielte im KOMMENTARBEREICH des Instagram-Accounts von Wladimir Putin – also, das war jetzt wirklich, wirklich gut: reale Weltkriegsangst zu unverschämten Witzen geformt. Drogen sind schlimm und so weiter, natürlich. Aber manches, was sie zutagefördern, ist einfach auf nüchternen Pfaden kaum auffindbar. Wer bitte schaut schon nach, ja käme überhaupt nur auf die Idee, zu überprüfen, ob es LUSTIG ist im Äußerungsbereich der Gefolgschaft von Wladimir Putin? Man muss es dann nur trotzdem zurück schaffen, aus der Irrsinnsspirale, in die Welt. Und damit immerhin kannte ich mich ganz gut aus. Vielleicht war es doch gut, dass ich zurückgekommen war nach Berlin.

Ich bin jetzt übrigens doch auch Feministin, sagte Sophia.

Ach so? Ja, schön. Lass uns doch mal ein bisschen spazieren gehen, dann erzählst du mir alles von vorn, wir müssen jetzt hier einfach mal kurz raus. Und dann überlegen wir in Ruhe, wie es weitergeht, okay?

No way. Draußen ist Selbstmord, man.

Ja, draußen ist jetzt fünf Monate Selbstmord, das weiß ich schon. Aber hier drinnen auch.

Weißt du, wir müssen dahin kommen, dass es heißt: Für ne Frau ziemlich schlecht. Dann sind wir am Ziel. Dann ist FRAUENFÖRDERUNG auch nicht mehr dieser Behindertenparkplatz. Wir sind schlauer als ihr. Weißt du das eigentlich?

Ich halte das für sehr wahrscheinlich, ja. Aber das kommt auch einfach, weil ich Männer nicht so gern mag, also vor allem Männer in Gruppen. Da gilt die alte Heiner-Müller-Regel: Zehn von denen sind natürlich dümmer als fünf.

Horror. Einmal dieses völlig unbegründete Selbstbewusstsein haben.

Ja, irre. Aber ganz kurz mal was Anderes – wie willst du denn jetzt weitermachen? Zur Gruppe gehen wir heute auf keinen Fall. Und du kannst hier natürlich auch einfach so weitersumpfen. Aber wir können das doch auch alles ein bisschen abkürzen.

Okay, jetzt kommt der No-Bullshit-Talk.

Ja, der kommt jetzt. Also: Wollen wir mal einen Termin machen bei einem eher unbürokratischen Arzt, der nicht moralisch vorgeht, sondern pragmatisch? Oder soll ich dir direkt einen Klinikplatz suchen? Oder – tja. Oder willst du hier so weitermachen?

Ich muss das hier noch kurz fertigkriegen. Danach ist mir egal. Aber guck mal, ich bin ja fast fertig!

Sophia stand auf und – ich hatte es befürchtet – begann wieder mit dem Wollknäuel-Stecknadel-Blödsinn. Schon war sie mir geistig wieder entwischt. Sie schritt die Wände ab, die im Grunde aussahen wie ein BILDGEBENDES VERFAHREN für das, was in einem völlig zerkifften Gehirn stattfindet. Ja, diese gigantomanischen PROJEKTE, die man im Drogenwahn immer noch abschließen zu müssen glaubt, bevor man dann doch mal wieder nüchtern wird. Ich kannte und verstand das also gut. Nur zu gut. So gut, dass ich natürlich wusste, dass die niemals fertig würden, daraufhin waren diese für komplex gehaltenen, tatsächlich aber bloß komplizierten Schwachsinnsvorhaben ja konzipiert, es war eine Falle, die die Sucht dem Gehirn stellte.

KiBa-Gang-Intervention, sagte ich.

Ah, ist das unser SAFE-WORD? Sophia lachte.

Du entscheidest, aber wir bleiben bei No Bullshit. Also, kurz gesagt, das mag alles sehr interessant sein da an deinen Wänden – und ganz bestimmt auch extrem dringlich. Aber du wirst es nicht fertigbekommen, bevor du wieder nüchtern bist. Das IST so, und das weißt du auch. Sag mal, nur Kiffen bislang? Oder hast du schon einen Gang hochgeschaltet?

Nein.

Gut. Arzt, Klinik oder weitermachen?

Sag du.

Sicher nicht. Das musst du entscheiden, und wie auch immer deine Entscheidung ist, wenn ich irgendwie helfen kann, tue ich das.

Plötzlich schien sie sehr klar zu sein. Sie setzte sich zu mir, legte ihren Kopf auf meine Schulter und fragte, ob ich, bitte nicht falsch verstehen!, ein bisschen ihre Hand halten könne. Konnte ich. Sophia sprach jetzt sehr leise, aber zum ersten Mal an diesem Tag vollkommen deutlich und unverhangen. Ihr Oberkörper wackelte ein bisschen, sie versuchte wohl, nicht loszuweinen.

Ich habe so Angst, weißt du?

Ja, weiß ich.

Ich muss hier erst mal raus für ne Weile, das ist mir schon klar. Aber noch mal Klinik packe ich nicht. Diese Stuhlkreise, dieses Hausschuhgeschlurfe durchs Neonlicht, das ewige, völlig überflüssige Blutdruckmessen, aus Langeweile viel zu viel essen, erwachsene Frauen mit Plüschtieren, von Motorrädern träumende Männer mit so Lederklapphüllen ums Handy, Waldspaziergänge, Brief an die Eltern, Tablettenausgabe, Wünsche malen, Ängste gestehen und dann diese beschissene Kleenexpackung rübergereicht zu bekommen – bitte nicht.

Alles klar, das also nicht.

Nee, und einen Arzt brauche ich auch nicht, ich muss ja einfach nur wieder nüchtern werden und klarkommen.

Wäre gut, ja.

Was ist denn mit deiner Wohnung eigentlich?

Ich glaube, der geht's ganz gut. Habe da letzte Woche Post abgeholt, und da schien alles in Ordnung zu sein.

Wohnst du echt immer noch im Hotel, auch hier in Berlin, ja?

Ja, klar.

Gar nicht klar. Was stimmt denn mit deiner Wohnung nicht, du Hirni?

Hirni trifft's ganz gut – die Wohnung ist nicht das Problem, es ist eher so, dass wirklich mit MIR was nicht stimmt. Ich fühle mich da fremd, im Hotel dagegen, eigentlich egal in welchem, fühle ich mich zu Hause.

Weirder Dude. Du bist schon auch richtig, richtig gestört, ne?

Auf jeden Fall, ja.

Okay. Also, wenn das irgendwie awkward ist, musst du es bitte ehrlich sagen – aber wäre das vielleicht möglich, dass ich da mal für ein paar Tage oder so wohne? Runterkommen und ausnüchtern, das ist ja viel, viel leichter in einer unbekannten Umgebung. Das ist ja im Gehirn irgendwie so – weißt schon. Die Trampelpfade der Gewohnheit und so.

Jaja, die Trampelpfade, ein Klassiker.

Da sagen sie dann in der Klinik immer, das muss ÜBERSCHRIEBEN werden. Und dann nicken alle immer total beeindruckt und denken, sie hätten jetzt praktisch Neurowissenschaften studiert.

Ja, grauenhaft. Dieses allseitige VERSTEHEN ist immer so anstrengend.

Fällt aus. Ich packe kurz ein paar Sachen, okay? Hast du ne Waschmaschine?

Ich habe sogar einen HERD. Den habe ich zwar noch nie benutzt, aber ich habe einen. Ich habe da auch ein Bügeleisen, einen Wasserkocher, verschiedene Schälmesser, Teesiebe – die absurdesten Sachen! SERVIETTEN! Und du könntest die erste Person sein, die all das benutzt.

Du bist so was von durch, Alder! Aber sehr nett.

Weiß jetzt wirklich nicht, ob du aktuell in der Position

bist, jemanden als DURCH zu bezeichnen, aber warum nicht. Stimmt ja auch. Jedenfalls kannst du da gerne rein in meine Wohnung, ich bin da eh nie.

Und das ist auch wirklich okay? Wenn du das irgendwie eklig findest, dass ich da in deinem Bett schlafe und so, musst du das bitte ehrlich sagen, ich wäre nicht böse.

Überhaupt nicht. Eins nur, auch wenn das jetzt wirklich lächerlich ist, aber es muss einmal gesagt werden: Du machst dir jetzt noch einen einzigen, letzten Joint, und den Rest schmeißen wir dann noch hier zusammen ins Klo, okay? Und zwar den GANZEN Rest. Ich durchsuche hier jetzt nichts, wir wollen das für uns beide würdig halten, es ist keine große Sache, aber: entweder oder. Okay? Und den letzten, den kannst du dir einteilen, kannst meinetwegen auf dem Weg zu mir noch kurz kiffen, weil diese Wege hin zum Ausnüchterungsort ja immer etwas tückisch sind – sobald wir aber in meine Straße einbiegen, schmeißt du das Ding weg. Und du löschst jetzt, bevor du packst, alle Dealernummern und auch alle Chatverläufe mit Dealern und mit Leuten, die dir so Nummern geschickt haben, in jeder beschissenen App, vom Handy, vom Computer, auch die Anrufliste löschen und keine Tricks mit der Cloud und was weiß ich, und in meiner Wohnung herrscht dann, wiewohl das jetzt ein bisschen lustig klingen mag: absolutes Drogenverbot.

Sie lachte, gab mir eine durchaus liebevolle, aber doch recht beherzte Ohrfeige – und dann machten wir uns auf.

Auf dem Weg zu meiner Wohnung fragte Sophia, ob ich DAS DA IN HOLLYWOOD mitgekriegt hätte. Ihr habe das sehr zu denken gegeben. Wir gingen zu Fuß, es war windig, kalt, unangenehm, SPRÜHREGEN – und wahrscheinlich etwas zu weit. Aber DIE FRISCHE LUFT! Als Reset-Schalter für einen durchrockten Körper seit jeher unschlagbar. Ich trug Sophias Tasche, die war recht schwer; Sophia trug sich selbst, auch das war aktuell wohl nicht leicht. Der Berliner Slalom zwischen Pfützen, Hundescheiße und gestrandeten Elektrorollern holte sie ganz ins Jetzt. Und dann erzählte sie mir also, was vorgefallen war:

Also diese Enthüllungen über Harvey Weinstein, die waren für mich komischerweise so ein TIPPING POINT. Ich glaube, jetzt passiert wirklich was, auf der ganzen Welt. Es reicht jetzt echt. Weißt du, es ist ja nicht nur schlimm, wenn alle drumherum so tun, als ob sie nichts davon mitgekriegt hätten. Fast noch schlimmer ist ja, wenn man es als Opfer nicht mal selbst mitkriegt. Also – dass man eins ist. Man hält das alles für normal. Du wirst erwachsen, kriegst das ab der Pubertät in full effect als Tatsache hingeknallt, wie Männer sich verhalten und wie Frauen dem ausgeliefert sind, dieses Machtungleichgewicht. Und ziemlich bald schon denkst du gar nicht mehr darüber nach, weil es einfach so IST. Offensichtlich immer so war und immer so sein wird. Da kannst du wie ich zwei Studiengänge abschließen, ja, alles ganz süß und so – aber bei einer Bewerbung und bei jedem einzelnen Karriereschritt geht es vor allem darum, ob du gute Titten hast, lange dünne Beine und 'n geilen Arsch. Ich meine, ich hab das alles, und ich weiß auch, wann man debil kichern muss, um dann auch in so Männerrunden dabei sein zu dürfen. Aber ob das eigentlich okay ist alles, darüber habe ich tatsächlich nie nachgedacht. Ist mein Körper ein verschissener FEHLANREIZ, oder was? Das ist doch völlig krank! Ich dachte, das ist einfach so, deal with it. Und ich habe darüber auch nie mit irgendwem gesprochen. Aber jetzt, nach dieser Feminismus-Sendung, für die ich dermaßen gefeiert wurde von Männern und andererseits so viel Hate abbekommen habe von Frauen – da erst habe ich gemerkt, hier ist irgendwas falsch.

Ey, ganz kurz mal, wie weit ist denn das noch bis zu deiner Wohnung, können wir nicht ein Uber nehmen? Oder ist das jetzt der super Trick »Tageslicht und scheiß frische Luft«? Na, was man so Tageslicht nennt, graue Scheiße. Egal. Na, jedenfalls, an so Hyper-Emanzen-Woke-Hate war ich ja schon gewöhnt, aber das war diesmal nicht nur dieses übliche Social-Media-Stellungskriegsritual. Mir haben nämlich auf Insta dann, von so anonymen Accounts, richtig viele Frauen aus unserem Sender geschrieben, also, das war klar, dass das keine Fake-Nachrichten waren, weil die so gut Bescheid wussten über Abläufe bei uns und die Hierarchie und so. Und die haben mir die krassesten Geschichten geschrieben über Erlebnisse in unserem Haus. Also nicht Vergewaltigungen oder so, aber eben darüber, wie abgrundtief sexistisch das System bei uns anscheinend ist. Und das ist wahrscheinlich überall so, warum sollte das nur bei uns so sein. Aber mich hat das komplett umgehauen. Wer da alles mit dem Chef oder irgendeinem anderen Vorgesetzten gefickt hat oder zumindest klar das Gefühl vermittelt bekommen hat, dass das jetzt KARRIEREMÄSSIG ziemlich helfen würde! Ich frage mich echt, wann der eigentlich arbeitet, bei all den Geschichten mit jungen Mitarbeiterinnen. Sag mal, ist dir meine Tasche wirklich nicht zu schwer? Ich kann die sonst echt auch mal nehmen.

Nein, nein, alles okay. Also geht's darum da an deinen Wänden? Diese Fotos und Karteikarten, sind das diese anderen Frauen?

Yes, Sir. Wir haben uns dann zusammengeschlossen. Es reicht uns jetzt nämlich. Wir sind jetzt auch Teil der Rose Army, könnte man sagen. Einen Namen haben wir auch schon für unsere Berliner Spezialeinheit: PINK TANK. Bist du dabei?

Äh – ich? Beim Pink Tank? Der Name ist übrigens ganz gut. Aber ist das nicht etwas seltsam, also ALS MANN, da störe ich doch. Und was genau würde ich denn da, also, ich finde das sehr gut, dass ihr euch zusammentut. Auf jeden Fall.

Aber ich hab ja, also ich bin ja, ich weiß nicht, ähm, was wäre denn da mein Beitrag?

Auf wessen Seite stehst du denn?

Seite, Seite – immer auf der richtigen natürlich!

Schön. Und was heißt das jetzt, willste auch nur so einer von diesen Gratis-Hashtag-Dödeln sein – oder willst du wirklich helfen, etwas zu VERÄNDERN?

Noch ne Selbsthilfegruppe also?

Könnte man sagen. Aber diesmal eine, die auch was KANN. Also was jetzt? Are you in?

Wenn das die anderen da nicht komisch finden, klar. Count me in.

Brav. Geht ja hier nicht um Frauen gegen Männer, geht ja hier um Okay-Sein gegen Evil-Sein.

Das stimmt. Okay. Let's smash the system.

Ja, ist gut jetzt, Digga. Deine Dauerironie kannste dir ruhig – obwohl, nee, behalte die ruhig bei. Sonst wird's ja auch ein bisschen zu lächerlich alles. Aber versuchen müssen wir's! Woah, eine von den Girls sagt immer, bevor sie was Ironisches sagt: »Ironie an!« Wie tragic ist das denn bitte? Aber egal. Muss man drüber wegsehen. Ist ja logisch, dass wir alle bisschen unterschiedlich TICKEN – das sagt die übrigens auch immer, ich ticke soundso, er tickt soundso, phew. Ich wette, die hat zu Hause diese supertraurigen LOVE-Buchstaben im Regal stehen, mit dem gekippten »O«. Aber ist ja latte, uns verbindet eine Erfahrung, und wir wollen, dass sich da jetzt was ändert. Und zwar für alle Frauen. Auch für die, die so ein bisschen scheiße sind. Und auch für die Männer übrigens! Du hast das doch selbst zu mir gesagt, dass du Trumps »Grab them by the pussy. You can do anything« nicht nur als unendlich frauen-, sondern auch als extrem männerfeindlich empfunden hast.

Ja, na klar. Und, nur damit ich's so ungefähr verstehe alles, also diese ganzen Fotos bei dir zu Hause an den Wänden, diese endlosen ausgedruckten Chatverläufe und so weiter – das sind alles Fälle aus eurem Sender? Und die Frauen auf den Fotos, die sind alle dabei, bei diesem Pink Tank?

Noch nicht alle, aber wir werden gerade immer mehr. Dominoeffekt. Erst waren es nur die paar Anonymen, dann habe ich mit denen hin- und hergeschrieben, wir haben einander ausgecheckt, können wir uns vertrauen und so, dann mit Realnamen – und seitdem baut sich das so auf. Also so quasi: Ach krass, die ist auch dabei, na gut, dann ich auch. Und jede kennt noch mindestens zwei, die auch so was erlebt haben, und immer so weiter.

Deshalb die Wollfäden?

Ganz genau. Die anderen Girls haben mir haufenweise Screenshots geschickt, wie der die mitten in der Nacht von seinem offiziellen Account aus angegraben hat, das glaubst du einfach nicht. So absolut schamlos und direkt, so von wegen: Sahst heute so BEGEHRENSWERT aus in der Konferenz, trägst du bitte bald mal wieder diesen kurzen Schottenrock, kann nicht schlafen, weil ich jetzt viel lieber bei dir wäre, kriege dich nicht mehr aus meinem Kopf und so weiter. Will dich sehen jetzt – um drei Uhr nachts, Alder, geht's noch? Und an so viele verschiedene Frauen die immergleichen Formulierungen. Sabbernd, aber immer auch irgendwie berufliche Hilfe anbietend, ich meine, wie soll man denn darauf reagieren, wenn man da ganz neu ist? Er ist der Chef! Eine hat auch erzählt, sie sei dann zum Betriebsrat oder so, aber die hätten nur gesagt, wenn es einvernehmlich ist, gibt es dagegen kein Gesetz. Und Flirten sei ja nicht verboten.

Ja, die berühmte GRAUZONE.

EINVERNEHMLICH? Bei dem Machtgefälle, willst du mich verarschen? Für wen von beiden ist es denn leichter, die Sache zu beenden – suck my ass, Einvernehmlichkeit! Klar, viele von uns sind auf diese schmierigen Nachrichten eingegangen, und deshalb ist das ja auch so peinlich, die jetzt jemand anderem zu zeigen, aber in unserer Gruppe geht das, da ist keiner judgy, denn da sind wir ja unter uns und alle wissen: Was soll man denn auch anderes machen, als darauf einzugehen? Er ist der CHEF, verdammte Scheiße! Da überlegt man es sich doch echt dreimal, ob man dem ein Storno reindrückt. Aber es gibt schon auch ein paar Frauen, die null drauf eingegangen sind, denen hat er einfach ein paarmal mitten in der Nacht so needy geschrieben, ohne dass von denen je was zurückgekommen wäre – und na ja, befördert wurden die anschließend jetzt in dem Sinne nicht. Wenn du mit ihm Sex hast, wirst du gefördert, befördert, gepampert ohne Ende. Beziehungsweise: doch, eben doch mit Ende. Wenn es dann nämlich vorbei ist, wird man strafversetzt, gemobbt, lächerlich gemacht.

Über Rose McGowan wurde, nachdem sie sich beschwert hatte, immer gesagt, sie sei IRGENDWIE ANSTRENGEND GEWORDEN. So hat man mir sie da im Chateau auch beschrieben, und ich habe mir weiter nichts dabei gedacht – aha, dann ist Rose also ein bisschen schwierig, okay.

Ja, genau. Dann ist man DIE SCHWIERIGE. Die menstruierende Problem-Else. Aber die sollen mich mal erleben, wenn ich schwierig werde. Wenn wir alle uns nämlich jetzt zusammenschließen und so richtig SCHWIERIG werden. Die haben keine Ahnung, mit wem sie sich angelegt haben. Fuuuuuuuuck! Ich schäme mich so, weil ich so unfassbar blöd war. Ich hatte mich ja echt in den verliebt! Alles habe ich dem geglaubt, und jetzt lese ich, wie viele andere dem genau das auch geglaubt haben. Der findet bei jeder den Softspot. Original, ohne Scheiß, ALLE, die mir geschrieben haben, waren vorher in ner irgendwie toxischen Beziehung – und dann kommt er als RETTER daher. Der kann dein Hirn röntgen, der weiß genau, was du hören willst. Scheiße, es ist eigentlich so absolut durchschaubar alles gewesen – aber wir alle haben das null geblickt. Denn aufregend war es ja trotzdem, weil: darf ja keiner wissen, klar. Und es ist irgendwie auch echt exciting dadurch, so ein gemeinsames Geheimnis, diese doppeldeutigen Blicke beim Arbeiten und so. Und du denkst echt, das ist alles wahr und die große Romanze, du bist die Einzige und keiner sieht dich außer ihm, und plötzlich geht es aufwärts in deinem Leben.

Jetzt musste ich doch mal die Schulter wechseln, denn entweder war der Weg bis zu meiner Wohnung länger, als ich das gedacht hatte – oder die Tasche war doch schwerer. Vielleicht war ich auch schwächer geworden in den letzten Monaten, das Sportprogramm hatte ich in Los Angeles – so wie eigentlich alles – ETWAS SCHLEIFEN LASSEN. Nun galt es, die Tasche von der einen auf die andere Schulter zu wuchten, ohne dass Sophia sie mir jetzt doch abnehmen würde. Ich machte das gar nicht mal so ungeschickt, indem ich nämlich die Tasche hinstellte, um uns Zigaretten anzuzünden. Und Sophia hatte ja auch noch den einen Notfall-Joint. Ich war gespannt, wann sie den anrauchen würde – spätestens in meiner Straße schließlich wäre ja Schluss damit. Es war ein komisches, ein ungewohntes Gefühl, man konnte darüber durchaus lachen, wie VERNÜNFTIG und KONSEQUENT nun ausgerechnet ich hier einer diesbezüglich just etwas strauchelnden Person den Weg in die Drogenabstinenz wies. Diese Prozedur war mir ja durchaus vertraut, nur meistens eben aus der anderen Perspektive. Doch so lief es nun mal, das war ja auch das Prinzip Selbsthilfegruppe: Die wirkliche Expertise und die gangbare NIEDRIGSCHWELLIGKEIT waren eben automatisch gegeben durch eine Person, die den ganzen Scheiß am eigenen Leib mehrfach erlebt hatte. Das ersparte beiden viel Gerede. Sophia rauchte auch eine Zigarette, nicht den Joint, der klemmte noch immer hinter ihrem Ohr, vermutete ich, sehen konnte ich ihn aktuell nicht, denn ihre Haare waren nun wieder urwüchsig lockig, ah, na klar, die Befreiung. Sie betrachtete das an einem Baum befestigte laminierte Foto eines Kindes: ein Mordfall und damit verbunden die Suche der Kriminalpolizei nach Zeugen. Sophia schüttelte den Kopf.

Weißt du, was mich immer stört? Wirklich jedes Mal, wenn ein Kind ermordet wird, heißt es hinterher: Es sei ein SO GLÜCKLICHES, FRÖHLICHES Kind gewesen. Das kann aber gar nicht sein. So viele glückliche Kinder gibt es gar nicht. Also, meine Kindheit jedenfalls war scheiße, richtig düster. Deine auch?

Na ja, joah – also eigentlich ja. War nicht schön, nee.

Eben.

Wir hatten fertiggeraucht, ich hievte mir Sophias Tasche WIE SELBSTVERSTÄNDLICH nun über meine andere Schulter, und es ist schon auch wirklich phantastisch, über was für Unsinn man so nachdenkt im Leben, nichts hätte Sophia gerade weniger interessieren können als meine Schulter, sie war so im Strom, und ob es nun am Tageslicht lag, an der frischen, verglichen mit L.A. wirklich allzu frischen Luft oder daran, dass sie doch eine ziemliche Gewöhnung hatte an den SUBSTANZABUSUS – sie sprach zwar tunnelig, aber doch völlig konzise:

Das Ding ist, du kriegst plötzlich übertrieben gute Chancen im Job, und ihr habt diese spezielle Connection, es läuft alles, und er macht das sehr geschickt, es ist nie ganz so eindeutig, also ausgesprochen wird es natürlich niemals. Und dass das alles aber irgendwie schon so ne Art Gegengeschäft ist, das merkst du eigentlich erst, wenn plötzlich Schluss ist, wenn er das Interesse an dir verliert, vielleicht auch, weil du irgendwie unbequem wirst, halt DIE SCHWIERIGE oder so – und dann wirst du eiskalt aussortiert. Und du kannst dich natürlich nirgends beschweren, weil du dann ja dastehst wie ne Prostituierte, wenn du eben eine Weile lang reingefallen bist auf ihn und mitgemacht hast bei dem, was du erst jetzt als Spiel begreifst. Auch weil er gen Ende schon anfängt, dich schlechtzumachen. Und dann denken alle, ach, die Kleine, die hat sich wohl zu viele Hoffnungen gemacht. Ich glaube, das passiert jetzt bei mir gerade. Die ganzen Frauen, die mir geschrieben haben, die hatten das alle schon hinter sich, die schrieben mir, ja, jetzt kommt der next step und so, in der Konferenz macht er auf einmal Witze über dich, gibt dir die ungeilsten Aufträge, plötzlich sitzt du nicht mehr in den entscheidenden Runden dabei, sondern stehst für ne Liveschalte in irgendeinem Orkan, und du schämst dich auf einmal so, und dein ganzes Selbstbewusstsein, das vorher so gehyped worden ist, fällt völlig in sich zusammen, du verstehst, der fand dich gar nicht intelligent oder talentiert, sondern wohl einfach nur hot. Und es ist auch nicht so, dass das keiner weiß oder so. Alle da wissen das, alle tolerieren das! Auch dein toller Freund übrigens, das kann der mir nicht erzählen, dass der davon noch nie was gehört hat. Das ganze beschissene Haus weiß das. Nur die neuen, ganz jungen Frauen, die da hoffnungsfroh anfangen, die wissen das nicht. Aber sie erfahren es ja dann fast alle recht bald – aus erster Hand, Alder. Wenn man dann eins weiter sei und sexuell uninteressant geworden, schrieben mir die Frauen, dann würde man es schließlich doch verstehen, und zwar sehr schnell und brutal: die mitleidigen, irgendwie aber auch fast schadenfrohen Blicke auf die hübsche Neue, ach so, die Nächste, passt ins BEUTESCHEMA, alles klar. Und das Schlimme sei, man könne nichts dagegen tun. Dir wird vermittelt, dass DU den Fehler gemacht hast, ja, dass du der Fehler BIST. Die paar, die sich trotzdem beschwert haben – alle gefeuert. Zack, NDA, bisschen Geld, und tschüss.

Als du vor Kurzem diesen Quatsch da geposted hast, der neue Feminismus bestünde darin, keine Feministin zu sein oder so, weißt du noch?

Ich WEISS, man! Damit fing ja die ganze Scheiße an!

Also, ich habe das in L.A. einer Freundin erzählt, und weißt du, was die dazu gesagt hat?

Dass ich eine Verräterin bin oder so? Ja, geil, stell dich hinten an, Alde. Das haben mir seitdem ungefähr zehntausend Frauen geschrieben, meistens komplett in Großbuchstaben und mit vielen, vielen Ausrufezeichen.

Nee, eins raffinierter. Sie hat gesagt: Na ja, Feminismus ablehnen schön und gut – aber Wahlrecht, freie Berufswahl und ein eigenes Konto eröffnen dürfen, ohne dass ein Ehemann das genehmigen müsste und so, das würdest du wahrscheinlich ja eher nicht ablehnen.

Ja, shame on me und so weiter, give me a break. Ich hab's KAPIERT jetzt. Weißt du, wenn wir den Pink Tank auch so ein bisschen durchstrukturieren, also wie bei den Spice Girls zum Beispiel: alle unterschiedlich, FÜR JEDEN WAS DABEI. Und dann bin ich meinetwegen eben die leicht dümmliche Ich-habe-mich-instrumentalisieren-lassen-Trulla. Voll okay. Holy shit, diese Sendung, was für ein fucking Desaster. Ich saß da in den Tagen nach dieser – IRONIE AN, Alder! – Anti-Feminismus-Sendung und kriegte unzählige solcher Nachrichten, und das hat mir komplett den Boden weggezogen. Ich meine, das ist doch nicht normal, da hast du in der Zwischenzeit richtig was gelernt und kannst die Scheiße jetzt rauf und runter, bist so gut geworden, wie er das anfangs nur behauptet hat, aber dann wird es richtig hart: Du klappst völlig zusammen und denkst, er fand nie deine Arbeit gut, sondern wirklich nur deine Titten. Und du kannst in Wirklichkeit also gar nichts, obwohl du es ja inzwischen kannst, und bist nichts wert. Wenn du jemandem deine Geschichte erzählst, denkt der, alles klar, die wollte sich einfach HOCHSCHLAFEN, selbst schuld. Warte mal bitte, halt, stop – können wir vielleicht woanders langgehen?

Wieso das jetzt? Das ist der kürzeste Weg zu mir.

Ja, kann sein, aber bitte nicht durch diese Straße, dahinten ist seine Wohnung, das finde ich scary. Will den jetzt echt nicht auf einmal treffen. Habe so Angst, dass der komplett austickt, wenn der uns zusammen sieht. Dich hat er nämlich eh auf dem Radar.

Was soll denn das heißen, auf dem Radar?

Ja, keine Ahnung, er hat mich vor dir gewarnt. Weil du doch mit seinem Boss befreundet bist. Und außerdem würdest du einen KONZERTIERTEN VERNICHTUNGS-FELDZUG FAHREN gegen ihn, so hat er das gesagt. Er und der Sender würden dir einfach POLITISCH NICHT IN DEN KRAM PASSEN – weil du so links bist.

Weil ich so links bin. Bin ich so links? Dieses »Du bist so links«-Geplärre ist ja zumeist nichts Anderes als eine Beobachtungsdummheit von Menschen, die sich ihrerseits sehr weit nach rechts verabschiedet haben. Ich meine, aus der Perspektive deines radikalisierten Schwachkopfchefs ist ja praktisch jeder links. Und selbst wenn – was hat denn das bitte damit zu tun, dass er sich extrem schlecht gegenüber Frauen verhält?

Er meinte nur, diese Frau da in L.A. und du, ihr seiet eben BRANDGEFÄHRLICH, weil du ihn halt aus politischen Gründen absägen willst. Und ehrlich gesagt, also, das ist ja schon länger her, aber ich habe ihm das wirklich auch geglaubt.

Weißt du, wie sie das kommentiert hat, dass du plötzlich so durchgedreht bist und sie als Teufelin bezeichnet hast, nachdem du sie und mich auf einem Foto gesehen hattest? Sie sagte: Ah, alles klar, die Phase noch. Das sei der übliche Verlauf, immer wenn irgendwas rauskommt über ihn oder er das befürchtet, bezeichnet er die potentiellen Zeugen oder Opfer als Feinde, als Lügner – und zieht sie in den Dreck. Das stünde dir selbst dann zwar relativ bald auch bevor, das sei einfach der Ablauf, für jede, noch aber befändest du dich offenbar in der Phase davor, in der seine Wahngeschichten zwar immer irrer werden, du ihm aber noch alles glaubst. Der errichte dann so einen virtuellen Bunker, erzeuge Mitleid und spiele sehr überzeugend das schockierte Opfer.

Krass. Ja, voll. Genau so. Als nach dieser Sendung jetzt alles so verrückt wurde, habe ich die jedenfalls auf deinem Insta gesehen, dieses Pool-Foto da von euch, und deshalb bin ich ja dann so ausgetickt, du sollst das löschen und so. Wahnsinn, der schafft es echt, einem seine eigene Paranoia einzupflanzen.

Tja, und da hat dir das Kiffen dann natürlich auch ganz gut geholfen beim Durchdrehen, nehme ich an. Wann hast du denn eigentlich wieder angefangen damit, nach dieser Sendung?

Ja. Bescheuert, oder?

Richtig bescheuert, ja. Aber schon auch nachvollziehbar, nach all dem, was du mir jetzt erzählt hast. Also ganz unmedizinisch betrachtet, muss ich sagen: Du hast damit eigentlich sehr souverän reagiert. Und High-End-souverän wird das Ganze, wenn du jetzt einfach wieder aufhörst mit dem Kiffen.

Ist ja gut, Herr Doktor, mache ich ja auch. Komm, lass mal doch durch seine Straße gehen, jetzt erst recht.

Hier kommt das Kommando Souverän, sehr gut! Und was ist, wenn wir ihn tatsächlich zufällig vor seinem Haus treffen?

Dann vermöbelst du ihn! Machst du das? Komm, du bist Brad Pitt!

Ja, mit dem werde ich in der Tat öfter verwechselt. Aber wie meinst du das jetzt?

Na, Hollywood! Brad hat doch Weinstein vor Jahren schon angedroht, ihn zu vermöbeln, wenn er noch einmal seine Grabbelfinger nach Gwyneth ausstreckt.

Ach richtig, jetzt fiel es mir ein. Erstaunlich, wie sehr sich Sophia offenbar trotz all der WIDRIGEN UMSTÄNDE doch vertieft hatte ins Studium der Weinstein-Ungeheuerlichkeiten. Jetzt, nach der Skandal-Explosion, gaben sich in Hollywood natürlich viele, wenn nicht alle sehr erschrocken, ganz bestimmt auch, um davon abzulenken, dass sie viel früher hätten eingreifen müssen. Aber immerhin hatte eben Brad Pitt wohl vor einigen Jahren bereits, so war zu lesen gewesen, Harvey Weinstein, nachdem dieser Pitts damalige Freundin Gwyneth Paltrow belästigt hatte, sehr eindrücklich gewarnt, solches täte er Paltrow höchstens noch ein einziges Mal an, weil er danach nämlich tot wäre. Das habe gewirkt – allerdings nur Paltrow betreffend. Die allermeisten Weinstein-Opfer aber hatten natürlich keinen Brad Pitt zur Hand, zumal Weinstein seine Opfer ja sehr gezielt aussuchte, vornehmlich die Schwächsten in der Hollywood-NAHRUNGSKETTE, jene nämlich, die gerade erst anfingen dort und Weinsteins geheucheltes BERUFLICHES Interesse missverstehen mussten als große Chance (und sein verwerfliches Handeln dann als brutal zwar, aber möglicherweise normal, der in und für Hollywood zu zahlende Preis, eine REGIONALE BESONDERHEIT).

Rose McGowan war ein autonomes, rasch isoliertes Frühwarnsystem gewesen, aber sonst? Brad Pitt. Ah, und Her Majesty Unerschrocken natürlich: Courtney Love! Die war, mehr als zehn Jahre schon her, mal gefragt worden, ob sie irgendeinen Rat habe für junge Frauen, die nach Hollywood kämen, woraufhin sie, mit legendengetreuer Schlagseite über irgendeinen roten Teppich taumelnd, nur kurz zögerte, aber das, wie man heute weiß, damals Unaussprechliche dann – sie ist eben Courtney Love! – natürlich dennoch sagte: »Ich werde sicherlich fertiggemacht, wenn ich das sage, aber … wenn Harvey Weinstein dich zu einer Privatparty ins Four Seasons einlädt – geh nicht hin.«

Du, Sophia, ich glaube, in euerm Pink Tank dann, also was immer ihr da vorhabt, jedenfalls wäre ich da statt Brad Pitt doch lieber Courtney Love. Ich glaube, das LIEGT MIR MEHR.

Weißt du, die haben auch echt den Schuss nicht gehört, da bei uns im Sender. Ich weiß immer nicht, ob die wirklich so dumm sind oder einfach nur enddreist. Als diese Weinstein-Sache jetzt rauskam und dieses Thema so absolut präsent war, da gab es ja kein UMDENKEN oder so, im Gegenteil, die haben das natürlich absolut geliebt, weil du halt so viele ultraschöne, teilweise superbekannte Frauen zeigen konntest und so dirty Geschichten nacherzählen. Tränen und Titten, PROMINENTE TITTEN sogar – was klickt schon auch mehr? Und dann bin ich hin zu ihm und habe gesagt, wir müssen jetzt ein Follow-up machen zu der Feminismus-Sendung, und er nur so: Alles, was du willst, Lovey. Ey, da ist mir so kotzübel geworden, weil mir jetzt ja klar war, wen der alles »Lovey« nennt und dass der mich null ernst nimmt und einfach nur hot findet, bis dann die nächste Praktikantin um die Ecke kommt. Aber okay, ich hab dann Hardball gespielt und in der Konferenz gesagt: Auch hier bei uns im Haus gibt es das. Wir müssen nicht immer irgendwelche Hollywood-Opfer übersetzen, die sowieso überall laufen, wir sollten das Thema mal grundsätzlich angehen und unsere Geschichten erzählen, DAS wäre gutes Fernsehen.

Es war noch nie so leise bei einer Konferenz wie in dem Moment, als ich das gesagt hatte. Dreißig Leute, totales Schweigen. Ich glaube, die haben alle noch nicht mal GEATMET. Keiner hat mir auch nur in die Augen geguckt. Das war, als ob ich irgendeine verbotene Tür geöffnet hätte oder so. Ich hatte das Gefühl, der ganze Raum ist plötzlich eingefroren. Und dann hat er mit so ner weinerlichen Comedystimme gesagt: Au ja, und dann flechten wir uns alle Zöpfe, tanzen unsere Namen und menstruieren gemeinsam.

Daraufhin haben alle losgelacht, ich bin knallrot geworden, und die hörten gar nicht auf zu lachen. Bis er dann in extrem harschem Kommandoton sagte: Ja, sehr schön – oder wir machen vielleicht doch lieber das, wofür ihr hier alle sehr gut, vielleicht zu gut bezahlt werdet, nämlich faktenbasiertes Nachrichtenfernsehen mit klarer Meinung und Haltung. Hat irgendwer vielleicht zufällig die Agenturen gelesen, ich meine, Bürgerkrieg, Großfeuer, Börsencrash, Ökostalinisten, die die Autobahnen lahmlegen – ist ja nicht so, dass nichts los wäre auf der Welt. Und dann ging es ganz normal weiter. So, hier ist jetzt übrigens sein Haus. Da, dritter Stock, rechts.

Natürlich rechts. Oh, da brennt sogar Licht.

Ja, die Haushaltshilfe ist da. Siehst du dahinten, seinen Fahrer? Dem gibt sie dann hinterher den Schlüssel, kriegt das Geld, fertig.

Der da, der mit der SONNENBRILLE? Das ist ja – also das ist ja richtig unten. Meinst du, der hat seine Haushaltshilfe angemeldet?

Auf jeden. Da reiten wir doch bei anderen ständig drauf rum.

Stimmt, da gab es doch mal eine ganze Serie darüber bei euch, in dieser rotzekrank MARKTGLÄUBIGEN Wirtschaftssendung, wie heißt die noch mal?

»Wir haben's ja«, heißt die.

Genau, »Wir haben's ja«. Eigentlich die beste Comedyshow, die nicht weiß, dass sie eine ist. Da beklagen sie doch immer mit sich überschlagender Kleinaktionärsstimme und DAX-Kurve im Arsch so Steuerverschwendung und STAATSGLÄUBIGKEIT und so. Hotspot: irgendwelche EU-Brücken, die unverbunden in der Landschaft stehen. AUS UNSERER TASCHE! Jetzt aber mal hopp, Privatisierung, EIGENVERANTWORTUNG! Also eben über den Alltag hier bei uns im Kommunismus. Und da hat er selbst mal eine ganze Weile lang, meine ich mich zu erinnern, höchst empört in Serie AUFGEDECKT, dass irgendwelche Politiker ihre Haushaltshilfen nicht angemeldet haben und so Krams – WASSER PREDIGEN, WEIN SAUFEN.

Ja, ich erinnere mich, das war die Rubrik »Linke Tasche, rechte Tasche«. Ach nee, Quatsch, die hieß »Mit zweierlei Maß gemessen«.

Irgendwie so, ja. Ist schon wirklich ulkig, dieser Sender. Also, falls du da jetzt wirklich rausfliegen solltest – das mag kurz etwas BUMPY werden, aber eigentlich wäre es gut für dich.

Ich will aber lieber kündigen. Können wir ihm bitte irgendwas auf den Balkon werfen, Hundescheiße oder so?

Nee, wir gehen jetzt mal weiter.

Na gut. Oder, warte kurz – Sophia grub den als final gedachten Überbrückungsjoint aus ihren Locken und schmiss ihn in den Briefkasten des Chefredakteurs. Dann gingen wir weiter, und sie erzählte, seit einer Weile ja schon wirklich bestens nachvollziehbar sprechend und gar nicht mehr HIGH wirkend, wie die Sache sich dann fortentwickelt hatte:

Na gut, jedenfalls hinterher, nach dieser Konferenz bin ich hin zu ihm und habe gesagt, das war nicht okay eben, wir müssen mal reden. Und er dann so: Das ist die erste gute Idee, die seit Tagen aus deinem hübschen Mund kommt. In fünf Minuten bei mir im Büro. Tja, und da war er dann komplett kühl und abweisend. Das musst du dir mal reinziehen, der hatte ein paar Tage zuvor noch heulend bei mir auf dem Sofa gesessen und hat mich vollgelabert mit so nem Romeo-und-Julia-Stuss, wir wären füreinander bestimmt und so, nur bei mir könne er so sein, wie er wirklich ist und die ganze Scheiße. Aber jetzt redete der mit mir, als ob wir uns überhaupt nicht kennen würden, völlig von oben herab, er hätte den Eindruck, dass ich mal zwei oder drei Wochen Urlaub machen solle und mir überlegen, was ich wirklich beitragen wolle und könne FÜR DIE MARKE, wie er immer sagt, er hätte den Eindruck, dass mir das alles gar nicht so liege, sei ja auch ein stressiger Job, und vielleicht wäre ich besser aufgehoben im Nachmittagsprogramm, da sei es nicht so wichtig, ob man das auch wirklich könne – und damit käme ich vielleicht ja besser klar. Für die Primetime-Schiene aber brauche man einfach mehr, das sei nur was für Profis, die ihre Emotionen im Griff hätten und so. Ganz so lang liefe mein Vertrag ja sowieso nicht mehr, und vielleicht hätte er sich einfach getäuscht in mir, das täte ihm auch AUFRICHTIG leid, aber einen Versuch wert gewesen sei es ja auf jeden Fall, er sei ein Chancengeber, ein Ermöglicher, aber es läge dann eben doch an jedem selbst, was er draus mache, so gehe es nun mal zu beim Fernsehen, das klinge vielleicht hart, aber er meine das wirklich nicht böse, im Gegenteil, er sei BESORGT um mich, und wenn es mir nicht guttäte, dann müsste man sich eben trennen. Aber für meinen Lebenslauf sei es auf jeden Fall wertvoll, dass ich diese Erfahrung gemacht hätte. NO HARD FEELINGS! Sagte ER! Ich habe kein Wort mehr rausgebracht und wollte auch auf keinen Fall vor ihm losheulen, also bin ich einfach wortlos raus.

Sehr gut. Hast du die Tür zugeknallt?

Ja! Aber leider so doll, dass sie direkt wieder aufgegangen ist.

Mist.

Ja, classic comedic fail. Na ja, und dann hat dieser Wichser mir doch echt noch hinterhergerufen, ich hätte ja ganz gut zugelegt in letzter Zeit, im Fernsehen würde das zwar schon ziemlich auffallen, aber hey, so sei Fernsehen eben, gnadenlos, da kämen ja immer noch mal ein paar Kilo drauf, ansonsten, nee, stünde mir das eigentlich gar nicht mal so schlecht. Ey, der weiß genau, dass ich damit ein Problem habe. Dass das meine größte Angst ist.

Ein wirklich netter Mann.

Ja, beste. Weißt du noch, wie ich dich angeschissen hab, du kennst ihn halt nicht richtig und so? Well, ich kenne ihn jetzt richtig. Und ich kann dir sagen, schön ist das nicht. Und du hast dich trotzdem geirrt. Der ist nicht so schlimm, wie du wohl dachtest. Der ist noch eine Million Mal schlimmer. Sag mal, hast du was zu essen in deiner mysteriösen Wohnung, die wir wahrscheinlich sowieso niemals erreichen werden?

Essen? Oh. Nee, nie. Wir können dir natürlich noch was kaufen oder so, bevor wir da hochgehen, um die eine Ecke da vorn noch, und dann sind wir wirklich da. Aber in der Wohnung ist gar nichts zu essen, nein.

Verarscht, hehe. Essen! Ich meine, come on: du – und Essen zu Hause haben. As if.

Okay, da hattest du mich kurz.

Yeah, Bruder »16:9«.

Alkohol natürlich auch nicht.

Wenn schon, denn schon. I know.

Also, du ziehst es durch, ja?

Kein Gift mehr, ab sofort. Hast ja gesehen, was ich mit dem letzten Joint gemacht habe. Ich codiere das jetzt einfach um – er ist das Gift. Alles Gift zu ihm. Das wird jetzt zwei, drei Tage bisschen straff für mich, aber dann, ach, langweilig. Du kennst das ja alles hoch und runter.

Yeah, vor allem runter. Stark sein und so weiter. Aber super.

Du hast ja keine Vorstellung davon, wie stark ich wirklich sein kann. Und vor allem dieser Typ und der ganze verwichste Sender da, die ahnen gar nicht, wie stark ich bin, wenn ich es ernst meine. Und ich meine es jetzt verdammt ernst. Und nicht nur ich, wir sind viele. Und wir sind der Hammer. Mit dir als geil random Außenbordmotor.

Ja, ich bin Courtney Love, wie gesagt.

Wir fackeln diesen ganzen Scheißladen ab.

Komm, wir gehen mal hoch.

Wehe, du sagst im Treppenhaus diesen Loser-Satz: »Aber Achtung, ist nicht aufgeräumt.«

Nee, wir nehmen den Aufzug. Und ich sage auch nicht

»Komm doch erst mal an« oder »Fühl dich ganz wie zu Hause« – weil ich den Ausdruck ZU HAUSE nämlich ganz furchterregend finde.

Wir vereinbarten, dass sie mich nun jeden Morgen um neun Uhr im Hotel abholen würde und wir dann eine Stunde lang spazieren gehen, Wetter egal. Jeden Morgen, bitte pünktlich. Es war ein Angebot, und nun musste sie sehen, ob sie das konnte und wollte. Aber ich zweifelte daran jetzt überhaupt nicht mehr. Und ich dachte nun auch, dass ich das Projekt »Pink Tank« mal besser nicht unterschätzen sollte. Vielleicht würde ja tatsächlich etwas daraus werden, etwas, das größer war, als ich mir jetzt noch vorstellen konnte. Klang es für mich auch alles erst mal etwas diffus und potentiell sinnlos, so lag das doch wahrscheinlich einfach nur an mir.

Als ich wieder an dem Haus vorbeikam, in dem der Chefredakteur also wohnte und von dem ich gar nicht gewusst hatte, wie unerfreulich nah an meiner Wohnung es lag, blieb ich stehen und sah, dass die Haushaltshilfe wohl immer noch da war, der Fahrer mit der Sonnenbrille auch, es war inzwischen fast dunkel, aber er trug sie noch immer, war ihm wohl wichtig.

Was würde Courtney Love jetzt tun? Ihr werdet alle untergehen, murmelte ich und pinkelte diesem, diesem, diesem MENSCHEN sicherheitshalber noch in den Briefkasten. Einfach so, für die Stimmung.

Bezahlte Partnerschaft

Als Sophia nach etwa zwei, vielleicht drei Wochen wieder zur Arbeit ging, es war natürlich ein Montag: Neustart!, da verlegten wir unseren morgendlichen Spaziergang vor auf sieben Uhr. Im Berliner Tiergarten war es noch dunstig dunkel, und es würde auch im Tagesverlauf nicht sehr viel heller werden; über Wochen, ja Monate würde es kaum je richtig hell werden. Sobald man seinen eigenen Atem als dünne Wolke den Mund verlassen sah, war klar, dass man schon bald fast gar nichts mehr sehen würde in dieser Stadt und also baldestmöglich abhauen musste. Wie ich es hasste, diese Jahreszeit in Berlin zu verbringen, DIE BLEIERNE ZEIT, monatelang würde die Frage ganz gewiss nicht sein, was ich für mein Land würde tun können – sondern was meine Antidepressiva für mich tun könnten.

Über unseren Altersunterschied (zwanzig Jahre!) machten Sophia und ich immer dann Witze, wenn uns sonst gar nichts mehr einfiel. So wie jetzt; sie blieb stehen und band ihre nun doch wieder extrem glatten Haare zu einem Zopf:

Hat ein bisschen Erster-Schultag-nach-den-Ferien-Vibes.

Hast du denn auch dein Geodreieck dabei? Heute Abend gibt es dann Taschengeld.

Willst du noch was zu meiner Rocklänge sagen?

Zur Kürze deines Rocks würde ich gerne nichts sagen, nein.

Wenn ich jetzt plötzlich lange Röcke oder sogar Hosen tragen würde, das wäre viel zu auffällig. Verstehst du?

Ja, aber nein.

Wohl eher: Nein, aber ja – oder?

Na ja. Hm. Ja, aber nein – nein, aber ja. Tja.

Ja, ja, nee, nee.

Sie hörten: »Dialektik am Morgen«, hier bei uns, im *Deutschlandfunk Kultur*. Wetter wird und bleibt scheiße.

Am Wegesrand lagen viele dieser würdelosen E-Roller, die die Nacht nicht sonderlich gut überstanden hatten. Ich war noch nie mit einem solchen Verzweiflungsgerät gefahren, auch weil ich zu oft schon beobachtet hatte, wie Menschen, die einen solchen Roller entsichert hatten und sich alsdann daraufstellten, beim Losfahren immer alle genau gleich guckten, mit diesem E-Roller-Fahrer-Blick, der ihnen selbst und der sie umgebenden Welt etwas sehr unwahrscheinlich Wirkendes bedeutete: Jetzt wird's super. Und dann beschleunigten sie, hinfort, von einer Tristesse in die nächste. E-Roller waren wirklich die letzte FDP-Scheiße.

Der Tiergarten, von HOP-ON/HOP-OFF-Stadtrundfahrtskapitänen noch immer bezeichnet als DIE GRÜNE LUNGE BERLINS, er sah jetzt, in diesen Monaten, in denen alle Farbe aus der Stadt gewichen war, aus wie die Raucherlunge Berlins, Endstadium. Durch die skelettösen Zweige hindurch sah man jetzt schon die obersten Geschosse des Sender-Hochhauses. Sophia blieb stehen, um sich eine Zigarette zu drehen.

Ich würde das so gern einhändig können, sagte sie. Endlich mal eine sympathische Variante des Selbstoptimierungsunfugs, dachte ich und zündete mir ebenfalls eine Zigarette an. Wir blickten nun beide auf das Hochhaus, die Höhle der Blöden. Man sah diesen Turm von beinahe jedem anderen blickunverbauten Punkt in der Stadt aus, man müsste das eigentlich geltend machen können als Grund für eine Mietminderung. Erst recht, wenn bald die Brainstorming-Duschen und SEGELTUCH-LOUNGES auf dem Dach des somit noch höheren Neubaus diesen itüpfeln würden und ein natürlich noch größerer Bildschirm als der bisherige auf dem BESTANDSGEBÄUDE, das würde dann der größte (und dümmste) Bildschirm aller Zeiten sein, die Krone der Verblödung.

Sophia musste jetzt hinein in dieses Hochhaus, ich wollte zurück nach Los Angeles. Es würde ein Fehler sein, da jetzt reinzugehen, genauso, wie es ein Fehler war, jetzt nicht unterm Zitronenbaum zu sitzen. Aber ich verstand gut ihre Maßgabe, dass sie zwar ganz unstrittig wegmüsse von diesem Höllensender, allerdings unbedingt selbst kündigen wollte – und nicht gekündigt werden. Herrscherin des Verfahrens wollte sie sein, und dafür hatte es in der Selbsthilfegruppe viel (und von mir besonders lauten) Applaus gegeben. Und doch: Es war alles so unangenehm. Aber Sophia schien innerlich bestens gerüstet:

Als ich letztens in Paris war, hat mir jemand erzählt, dass Guy de Maupassant – weißt du?, der »Bel-Ami« geschrieben hat – dass der am liebsten immer im Restaurant des Eiffelturms essen wollte, weil das der eine Ort in Paris war, an dem er sicher sein konnte, diesen kackhässlichen Turm nicht sehen zu müssen.

Ich mochte natürlich beide – Maupassant wie den Eiffelturm – und fügte einigermaßen sinnlos an: Wenn es um den Eiffelturm geht, muss man einfach immer nur sagen: Weltausstellung 1889. Dann ist man fein raus.

Was Sophia nun in dem bösen Turm alles nicht sagen und wie hingegen sie sich verhalten würde, wir hatten das in den Tagen zuvor alles durchgespielt, und das ging in etwa so:

Also, ich bin jetzt er und frage dich: Wo warst du denn so lange, hattest du dich mit Sekundenkleber auf der Straße vorm Familienministerium fixiert? Oder: Na, doch noch mal nachgerechnet, wo du mehr verdienst, bei uns oder beim *Missy Magazine*? Natürlich auch: So, alle mal herhören, Sophia möchte sich, glaube ich, bei uns allen entschuldigen!

Ey, ohne Scheiß jetzt, wenn der irgend so was in der Art bringt, dann ist Randale. Dann gehe ich richtig ab.

Aber der Plan war eigentlich ein anderer. Es hatte ein wenig gedauert, bis Sophia zufrieden gewesen war mit ihren Antworten auf derlei Angriffe und Herabsetzungen durch den Chefredakteur, mit denen jetzt natürlich zu rechnen war. Die Strategie des offenen Gegenangriffs (Ach, niedlich, noch immer hältst du deine löchrigen Jeans für Meinungsfreiheit, ja? Übrigens, Deutschland hat angerufen, du sollst bitte nicht immer WIR sagen, wenn DU wütend bist auf irgendwas in diesem Land. Och, Menno, sei doch auch hier in der Konferenz, vor allen, mal so zärtlich mit mir wie in deinen notgeilen nächtlichen Direktnachrichten!) hatte sie bald verworfen und stattdessen einen sehr interessant laminierten Ton eingeübt, eisig lächelnde Uneinnehmbarkeit, es klang nach Hirn-Botox und Scientology – und war perfekt. Transkribiert würde man ihr keinerlei Widerstand nachweisen können in dem, WAS sie sagte (Natürlich/Ja gern/Mein Fehler/1:0 für dich/Verstehe ich völlig/Deshalb hast du die Position, die du hast/Aber immer doch), doch WIE sie es sagte, das war der Aufstand schlechthin.

Wir überquerten eine Straße, obwohl die Fußgängerampel Rot zeigte und ein Vater mit seinem Kind da wartete und uns selbstverständlich mit der allergrößten Freude harsch zurechtwies, dass wir uns was schämen sollten und so weiter. Und dann auch noch rauchend, das ist doch wirklich unfassbar, gute Nacht, Deutschland, gab Sophia zurück – und schon war Ruhe. Das war so ein Typ, erläuterte sie im Weitergehen, der bei jeder Störung seines Einfamiliengehirns jammert: »Triggerwarnung wäre angebracht!« Meine Fresse, jemand geht bei Rot über die Straße, get over it. Ich frage mich bei solchen Leuten immer: Wie überleben die IM REAL LIFE? Ganz ehrlich, Triggerwarnung wäre angebracht, was sollen wir als

Essgestörte denn da sagen – bei jedem Buffet einen Aufstand machen? Oder wenn dieser creepy Kochmützen-CHOCOLATIER in der Lindtwerbung da rumzaubert – Klage ist raus, oder was?

Ja, eigenartig. Bin froh, dass du dem eben geantwortet hast, ich wollte nämlich gerade so richtig loslegen: Werter Herr, nun beruhigen Sie sich mal, es gibt tatsächlich sogar weitaus Schlimmeres, das man IM ALLTAG unfreiwillig zu bezeugen gezwungen ist, da kann einen doch nicht schon eine derart minimale Ordnungswidrigkeit immer gleich komplett aus dem Gleichgewicht bringen. Ihr Kind wird, ZUMAL IN BERLIN, mit noch weitaus Verkommenerem konfrontiert werden, und das einzuordnen, das ist tatsächlich Ihre Aufgabe. ALS ELTERN! Wenn Sie jedoch alles Fehlverhalten ausblenden wollen, müssen Sie wohl in den Wald ziehen – wobei die Natur natürlich noch mal extra grausam ist. Bleibt also eigentlich nur noch Legoland. Und immer so weiter, ich formuliere diese Replik immer so vor mich hin, wenn ich beim Überqueren von roten Ampeln dergestalt angehausmeistert werde. Aber es auch wirklich laut zu sagen, das wäre mir dann auch wieder zu rentnerfußgängerig. So Steuerzahlergekeife, als ob man ungefragt mit seinem Knirps-Regenschirm irgendjemandes Einparkvorgang dirigiert.

Ja – und auch ne ganz schön lange Antwort, ne? Guck mal, wie abartig dieser Turm aussieht, verspiegelt und evil, ich muss mich jetzt konzentrieren. Es ist nur ein Hochhaus. Das Hochhaus wird mir nichts tun. Oh fuck, nüchtern wird das so krass da oben, sagte Sophia und lachte.

Ich lachte auch und lachte noch mehr, als ich daran dachte, wie sie noch drei Wochen zuvor mit komplett zerkifftem Kopf mir dargelegt hatte, dass es, wenn man sich mal darauf eingelassen und es ganz oft hintereinander gesagt hätte, wahnsinnig schwer sei, zu ergründen, ob es eigentlich Libyen hieße oder Lybien. Libyen-Lybien-Libyen-Lybien – Alter!

Und jetzt stand sie da, lachend im dumpfgrauen Antilicht Berlins, und sie war so klar, wie dieser Tag selbst es niemals werden würde. Libyen hieß es, wie denn sonst? Es war schön, sie wieder so zu erleben. Nüchternheit war jetzt ihre beste Waffe, also flocht ich diese Mahnung so unauffällig wie mir möglich ein:

Na ja, noch dreimal schlecht schlafen, dann ist ja wieder Gruppe.

Ouh geil, can't wait. Was gibt's denn heute zum Abendbrot? Und darf ich nach der Arbeit noch mit zu Jennifer? Bin auch zu Hause, bevor es dunkel wird.

Es wird heute gar nicht hell. Okay, dann, na ja, dann – ja, hier hilft der Geist von Los Angeles: HAVE A NICE DAY!

Wir wussten beide nicht, ob wir uns jetzt umarmen sollten, merkten wir, als wir uns bereits ungelenk ineinander verschränkten und einander mit verklemmter Herzlichkeit auf die, ja, Ohren küssten. Menschsein, es ist und bleibt die groteskeste Komödie überhaupt.

Die letzten Meter ging sie allein, ich kehrte um, zurück gen Tiergarten, ein paar letzte Kastanien sammeln; außerdem hatte ich auf dem Hinweg ein Ruderboot im Schilf gesehen, das wohl vom Bootsverleih am Neuen See nächtens entführt worden war oder SICH SELBSTSTÄNDIG GEMACHT HATTE, da wollte ich mich jetzt ein wenig hineinsetzen und melancholisch sein. Das könnte vielleicht ein gutes Kapitel ergeben für mein Buch über die Liebe – und als ich aufsah, war sie nimmer da. Erinnerungen an den Sommer, an alle Sommer, Hadern mit der Vergänglichkeit, Wehmut und so weiter. Vorfreudig beschleunigte ich meine Schritte, da plingte eine Nachricht auf – Sophia, jetzt schon?

Komm sofort. Tu so, als wärst du mein Freund.

Ich drehte mich um, sah sie in einiger Entfernung im Gespräch mit einem Fahrradfahrer – und rannte los. Sophia erblickte mich, winkte sehr theatralisch und rief: Hey, Sweetie, my love, hier bin ich!

So tun, als wäre ich ihr Freund – hm! Ich wusste das alles überhaupt nicht zu deuten, wusste nicht mal, wohin mit meinen Armen, also öffnete ich sie umarmungsbereit und lief weiter auf die beiden zu. Als wäre ich Sophias Freund, flog ich ihr in die Arme, drehte sie ein bisschen hin und her: Hello Süßherz, da bist du ja endlich!

Und jetzt?

Das ist er, mein Freund, sagte Sophia zu dem Fahrradfahrer und streichelte dabei meinen Nacken. Und wie heißt du noch mal?

Egal, ich lass euch mal, sagte der, steckte sich seine EARPODS ins Ohr und fuhr von dannen. Er war längst verschwunden, da taten wir noch immer so, als seien wir ein Liebespaar. Seltsame Stimmung. Sophia vergrub ihren Kopf im Schalknoten vor meiner Brust, gab nur Geräusche von sich, so ein leierndes Wimmern, wie man es kennt, wenn jemand in einer Überforderungssituation Luft holt zum großen Crescendo, das in einen Aaaaaaaaahrxxx!-Schrei mündet. So auch hier, gefolgt von einem beherzten:

Shoot me, Alder!

Ich hielt sie in meinen Armen, wiegte sie ein bisschen hin und her – und begriff gar nichts. Da hob sie ihren Kopf, unsere Gesichter waren einander jetzt sehr nah und die Lage überaus unklar. Irgendwas war vorgefallen mit diesem Fahrradfahrer, ich hatte beim Rennen meine Zigaretten verloren, und wie lang eigentlich sollte ich noch so tun, als sei ich Sophias Freund? Sie rammte ihren Kopf wieder zurück in meinen Schal, gab einen weiteren, zweifellos druckabbauenden Schrei von sich – und da drüben, neben dem Streugutkasten, das könnten meine Zigaretten sein.

Du riechst gut, sagte Sophia, den Rest erkläre ich dir heute Abend. Sie wandte sich schon zum Gehen, da hielt ein Auto genau neben uns, die rechte Fensterscheibe der Rückbank, des Chefsitzes also, surrte herunter. Gut gelaunt steckte mein Freund den Kopf heraus und rief fröhlich: Ich finde es schön, dass du weiterhin emotional an unser Haus gebunden zu sein scheinst.

Ach du Scheiße, flüsterte Sophia mir ins Ohr.

Ich kann das alles erklären, dachte ich, diese Standardformel aus an Weihnachtsfeiertagen im Dritten wiederholten Verwechslungskomödien. Aber ich sagte nichts. Und ich hätte das auch gar nicht alles erklären können, verstand ich selbst es doch nicht mal.

Mein Freund schien es komischerweise gar nicht eilig zu haben. Normalerweise war er UNTER DER WOCHE der Typ, der den Fahrstuhlknopf so unablässig drückt wie den Feuerknopf bei einem BALLERSPIEL, gerade so, als käme der Aufzug dann schneller. Doch jetzt war er beinahe provokant gelassen, fast kam es mir vor, als ob er es genoss, wie unwohl Sophia und ich uns fühlten, weil wir dachten, dass er dächte und so weiter.

Oben auf dem Hochhaus blinkte es aufgeregt:

DIE MAULKORB-REPUBLIK!

Tag der unbequemen Wahrheiten!

Jemand musste jetzt was sagen in diesem Dreieck des Lauerns. Ich würde es nicht sein, mein Freund schon gar nicht, der lächelte gerade viel zu gern. Sophia löste die Situation relativ würdevoll auf, indem sie nun verkündete: Die Herren, ich gehe jetzt mal arbeiten, heute ist Thementag, zwölf Stunden »Das wird man ja wohl noch sagen dürfen« live.

Das fände er sehr löblich, sagte mein Freund.

Zum Abschied haute Sophia mir, wohl um unsere doch recht innige Umarmung vor den Augen ihres Vorstandsvorsitzenden zu relativieren, auf den Kopf: Tschüss, Blödmann. Mir schien, dass ich jetzt auch mal was sagen müsste, aber mir fiel nichts ein. Alles schwebte, es war vergleichbar mit dem Gefühl, das sich einstellt, wenn man nachschaut, was »axiomatisch« heißt – und die Lösung lautet dann: »auf Axiomen beruhend«.

Sophia lehnte sich runter zu meinem Freund in seinem Chefauto und flüsterte ihm was ins Ohr. Huch, hatte er inzwischen wirklich einen Ohrring? Was war nur mit meinem Freund passiert, war ihm nicht bewusst, dass nichts uncooler ist als auf den letzten Metern hochdosiert nachgeholte Coolness? All die internationalen Krawallkrawattenteufelgipfeltreffen mit Rupert Murdoch und derlei Marktführerherrenmenschen auf Martha's Vineyard, das jahrzehntelange, von Seidentapeten gedämpfte Hinterzimmergeflüster, das maßgeschneidert kostümierte Herumirren zwischen Banketts, Logen, Lounges und ähnlichen Todeszonen, das Denken in Diagrammen und das Beschwören irgendwelcher Kurven, das ewige Vollgelabertwerden von Henry Kissinger, das nimmermüde Predigen angeblicher WERTE des Unternehmens, wenn es doch eigentlich immer nur um dessen Wert geht, das folkloristisch anmutende Begehen nationaler Gedenktage mit ernsthaftigkeitsumflortem Bündnispartnerblick, das Hoffen auf GRÜNES LICHT vom Kartellamt, der Alltag nichts als ein ZEITFENSTER-Tetris, und überall fällt ihn die Leere an – als könne all das jetzt urplötzlich egalisiert werden durch enge DESIGNERJEANS und ein im Ibizasonnenuntergang mit lächerlichem Horoskopmumpitz aufgeladenes Holzperlenarmband, am Wochenende Lederjacke und Aufderlistestehen, umgeben von einer adoptiert wirkenden, programmatisch fidelen Gefolgschaft, allesamt ungefähr so alt, wie er es gewesen war, als er sich für den anderen Weg entschieden hatte.

Erst jetzt nahm ich die Musik wahr, die aus der Limousine meines Freundes wummste. Die Bewältigungsstrategien seiner doch recht langwierigen Midlife-Crisis nahmen wirklich groteske Formen an: Er war fast sechzig, trug irgendwelche LIMITIERTEN CASUAL-LONGSLEEVES und schaute so, als ob er gerne gefragt werden würde, was er am Wochenende alles Dolles erlebt hatte, um dann andeutungssatt abzuwinken: Oh, oh, oh – frag nicht nach Sonnenschein. Und er hörte tatsächlich – ohne die Monstrosität der Karikatur, die er da ausagierte, zu ermessen – montagmorgens, auf dem Weg in seine Global-Player-Klapse, Kendrick Lamar. Als würde das jetzt irgendwas bringen. Mit Ohrring! Einem kleinen, tatsächlich roten Stern im linken Ohr. Das wird man ja wohl noch tragen dürfen! Die Furchen in seinem Gesicht kartierten mehr und mehr nicht große Kämpfe und ausgelassene Nächte, sondern nurmehr Verzweiflung. Fast noch weniger als für Autos oder Uhren interessiere ich mich für Fußball, aber es gab da einen Satz von Franz Beckenbauer, den ich mir mal gemerkt hatte: »Niemals vorm Finale die Taktik ändern.«

Wann genau hatten wir einander verloren, fragte ich mich jetzt plötzlich, nicht ohne Pathos (was ja auch schon wieder lächerlich war). Vor allem aber fragte ich mich, was Sophia ihm da gerade eigentlich alles erzählte. So oder so fand es offensichtlich sein Gefallen, er nickte immerfort. Und er nickte noch immer, als Sophia schließlich fertig geflüstert hatte. Er schaute anerkennend und befand: Das ist genial, genau so, das passt zur DNA unseres Hauses wie Arsch auf Eimer! Eine Anmerkung nur, eine Bitte vielmehr – wird es denn auch TIKTOK-TAUGLICH?

Wie ein auf ner Bananenschale ausrutschender Diktator, sagte Sophia und verschwand alsdann im Hochhaus.

Der Chauffeur meines Freundes hatte mittlerweile den Motor abgeschaltet, das schien ja länger zu dauern hier; die Zeit stand still, und ich tat es ihr gleich.

Das ist ja eine unerwartete Kombination, sagte mein Freund jetzt zu mir. Dream-Team! Finde ich genau richtig, das Beste aus beiden Welten. Seid bitte so respektlos wie möglich, genau das ist der Weg. Sie sagte, bis Ende der Woche könnt ihr liefern? Perfekt.

Ich hatte keine Ahnung, worum es ging, und sagte einfach: Jaja, wird eng, aber klappt.

Sag mir noch mal ihren Namen, bitte.

Jetzt komm, sie ist ein SENDERGESICHT!

Das weiß ich doch, aber wie heißt sie?

Sophia.

Ach genau, Sophia, richtig. Gute Frau, enorm wertvoll für den Sender, macht 'n tollen Job. Und ihr beide, ihr seid, also – geht mich zwar nichts an, aber das sah ja ziemlich vertraut aus eben.

Ach, überhaupt nicht. Wir sind nur befreundet, wir kennen uns aus der – ach, wir kennen uns einfach. Und sie hat jetzt ein paar Tage bei mir in der Wohnung gewohnt und so.

Und so?

Und nichts! Einfach befreundet.

Ist ja gut, ist ja gut. Sag mal, sehen wir uns die Tage? Wart mal, also am Wochenende habe ich Gäste, da geht es nicht.

Ich habe Gäste! Das ist toll, GÄSTE HABEN. Ihr reichen Leute kriegt keinen Besuch, ihr habt Gäste. Und wenn mehr als zwanzig Gäste ERWARTET WERDEN, sagt ihr: WIR GEBEN EIN KLEINES ESSEN. Überall, wo es ein bisschen schön ist, braucht ihr kein Hotel, denn ihr habt DA WAS EIGENES. Und ihr macht auch keinen Urlaub irgendwo, ihr VERBRINGT DORT DEN SOMMER.

Schön wär's, in Italien war ich zuletzt im April. Aber lass noch mal in die Kalender gucken, Sekunde.

Ich fand langsam wieder zu mir, vielleicht war ich ja auch einfach ungerecht. Neuerdings setzte ich ihn mit seinem Sender gleich, vor allem mit diesem unangenehmen Chefredakteur. Zuvor war es mir leichter gefallen, meinen Freund separat von diesem Dreck in und aus seinem Hochhaus wahrzunehmen, ja unsere Freundschaft bezog ihren Reiz und ihre Kraft von Beginn an gerade auch daraus, dass wir so unterschiedlich lebten und in vielem auch dachten. All die Unterschiede zwischen uns waren so überdeutlich, dass sie unsere spektakuläre Nähe in anderen Aspekten nur umso greller ausleuchteten. ENORME SCHNITTMENGEN! Aber es war ja wirklich so. Und wer bitte, mit Ausnahme von Social-Media-Algorithmen, will denn, dass man nur Freunde hat, die genauso denken, leben und sind wie man selbst? Nur war er früher durchschaubarer für mich, jetzt zum Beispiel vermochte ich nicht zu sagen, ob das eben gespielt war oder nicht, dass er Sophias Namen gar nicht kannte. Ich wünschte mir, dass seine Frage, wer sie denn noch mal sei, keine taktische gewesen war und dass er wirklich nichts wusste von ihrer TOXISCHEN BEZIEHUNG zum Chefredakteur und dem ganzen gegenwärtigen Ärger. Andererseits war es nur schwer vorstellbar, dass er all die Aufwallungen nach Sophias ominöser Anti-Feminismus-Sendung (die ich immer noch nicht angeschaut hatte, weil ich Sophia weiterhin mögen wollte) und ihre daraus resultierende offene Auseinandersetzung mit dem Chefredakteur überhaupt nicht mitbekommen hatte. Oder? Und falls das tatsächlich so war, musste ich ihm dann jetzt nicht schnellstens alles, wirklich alles erzählen? Sophia hatte mir das verboten. Aber wie lang kannte ich sie, im Vergleich zu ihm? Eben. Er war mein Freund, mein wirklich guter Freund, seit immerhin fünfzehn Jahren. Na gut, er würde nun eine Woche lang Leute einstellen oder rausschmeißen, Firmen ZUKAUFEN oder filetieren, das große, wenn nicht größte RAD DREHEN, während ich im Tiergarten Kastanien, das verwaiste Ruderboot im Schilf und mit alldem natürlich Material für mein Buch über die Liebe suchen würde, das ich seit etwa zwei Jahren nicht schrieb. Und doch verband uns so vieles. Deshalb musste ich ihm, Sophia hin oder her, das alles bald im Detail erzählen, ich konnte es nicht mehr bei Andeutungen und Beschimpfungen belassen. Zwar hatte ich ihn in der Vergangenheit immer wieder NACHDRÜCKLICH hingewiesen auf die Gefahr, in der er selbst sich befand, solange er nichts tat gegen diese Bordellzustände in seinem Sender und den ja gerüchteweise zumindest stadtbekannten miesen Umgang seines Chefredakteurs mit Frauen, und ganz gewiss nicht nur ich hatte das getan. IM HAUS, wie die Insassen des Senders zu ihrem Arbeitsplatz sagten, ganz so, als gäbe es nur ein einziges Haus auf der Welt, und das sei ebendieses, im Haus also sprach sowieso jeder darüber, hinter nicht immer vorgehaltener Hand. Auch Journalisten anderer Sender oder irgendwelcher ZEITUNGSHÄUSER sprachen viel darüber, wagten sogar immer mal wieder Recherchevorstöße, auch wenn sie einem hinter dann allerdings tatsächlich vorgehaltener Hand erzählten, bei ihnen selbst gäbe es natürlich ebenfalls solche Fälle sexuell motivierter Personalpolitik, und nicht selten schien ebendieser Umstand einen nicht geringen Anteil daran zu haben, dass all das Gerede und Geraune noch stets versandete und niemals je irgendetwas Substantielles berichtet wurde; SCHLAFENDE HUNDE.

Mein Freund hatte sich meine Anwürfe zwar immer angehört, mit tiefernstem Blick und durchaus verärgert, aber mir kam es immer so vor, als ob ihn weniger der Umstand selbst verärgerte, diese Zustände in seinem blöden Hochhaus also, als vielmehr: von mir darauf angesprochen zu werden. Als würden sie erst dadurch existieren, dass ich sie benannte.

Mittlerweile aber wusste ich ja noch viel mehr. Die ganzen Zettel an Sophias Wohnzimmerwand, all die Namen und Verbindungen, die zig Affären und Beziehungen, die mit sexuellen Avancen, Gefälligkeiten und Ablehnungen verbundenen Beförderungen und Degradierungen, die zig ausgedruckten Liebesschwüre des Chefredakteurs, tiefnachts verschickt an allerlei sehr junge Mitarbeiterinnen, die Mitwisserschaft und das Komplizentum anderer FÜHRUNGSKRÄFTE, die systematische Natur dieser Vorgänge, auch all die schon erfolgten hausinternen Beschwerden, die zwar negative Folgen gehabt hatten, allerdings immer nur für die, die sich beschwert hatten – all das würde doch zweifellos auch meinen Freund in allergrößte Schwierigkeiten bringen. Es fiele AUF IHN ZURÜCK, schließlich stand er diesem Höllenhaus vor. Er musste jetzt bald etwas tun dagegen, ich musste ihn wohl noch dringlicher warnen als bislang. Nur hier jetzt, an einem Montagmorgen auf der Straße, direkt vor dem Senderhochhaus, passte es gerade nicht. Aber wir würden uns ja bald in Ruhe zu zweit treffen. Er blickte von seinem Handykalender auf:

Also, am Donnerstag legt Jeff Mills im Tresor auf, ansonsten bin ich die Abende noch frei.

Okay, Benjamin Button, sagte ich und klopfte wie der letzte Idiot zur Verabschiedung aufs Limousinendach.

Ich machte mich auf Richtung Tiergarten, zurück zu meinem Hotel. Sophia schickte mir alle paar Minuten geflüsterte Sprachnachrichten, wie furchtbar genau ihr erster Tag nach der Krankschreibung verlief. Offenbar sehr. Sehr furchtbar:

Meinst du, ER grüßt mich wenigstens, aufm Flur oder so? No chance. Der guckt durch mich durch.

Ich glaub's echt nicht, auf meinem Platz sitzt jetzt irgend so ne Titten-Barbie aus der Showredaktion, und als ich ihr sagte, das sei mein Platz, meinte sie nur so: Sorry, darüber habe ich keine Info.

Alle hier gucken mich an, als sei ich eine beschissene Untote oder so. Wenn ich zur Kaffeebar gehe, hören alle, die da stehen, plötzlich auf zu sprechen und gehen weg.

Hab gerade die heftigste Strafarbeit überhaupt gekriegt – ich muss jetzt für den Thementag heute echt original Insta-

Storys von ALLEN Frauen der Grünen Jugend durchscannen, ob irgendeine da was Krasses sagt zum Gendern oder so.

Sag mal, jetzt krieg ich voll die Paras, eben in der Konferenz meinte er superhämisch vor allen: Schön auch, dass Sophia wieder da ist, sie hat jetzt eine Weile bei einem Schriftsteller zu Hause gewohnt, der sie heute Morgen auch fürsorglich hier abgeliefert hat – also erwarten wir jetzt von ihr natürlich eine enorme Niveau-Injektion aus dem ELFENBEINTURM. Sie plant Großes mit ihm, hörte ich, und ich hoffe, dass wir alle hier klug genug sein werden, es dann auch zu begreifen. Sagst Bescheid, wenn wir dir hier jetzt zu prollig sind, Sophia, okey-dokey? Dann haben alle gelacht, und ich bin total rot geworden. Woher weiß der denn das, verdammt? Kann ich dich in zehn Minuten kurz anrufen?

Der Chefredakteur konnte das nur von meinem Freund wissen, dass Sophia aktuell bei mir wohnte und dass ich mit ihr zum Sender spaziert war. Aber mein Freund würde das doch diesem Typen nicht – würde er nicht? Auf keinen Fall. Ich war mittlerweile fast schon beim Schilf-Ruderboot angekommen und blieb stehen. Es schüttelte mich, so als ob mich gerade jemand bei etwas erwischt hätte. Ich schaute zum Turm, man sah jetzt nur noch dessen Spitze, von der aus ja originellerweise immer das Untenste überhaupt in die Stadt trompetet wurde, dieser Bildschirm war so unglaublich groß und LEISTUNGSSTARK, sogar aus dieser Entfernung konnte man die Radauschriftzüge lesen. Gerade war die Bildfläche nahezu komplett gefüllt mit dem feisten Gesicht des Chefredakteurs, über seinem Mund klebte ein breiter Streifen, darauf stand:

ZENSUR IN WOKEISTAN!

Nun riss der Chefredakteur sich mit großer Geste diesen Klebestreifen vom Mund, dann ballerte ein riesiger Schriftzug ins Bild:

Tag der unbequemen Wahrheiten!
Wir lassen uns den Mund nicht verbieten – Meinungsfreiheit live!

Es war eigentlich auch sehr lustig – nur zu genau wusste ich ja mittlerweile, dass ausgerechnet diese vorgeblich ANGSTFREIE Redaktion, die jetzt also einen ganzen Tag lang sich als Bastion des Mutes zu stilisieren gedächte, in beständiger Angst herumschlich, etwas Falsches zu sagen. Falsch war alles, was den Chefredakteur kritisierte. Richtig war allein blinder Gehorsam; Mitmachen, Schweigen und Erdulden galten als Loyalität, und die bewahrte einen vor Zornesausbrüchen, Mobbing, Strafversetzung oder gar Kündigung. Ein perfektes Klima, um gemeinsam zu Felde zu ziehen gegen DIE MAULKORB-REPUBLIK. Ich hatte diesen Widerling direkt im Ohr, seine hysterischen Standardkaskaden, seine kindisch anmaßende Pluralgefangennahme des gesamten Landes:

JEDER MENSCH IN DEUTSCHLAND DENKT DAS!
WIR ALLE WISSEN DAS!
DAS SIEHT AUCH JEDER IN DIESEM LAND SO!
NIEMAND GLAUBT DIESER REGIERUNG NOCH EIN WORT!
WIR ALLE DURCHSCHAUEN DAS!

Er hätte stattdessen natürlich auch einfach mal zu einem Therapeuten, besser noch zu einer Therapeutin gehen können, die mit ihm dieses unsinnige WIR mal eingehend erkundet hätte und was eigentlich mit der Mama früher alles schiefgelaufen ist, aber nun gut. Wahrscheinlich stand er morgens mit dem Rasierapparat vor dem Spiegel und dachte: Deutschland rasiert sich gerade das Gesicht. Und die wahre Bildbeschreibung müsste jedoch lauten: Ich bin deutsch, ein Stolzer zu sein. Ja, so herum. Ich kann beim besten Willen kein Hakenkreuz entdecken.

Mit meinem linken Schuh schob ich Laub beiseite, um vielleicht doch noch ein paar Kastanien zu finden. In all meinen ÜBERGANGSJACKEN und -Mänteln hob ich in jedem Herbst mindestens eine besonders schöne, glatte auf, und dann freute ich mich im folgenden Frühling darüber. Zwar waren da jetzt, im wirklich ziemlich späten Spätherbst, fast gar keine Kastanien mehr zu finden, jedenfalls keine ansehnlichen, aber dann hatte ich doch Glück und entdeckte einen erst spaltbreit geöffneten FRUCHTBECHER, also diese stachelige Umhüllung, in der die Kastanien am Baum wachsen und die, wenn sie den Fall vom Baum übersteht, die Frischpoliertheit der Kastanien so gut konserviert. Ich öffnete sachte den Fruchtbecher, und darin befanden sich – Jackpot! – sogar ZWEI Kastanien, ein Zwillingspaar, eng aneinandergeschmiegt, durch die Doppelbelegung jeweils einseitig ganz platt und besonders glatt gewachsen. Die beiden platten Seiten waren nur durch eine Membran voneinander getrennt, gemeinsam bewohnten diese zwei zu sehr spezieller Schönheit deformierten Kastanien ihren stachelbewehrten Fruchtbecher, dachte ich und merkte, dass ich etwas zu stolz war, das Wort Fruchtbecher zu kennen. Ich machte ein Foto von den beiden sympathischen Kastanien in ihrer Stachel-WG und schickte es Sophia. Das sind wir!, schrieb ich in einer weiteren Nachricht noch unter das Bild – und löschte die dann sofort wieder, FÜR ALLE LÖSCHEN ging zum Glück noch, denn vielleicht wäre das ja missverständlich und sie könnte denken, dass ich jetzt dächte, diese Fahrradfahrer-Episode da vorhin habe ETWAS VERÄNDERT zwischen uns, und ich würde unsere Verbindung jetzt NEU BEWERTEN, und zwar in eine romantisch-amouröse Richtung verschoben oder so. Nein, nein, nein, bloß das nicht! Das wäre ja der TREPPEN-

WITZ überhaupt, wir waren doch NUR FREUNDE! Waren wir doch, oder? Und plötzlich kamen lauter unerbetene Gedanken, die sich zu dieser Fragestellung offenkundig schon länger aufgestaut hatten, so viele waren es, und sie entluden sich jetzt alle auf einmal. Hatte unsere Verbindung eigentlich neben allem anderen – unserem KiBa-Pakt, dem Kampf für die gute Sache und gegen diesen widerlichen Typen und so weiter – auch noch eine potentiell romantische Komponente? Romantisch ja, gewissermaßen, weil David gegen Goliath, amourös aber ganz gewiss nicht. Diese Einschränkung kam jetzt sehr schnell und bestimmt – weil es stimmte oder weil es stimmen sollte? So ein Quatsch! Wieder sehr schnell. Ich suchte das Kanalufer nach dem Ruderboot ab und befand mich währenddessen in einem recht unnachgiebigen Kreuzverhör mit mir selbst:

Ist deine Hilfsbereitschaft reiner Natur, ohne jeden HINTERGEDANKEN?

Wie war das vorhin, so zu tun, als seiet ihr ein Liebespaar, war das bloß lustig – oder auch ein bisschen angenehm?

Wie viel Zeit ihr miteinander verbringt, wie nah ihr euch seid, wie oft pro Tag und wie INTIM ihr miteinander sprecht, allein schon durch die GEMEINSAME SUCHTTHEMATIK und die alldonnerstägliche Selbsthilfegruppe, all das hat aber nichts damit zu tun, dass Sophia sehr klug und sehr hübsch ist (und du eigentlich »sehr hübsch und sehr klug« sagen wolltest, dir das aber IRGENDWIE FRAUENFEINDLICH vorkam)?

Die Zartheit zwischen euch ist immer TRENNSCHARF unterschieden von Zärtlichkeit?

Das Löschen der »Das sind wir!«-Nachricht eben, erfolgte das, damit Sophia es nicht falsch versteht – oder damit sie es nicht RICHTIG versteht?

Ist ja schon beeindruckend, deine Hilfsbereitschaft, dass du sie in deiner Wohnung wohnen lässt und so weiter. Und die

Pause nach diesem Satz, täuschte das oder hast du die nicht sehr gut aushalten können?

Dass es ein Liebesfilmklischee ist, sie ALS MANN vor einem, genau, Mann zu retten, das führt tatsächlich niemals zu Rollenirritationen, weil ihr verdammt noch mal EINFACH NUR GUT BEFREUNDET seid, korrekt?

Wenn sie jetzt auf solche Fragen vollkommen entgeistert entgegnen würde, »Wir? Auf gar keinen Fall! Da geht gar nix!«, das würde sich für dich noch nicht mal theoretisch ein ganz klein wenig auch wie eine Zurückweisung anhören?

Warum plötzlich so laut bei der Entgegnung »Wir können das sehr gut trennen!«? Das wird man ja wohl noch fragen dürfen! Tag der unbequemen Wahrheiten!

Letzte Frage: War das Foto der beiden eng aneinandergeschmiegten Kastanien nicht nur ein romantisiertes, tatsächlich bloß verklemmtes Schwanzfoto? Bist du am Ende nicht einfach AUCH SO EINER?

Jetzt reicht's aber! Es waren zwei Kastanien, weiter nichts! Ich war jetzt wirklich wütend auf mich. Wenigstens hatte ich endlich das Ruderboot gefunden. Mit einem langen Stock konnte ich es ganz ans Ufer ziehen und hineinsteigen. Ich ruderte bis zum Ententeich, zündete mir, ungefähr in dessen Mitte angekommen, eine Zigarette an, zog das Notizbuch mit der Aufschrift LIEBE NOTES aus der Mantelinnentasche, schlug es auf – und hatte mir das alles viel schöner, wenn nicht gar POETISCHER vorgestellt. Es war eigentlich bloß grau, kühl und feucht, und ich befand mich in starker Opposition zur Gesamtsituation.

Wollte Sophia nicht eigentlich anrufen? Ja, wollte sie, tat sie aber möglicherweise nun doch nicht, vielleicht, weil auch sie all das dachte, was ich mir da eben vorsichtshalber schon mal selbst AN DEN KOPF GEWORFEN hatte? Und so denkt man vor sich hin in einer autodestruktiven Ich-Spirale, irgendwann merkt man es und kann sich immerhin noch selbst auslachen. Als ich da gerade angelangt war, rief sie an, und als ich bemerkte, dass ich darüber nachdachte, nach einmaligem Klingeln schon dranzugehen, das wirke zu bedürftig, da reichte es selbst mir dann mit der Selbstbeschimpfung, also: Anruf annehmen, direkt in die Offensive gehen.

Du, das eben mit den Kastanien, falls du das gelesen hast, also das war natürlich überhaupt nicht …

Was? Kastanien, was laberst du da? Ich kann nicht lange sprechen.

Ah ja, wunderbar. Dann hatte ich gerade wieder nur eine ganz und gar unersprießliche Spiegelkabinettverirrung und …

Jetzt halt doch mal kurz die Fresse! Mich hat eben jemand von der *TransAtlantik* angerufen, die scheinen an einer Geschichte dran zu sein über den Umgang mit Frauen hier im Haus. Ich habe sofort aufgelegt. Ansonsten totaler Terror hier, dein toller Freund hat ihm das anscheinend erzählt mit unserer Aktion. Und auch, dass ich gerade bei dir wohne und wir beide da Arm in Arm rumstanden vorhin.

Wie, was denn für eine Aktion jetzt?

Na ja, statt dieses seltsamen Films, den du da gemacht hast, für die Neubau-Eröffnung. Ich habe ihm einfach gesagt, dass wir deine CINEASTISCHE Selbstverwirklichung da in die Tonne kloppen und stattdessen jetzt ein so richtig flashendes KEY VISUAL bauen, also ein Hauptmotiv für eine neue Imagekampagne, wir beide zusammen. Fand er mega. Er meinte auch gleich, das wird dann FÜR ALLE ASSETS DURCHDEKLINIERT.

Bitte was?

Ja, richtig fett. DIE GANZE PALETTE, das wird dann bundesweit ausgespielt, also massiv DIGITAL OUT OF HOME und über alle Kanäle geflutet BIS ZUM GET NO und alles.

Also, ich verstehe wirklich seit einer Minute kein Wort mehr.

Ja, sorry, dass ich dich da übergangen habe, aber das kam mir vorhin plötzlich, dass das perfekt wäre. Stell es dir einfach vor wie ein Plakat – ein digitales Plakat. Ein richtig hottes Foto von mir und zwei anderen Girls aus dem Sender, und da hauen du und ich ein paar richtig sicke Slogans drauf, so komplett untene Pseudoselbstironie mit #MeToo-Bezug. Dein Freund hat die Idee total gefeiert – CARTE BLANCHE, hat er gesagt.

Das sagt er oft.

Kann sein, aber ganz ehrlich, diese Kunstkacke da, die du mit Eidinger und so gemacht hast, das ist nice to have und so, alles gut, aber es wäre vor allem eines: eine vertane Chance. Da checkt doch niemand irgendwas.

Ja, aber ich will ja nicht irgendwelche digitalen Plakate machen, ich arbeite ja auch schon seit Jahren nicht mehr für diese Drecksbude. Ich wollte genau diesen KURZFILM machen, und der ist super geworden. Das interessiert doch mich nicht, ob das jemand versteht.

Oh, der Herr Schriftsteller! Der Künstler!

Äh – ja. Ja, genau.

Komplette Wacko-Idee. Ist doch hundertmal smarter, was zu machen, das jeder draußen schnallt und das sie nicht bringen können, eigentlich, das aber nicht bemerken und es trotzdem bringen, weil wir sie da reinquatschen. Und dann BOOOOM! Fuck, dahinten kommt er gerade, ich rufe dich noch mal an!

Am Abend sprach ich mit Basketballs, die gerade – minus neun Stunden, Los Angeles – am Chateau-Pool lag, »unter deinem Zitronenbaum«. Wir stellten, um meine Laune KRAFT DER BILDER zu verbessern, auf Videotelefonie um, Basketballs ging zur Tischtennisplatte, ließ mich per Handykamera hoch zu meinem Zimmer schauen, da wohnte jetzt jemand anders, Badehose und Bikini hingen überm

Balkongeländer – es war wirklich alles falsch daran, jetzt gerade in Berlin zu sein.

Du glaubst nicht, was eben passiert ist, sagte Basketballs, als sie zurück zum Zitronenbaum ging, aber ich entgegnete, mein Tag sei so seltsam gewesen, dass ich jetzt sowieso alles glauben würde. Und dann erzählte sie mir, dass der Chefredakteur sich eine halbe Stunde zuvor, nach Monaten plötzlich wieder mal bei ihr gemeldet habe und unvermittelt angeordnet, sie möge schnellstmöglich mit einem Kamerateam nach San Francisco fahren und eine Reportage drehen über Anschuldigungen gegen Bill Gates, der angeblich nebeneheliche Affären mit Mitarbeiterinnen unterhalten habe oder sogar noch unterhielt. Das sei doch ein enormer Skandal, das müsse man GANZ GROSS AUFZIEHEN, habe der Chefredakteur fabuliert, speziell in den USA seien doch diesbezügliche Regeln viel strenger, die hätten doch dort GANZ ANDERE MORALISCHE STANDARDS, und das werde enorme Wellen schlagen, eine TRAUMGESCHICHTE sei das, die dürften sie nicht verpassen, das sei KLICK-GOLD: Geld, Sex, Weltberühmtheit, Hightech!

Sie habe, so Basketballs, während seines sich boulevardlüstern überschlagenden Sensationsstakkatos die ganze Zeit gedacht, das sei jetzt ausnahmsweise mal ein wirklich gelungener Witz des Chefredakteurs gewesen, dass ausgerechnet er, ohne dabei lachen zu müssen, sexuelle Beziehungen eines Firmenchefs mit Untergebenen skandalisieren wollte, noch dazu, indem er damit eine jener Untergebenen beauftragte, denen er selbst, vor allem nachts, recht gern Nachrichten nicht ausschließlich beruflichen Charakters schickte – aber es kam keine Lachauflösung, er hatte das wohl wirklich ernst gemeint und die darinliegende Ironie gar nicht begriffen.

Basketballs lehnte ihr Telefon an einen wiederverwendbaren SMOOTHIE-BECHER und cremte sich das Gesicht ein.

Ich meine, ganz ehrlich, ist das sein Ernst? Kriegt der eigentlich noch irgendwas mit? Der Typ ist doch einfach nur 'n tragic Meme.

Und jetzt?

Jetzt schwimme ich ein paar Runden – und dann fahre ich los und mache die Scheiße eben, was bleibt mir denn Anderes übrig?

Lach doch mal!

Fühl mal hier, an meiner linken Titte, da ist doch was! Nein, nicht da, weiter in der Mitte. Greif mal richtig rein!

Meine zwischenzeitliche Kastanienfotoparanoia hatte Sophia mir schnell ausgeredet, und als sie mich nun bat, doch bitte mal ihre linke Brust abzutasten, wusste ich, es ist wirklich alles in Ordnung zwischen uns. Nein, da ist nichts. Kein Knoten. Und in der Brust auch nicht, schien mir. Natürlich trotzdem besser noch mal einen Arzt aufsuchen, UM GEWISSHEIT ZU HABEN.

Sophias Telefon klingelte, 089, München:

Ah, das ist wieder die von der *TransAtlantik*. Wäre auch geil, jetzt auf Video umschalten, während du mir gerade an den Titten rumfummelst, und die fragt noch mal, ob da irgendwas dran ist, dass ich ein Opfer bin von SEXUELLEM FEHLVERHALTEN.

Ja genau, und dass ich dir enorm dabei helfe, das abzustellen. Grabbelnderweise.

Die ist voll nett.

Also, ihr habt vorhin gesprochen, sagtest du, und die recherchieren da rum, ja?

Ja, ganz kurz habe ich mit der geredet. Zuerst dachte ich, dass einem der Girls aus unserem Pink Tank die Sicherungen durchgebrannt sind und sie sich an die gewendet hat. Aber die haben wohl einen Informanten direkt aus der Chefredaktion.

Weißt du, wer das sein könnte?

No idea.

Hier wäre jetzt wirklich mal interessant, ob die Frau von

der *TransAtlantik* gendert oder nicht – ein Informant, so hat sie das gesagt? Also ein Mann?

Ich glaube, oder warte mal, nee, wie hat sie das genau formuliert? Ach nee, genau, EINE QUELLE, hat sie gesagt.

Also neutral. Eine Quelle – das ist nicht geschlechtsspezifisch.

Aber es kann ja nur ein Mann sein. Bei uns in der Chefredaktion sitzen ausschließlich Männer – ja, okay, dazu zwar noch zwei Alibifrauen, aber die sind die Schlimmsten, die hauen teilweise echt Sachen raus, das glaubst du nicht. Frauensolidarität habe ich bei denen noch nie erlebt, gegen die beiden ist sogar der Fummel-Opi ein Feminist. Ein paar von uns haben ja immer mal wieder versucht, sich bei den beiden zu beschweren, aber die scheinen das immer direkt dem Chefredakteur weitererzählt zu haben. Jedenfalls war die einzige Folge immer, dass er ziemlich direkt danach in der Konferenz genau diese Frauen, die sich beschwert hatten, vor allen anderen fertiggemacht hat.

Und hat denn die *TransAtlantik*-Frau irgendwas angedeutet, was diese QUELLE so sagt?

Wir haben ja nur ganz kurz gesprochen. Sie meinte, dass es um mehrere Fälle von Beziehungen zu Untergebenen geht, um Machtmissbrauch. Und dass es wohl in einem Fall sogar eine Anzeige bei der Staatsanwaltschaft gäbe wegen Nötigung.

Oha. Hm. Komisch, ich merke gerade, ehrlich gesagt, dass mich das freut. Das ist ein bisschen seltsam, sich über so was zu freuen.

Ach so, und dann habe diese Quelle auch noch gesagt, unser Chefredakteur sei vergleichbar mit diesem Germanwings-Piloten, der damals das Flugzeug gegen dieses BERGMASSIV gecrasht hat, und deshalb sei es jetzt, da der Felsen mehr oder weniger in Sichtweite ist, die Aufgabe des Bordpersonals, die Cockpit-Tür aufzubrechen und die Katastrophe zu verhindern.

Hui, das ist aber eine, nun ja, EINDRUCKSVOLLE METAPHER. Sehr dramatisch auch. Die müssen immer alle so übertreiben bei euch da. Wahnsinn. Eine Heldengeschichte. Und hast du irgendwas gesagt?

Ich habe ausweichend reagiert und gesagt, wir könnten ja später noch mal in Ruhe reden. Aber bevor ich da irgendwas sage, muss ich mich erst mal mit den anderen Ladys abstimmen. Das geht, wenn überhaupt, nur zusammen. Das kann man ja nun wirklich lernen von der Weinstein-Sache.

Stimmt, da gab es doch diesen berühmten Tweet von einer Journalistin, schon zwei oder sogar drei Jahre, bevor die beiden ersten großen Weinstein-Geschichten veröffentlicht wurden. Wie ging der noch? Irgendwas mit »zusammen springen« oder so.

Yeah, den haben wir doch als Motto-Bild in unserem Pink-Tank-Gruppenprofil.

Ach so? Die Schrift war so klein, das konnte ich nicht lesen.

Du musst auf das Bild gehen, dann vergrößert es sich doch, du Honk. Warte, ich kann es dir auch vorlesen, Moment, hier: »Irgendwann werden sich alle Frauen, die bisher Angst hatten, sich öffentlich zu Harvey Weinstein zu äußern, bei den Händen fassen und springen müssen.«

Die Frau von der *TransAtlantik* ließ es wirklich sehr oft klingeln. Und rief ein paar Minuten später direkt noch mal an. Sophia und ich starrten auf die 089 und die beiden Buttonangebote: Annehmen oder ablehnen?

Leise stellen, klingeln lassen. Wir waren ein bisschen aufgeregt. Würde es jetzt alles noch schwieriger werden, oder wäre das die Lösung? War das jetzt das Signal, die Chance, dass sich alle bei den Händen fassten und sprangen? Oder war es nicht wahrscheinlicher, dass Sophia, wenn sie jetzt diesen Anruf annähme, kurz darauf ihren Job verlieren würde und ich meinen Freund – und sonst gar nichts daraus folgte?

Wenn ich mich echt treffe mit denen, musst du aber bitte mitkommen, sagte Sophia. Ja, ja, blabla, ist jetzt bestimmt IRGENDWIE UNFEMINISTISCH, so what. Allein traue ich mich nicht. Das machst du doch, oder?

Ich dachte an meinen Freund. Dann dachte ich an die Geschichten, die Sophia und andere mir erzählt hatten. Ich war überfordert. In was war ich da nur hineingeraten? STAATSANWALTSCHAFT? Ich sah Gerichtsbilder vor mir, Filmszenen. Sophia wäre was – Zeugin? Opfer? Beides? Geht das überhaupt? Schwarze Roben, tiefbraune Holzvertäfelung, weißpuderige Perücken, energisches Richterholzhammerklopfen. Ich sah auch mich, natürlich!, ein PLÄDOYER HALTEND, so amerikanisch zwingend. Aber ich war doch gar kein Anwalt! Und wo saß in diesem Bild eigentlich mein Freund? Mit einem Winken, nur eine Zigarettenlänge vor meinen Augen, unterbrach Sophia meine Gerichtsszenerie-Imagination:

Huhu, jemand zu Hause? Ich hab dich was gefragt!

Wie? Entschuldigung, was bitte?

Ob du mitkommst, falls ich die *TransAtlantik*-Frau treffe.

Ach so, ja, klar. Kann ich machen.

Alexa, spiele Iggy and The Stooges, »Search and Destroy«!

Mit geschlossenen Augen, Kopf im Nacken, die Arme theatralisch-traumverloren in den Himmel gestreckt, sang Sophia mit:

And I'm the world's forgotten boy
The one who's searchin', searchin' to destroy

Solche Musik hörte sie? Es war jetzt wirklich sehr viel auf einmal. Zwar war es meine eigene Wohnung, in der wir saßen, aber ich hatte darin ja schon seit Jahren nicht mehr gewohnt, weil Wohnen für mich im Hotel einfach besser klappte. Dennoch war ich mir sehr sicher, dass ich weder Alexa noch Siri jemals Einlass gewährt hatte – das hatte dann also Sophia sich in den letzten Wochen hier installiert. Ganz langsam jetzt, eins nach dem anderen. Das Gute an dem Lied war, dass es kurz war. Und dass es so krachig war, dass die Ruhe danach einen besonderen Effekt hatte, so als würde Pulverdampf sich MÄHLICH auflösen und das Schlachtfeld freilegen. Ekelhaft, jetzt dachte auch ich schon in so Kriegsbildern, diese Senderleute waren wirklich kein guter Umgang für mich. So. Alle da, alle tot? Jetzt bitte noch mal von vorne. Also, was war da nun vorgefallen morgens mit dem Fahrradfahrer vor dem Senderhochhaus?

Ach das, Sophia öffnete kaum die Augen zum Erzählen. Das war nur einer dieser berühmten EINZELFÄLLE. Nicht alle Männer, Alder, nicht alle Männer. Nee, ist klar.

Schien sie diese für mich weiterhin völlig rätselhafte Begebenheit IN DER SITUATION noch in Aufregung versetzt zu haben, so schlug sie jetzt einen leiernden Ton an, der auf Gewöhnung schließen ließ. Das sei im Grunde eine vollkommen alltägliche ANMACHSITUATION gewesen. Nur in dem speziellen Moment, an diesem wichtigen Tag und LITERALLY so direkt vor dem angstbeladenen Zurückkehren an ihren Arbeitsplatz nach der kurzen Zusammenbruchspause habe sie das überfordert, und deshalb habe sie mich zu Hilfe gerufen, damit es schneller vorbeiginge. SORRY DAFÜR NOCH MAL.

Dieser Typ auf seinem Fahrrad habe sich ihr einfach quer in den Weg gestellt und sie gestisch aufgefordert, die riesigen Kopfhörer abzunehmen, die sie ja aus genau solchen Gründen praktisch immer auf den Ohren habe, wenn sie draußen herumliefe, das reduziere die unerbetenen Kontaktaufnahmen doch deutlich. Ach, es sei alles genau so gewesen, wie es schon tausendmal zuvor ihr widerfahren sei und wie es noch zigtausende Male passieren würde: Er habe seinen Namen gesagt, nach ihrem gefragt und dann weniger angeboten als festgestellt, dass er jetzt einfach mal ein bisschen mit ihr mitgehen werde. Und dann habe er gar nicht mehr aufgehört zu reden und ihr Fragen zu stellen. Ob sie gebürtig aus Berlin käme, wo sie denn abends gern so hinginge, was eigentlich dagegen spräche, jetzt gemeinsam einen Kaffee zu trinken und so weiter. Es sei ja immer dasselbe. Sie spalte sich dann gewissermaßen auf, sie sehe dann ihr theoretisches Ich verblassen und ihrem praktischen Ich das Feld überlassen: Ihr theoretisches Ich, so Sophia, würde einfach nur sagen, verpiss dich, Idiot. Ihr stattdessen leider handlungsleitendes praktisches Ich aber sei in solchen Situationen viel defensiver, weil man ja auch nie wissen könne, ob auf eindeutige Zurückweisung nicht aggressiv reagiert werden würde. Da sei sie dann für immer sie selbst als Siebzehnjährige, höre sich tatsächlich auf all diese dümmlichen Pseudofragen monoton antworten, damit es nicht konfrontativ würde – monoton, aber auch nicht zu kühl und abweisend, denn dann käme mit Sicherheit die Aufforderung »Lach doch mal!«. Wie sie diese Formel hasste! Lach doch mal, stell dich nicht so an, sieh es doch als Kompliment, du willst es doch auch – äh, no thanks, Alder.

Ihr theoretisches Ich, das zum Beispiel jetzt komplett intakt und tonangebend sei, wenn sie sich nun die Situation vergegenwärtige, das würde daraufhin HUNDERTPRO den Mittelfinger ausstrecken – und fertig. Ihr praktisches Ich aber habe schon viel zu oft dann wirklich gelächelt. Aus Sicherheitsgründen. Sie verfalle in solcher Lage in einen permanenten Alarm-Ausnahmezustand, sondiere stetig die Fluchtwege, sei in jeder Sekunde auf Deeskalation bedacht und müsse zugleich dafür Sorge tragen, dass dieser Typ die unangenehme Situation, in die doch er sie brächte, nicht selbst als solche empfände und halbwegs würdewahrend sich irgendwann zurückziehen und von ihr ablassen könne. Auch »Ich habe gerade gar keine Zeit« sei ihrer Erfahrung nach eine ungeeignetere Entgegnung, als man vielleicht denken möchte, denn auf die folge eigentlich immer die direkte Frage nach der Telefonnummer – und wie, bitte schön, solle man den Nummernaustausch dann vermeiden? Einfach eine falsche Nummer zu diktieren, das funktioniere ja nicht, denn der Trick habe sich längst herumgesprochen, diese Typen würden die Nummer immer sofort ausprobieren. Und tatsächlich »Nein!« zu sagen, das brächte ja auch nichts, denn darauf folge garantiert die Nachfrage: Ja, aber warum denn nicht?

Tja, wenn man es jetzt so erzähle, würde es wahrscheinlich lächerlich klingen und so einfach; situativ aber sei das etwas völlig Anderes. Die Impertinenz solcher Typen führe dazu, dass sie erstarre und fast nie so entschieden reagieren könne, wie sie es gern würde. Und Emanzipation hin oder her, das erfolgversprechendste Ausfahrtsschild aus solchen Situationen sei nach wie vor der Satz: »Ich habe einen Freund.« Ob das nun gerade stimme oder nicht, »Ich habe einen Freund«, das ziehe eigentlich immer. Also meistens. Habe jedenfalls eine deutlich höhere Trefferquote als »Ich hab keinen Bock«. Da nämlich gehe es dann trotzdem noch ewig weiter, das sei leider für viele Männer das schwächere Argument. Und deshalb, einfach um das alles abzukürzen, hätte sie mich da vorhin kurz als ihren Freund ausgeben müssen – was sich ja dann als Glücksfall erwiesen habe.

Ach ja? Warum jetzt das?

Ja klar, sonst hätte es ja gar nicht diese hyperawkward Situation mit deinem Freund da gegeben. Das gibt uns jetzt alle Möglichkeiten!

Ich würde gern, kann aber gerade nicht folgen.

Es war ne komische Übersprungshandlung von mir, aber im Nachhinein betrachtet ist es Schabowskis Zettel.

Bitte was? Ich verstehe wirklich kein Wort.

Na, Schabowskis Zettel und sein Maueröffnungsgestotter: »Das tritt nach meiner Kenntnis … ist das sofort, unverzüglich« – ich habe ein ganzes Seminar darüber besucht. Und genau das ist jetzt die Lage! Dein Freund hat uns die Schlüssel in die Hand gegeben, den Laden mit seiner Genehmigung, aber ohne sein Wissen und entgegen seinem Wunsch in die Luft zu jagen. Da hat sein Über-Ich uns einen Gefallen getan, checkst du das nicht? Ich habe dem doch vorhin einfach gesagt, dass wir gerade nur deshalb so viel Zeit miteinander verbringen, weil wir jetzt zusammen dieses KEY VISUAL entwickeln.

Ja, das erwähntest du schon. Aber ich habe ja nun diesen Film mit Sophie Rois und Lars Eidinger gemacht, und das war's dann auch.

Ist auch toll für irgendein Kackfestival in einer scheiß Kulturscheune oder so mal, aber hilft ja hier nun gar nicht weiter bei irgendwas. Wir müssen sie TRICKEN. Nicht konfrontativ, sondern affirmativ. Kill them with a smile. Wir machen ein komplett sexistisches KEY VISUAL, und das ist unser Trojanisches Pferd.

Ich will aber kein sexistisches KEY VISUAL machen – ich habe einen Film gemacht, aus Spaß, der ist super, Ende. Ich arbeite doch gar nicht mehr für die.

Du hast einen scheiß KURZFILM gemacht. In Schwarz-Weiß, Alder, mit Shakespeare-Zitaten, jetzt komm mal klar. Was für ein Gewichse. Das war so ein Selbstmordattentäterflugzeug, das zwar in den Turm fliegen will, aber aus Versehen im Harz landet. Keiner kriegt es mit, keinen interessiert es.

Was habt ihr denn alle immer mit Flugzeugen? Germanwings, 9/11 – ihr seid einfach zu oft in diesem Turm.

Den Turm zerstören wollen, das ist das eine. Aber draußen ist ja auch Turm, der Fahrraddude heute Morgen war ja nur ein weiteres Beispiel, weißte, wie ich meine? Völlig alltägliche Grenzübertretung, Belästigung, Ausspielen von körperlicher Überlegenheit, wie auch immer man es nennt, ein ganz guter Begriff dafür ist: Realität. Wir müssen den Sexismus im Senderturm offensiv verkaufen – und die sind so dumm, ich schwör's dir, die finden das dann frisch und FRECH und so, weil: KOMMT JA VON DEN FRAUEN SELBST! Dein Freund will doch immer unbedingt, dass wir PROVOZIEREN – kann er haben! Also die #MeToo-Gerüchte über den Sender benennen und vorgeblich ausräumen, dadurch aber erst so richtig bekannt machen. Streisand-Effekt!

Ich nickte, obwohl ich nicht wusste, was das sein sollte, aber es klang überzeugend. Sophia hatte mit zwei ihrer Kolleginnen Fotos gemacht, auf denen sie ausgestellt eindimensional dreinblickten und nicht allzu bekleidet in einem Studio des Senders standen, Kameras und Scheinwerfer um sie herum; die Zettel, Stifte und Handys in ihren Händen wirkten bestenfalls wie Requisiten, eigentlich eher wie Accessoires.

Sag du mal, auf welchem Bild sehen wir besonders hot und dümmlich aus?

Also – das finde ich jetzt unangenehm.

Das ist der Plan, ja. Aber jetzt mal ALS MANN! Wo sehen wir so richtig billo und VERFÜGBAR aus? Wie ist denn das hier, wo man mir so richtig in die Bluse gucken kann – oder sehe ich darauf dick aus?

Dick nicht, nein, überhaupt nicht.

Dann nehmen wir das. Und jetzt betexten wir das, der mieseste Slogan gewinnt. Media-Markt-Werbung soll im Vergleich zu unserem Superschrott hier aussehen wie das Programmheft vom Burgtheater. Komm, einfach IQ halbieren und Vatertag auf Malle.

Und dann fingen wir einfach an. Wir saßen am großen Schreibtisch in meiner Wohnung, Sophia fuhrwerkte kundig mit Tastatur und TRACKPAD herum, wir unterboten einander mit Stumpfsinnsslogans, es machte Spaß:

»BEI UNS WERDEN SIE BELÄSTIGT – mit News, Meinung, Sport und Entertainment.«

Das war schon mal sehr schlecht, also sehr gut im Sinne der Aufgabenstellung. Jetzt brauchten wir noch drei Sprechblasen, die an die Münder von Sophia und den anderen beiden Frauen auf dem Bild montiert würden. Wir waren so vertieft, dass wir glücklicherweise nicht mal dazu kamen, so wie es sonst bei Kooperationen üblich ist, in der ersten richtigen Ratlosigkeitspause mehr anzuordnen als festzustellen: »Wir sind ein tolles Team«. Noch nicht scheiße genug, sagte Sophia zu fast jedem meiner Vorschläge für die Sprechblasen, aber nach knapp einer Stunde hatten wir es schließlich – riesig groß stand also über den drei Frauen »BEI UNS WERDEN SIE BELÄSTIGT«, deutlich kleiner darunter: »mit News, Meinung, Sport und Entertainment«. Und aus den Mündern der drei Frauen kamen diese Aphorismen:

»Wir sind für die Quote – aber für die Einschaltquote.«

»Wir nennen es nicht Minirock – wir sagen dazu: kurzer Dienstweg!«

»24/7 on air – wir haben gar keine Zeit, uns hochzuschlafen!«

Ey, das ist so beyond scheiße und gleichzeitig auch so meta – ich find's Bombe, sagte Sophia. Jetzt noch unten rechts neben das Senderlogo zwei Hashtags, und dann haben wir's. Das Ding ist so PACKED mit Dummtext, dass denen die Hashtags gar nicht auffallen, pass auf: Wir nehmen #geilaufnews? und #metoo! – und zwar so richtig boomerig mit Satzzeichen. Sind zwar gar keine Hashtags dann, aber das checken die eh nicht. Das ist dann so wie, ja, keine Ahnung, wie Britneys verklausulierte Hilferufe in ihren Posts aus der Vormundschaft, weißte, wie ich meine? Wie geil ist das eigentlich, erst machen sich alle lustig über den Scheiß, aber dann lass mal einen halben Tag bei Twitter vergehen, dann bleibt nur noch: Drei Moderatorinnen sagen, bei uns im Sender wird man belästigt – und irgendwas mit #MeToo. Zack, Bingo.

Vielleicht würde es wirklich funktionieren. Der #MeToo-BEZUG schien so witzelnd harmlos, dem grundsätzlich misstrauischen Chefredakteur würde man das leicht schönreden können, indem man es ihm andiente als ironische Volte zu GENDER-GAGA und QUOTEN-IRRSINN, zwei seiner aktuellen Lieblingsthemen. Und alle Verstörten und Verschwiegenen aber würden die eigentliche Botschaft verstehen, und so würde unser digitales Plakat idealerweise Gegnern genauso wie Turmbunkerloyalisten derart zur Verbreitung geeignet erscheinen, dass dadurch bei Google irgendwann als erster thematischer Vorschlag hinter dem Namen des Chefredakteurs der Begriff #MeToo auftauchen würde. Autocomplete!

Einen Versuch war es wert. Ich diktierte Sophia die Nummer meines Freundes, damit sie ihm unseren Entwurf direkt schicken konnte, auch das empfanden wir – jetzt vielleicht etwas zu siegesgewiss und selbstherrlich – als strategisch klug, so war sie die Absenderin, schließlich arbeitete sie dort, ich ja nicht. Und so hätte sie dann eben eine Art temporären Geheimbund mit meinem Freund, was doch ihre Position gegenüber dem Chefredakteur enorm stärken würde und so weiter. Wir kamen uns jetzt wirklich sehr schlau vor.

Gesendet! Zwei Haken! Schon wenige Minuten später kam eine Reaktion meines Freundes: Das ist geil. Bin begeistert. Machen!

Es dauerte nicht lang, da rief er obendrein noch an (obwohl er gerade in irgendeiner Weltenlenkerrunde dinierte), sogar auf Sophias Telefon, na bitte – und er war euphorisiert:

Das ist genau der Spirit, den ich mir erhofft hatte! Exakt so was brauchen wir jetzt, das ist enorm gut gemacht, wirklich state of the art. Habe wahnsinnig lachen müssen. Wie ihr diese teilweise hysterischen Auswüchse der #MeToo-Bewegung AUFS KORN NEHMT, das ist schlichtweg genial. Und es ist SEXY! Das ist doch HEUTZUTAGE die letzte noch verbliebene Provokation. Da wird nichts mehr dran geändert, genau so muss das rausgehen, breite Multi-Channel-Kampagne, an jeder Bushaltestelle wird das AUSGESPIELT, das FAHREN wir bundesweit, damit können wir RICHTIG WELLE MACHEN, und zwar ASAP. Wann können wir uns treffen?

Endlich klang die Stimme meines Freundes mal wieder fröhlich und lebendig. Ich hatte gar nicht damit gerechnet und war nun umso beglückter, dass ihm unser absichtsvoll indiskutables KEY VISUAL so sehr gefiel, vielleicht war er ja doch auf unserer Seite? Oder hatte er unsere Intention vielleicht gar nicht verstanden? Wie trojanisch war dieser Müll tatsächlich – zumindest er begriff doch, dass da was drin war im Holzpferd, oder nicht?

Jedenfalls hatte Sophia seine Provokationsobsession genau richtig eingeschätzt, und es spielte ja auch gar keine Rolle, warum ihm unser im Grunde autoaggressives Imagekampagnenmotiv gefiel – die Hauptsache war, dass er es mochte und genehmigte, die alsbaldige Verbreitung anordnete und uns so die Chance bot, den Chefredakteur im scheinfreundlichen Feuer auszuleuchten: Der ihm unterstellte Sender höchstselbst würde ihn (endlich!) öffentlich sichtbar in Zusammenhang mit #MeToo setzen, würde auf allen Giftkanälen des Hauses unser KEY VISUAL verbreiten – und dann, so Sophias Prognose, gäbe es eine Kettenreaktion, ja, dann, so sie, DANN IST DOMINO DAY. Unser Plan schien aufzugehen. Denn wenn meinem Freund etwas gefiel, noch dazu so sehr gefiel, dann gab es niemanden im gesamten Sender, der seinen Job so sehr hasste, dass er es wagen würde, dem zu widersprechen. Wenn mein Freund »Machen!« sagte oder schrieb, dann wurde das gemacht, genau so, und zwar schnell, immer.

Also, da muss jetzt Tempo rein, befand er, und der Chefredakteur müsse natürlich dabei sein beim nächsten Treffen, am besten wir vier, nicht?

Nicht, sagte ich. Da bin ich auf gar keinen Fall dabei. Ihr drei könnt euch gerne treffen, aber ich bin maximal per Telefon dabei. Keinen Bock auf den Typen.

Sein Sekretariat werde sich gleich morgen melden, sagte mein Freund, jetzt plötzlich sehr leise, flüsternd beinahe, äh, die Präsidentin der Europäischen Zentralbank habe gerade mit ihrer TISCHREDE begonnen, er müsse jetzt auflegen.

Zwei Tage später schon war es so weit, ich stelle dich mal laut, sagte mein Freund. Im Hintergrund hörte ich Sophia, der Chefredakteur war wohl noch nicht da. Mein Freund lobte noch mal ausführlich unser KEY VISUAL, er habe das Motiv schon UNTER DEM SIEGEL DER VERSCHWIEGENHEIT ein paar Leuten gezeigt, und alle seien begeistert gewesen. Wir redeten heiter durcheinander, zwar war ich nur telefonisch zugeschaltet, aber die Stimmung war hervorragend – bis der Chefredakteur kam: Oh, störe ich?, hörte ich ihn gereizt fragen, und sofort veränderte sich alles. Die Stimme meines Freundes sank sofort eineinhalb Oktaven tiefer, wechselte von euphorisierter Albernheit zu Geschäftigkeit, von Sophia indessen war nun gar nichts mehr zu hören. Ich war froh, dass ich in meinem Hotelzimmer saß und nicht mit denen dort im Turm. Mein Freund sprach nun EIN PAAR EINLEITENDE WORTE, das war so ein MEETING-Defekt von ihm, immerzu den Impuls zu verspüren, ein paar einleitende Worte VORAUSSCHICKEN zu müssen, aber wahrscheinlich wurde das auch wirklich immer erwartet von ihm da in seinem Hochhaus, und nicht nur dort, überall, EIN MENSCH IN SEINER POSITION und so weiter, weshalb er es manchmal versehentlich auch tat, wenn man sich einfach nur zu zweit mit ihm traf: ein paar einleitende Worte sprechen. Eigentlich auch ganz süß. Wie das wohl in seinem

Neubauraumschiff dermaleinst sein würde, wenn das Arbeiten und einfach alles so wahnsinnig FLUID sein würde – würde er auch dort auf dem Dach, unter einer der HÖCHSTEN DUSCHEN BERLINS stehend, ein paar einleitende Worte sprechen vor dem Einseifen? Bei der Vorstellung ereilte mich so ein nicht steuerbares Lachprusten, was aber gerade gar nicht passte, da mein Freund just in viel zu ernsten Worten einleitete, wie klug und strategisch ausgefeilt unser deppertes digitales Plakat sei und wie groß die Chance, dass der Sender durch die darin enthaltene Selbstironie endlich mal wieder als IM BESTEN SINNE selbstbewusst, AUGENZWINKERND PROVOKATORISCH und nicht nur aggressiv polternd wahrgenommen werden würde. Das Schweigen des Chefredakteurs war sogar durchs Telefon unangenehm, natürlich, er empfand das alles – die Worte meines Freundes, die gesamte Situation – als direkten Angriff auf sich, weil er sowieso immer alles, das nicht Zustimmung und Unterwerfung war, als Angriff empfand. Und in diesem Fall irrte er ja keineswegs, das war schließlich der Trick. Ob er ihn durchschaute? Oder war seine zumindest unhöfliche Schweigsamkeit nur Paranoia-Routine?

Er ist mega aggro, schrieb Sophia mir.

Mein Freund versuchte, die offenbar aggressive Stille zu überspielen, indem er immer superlativer über unser KEY VISUAL sprach, das aber der Chefredakteur ja noch gar nicht kannte.

Kann ich es denn vielleicht auch mal sehen?, fragte der Chefredakteur schließlich.

Ja, natürlich, tschuldigung, ich rede mich hier um Kopf und Kragen, du kennst es ja noch gar nicht, na, dann los, ich wette, du wirst begeistert sein, sagte mein Freund auf eine seltsam eilfertige Weise, das Machtgefüge in dem Raum dort schien sich verschoben zu haben, es wirkte so, als ob mein Freund ein Angestellter des Chefredakteurs war und dessen Gunst erdienern musste. Und ob Sophia unterdessen wohl gestorben war, die hatte doch gerade eben noch, bevor der Chefredakteur dazugekommen war, so laut und lustig geklungen, jetzt hörte man gar nichts mehr von ihr, was war denn da nur los?

Aha, sagte der Chefredakteur.

Dann herrschte Stille. Schließlich, ein bisschen zu demonstrativ und seltsam unfroh klingend, ein Auflachen meines Freundes und, fast beschwörend, so was wie »genial, wirklich!«, »Treffer!«, »neues Lieblingswort!«, »ist ein GAME CHANGER« und natürlich »den humorlosen Ideologen DEN WIND AUS DEN SEGELN NEHMEN«.

Sophia lebte wohl doch noch, sie schickte mir nämlich, während die beiden Männer eine Art minimalverbales Bewertungsarmdrücken abhielten, heimlich ein paar weitere, wirklich kurze Kurznachrichten:

Hölle.

Er hasst es.

Jobsuche jetzt.

Der killt mich.

Blanker Hass.

Dann war es wieder ganz still. Ich halte Stille nie gut aus, nicht mal am Telefon, ich werde dann immer ängstlich und unruhig, also laberte ich einfach los: Ja, glaube ich eben auch, das ist sehr schlau, auf so doof zu machen. Damit rechnet ja keiner. Sagt mal, stört es euch, wenn ich rauche?

Immer noch Stille. Ich ertrug es nicht und redete immer weiter, irgendwas, ich konnte nicht aufhören, es war erbärmlich: Kennt ihr diesen Witz von Harry Rowohlt? Also, an einer Bar, fragt ein Trinker den anderen: Stört es Sie, wenn ich rauche? Darauf der andere: Mich würde es nicht mal stören, wenn Sie brennen.

Keiner lachte. Schließlich erhob der Chefredakteur die Stimme, und seine Laune war nicht gut: Was seid ihr, ultrawoke Menstruationsmonster, oder was? Also, das geht ja alles eindeutig gegen mich.

Ich musste mich wahnsinnig konzentrieren, darauf nicht zu antworten mit: Ja, eben! Also sagte ich nichts.

Mein Freund sprach derweil bedauernswert hilflos von Selbstironie, die AUF DIE MARKE EINZAHLEN würde und so weiter.

Dann war es wieder still. Ich legte dann irgendwann einfach auf.

War ne Out-of-Body-Experience, sagte Sophia hinterher. Selten habe sie sich irgendwo so unwohl gefühlt wie in diesem Raum, nachdem der Chefredakteur ihn betreten hatte. Vorher sei es noch so heiter gewesen mit meinem Freund, sie hätten sich bestens verstanden, dann aber sei dieser Typ reingekommen und sofort sei wieder alles gewesen wie eingefroren. Eine mittelschwere Panikattacke habe sie befallen, und sie habe, um einigermaßen ruhig zu bleiben, die ganze Zeit wie hypnotisiert auf eine der drei Tokyo-London-New York-Wanduhren geschaut, und zwar auf die mit der Tokyo-Ortszeit, weil deren Sekundenzeiger durchgehangen habe, der habe es immer nicht die zweite Hälfte hinaufgeschafft, von der Sechs bis zur Zwölf, zwischen der Acht und der Neun nämlich sei dieser Sekundenzeiger immer wieder gescheitert und zurück auf die Sechs gefallen. Sich ganz stur darauf zu konzentrieren, das habe ihr geholfen, ihre Atmung zu beruhigen.

Und sonst so? Na ja, sagte Sophia, noch immer fassungslos über dieses seltsame Treffen, das war zwar Domino Day, aber andersrum – dein Freund ist umgefallen. Sobald wir zu dritt waren, kippte alles, eben noch Euphorie, dann plötzlich Stillstand, Wagenburgparanoia, alles wieder auf null.

Ich bedauerte es keineswegs, dass ich meine Teilnahme an diesem Treffen verweigert hatte und nur telefonisch zugeschaltet war, eines aber hatte ich wieder mal unterschätzt, und das war eine Angewohnheit meines Freundes, die sich meiner Wahrnehmung nach in den vergangenen Jahren deutlich verstärkt hatte: Er stimmte gerne allem zu, man durfte dann nur den Raum nicht verlassen, denn tat man das, kam der Nächste, der etwas ganz anderes, möglicherweise sogar Gegensätzliches sagte, dem mein Freund ebenfalls zustimmte, »und zwar mit Nachdruck«, allerdings mit demselben Nachdruck, mit dem er zuvor das Gegenteil für sehr einleuchtend befunden hatte. Vielleicht war das MODERNE FÜHRUNGSKULTUR, so hatten schließlich alle jederzeit das Gefühl, sein stets für jeden OFFENES OHR vollquatschen zu können, während jedoch das andere Ohr einfach auf den Nächsten wartete. Und weil Sophia völlig zu Recht in eine Schockstarre verfallen war, gab es im Raum keine Gegenstimme, und deshalb hatte mein Freund einfach die Skepsis und Abwehr des Chefredakteurs übernommen. Hauptsache, eine starke Haltung, und welche genau, das hängt einfach davon ab, was gerade verlangt wird.

Kurz darauf rief mein Freund mich an, und es fiel mir schwer, freundlich zu bleiben in dem Gespräch. Sein Lavieren machte mich allmählich zornig. Und seine Wehleidigkeit kam mir nurmehr taktisch vor, ich sollte ihn jetzt wohl trösten, dass er leider einmal mehr sich diesem Typen unterworfen hatte, mit Grabesstimme sprach er POSTRATIONALISIERENDEN Extremblödsinn:

Das war wohl keine so gute Idee, dieses Treffen, irgendwie schien mir die Konstellation einfach nicht gut zu sein. Ich hatte das wohl falsch verstanden, sie arbeitet wohl gar nicht direkt für ihn, hat er mir hinterher gesagt, er kenne sie kaum.

Ach, wirklich? Die KORRESPONDENZ zwischen den beiden liest sich aber recht vertraut. Also, die duzen sich schon – nachts besonders.

Sagt wer?

Sage ich.

Ach Mensch, so kommen wir doch nicht weiter.

Ich will da auch gar nicht weiterkommen. Ehrlich gesagt, das war so tragisch, eben zu erleben, wie sogar du dich kleinmachst vor ihm, ich verstehe nicht, was du mit dem hast, aber es ist spätestens jetzt ein Punkt erreicht, an dem ich das auch gar nicht mehr verstehen will. Dann zieh das so durch, aber ich melde mich hier jetzt ab.

Ach bitte, nun lass das doch nicht zwischen uns geraten. Er kann manchmal ruppig sein, aber er ist ein so herausragender Journalist. In all den Jahren habe ich keinen so talentierten Boulevardmann erlebt, der zudem noch so BRENNT für die digitale Transformation. Ich glaube, du verkennst ihn einfach. Ihr würdet euch verstehen.

Da irrst du dich, und ich verbitte mir das. Und wenn du das wirklich als Journalismus bezeichnest, dann haben wir da eine sehr deutliche Meinungsverschiedenheit. Wenn das Journalismus ist, dann ist eine Messerstecherei ein kosmetischer Eingriff.

Jetzt lass doch mal diese Polemik weg. Bitte triff dich doch einmal mit ihm allein. Bin mir sicher, dass ihr das …

Einen Scheiß werde ich.

Aber euer KEY VISUAL ist doch so gut! Das ist so provokant und frech – und dadurch RELEVANT! Lass mich doch da jetzt bitte nicht hängen. Man kann doch da vielleicht ein bisschen die Spitzen rausnehmen – ich glaube, das lässt sich leicht begradigen. Sprich einfach mal in Ruhe mit ihm. Dich schätzt er ja sehr.

Das wäre mir sehr unangenehm. Du verstehst es wirklich nicht, oder? Hier hat eine Frau, die für euch arbeitet, aus euerm Imageproblem einen klugen Witz gemacht, der euch endlich mal humorvoll wirken lassen würde.

Bestreitet doch keiner, dass sie da DEN LEAD HATTE.

Aber lass uns doch jetzt bitte pragmatisch sein, es ist wahrscheinlich einfach SMOOTHER IM HANDLING, wenn du dich jetzt DAHINTERKLEMMST.

Ganz bestimmt nicht. Ich habe nur ein bisschen assistiert, aber sie hat dieses Ding erdacht und hergestellt. Und jetzt kommt der nicht damit klar, dass eine Frau klüger ist als euer ganzer Sender zusammen und etwas Gutes produziert, also soll das, wie bei euch üblich, UNTER MÄNNERN GEKLÄRT werden. Was ja den ursprünglichen Witz nur noch mal veranschaulicht.

Aber das kann ja auch eine Chance sein!

Kann es nicht. Was soll denn das für eine Chance sein? Das ist doch nebelgranatöser Managementunsinn: kann auch eine Chance sein! Schwachsinn.

Ich finde, du tust ihm Unrecht.

Und ich finde, er tut Unrecht – und du tust nichts dagegen. Egal, wie er sich verhält, immer stehst du hinter ihm und flüsterst ihm ins Ohr: Bedenke, dass du unsterblich bist. Wirklich, das war's, ich ziehe dieses Ding und auch meinen Kurzfilm hiermit zurück, Schluss, aus.

Ich finde dich sehr hart jetzt, auch ungerecht.

Und ich finde dich sehr weich und selbstgerecht.

Kannst du bitte mal den Ton runterschrauben, mal ein bisschen aus dieser Vorwurfsschleife rauskommen?

Heute nicht mehr, glaube ich. Nein.

Grauzone

Ich stehe da im Moment sehr unter Druck, und mein Chef hat mir dann plötzlich geschrieben, ob ich in der Mittagspause mitkomme in sein Apartment, das er gemietet hat, direkt neben dem Senderhochhaus. So wie früher: geheime Dates tagsüber, Sex, Flasche Champagner, zwei, drei Stunden völlig wegbeamen. Ich wollte das natürlich diesmal überhaupt nicht. Sprach ja alles dagegen! Früher war das ja eine Weile lang toll und aufregend, aber jetzt hatte der sich so arschig benommen, hatte mich ignoriert und sich vor anderen lustig gemacht über mich und so, ich hatte echt minus Bock. Und dann bin ich aber trotzdem da hin. Fuck, mir ist das so peinlich!

Ouuuuhhh, jetzt schauten alle in unserem Stuhlkreis sie an. Normalerweise starren in der Selbsthilfegruppe immer alle auf ihre Füße, wenn gerade ein anderer sein aktuelles Befinden vorträgt, es ist eher eine Meditationsübung, man lässt es so vorbeirauschen. Aber hier gab es jetzt mal einen PLOT! Und eine große Gefahr – hatte sie gerade »Champagner« gesagt, »völlig wegbeamen«? Es war jetzt wirklich spannend. Alle Blicke auf Sophia. Mitfühlend zwar schon, aber auch streng, misstrauisch – war sie etwa jetzt gerade auch intoxikiert? TRIGGERT uns das vielleicht? Teilentwarnung:

Aber ich habe dann nichts getrunken, nichts geraucht, nix genommen, wir hatten einfach nur Sex.

Applaus. Alle klatschten, ich automatisch auch, aber kurz nach diesem Mitmachreflex schon ließ ich die Hände sinken. Sophia hatte WAS?

Und jetzt fühle ich mich scheiße. Aber ich hatte so Angst,

keine Ahnung, ich dachte einfach, ich muss das jetzt machen, sonst stehe ich endgültig auf der Abschussliste.

Nach der Selbsthilfegruppe saßen wir wie immer im Café und tranken unseren blöden Kirsch-Bananen-Saft. In der Gruppe war Sophia natürlich sehr gelobt worden, auch von mir, auch ich hatte ja geklatscht, weil sie in dieser heiklen Rückfallrisikosituation STARK GEBLIEBEN war, das war das Wichtigste, sie war weiterhin abstinent, hatte wieder eine Woche geschafft, und irgendein sehr schlichter Björn aus der Gruppe, der noch bei seinen Eltern wohnte, obwohl er älter war als ich, hatte ihr salbungsvoll attestiert, sie würde WEITER WACHSEN und so. Natürlich wäre es besser, hatte er dann noch länglich ausgeführt, Risikosituationen vollständig zu meiden, aber so sei nun mal das Leben nicht, dass wir uns einen gänzlich gefahrlosen Parcours da hindurch bahnen könnten, auch weil wir ja, so er, ALLE NUR MENSCHEN seien und so weiter.

Der andere Teil der Geschichte, nämlich den widerwilligen Sex mit ihrem Chef, der war dann gar nicht weiter beachtet worden, und dann war auch schon die Nächste dran gewesen. Aber jetzt zu zweit mussten wir natürlich vor allem darüber sprechen. Mussten wir?

Nicht schimpfen, bat Sophia.

Wieso denn schimpfen?

Ich hab's halt major verkackt. War echt nicht schön, vielleicht auch weil ich diesmal komplett nüchtern war, keine Ahnung. Keinmal gelacht, komischer Vibe, es war irgendwie auch eine Machtdemonstration, so kam es mir jedenfalls vor, aber ich kann mich ja jetzt auch schlecht beschweren, weil ich ja mitgemacht habe, verstehst du? Du findest mich jetzt safe total abartig, ne? Kannste ruhig ehrlich sagen. Tue ich ja selbst auch. Es war so dermaßen würdelos, der kranke Dubai-Style dieser Bude, aus dem Fernseher dudelte so sicker Loungesound, überm Sofa ein pinterestmäßiges WANDTATTOO, so von wegen: »Berlin is the place to be«. Und ich dachte nur so: Grad wär Braunschweig geiler.

Hinterher hat er dann noch tierisch Druck gemacht, dass ich alle seine Nachrichten lösche, und dann ist er raus, ich habe noch eine halbe Stunde oder so geduscht, mindestens, mich aber danach immer noch schmutzig gefühlt, und dann bin ich auch zurück ins Büro.

Klingt romantisch.

Leck mich. So eine verdammte Scheiße, ich bin so dumm. Geil, guck mal, da draußen, beschissener GRAUPELSCHAUER, lass uns doch mal jetzt richtig süchtig da unters Vordach neben den Heizpilz stellen und ohne jeden Fun eine rauchen.

Das taten wir, sogar zwei rauchten wir, und warum nicht noch eine dritte, denn obwohl es unschöner kaum sein konnte als da in der Berliner Depressionsdunkelheit neben dem Heizpilz stehend und von den Knien abwärts durchnässt, weil der Wind den Schneeregen diagonal unters Vordach lenkte, so hatten wir doch beide jeweils Abende vor uns, vor denen es uns sogar noch mehr grauste. Sophia war noch MIT DEN ANDEREN GIRLS verabredet, also mit all den anderen Frauen, die ebenfalls Opfer oder zumindest Zeuginnen waren von der FÜHRUNGSKULTUR im Senderhochhaus, und ich war mit meinem Freund verabredet, der sich mit mir AUSSPRECHEN wollte nach unserem Streit über sein seltsames Verhalten in dieser KEY-VISUAL-Angelegenheit, DAMIT DAS NICHT SO ZWISCHEN UNS STEHT, wie er gesagt hatte. Zwar wollte auch ich unbedingt diesen (wie ja jeden!) Konflikt überwinden, allerdings hatte ich auch wirklich keine Lust mehr, ihm weiterhin bei seiner Selbstbelügung zu assistieren. Es reichte doch wirklich, dass ich selbiges – OHNE DASS ICH DAS BEWERTEN WOLLTE – bei Sophia tun musste. Ich dürfe, so unterwies sie mich, den anderen Frauen auf gar keinen Fall jemals erzählen, dass sie verhaltensrückfällig geworden war, mittags in diesem Apartment, sonst würden die ihr nicht mehr vertrauen. Und mein Freund dürfe davon erst recht nichts erfahren, zu dem kein Wort, über gar nichts!

Es gab mittlerweile so viel zu beachten. Warum bitte war eigentlich ausgerechnet ich ins Zentrum dieser Hölle geraten? Ich arbeitete doch nicht mal mehr für diesen Sender, seit Jahren schon nicht mehr, und dennoch wandten sich alle Seiten an mich. Ich dachte an die Widmung, die Rose McGowan mir in das Lewinsky-Buch geschrieben hatte: »Wenn sie sich dir anvertrauen – sei kein Arschloch.« Das versuchte ich ja auch wirklich, aber es war alles so anstrengend, so verworren und treibsandig. Für den perfekten Albtraum fehlte jetzt eigentlich nur noch, dass der Chefredakteur selbst mich zu einer männerigen CRAFTBEER-SAUSE in seine Wohnung zwingen würde, uns WAS AUF DEN GRILL SCHMEISSEN und mal so GANZ VON MANN ZU MANN besprechen, was eigentlich heutzutage so alles schiefläuft mit den Weibern. Irgendwann hatte ich in der Therapie mal NEINSAGEN üben müssen, und eine Zeit lang beherrschte ich das auch ganz gut. Aber inzwischen hatte ich das wohl wieder verlernt. Bei welchem Therapeuten war das noch mal gewesen?

Sophia redete gerade etwas langwierig darüber, wie sie im Pink Tank darüber diskutiert hatten, ob Angela Merkels Regentschaft nun eigentlich gut oder schlecht war für den Feminismus in Deutschland, aber ich hörte kaum zu und versank im Nachdenken über die verschiedenen Therapeuten, die ich in meinem Leben bislang aufgesucht hatte – bei welchem war denn das noch mal gewesen, diese Etüden im Neinsagen? Könnte in Hamburg gewesen sein. Oder war das der in Charlottenburg gewesen, der mir irgendwann das Du aufgedrängt und damit alles verdorben hatte? Mein aktueller Therapeut war es ziemlich sicher nicht gewesen, der war etwas gewiefter. Der hatte einen sehr hilfreichen Hitgedanken, auf den er eigentlich alle gedanklichen Exkursionen irgendwann immer zusteuerte, nämlich diese eine Frage: Nützt oder schadet Ihnen das in Ihrem Bestreben, weiterhin abstinent zu leben?

Hallo, ich spreche mit dir, sagte Sophia.

Äh, ja, Angela Merkel. Keine Ahnung.

Du hast mir echt zero zugehört, ne?

Doch, absolut, nur jetzt gen Ende bin ich kurz weggedriftet, entschuldige bitte.

Ob du »Bonobo« auch cooler findest als »Pink Tank«, hatte ich dich gefragt.

Was? Bonobo, Pink Tank – verstehe kein Wort.

Okay, dann noch mal von vorne.

Aber bitte nicht ganz von vorne, das mit Angela Merkel bitte deutlich einkürzen.

Das ist ein paar Minuten her, du Fransenkopp. Nein, ich hatte dir dann noch erzählt, dass ich mit den anderen Frauen so lang darüber diskutiert habe, ob wir uns nun als Opfer sehen und bezeichnen und so. Weil Opfer klingt so passiv. Und wir wollen ja gefährlich sein und gut gelaunt, deshalb hatten wir die Gruppe ja zuerst extra bescheuert »Pink Tank« genannt, aber das fanden jetzt einige eben doch zu stulle, also eben nicht gut stulle, weißt du, wie ich meine? Also trotz Barbiecore und so. Und jetzt nennen wir uns eben Bonobo.

Ah ja.

Das ist so eine Affenart, und die sind echt ziemlich smart, diese Bonobos, wenn nämlich bei denen ein Männchen ein Weibchen gegen dessen Willen sexuell bedrängt, dann stößt das Weibchen so einen bestimmten Schrei aus, und dann kommen sofort die anderen Weibchen und verscheuchen das

Männchen zusammen. Deshalb. Bonobo – ist doch ein guter Name für die Gruppe, findest du nicht?

Doch, warum nicht. Wenn man das alles weiß, klar. Bonobo. Ja, macht Spaß, das zu sagen – Bonobo. Finde ich nicht schlecht.

Okay, cool, na ja, ich muss dann mal so langsam. Komplett kranker Selbsthilfegruppenstau heute bei mir, erst mit den Suchties, jetzt mit den anderen Frauen, meine Fresse, what a time to be alive. Ich hab vorhin schon gezahlt, da drüben steht ein Drive-Now, das nehme ich jetzt. Soll ich dich noch ein Stück mitnehmen?

Ich log, dass ich GERN EIN PAAR SCHRITTE DURCH DIE FRISCHE LUFT gehen wolle, das täte mir gut und so weiter, denn ich musste jetzt wirklich mal ein bisschen nachdenken. Mir war das alles zu kompliziert geworden. Was sollte (und was durfte!) ich denn meinem Freund nun sagen? Zwar bleibe ich dabei, dass ihr ein scheiß Männerladen seid, aber andererseits, wenn DIE FRAUEN da offenbar mitmachen, dann ist das eben so? Ich wusste mittlerweile auch überhaupt nicht mehr, was alles ich wem nicht sagen durfte – und was hingegen ich wem unbedingt sagen sollte, ohne allerdings zu verraten, wer mir das aufgetragen hatte.

Wie oft mir in den letzten Monaten, ohne dass ich je danach gefragt hätte, von überall her lauter Ungeheuerlichkeiten über die Zustände im Senderhochhaus berichtet worden waren, immer mit der Maßgabe: Aber das hast du nicht von mir! Ich könnte dir Geschichten erzählen, da fällst du vom Glauben ab! Ja, dann mach doch, ich glaube eh an nix. Und so war ich zu einer Art Spezialtelefonzentrale des Senders geworden, einer Beschwerde-Hotline. Weil ich nun mal so eng befreundet war mit dem Senderbesitzer und zugleich der Einzige in dem ganzen Gewirr, von dem alle wussten, dass er selbst ganz gewiss keinerlei Karriereabsichten in diesem Trümmerturm verfolgte, erreichten mich fortlaufend Beichten und Berichte, die den Chefredakteur belasteten, über viele Monate nun schon, und es wurden immer noch mehr. Nur, was sollte ich denn bitte mit all dem Dreck anfangen? Es war ja, BEI LICHTE BETRACHTET, gar nicht mein Sender – und je öfter ich »Wir müssen reden« in das erstaunliche Desinteresse meines Freundes hineinschickte, desto mehr stellte sich doch die Frage: Müssen wir? Ah, der nächste Anruf, die nächste Zeugin, das nächste Ersuchen: VIELLEICHT KANNST DU JA MAL MIT IHM REDEN! Okay, aber wie oft eigentlich noch? Und Sophia hatte sich da jetzt ja freiwillig wieder hineinbegeben, was ja ihr gutes Recht war, völlig egal, was ich nun darüber dachte, mich betraf das ja überhaupt nicht. War Sophia nicht auch selbst schuld, also ein bisschen? Sie SPIELTE DOCH MIT, war auf einen Vorteil aus, willigte praktisch ein in das Tauschgeschäft Sex gegen Karriere. Oder nicht? Na ja! GANZ SO EINFACH WAR ES EBEN DOCH ALLES NICHT.

Aber warum war sie so kleinlaut gewesen, als sie mir das berichtet hatte, »nicht schimpfen« – welche Rolle dachte sie mir da eigentlich zu? Und welche Motivation? Hatte ich mich irgendwie missverständlich ausgedrückt, war ich für sie etwa DIE MORAL oder so was? Was für eine Fehlbesetzung! Das lief alles in eine ganz falsche Richtung. Ja, der Chefredakteur hatte sie in sein seltsames Apartment bestellt, aber sie war dort auch hingegangen, hatte mitgemacht – allerdings diesmal aus Sorge, ihren Job zu verlieren, so hatte sie es mir erzählt. Es war ihr also nicht darum gegangen, sich einen Vorteil zu ervögeln, sondern eine von ihr befürchtete Benachteiligung wegen Nichtvögelns zu verhindern. Also nicht ganz freiwillig, eher so halb, maximal halb freiwillig. Aha, halb! Also nicht! Ich stand gedanklich schon wieder in diesem Gerichtssaal, sah mich mit großer Geste irgendwelche Schlussfolgerungen vortanzen, aber ich wusste gar nicht so recht, wen oder was ich da eigentlich verteidigte oder anklagte.

Unschuldsvermutung – was war eigentlich mit der? Hm. Die kommt einem ja manchmal etwas ungelegen, je nachdem, auf welcher Seite man sich positioniert (oder wiederfindet). Die Schuld muss bewiesen werden, nicht die Unschuld, ANDERS ALS IN AMERIKA. Ja, ist ja schon gut. Im Zweifel für den Angeklagten, sagte mein Freund dauernd, aber welcher Zweifel überhaupt? Es sprach doch nichts und niemand – bis auf ihn selbst und allerdings auch meinen Freund – für den Chefredakteur!

Ich ging durch den unerfreulichen Schneeregen, der mir die Zigarette auszischte, sprang nicht mal mehr zur Seite, wenn sadistische Busfahrer extra, wie es mir schien, die ganz tiefen Pfützen durchpflügten, damit ich die volle Ladung abbekäme, egal. Berlin im Winter, so ist es eben. Durch eine Baulücke sah ich den riesigen Bildschirm des Fernsehsenders auf dem Hochhausdach in die Dunkelheit krakeelen:

KRIMINELLE AUSLÄNDER – die Integrationslüge!

»Multikulti« ist gescheitert!

Der feiste Chefredakteur war an diesem Tag wieder mal sehr aufgebracht, Sophia hatte mir zuvor schon ein paar Ausschnitte aus seinen aktuellen Hetzreden gezeigt, ich konnte wie immer nur wenige Minuten davon ertragen – allein schon seine Sprachmelodie, die Entsprechung FRAGILER MÄNNLICHKEIT im Auto, für fünfzig Meter zwischen zwei Ampeln in der Innenstadt Vollgas gebend:

Sie vergewaltigen unsere Frauen, und die selbstgerechte linke Bubble schaut weg!

Er aber nicht, er schaute genau hin – und gab UNSEREN FRAUEN, wenn sie denn jung waren, möglichst blond und hübsch, einen Job. Monokulto lief super. Ich staunte immer wieder darüber, welch kolossale Störung da bei ihm vorliegen musste, die sein Welt- und Selbstbild hervorbrachte. Und musste ich selbst nicht allein schon deshalb etwas komplizierter denken? Vielleicht mal ein Perspektivwechsel? Ungern, aber na gut. Die neueste Volte, Sophias von ihr selbst so bezeichneter Fickrückfall, machte die Sache komplizierter. Vielleicht das erst mal anerkennen.

Ich war mittlerweile komplett regendurchnässt, empfand das als nur folgerichtig, es war einfach alles falsch daran gewesen, aus Los Angeles hierherzukommen in den Berliner Winter, aber ich fügte mich jetzt einfach in die Tristesse, wich keiner Pfütze mehr aus und erkannte also an, dass alles kompliziert war und aktuell sogar noch komplizierter geworden. Unangebrachterweise überkam mich plötzlich ein Lachanfall – ich hatte mich mitten in eine Pfütze gestellt, die ein dicker Regenwasserstrahl aus einer undichten Dachrinne erzeugte, hatte mich genau so postiert, dass sich ein Großteil des Wasserstrahls direkt auf meinen Kopf ergoss, und sagte laut: Ich erkenne das an! Wirklich nah am Schwachsinn stand ich da und lachte und konnte gar nicht aufhören zu lachen. Es war ja einfach alles vollkommen sinnlos!

Es war irgendwie schön da im Dachrinnenguss, mein Therapeut hatte mir dazu geraten, als ich ihm meine ja auch etwas dümmliche Zitronenbaumsehnsucht dargelegt hatte. Ich solle doch mal versuchen, dieser Berliner Wetterunverschämtheit ANDERS ZU BEGEGNEN, hatte er gesagt, und zwar als guter Möglichkeit, die eigene Melancholie AUSZULOTEN, vielleicht sogar neue Melancholieschattierungen kennenzulernen: Stellen Sie sich doch einfach mal mitten rein in den Regen, wenn Sie jetzt sowieso nicht wegkönnen, stellen Sie sich rein und überprüfen, wie schrecklich alles ganz genau ist!

Ich durfte es mir nicht zu leicht machen, dachte ich, und dafür war das doch wirklich ein guter Startpunkt da unter der Regenrinnendusche. Beinahe erlöst ging ich weiter, tanzte fast, sang, eine völlig unbegründete Heiterkeit hatte mich befallen. Also, alles noch mal neu und anders denken: KÜNSTLER UND WERK TRENNEN, warum nicht auch im Falle des

Chefredakteurs! Auch das fand ich schon wieder wahnsinnig komisch, und vielleicht würde ich am besten immer weiter gehen, bis zur Charité, in die psychiatrische Notaufnahme. Oder aber mal kurz gedanklich diese Avenue herunterspazieren: War ich denn eigentlich objektiv, was den Chefredakteur betraf? Nein, natürlich nicht. Aha. War das gut? Mir egal. War es gerecht? Nee, vielleicht nicht, aber – WAS aber? Ach ja, die ergiebigste Form des Selbstgesprächs ist und bleibt das STREITGESPRÄCH. Vielleicht musste ich mich wegen Befangenheit selbst ablehnen? Ich konnte einfach diesen Boulevardhetzer nicht ausstehen und glaubte deshalb sofort alles Schlechte, das ich über ihn hörte – und würde wohl niemals gleichermaßen all das würdigen, das ihn möglicherweise entlasten könnte. Und war das nicht, WENN MAN MAL EHRLICH WAR, speziell bei #MeToo-Fällen, da die Beweisbarkeit oft so schwierig war, ein großes Problem? Wer sich frei von solcher Ambivalenz fühlt, poste den ersten Stein! Ich ganz bestimmt nicht. Gehen wir es doch mal durch:

– Harvey Weinstein: War ja klar, so, wie der schon AUSSIEHT.

– Kevin Spacey: Schade, echt? Trotzdem toller Schauspieler. ICH KANN DAS TRENNEN.

– Roger Ailes: Hat mit Fox News ganz Amerika zerstört, es wird – auch deshalb! – in seinem Fall alles noch viel schlimmer gewesen sein als berichtet, noch viel mehr Frauen, viel brutalere Übergriffe, ein Monster durch und durch, das sah man doch gleich. Er hat Trumps Präsidentschaft ermöglicht, ja er hat sogar schon Nixon beraten! Wie soll der denn unschuldig sein?

– Woody Allen: Na ja, Ronan Farrow ist schon auch etwas seltsam und nicht besonders glaubwürdig, hatte doch irgendwo gestanden; so genau will man es dann aber sowieso lieber nicht wissen, weil ja Woodys Filme so toll sind. Und weil auch das, was ihm vorgeworfen wurde, so unvorstellbar widerlich war. Und war nicht auch Mia Farrow eventuell ein kleines bisschen verrückt? Wobei andererseits Ronan Farrow natürlich einer der wichtigsten Enthüllungsjournalisten war im Falle Weinstein, er war es doch, dem Rose McGowan sich schließlich offenbart hatte, oder? Unsere Rose, die vom Pool! Also schön, da war Farrow dann wieder phantastisch.

– Dominique Strauss-Kahn: Das mutmaßliche Opfer wirkte so unterlegen, die konnte ja nun keine Lügnerin sein. Oder war es nicht vielleicht doch eine Falle gewesen? Bedenke, der Tanz der Sicherheitsleute auf dem Überwachungsvideo! Na ja, trotzdem.

– Louis C.K.: Na ja, schon sehr eklig, was er getan hat, eindeutig, so was darf man nicht machen, widerwärtig ist das. ANDERERSEITS hat er ja zumindest vorher jedes Mal gefragt – und immerhin niemanden angefasst. Also schon schlimm alles, KEINE FRAGE, aber ja nicht Weinstein-schlimm. Und er ist eben auch sehr, sehr lustig. Schämen soll er sich, aber live sehen würde ich ihn trotzdem gern irgendwann mal wieder.

– Trump: Passt, auf jeden Fall ein Täter. Wer so die amerikanische Verfassung fickt, dem ist sowieso alles zuzutrauen, nur niemals irgendetwas Gutes.

– Bill Murray: Das KANN MAN JA GAR NICHT VERGLEICHEN. Und ich will es auch gar nicht so genau wissen. Der macht doch immer so Scherze, das ist doch bekannt, URBAN MYTHS und so, ich meine, Bill Murray, also natürlich gelten für alle dieselben Gesetze, und wenn er da zu weit gegangen ist, dann – ach, er hat das doch auch eingesehen, um Verzeihung gebeten und Geld bezahlt.

– Bill Cosby: Mir so ein bisschen egal, ich bin nicht MIT DEM AUFGEWACHSEN, also wird schon alles stimmen, schlimmer Typ. OBWOHL er schwarz ist. Bitte WAS? Kompletter Wahnsinn, was man so vor sich hin denkt, wenn man so vor sich hin denkt.

– Bill Clinton – SEHE ICH HEUTE ANDERS. Nach heutigen Maßstäben! Damals war das – was ich verurteile! – noch normaler. Heute muss festgestellt werden, Clinton ist ein verabscheuenswerter Täter, Monica Lewinsky ein wirklich zu bemitleidendes Opfer, bei der sich praktisch die ganze Welt entschuldigen muss, immer noch und für immer. Auch Hillary war in der Geschichte ganz klar ein Opfer, obwohl natürlich auch sie auf schändliche Weise mitgeholfen hat, Lewinsky zu diskreditieren, was ihr unbedingt anzulasten ist, allerdings dann doch kurz mal außer Acht gelassen werden musste, als sie selbst antrat, Präsidentin zu werden, denn da ging es ja gegen Trump, siehe oben.

Wie gut jedenfalls, dass ich nicht versehentlich Richter geworden bin, dachte ich. Während der Schulzeit hatte ich mal ein Praktikum gemacht bei einem Strafrichter, aber nur, weil da sonst keiner hinwollte. Objektivität! Offenkundig keine meiner großen Stärken. ICH KANNTE JA NUR DIE EINE SEITE. Umso mehr musste ich das jetzt DURCHDRINGEN: Was sprach denn IN DER SACHE gegen Sophia – und was für den Chefredakteur? NUR MAL SO THEORETISCH! Mal nicht immer nur dieses SCHWARZWEISS-DENKEN. Was also sprach für ihn? Und zwar bitte etwas Relevanteres als »Privat ist der voll nett« oder so. Mir fehlte irgendeine Information, dachte ich, um das Verhältnis zwischen meinem Freund und dem Chefredakteur ganz zu verstehen. Der habe GARANTIERT WAS IN DER HAND gegen meinen Freund, wurde oft gesagt, irgendwelche Filmaufnahmen gemeinsamer nächtlicher Eskapaden möglicherweise, aber das konnte, ja das wollte ich mir immer noch nicht vorstellen. Nein, irgendwas Anderes musste es da geben. Etwas, das mein Freund sah – und das ich übersah. War nicht alles verdächtig schlüssig? Ich erinnerte mich an die Phase vor seiner Chefwerdung, mein Freund hatte ursprünglich einen ganz anderen für den Posten vorgesehen, einen vernünftigen, klugen Mann, aber dann tendierte er doch zu diesem Typen, fast täglich rief er mich damals an, um diese Entscheidung zu diskutieren. Bis ich irgendwann feststellte: Du glaubst einfach, dass man für diese Position ein Arschloch sein muss. Er stritt das auch gar nicht ab, und bald darauf war der Chefredakteur benannt.

Nahmen wir also seinen defizitären Charakter mal ALS GEGEBEN HIN – konnte er aber nicht trotzdem in diesem Fall unschuldig sein? Warum nicht mal paradox argumentieren: FÜR ihn spricht, dass so vieles gegen ihn spricht und so viele gegen ihn sprechen? Also umgekehrter Louis C.K., gewissermaßen: Da war es so gewesen, dass Louis C.K. von mehreren Frauen VERFEHLUNGEN vorgeworfen worden waren, FEHLVERHALTEN, ach, wieso in dem Fall plötzlich vornehm drumherumreden – Louis C.K. hatte Frauen, deren Karrieren er anschließend hätte befördern oder auch beschädigen können, bedrängt, dass sie ihm beim Wichsen zuschauen. Er hatte das dann auch zugegeben und um Entschuldigung gebeten. Und wie dann weiter? War man jetzt den Opfern gegenüber unsolidarisch, wenn man ihn weiterhin für einen der besten amerikanischen Komiker hielt? Hierzu eine HANDREICHUNG von Sarah Silverman: »Ich liebe ihn, UND er hat sich ekelhaft gegenüber Frauen verhalten. Und JA, diese Aussagen können gleichzeitig wahr sein.«

Auf den Chefredakteur ANGEWANDT, könnte das also heißen – nee, konnte es nicht, oder? Er machte es einem aber auch wirklich nicht leicht, zumindest theoretisch mal kurz für ihn zu argumentieren, dachte ich, als nun wieder der Blick frei wurde auf den Hochhausbildschirm:

DIE INTEGRATIONSLÜGE!
AUSLÄNDER RAUS? DIESE SCHON, JA!
HIER BETEN SIE FÜR UNSEREN TOD!

Ruhig, Brauner. Ach, Sie wollen mir also erzählen, dass es dies und das nicht gibt? Nein, will ich nicht. NATÜRLICH GIBT ES DAS: »importierten Antisemitismus«. Aber es gibt natürlich auch jede Menge hiergebürtigen, AUS DER REGION, naturtrüb.

WOLLEN SIE DAMIT ETWA SAGEN, DASS – schrei doch nicht so, du Idiot. Nein, nicht alle Syrer sind Ärzte. Aber bei deinem Umkehrschluss verlierst du mich, du Klickgoldfaschist.

Sein WIR störte mich so. Es war so ein Wir, das froh (wenn nicht gar HEILFROH) war, dass man seit der Fußballweltmeisterschaft 2006 wieder UNBEFANGEN mit der Deutschlandfahne und so weiter. Es war ein Wir, von dem ich mich niemals würde mitgemeint fühlen wollen, für mich war es ein Ihr, und dieses Ihr stank nach Bier, Schäferhund und Pisse, über alles in der Welt.

Mir war das alles viel zu laut. Es gab so viele Fragen, zu deren immer häufiger eingeforderter klarer Beantwortung mir viel zu viele Informationen und vor allem graustufige Optionen fehlten; jede mögliche Antwort erzwungenermaßen eine POSITIONIERUNG. Du musst dich jetzt entscheiden: FÜR dies und damit GEGEN das – oder umgekehrt! Entweder wir schreien dann dich an oder du mit uns die anderen. So oder so, geschrien werden muss auf jeden Fall. Das aber versetzt mich immer in Panik, Schreien, seit und wegen meiner Kindheit, sobald geschrien wird, muss ich ganz schnell abhauen, es ist eine sogar körperliche Reaktion, gegen die ich gar nichts tun kann, wenn jemand, ganz egal wer, laut wird, bin ich weg; ich will nicht angeschrien werden, und ich schreie auch selbst niemanden an. Schreien fällt aus. Na, das klang doch toll, so friedfertig. Aber stimmte das eigentlich? War nicht auch ich oft so ein Entweder-oder-Blockwart? Indem ich beispielsweise das Eintreten meines Freundes für diesen Chefredakteur zwangsläufig auch wertete als Nichtverteidigung der

Frauen, mithin als Angriff auf die Frauen, war ich doch selbst auch so ein Zwangspositionierer wie ebender, dem ich genau das anlastete. Also schön, da ein bisschen aufpassen. Denn wenn man in jedes Nachdenken, in sogenanntes sorgsames Abwägen von Argumenten immer nur hereinplatzte wie der dümmste Quizshowkandidat, um als Erster auf den Buzzer zu drücken, in der Gewissheit, es gäbe stets nur eine einzige Antwort, dann, ja dann wurde man eben Chefredakteur eines bürgerkriegsgeilen Wutsenders, der sich als Nachrichtenkanal verkleidete.

Okay, jetzt hatte ich es: Eine Blendrakete meines Freundes war ja das seltsame Insistieren, #MeToo-Fälle gäbe es AUCH BEI LINKEN – und dann wollte er wieder ganz viel über böse Linke reden, schon klar, interessant an dieser von niemandem bestrittenen Feststellung war aber lediglich das »auch«. Darin lag sein Eingeständnis verborgen. Und natürlich war das rechtsdrehende Gehetze des Chefredakteurs kein Beweis für seinen schändlichen Umgang mit Frauen – aber gewiss auch kein Entlastungsargument. Er konnte auch, unabhängig voneinander, zugleich ein abstoßender Telegramgruppenheiliger UND ein machtmissbrauchender Vorgesetzter sein. Fertig nachgedacht.

Ah, endlich mal eine gute Nachricht, mein Freund sagte unser Treffen ab, wie angenehm. Statt uns zu versöhnen, hätten wir uns ja doch nur einfach weitergestritten. Am Tag zuvor hatte er mir eine Nachricht geschickt, über die ich nicht nur immer noch wütend war, meine Wut wuchs sogar noch weiter. Zunächst hatte ich ihm einmal mehr sehr ausführlich dargelegt, was mir von Mitarbeiterinnen des Senders erzählt worden war, und dass der vorgebliche HOCHDRUCK, mit dem er doch all diesen Hinweisen nachzugehen immer wieder versprochen hatte, mittlerweile eher wirkte wie Vertuschung. Es war eine sehr lange Nachricht gewesen, in der Wortwahl durchaus drastisch (SCHUTZBEFOHLENE! GEFAHR IN VERZUG! UNTERLASSENE HILFELEISTUNG!), vielleicht etwas aggressiv im Ton, beleidigend auch, aber dafür mit Interpunktion. Seine Antwort ging dann so: »Okay. Klare Kante. Maßlos ungerecht. Teilweise grob falsch. Aber macht nichts. History will tell, wer hier an der Realität vorbeisieht. Aber ich verspreche, ich werde ein guter Verlierer sein – wenn es sein muss.«

Und als sei das nicht schon verheerend genug, setzte er ans Ende dieser Unverschämtheit sogar noch einen SMILEY, diesen gelben, gut draufen Himmelskörper, ob das nun Sonne oder Mond war, wusste ich nie so genau, aber auf jeden Fall bester Stimmung. Ich dann nicht. Ein guter Verlierer? Sah er das alles als eine Art Spiel an? Er gegen wen eigentlich? Und wenn er gewinnen würde, wer hätte dann verloren? Oder noch mal ganz anders gefragt: Alter, bist du HIGH oder was?

Es war wohl so weit: aufgeben jetzt, die Sache vergessen, als unlösbar anerkennen, Rückzug. Ich hatte es versucht, ich hatte mir Mühe gegeben, hatte gekämpft, aber es war wohl doch alles viel komplizierter als gedacht, zu kompliziert jedenfalls für mich, Ende. Und die »Möglichkeit, im Berliner Winter die eigene Melancholie AUSZULOTEN«, die konnte mich ebenfalls mal am Arsch lecken.

Das alles schien ich unterhalb meiner bewussten Wahrnehmung bereits gedacht und entschieden zu haben, merkte ich nun, als ich nach einem UNTERSTAND suchte, weil es im Schneeregen so schwierig war, auf dem Handy nach Flügen zu suchen, die App war bereits geöffnet: Berlin ab, Los Angeles an. Vielleicht übermorgen schon, über Zürich? Da könnte ich noch Mentholzigaretten kaufen. WIN-WIN, oder?

Am nächsten Morgen spazierten Sophia und ich wieder durch den Tiergarten. Wir unterhielten uns ein bisschen über Winterstiefel, was da zu beachten war und so weiter, es war klar, dass wir etwas ganz Anderes zu besprechen hatten, aber gleich morgens?

Jaja, Lammfellfutter, auch sehr gut. Allerdings ging ich dann etwas zu weit mit dem Drumherumreden, das merkte ich selbst, als ich tatsächlich stehen blieb und mich folgende, meinem Stehenbleibgestus zufolge gewichtige Frage stellen hörte:

WIE STEHST DU EIGENTLICH ZU MOONBOOTS?

Nee, merkten wir beide, unsere Winterstiefeldebatte hatte sich nun doch früher als erhofft selbst überführt als absurdes Ausweichthema. Also dann, ich legte ihr dar, dass mich das alles überforderte und mir meine Rolle überhaupt nicht mehr klar war: Richter, Staatsanwalt, Verteidiger, Freund (und wenn ja: von wem?), Moral-Regionalvertreter, was denn noch alles?

Sie hörte mir geduldig zu bei meiner HINLEITUNG zur Kapitulation, aber als ich angelangt war bei meinen neuesten Überlegungen zu Objektivität, Vorverurteilungen von Bastarden und Großzügigkeit gegenüber Helden, über Graustufen und all das, da reagierte sie doch sehr ungehalten:

Sei mal jetzt kein Lappen. Verstehe schon, dass dich mein Fickrückfall irritiert hat, klar, war freiwillig und so, also, der hat mich ja nicht entführt oder so. Aber wie freiwillig ist das wirklich, wenn man beruflich abhängig ist vom anderen? EINVERNEHMLICH, ja, weiß nicht, ob das Wort hier so zutrifft, das hat ja alles auch was mit Machtverhältnissen zu tun. Wenn mein Case jetzt ein beschissener EINZELFALL wäre, okay, aber es sind ja so viele! Pass auf, wir machen das jetzt so, ich habe das mit den anderen schon besprochen, aus der Nummer kommst du sowieso nicht mehr raus – wir machen eine Videokonferenz mit allen, und die anderen Frauen erzählen dir einfach mal ihre Geschichten.

Bitte nicht noch mehr Geschichten! Ich kann nicht mehr!

Ach, und wir aber schon – oder was?

Ich könnte dir Geschichten erzählen

Es waren zu viele, sie passten gar nicht alle auf meinen Bildschirm. Etwas scheu winkte ich in meine Laptop-Kamera. Ich hörte Sophia, sah sie aber nicht.

Sophia, wo bist du denn?

Kann sein, dass du nach rechts klicken musst. Huhu!

Also klickte ich nach rechts, da waren noch mal einige Quadrate, in denen weitere Frauen saßen und ebenfalls warteten, dass es losging. Ah, Sophia, ENDLICH EIN BEKANNTES GESICHT. Ich winkte noch mal.

Hi, wollen wir anfangen?, fragte eine, aber in keinem der Quadrate hatte sich ein Mund bewegt, also war das wohl eine aus dem ersten Feld gewesen. Ich klickte zurück und hatte Angst, dass ich mir jetzt alle Namen würde merken müssen. Warum war denn mein Gesicht eigentlich so groß? Neben all den Ritter-Sport-Mini-kleinen Kacheln mit Frauen darin befand sich ein etwa zehnmal so großes Feld, komplett ausgefüllt von meinem fetten Kopf. Ich sah an diesem Tag besonders dick aus, fand ich. Und DAS LICHT war auch so ungünstig, die anderen sahen aus wie in Bernstein getaucht. Dazu die Laptopkamera, so halb von unten, ich sah fürchterlich aus, und warum so teigig groß? Ob die anderen mich wohl auch so groß sahen? Sophia hatte mir alles eingerichtet, und wir hatten natürlich auch einen Probelauf gemacht, aber da waren wir nur zu zweit gewesen und alles war sehr übersichtlich, irgendwann hatte ich auch begriffen, wie ich mein Mikrophon anschalten konnte, aber jetzt, mit all den anderen, jetzt war es wirklich eine VIDEOKONFERENZ, ich hatte noch nie zuvor an so was teilgenommen.

Sagt mal, warum sehe ich denn so schrecklich aus und ihr alle so toll?

Ringlicht, Diggi, sagte eine, wahrscheinlich wieder aus dem anderen Feld.

Ah, okay. Was auch immer das ist. Zwar wusste ich, Diggi kam von Digga und das von Dicker, eine nordisch-freundliche Anrede, die keineswegs bedeutete, dass der so Angesprochene als dick empfunden wurde, diese Frau also wahrscheinlich gar nicht auf meine Gesichtsfettheit angespielt hatte – ABER TROTZDEM!

Jenny und Marlene wollten auch noch dazukommen, aber ich würde sagen, wir fangen schon mal an, sagte Sophia. Und, Girls, ich sag's sicherheitshalber noch mal, ihr könnt komplett offen reden, er ist EINER VON UNS.

Mehr als die Hälfte der Frauen trug schwere dunkle Hornbrillen, die so wirkten, als würden sie nur aufgesetzt, wenn es ernst wird; möglicherweise Fensterglasbrillen, ich kannte das VON SOCIAL MEDIA, da taten Frauen das oft, wenn sie ein spezielles, dezidiert ungeschminktes »Hey Leute, heute mal zur Abwechslung was Ernstes von mir, etwas, das mir wirklich am Herzen liegt, also ich habe lange darüber nachgedacht, ob und wie ich das mit euch teile« posteten (Männer trugen in solchen Bekenntnisvideos eher Woll- oder Schirmmützen und begaben sich nach draußen, agentenhaft konspirativ sich umblickend, im Gehen sprechend; Frauen: Brillen, drinnen, sitzend). Also gut, hallo Brillen, fangen wir an.

Ich bat die Frauen, mir zunächst einmal reihum zu erzählen, wie sie den Chefredakteur kennengelernt hatten – und wann sie zum ersten Mal das Gefühl gehabt hatten, dass es kippte, vom Beruflichen ins allzu Private. Beim Mitschreiben kam es mir unhöflich vor, die Frauen nicht anzuschauen, allerdings bemerkte ich bald, dass ich deshalb oft versehentlich in der Zeile verrutschte mit dem Stift und ein paarmal sogar auf meinem Schreibtisch weiterschrieb, weil ich die Breite meines Notizbuchs überschätzt hatte, so ging es auch nicht, also sah ich nur noch manchmal kurz auf von meinem Notizbuch und hatte es bald ganz aufgegeben, die einzelnen Stimmen einem der Quadrate zuzuordnen. Es ging derart verwirrend hin und her zwischen den zwei Feldern, also begnügte ich mich mit seitenweise unsortierbaren Notizen, ich hatte mir all die Namen ja sowieso nicht merken können. So mitschreibend sahen die anderen mich, wie ich aus den Augenwinkeln wahrnahm, nur im Profil, und das stand mir sowieso etwas besser, mein Gesicht wirkte so etwas weniger dick.

– Ich habe im Münchner Büro gearbeitet, und als Oktoberfest war, hat er uns da besucht und mich nach dem Redaktionsrundgang zur Seite genommen und gesagt: »Ich habe dich genau im Blick, du hast enormes Potential.« Dann hat er mich abends mitgenommen ins Käfer-Zelt und hat mich allen vorgestellt als »das kommende Gesicht der Nachmittagsschiene« und so. Mir war das zwar erst extrem peinlich, aber es war natürlich andererseits auch toll, weil ich wirklich dachte, der meint das ernst und er würde mich – ich meine, wie naiv kann man sein? – echt FACHLICH schätzen. Von da an haben wir uns täglich geschrieben, und ich fand das einfach so krass, dass der sich die Zeit nimmt und so. Und ein paar Wochen später wurde ich dann hierher, nach Berlin versetzt. »Dann bist du näher bei mir«, hatte er mir geschrieben, und dazu so einen Boomer-Smiley aus Semikolon, Gedankenstrich und Klammer zu.

– Bei meinem Praktikum war er super supportive von Anfang an. Schon nach ein paar Tagen hat er zu mir gesagt, ich sei ein NATURTALENT, ich solle mich auf jeden Fall bewerben für eine Ausbildung in der sendereigenen Moderationsschule. Ich habe mir das gar nicht zugetraut, aber er hat mich so gepushed, dass ich dachte, hey, was habe ich zu verlieren? Weil, ich meine: Ich kann ja schon auch was, ne? So ist es ja nun auch nicht. Nach ein paar Tagen bekam ich dann den Anruf, ich sei genommen worden. Und ich so: Strike! Habe ihn sofort angerufen, um ihm das zu erzählen, aber er war nur so: Weiß ich doch längst, Mausi. Sein Wort sei schließlich ausschlaggebend bei den Jury-Entscheidungen. Das war so gemischt, einerseits dachte ich, geilo, hat er also ein gutes Wort für mich eingelegt, der fördert mich ja wirklich, wie versprochen. Aber irgendwie hat er das so kalt gesagt, so dass ich auch dachte, das hat gar nichts zu tun mit meinen Fähigkeiten, sondern einfach damit, dass er mich heiß findet.

– Auf einer Weihnachtsfeier, als wir alle gut getankt hatten, habe ich irgendwie den ganzen Abend so halb mit ihm rumgemacht, und wir sind danach zu mir nach Hause. Wir waren anschließend für ein paar Monate ziemlich eng, und ich habe auch mehr Zeit ON AIR zugeteilt bekommen und so, und währenddessen kam mir das ganz, tja, weiß auch nicht, ORGANISCH vor. Es lief eigentlich alles super. Mir hat auch das Versteckspiel eine Zeit lang Spaß gemacht, DA BIN ICH GANZ EHRLICH.

– Mich hat er angeblich aus Versehen bei Facebook kontaktiert, indem er mir eines Nachts einfach einen Doppelpunkt geschickt hat, und kurz danach, Moment, ich hab noch den Screenshot: »Haha, Übersprungsmessage. Sorry, zu viele Tabs offen, lol.« Da hatte ich schon zwei Jahre da gearbeitet, aber auf einer anderen Etage, ich hatte nie zuvor persönlich mit ihm gesprochen. Und dann wurde es sehr schnell auch ziemlich – na ja, PERSÖNLICH. Das ging dann ein paar Monate so on und off. Er hat einfach immer mitten in der Nacht so Uhrzeiten und Treffpunkte durchgegeben. Bääääh, ich schäme mich so, das ist so billo, aber so war's eben. Ich fand das halt am Anfang voll aufregend, auch bei der Arbeit war es irgendwie kicking, weil er mich eben plötzlich beachtet hat und mich in die wichtigen Konferenzen reingeholt und mir zugehört hat. Ich hatte auf einmal ein ganz anderes STANDING im Sender. Bis Melli dann eines Tages zu mir meinte, ey, Zucker, du weißt aber schon, dass momentan nur deshalb alle hier so nett zu dir sind, weil du eins von seinen Girls bist, ne?

– Hat der bei euch auch immer nachts so völlig hysterisch rumgeheult und dauernd diese ganze Scheiße vom Krieg erzählt?

– Sein nächtliches Weinen ist extrem spooky, ja. Aber gespielt ist das nicht, glaube ich, so was kann man nicht spielen, das geht ja immer ewig, auch richtig mit Tränen und so. Ich habe das immer verstanden als so ein Zeichen von Kontrollverlust, wenn mit Lügen nichts mehr ging, weil auch die Lügen gelogen waren, wisst ihr, wie ich meine? Selbstmitleid, Verzweiflung – und Alkohol und extrem wenig Schlaf helfen da natürlich auch nur bedingt gegen. Er braucht einfach 24/7 Drama, um sich lebendig zu fühlen oder was weiß ich. Aber traumatisiert vom Krieg, give me a break, immer dieses Gelaber: Ich bin nicht mehr fähig zu lieben, nur bei dir und nur dich, das ist ein großes Wunder, denn eigentlich kann ich ja nicht mehr lieben, weil ich kriegstraumatisiert bin! Na ja, Alter, du hingst embedded im Hotel rum und hast manchmal ein Selfie mit nem Panzer gemacht. Aber meinetwegen, kann ja sein, dass du kriegstraumatisiert bist – nur, ganz ehrlich jetzt, müssen wir das deswegen auch gleich alle sein?

– Ich habe ihm irgendwann gesagt, dass ich mich wohler fühlen würde, wenn wir das strikter trennen, Beruf und Privatleben, und dass ich irgendwie ein bisschen Space auch für mich brauche. Darauf hat er total aggro reagiert, was ich ihm denn da bitte unterstellen würde und so. Seitdem bin ich Luft für ihn. Ich habe das Gefühl, seit ich mich zurückgezogen habe von ihm, stehe ich auf der Abschussliste.

– Meine Therapeutin meint, der ist halt irgendwie gefangen in so einer Idee von Dominanz und Unverletzbarkeit. Und deshalb muss der auch immer alle fertigmachen, die sich ihm entgegenstellen. Jede Kritik bewirkt bei ihm konkrete Todesangst, so hat sie mir das erklärt.

– Unfit for office, Alder. Das weiß auch jeder im Sender, das kriegen ja alle täglich mit – und trotzdem greift aus der Führungsspitze niemand ein! Ich check's nicht.

– Ganz kurz mal, was sind denn eigentlich unsere Optionen? Uns bleibt doch eigentlich nur der Gang an die Öffentlichkeit. Aber das Ding ist halt, dass wir uns damit auch schaden würden, weil man damit ja automatisch eingesteht, dass man angeblich entweder dumm war oder karrieregeil. Dass es alles viel komplizierter ist, kann man nicht rüberbringen, DA BIN ICH GANZ REALISTISCH. Das ist ja eben der Machtmissbrauch: Du kannst dich nicht über ihn beschweren, ohne selbst Schaden zu nehmen. Ist doch klar, wie das laufen würde, wir alle würden als Schlampen diffamiert werden oder naive Blondies, und er stünde am Ende da als potenter Superficker, end of story. Ich meine, diese hyperbetonte Alpha-Männlichkeit, gemischt mit dem nächtlichen Geflenne, das ist so manipulativ, weil diese Zusammenbrüche so gar nicht dazu passen, wie er sich öffentlich gibt. Und dadurch hielt man die Beziehung für so besonders und verschworen – wir beide gegen den Rest der Welt und so. »Du bist die EINZIGE!« Na ja, turns out: nicht ganz, wa?

– Mich hat er in einer Bar angesprochen, so von wegen: Ich sei doch auch Journalistin, er hätte ein paar Sachen von mir gesehen, die ich auf YouTube neben dem Studium gemacht habe, und ich könne direkt anfangen bei denen. Okay, dann läuft das wohl so, dachte ich. Ich hatte ja überhaupt keine Berufserfahrung.

– Du hattest immerhin ein bisschen YouTube gemacht. Ich bin ja VON HAUS AUS eigentlich Krankenpflegerin. Aber er hat mich total gepusht, mein INPUT wäre voll wichtig und so, weil ich eben so eine QUEREINSTEIGERIN bin, die DAS WAHRE LEBEN kennt und die SORGEN UND NÖTE DER MENSCHEN, DIE TAGEIN, TAGAUS UNSER LAND AM LAUFEN HALTEN und die ganze Scheiße.

– Ich hatte ja vorher schon jahrelang Fernsehen gemacht, top Ausbildung, alles, hatte bei der Konkurrenz meine eigene Sendung – und dann hat er mich abgeworben. Meine Kollegen haben mich damals alle gewarnt, und zwar so nachdrücklich, dass ich plötzlich dachte, Moment mal, ist da vielleicht Neid im Spiel? So dumm, so dumm. Und jetzt bin ich, excuse my French, doppelt gefickt: Ich will, dass das aufhört und dass der mich in Ruhe lässt – aber ich will auch meinen Job nicht verlieren. Niemand nimmt mich mehr. Du kannst von hier nirgends mehr hin. Wenn du dich offiziell beim Sender beschwerst, passiert gar nichts, außer dass er dich anschließend fertigmacht, haben wir ja oft genug gesehen. Und wenn du an die Öffentlichkeit gehst, machen sie dich erst recht fertig, dann heißt es einfach, ich hätte mich ja darauf eingelassen, warum hast du denn nicht eher, blablabla. Es GEHT nicht! Man kann nichts tun!

Durch mein Mitschreiben fühlte ich mich etwas weniger voyeuristisch; ich glaube, es war für alle etwas seltsam. Zudem begriff ich meine Funktion in all dem auch gar nicht so ganz – Sophia hatte gesagt, ich solle mir einfach mal SELBST EIN BILD MACHEN. Nun, das Bild, das sich mir bot, waren all diese Frauen in ihren Miniquadraten auf meinem Bildschirm, zwei Felder voll, und die Vielgesichtigkeit und Vielstimmigkeit allein reichten ja eigentlich schon aus, um schnell zu begreifen: KEIN Einzelfall. Sophias Auftrag war aber noch weitergegangen, sie hatte mich nämlich gebeten, zusammen mit ihr und all diesen anderen Frauen darüber nachzudenken, in welcher Form und welchem Medium sie sich am wirkungsvollsten wehren könnten gegen – ja, gegen was eigentlich? Gegen diesen Chefredakteur? Den Sender? Sexismus IM ALLGEMEINEN? DAS SYSTEM? Ja, vielleicht sogar das, zumindest gegen dieses, sich in diesen Erzählungen wiederspiegelnde System, das zu basieren schien auf kaum getarnt sexgesteuertem Machtmissbrauch. Machtmissbrauch war das Wort, auf das alle sich einigen konnten. Zwar fielen auch andere Begriffe, die das Verhalten des Chefredakteurs beschrieben, aber da sagte dann meistens sehr schnell irgendeine andere, jenes Wort zu verwenden sei JURISTISCH HEIKEL, habe sie gehört, woraufhin dann wiederum eine andere bemerkte, ja, könne sein, aber Machtmissbrauch sei ein GUMMIWORT und juristisch praktisch wertlos, das wiederum habe nämlich sie gehört.

Einige hatten BEFREUNDETE ANWÄLTE konsultiert und sprachen so munitioniert von massiven Compliance-Verstößen, Verletzung von Fürsorgepflichten und Ausnutzung von Abhängigkeitsverhältnissen; andere hatten Therapeuten aufgesucht oder SACHBÜCHER QUERGELESEN und einander entsprechende YOUTUBE-VIDEOS weitergeleitet, sie argumentierten dergestalt belehrt mit Ferndiagnosen (Krasse Persönlichkeitsstörung! Histrionisch! Manisch! Schwer narzisstisch, mit Tendenz zur Psychopathie! Oder Soziopathie? Jedenfalls völlige Empathielosigkeit! Und Größenwahn!). Und dann gab es noch drei oder vier Frauen, die bereits OFF THE RECORD mit Journalisten anderer Sender und großer Zeitungen gesprochen hatten, und die wiederum redeten kundig über MUSTER VON FEHLVERHALTEN. Bei Google hatten sie natürlich auch alle viel gefunden.

Ich hingegen war mit allen Äußerungen von Rose McGowan zur Weinstein-Hölle vertraut, und so kam mir Roses Formulierung in den Sinn: »rape factory«. Aber hier lag der Fall ja anders, hier war ja alles EINVERNEHMLICH gelaufen! Oder nicht? Es war ein ziemliches Durcheinander. Für einen BEDAUERLICHEN EINZELFALL jedenfalls, wie mein Freund Hinweise in diese Richtung ja so gern abfertigte, waren es deutlich zu viele. Ab wie vielen Einzelfällen sind es eigentlich keine mehr? Ich würde zu all dem dringend mal meinen Anwalt befragen müssen, schien mir. Und dann meinen Freund, zum hundertwievielten Mal?

Einstweilen schrieb ich einfach weiter mit.

– Irgendwann habe ich das nur noch eklig gefunden, als mir dieses Muster klar wurde: Wer ein Praktikum kriegt, wer ein Volontariat, da wusstest du sofort, wie es denen geht, was mit denen passiert. Ich meine, in seiner Position – also, du kannst dem ja als kleine Angestellte auch nicht die harte Abfuhr geben, die du ihm im Nachtleben vielleicht geben würdest, wenn er einfach nur irgendein Dude wäre. Er ist ja der Chef. Und das ist eben der Machtmissbrauch. Alles, was da lief, war ja EINVERNEHMLICH, klar, er ist ja kein Rapist oder so – aber das Wort »einvernehmlich« ist halt eine Täuschung. Du bist die Praktikantin oder kleine Angestellte, er ist der Chef, weiter auseinander auf der Hierarchieskala könnt ihr also gar nicht sein. Ich meine, ich habe überhaupt nichts gegen Rumbumsen und Affären – freie Liebe, freies Land, alles gut. Wenn beide Bock haben, warum nicht und so, könnte man ja sagen. Aber in dem Fall ist das halt was Anderes, man muss sich ja nur eine Frage stellen: Wenn jetzt einer von beiden das beenden will, ist das dann für beide gleich easy? Wohl kaum. Er kann machen, was er will. Du aber musst immer mitdenken, wie er reagieren wird und ob dir das schaden kann. Er muss sich gar nichts gefallen lassen, keinen Streit, keinen Widerspruch, nix – aber du dir eben viel mehr, als du das bei irgendeinem anderen Mann zulassen würdest. Insofern, Einvernehmlichkeit my ass.

– Man will halt auch nicht die SPASSBREMSE sein, also versucht man, diese komische FLIRT-ATMO einfach als Kompliment zu nehmen. Trotzdem habe ich mich irgendwie schmuddelig gefühlt nach ner Zeit, SO NACH DEM MOTTO: selbst schuld, wenn du mit so nem kurzen Rock ins Büro kommst. Aber das ist halt mein Style, wisst ihr, wie ich meine?

– Wow. Einfach nur – wow. Ich find das so übelst krass, wie unsere Geschichten sich gleichen! Ich muss aber auch ganz ehrlich sein, fuck, mir ist das so peinlich, na ja, ihr kennt das ja alle – ich habe damit auch ein bisschen gespielt. Dachte ich zumindest, also, dass das auch beiderseitig ein Spiel ist, so flirty irgendwie. Aber wenn er dich dann hat, also, wenn du ihn irgendwann rangelassen hast, sorry, klingt hart prostituiert, aber war ja nun mal so, na jedenfalls, dann merkst du, hier spielt nur einer. Und dann lässt er dich ganz plötzlich, von jetzt auf gleich fallen, antwortet nicht mehr, guckt dich nicht mehr an.

– Same. Plötzlich bist du für alle nur noch die Naive, die wohl gedacht hatte, was Besonderes zu sein. Da herrscht echt so ein NARRATIV wie aus dem Mittelalter: Die Ex-Affären gelten als Psychoelsen oder Nutten. Ich habe mich so geschämt.

– Zu mir hat er gesagt, ich mache die nächste Frauke Ludowig aus dir.

Jetzt musste ich doch sehr lachen, aber die anderen zum Glück auch. Ich sah Sophia nicht, war wohl wieder im anderen Quadrate-Feld, aber ich hörte sie:

Nicht dein Ernst, die nächste Frauke Ludowig? Goosebumps, Alder. Sorry, Leude, aber das ist doch alles komplett sick. Die nächste Frauke Ludowig – deine Mudder ist die nächste Frauke Ludowig!

Neben meinem Schreibtisch hing das kleine gerahmte Original-Blankorezept von Gottfried Benn. Weil mein Freund natürlich Benn ebenso liebte wie ich, hatten wir irgendwann damit begonnen, dieses Rezept einander wechselseitig zu verordnen, sozusagen, es hing immer bei dem von uns beiden, der gerade mehr Probleme hatte als der andere und der also gerade EIN REZEPT BRAUCHTE im Leben. Wenn die Problemwippe sich dann wieder zum anderen neigte, bekam eben der das Rezept, und so ging es immer hin und her. Momentan hing es also bei mir. Und während ich den Frauen weiter zuhörte, verfestigte sich in mir die Gewissheit, dass dieses Benn-Rezept bei mir gerade falsch war, ich würde es sehr bald, unserem Brauch nach, meinem Freund übergeben müssen für eine Weile. Für eine ganze Weile, wie mir schien. Wenn er nicht bald all die Hinweise von mir und aber ja auch anderen ernst nehmen würde, statt das immer nur zu behaupten, würde dieser Chefredakteur durch sein WIRKEN ihn, meinen Freund, zur vorletzten Frauke Ludowig machen. Allerhöchstens. JETZT MAL SO REIN IMAGEMÄSSIG. Er brauchte das Benn-Rezept:

»Arzt für Haut- und Geschlechtskrankheiten« – das passte doch besser denn je.

– Ich bin wohl die Einzige hier, die nichts mit ihm hatte, sagte eine Frau, deren Stimme älter klang als die der anderen, ich blickte kurz auf von meinem Notizbuch. Ach die, die kannte ich sogar vom Sehen, vom Fernsehen vielleicht auch nur. Dass sie, im Gegensatz zu all den anderen Frauen in dieser Videokonferenz, nicht mehr Mitte oder höchstens Ende zwanzig war, manifestierte sich auch darin, dass sie vom Sender immer bezeichnet wurde als GESTANDENE JOURNALISTIN, was ja auch ein sehr merkwürdiger Begriff war. Vielleicht war ich da auch etwas übersensibel mittlerweile, aber für mich klang »gestandene Journalistin«, so, wie sie es sagten, eher nicht nach einem Kompliment für zum Beispiel jahrzehntelange Berufserfahrung, nein, da klang eher mit, dass diese Frau kurz davor stand, in irgendein Newsletter- und Podcast-Nirwana versetzt zu werden und sich in einer demütigenden, scheinrespektvollen Hausmitteilung erfreut darüber zeigen zu müssen, »künftig hinter der Kamera noch intensiver an Geschichten zu arbeiten« oder so, einfach weil sie nicht mehr als sexuell interessant befunden wurde für die Zuschauer (und die Chefredaktion). Na jedenfalls, sie also nicht. Wirklich als Einzige?

Protestgeschrei aus dem anderen Feld: Wir auch nicht! Na gut, nicht alle also HATTEN WAS (wie Schulhof sollte es eigentlich noch werden?) mit dem Chefredakteur, zwei Frauen sagten, dass sie lediglich Empfängerinnen gewesen seien von dessen unangenehmen Nachrichten, immer nachts, niemals BERUFLICH, was sie in enormen Stress versetzt hätte, weil diese Nachrichten ja trotz ihres klebrigen Inhalts auf eine Art eben doch beruflich gewesen wären, nämlich von ihrem Chef kommend, also hätten sie damit nicht so verfahren können, wie sie das sonst tun würden: Absender blockieren und Schluss.

Diese etwas ältere Frau brachte Ruhe rein. Die Hornbrille, die sie trug, hatte wahrscheinlich wirklich geschliffene Gläser, es war keine Accessoirebrille, durch diese Brille hindurch wurde sehr viel gelesen und verstanden, sah man sofort. Die Frau war sogar noch älter als ich; nicht auszuschließen, dass sie gemeinsame Abendessen mit Freundinnen mittlerweile etwas trotzig als MÄDELSABEND bezeichnete und anderntags ehrgeizig frühe Sonnenaufgangsyogafotos postete, unter denen sie allseits zu bedenken gab, dass man dem Leben zwar nicht mehr Zeit, der Zeit aber mehr Leben abtrotzen könne, HASHTAG MINDOPENING, HASHTAG EMBRACELIFE. Eben so eine Frau, die vielleicht etwas zu oft sagt, »Für mich ist alles eine Reise«, die einen aber nachts, irgendwo herumstehend, freundlich bittet, ihr mal kurz Zigarettenrauch ins Gesicht zu pusten, weil sie sich schon vor zwanzig Jahren oder so das Rauchen abgewöhnt hat, aber ganz kurz mal jetzt den Geruch, ah, danke. So eine. Mir war sie also gleich sehr sympathisch, auch weil ich ganz zu Beginn gesehen hatte, dass sie genauso wie ich einen Lachkrampf unterdrücken musste, als eine der anderen zwar tiefernst über psychische Probleme DURCH DIE GESAMTSITUATION sprach, all die Verheerungen in ihrer Psyche, und in jedem Satz kamen die Wörter »psychisch« und »Psyche« vor, sie sprach die nur leider falsch aus, sagte »Tsüche« und »zsüchisch«, was ja gar nicht schlimm ist, aber einfach ein bisschen lustig war in der Häufung, na ja, und da war mir eben das höfliche Mundwinkelzucken dieser etwas älteren Frau so speziell aufgefallen, weil ich exakt synchron dasselbe zu verwalten hatte. Und so fühlte ich mich ihr gleich verbunden.

– Ach Mädels, ich fiel einfach raus aus seinem BEUTESCHEMA: zu alt, zu erfahren, zu fett. Dachte oft, das sei KARRIERETECHNISCH ein Nachteil, aber je mehr ich euch zuhöre, desto froher bin ich darüber, echt, du lieber Scholli. Frauen haben nun mal im Fernsehen ein anderes Verfallsdatum als Männer, das ist eben so, das Wort »Wechseljahre« ist ja umfassender, das steht bei Frauen, die vor der Kamera arbeiten, einfach auch für: Jobwechsel. Finde ich das scheiße? Klar. Kann ich das ändern? Nein. Bin da immer ganz realistisch gewesen. Mein Glück war, ich war ein household name on air, mich konnte er nicht einfach so gegen irgendeine Eroberung austauschen. Versucht hat er es natürlich. Aber ihm war auch klar, dass ich zu viel weiß. Und dass er sich mit mir besser nicht anlegt. Trotzdem hat er mich dauernd benutzt, als Alibi oder als Anlaufstelle für all die gebrochenen oder noch zu brechenden Herzen. Und, also bitte versteht mich da jetzt nicht falsch, ihr alle seid wunderbare Frauen, klug und talentiert, aber eben teilweise noch sehr am Anfang eurer Karrieren, einfach eine Altersfrage, und für uns auf der Führungsebene, da MUSS ICH MICH HIER SCHON AUCH MAL GANZ EHRLICH MACHEN, war das eben oft ein Problem, dass uns all diese extrem jungen Mädels, oft ohne jede Ausbildung, zugeschoben wurden, so von wegen: Hier, arbeite die mal ein, die kommt vom Chef. Wirklich, das ist jetzt überhaupt nicht persönlich gegen euch gemeint, aber für uns Abteilungsleiter war das wirklich eine Zumutung im WORKFLOW, permanent mussten wir junge Mädels anlernen, bei denen es einfach ein Missverhältnis gab zwischen dem, was ihnen von oben versprochen worden war, und dem, was sie berufstechnisch draufhatten. Ein Kollege von mir brachte das mal auf die schöne Formel »Nicht schon wieder so ein Hühnchen von ihm!«. Irgendwann hat es mir dann gereicht, und ich habe ihm das ganz offiziell per Mail geschrieben: Die Einstellungskriterien im Haus sollten sich unterscheiden von deinen sexuellen Vorlieben, das ist einfach unprofessionell. Und es entspricht auch nicht meiner Qualifikation oder Jobbeschreibung, dein Privatleben zu regeln und hier dauernd von dir versetzte, belogene oder komplett in den Wahnsinn getriebene Mädels zu verarzten. Von da an tickte natürlich die Uhr bis zu meinem Rausschmiss, aber das war mir dann egal. Ich bin dann im letzten Jahr ausbezahlt worden, und zwar nicht zu knapp, da habe ich mich bei den Verhandlungen schon klar ausgedrückt: Das kostet, wenn ihr meinen Abgang, den andere Medien so oder so aufgreifen und kommentieren werden, wirklich offiziell labeln wollt mit dieser Witzformel »in beiderseitigem Einvernehmen«. Da haben wir dieses schöne Wort übrigens wieder: Einvernehmen. Meistens eine Lüge. Aber okay, Deckel drauf, ich bin TIEFENENTSPANNT. Ich habe jetzt umgesattelt auf Coaching – und, ja, ALLES GUT BEI MIR. Aber ihr seid noch so jung, ich will euch EMPOWERN, dass ihr das nicht hinnehmt, wie das da läuft. Deshalb bin ich hier mit am Start. Allerdings gab es in meinem Auflösungsvertrag natürlich auch so ne Schweigeklausel, die war für die nicht verhandelbar, und auch deshalb war ja meine Abfindung so hoch. Offiziell also darf ich überhaupt nichts sagen, also falls ihr echt an die Öffentlichkeit gehen wollt. Aber ich begleite euch gern. Und ich feiere euch jedenfalls für euern Mut.

Andächtige Stille. Kurz fühlten wir alle uns, ich sogar auch, sehr mutig.

DU ALS MANN!, sagte eine.

Ja, als was denn sonst? Ich versuchte es mit einem Witzlein und sagte mit Batikseidenbroschen-verbindlicher Margotkäßmannstimme: In erster Linie sehe ich mich ALS MENSCH.

Ja, sehr lustig. Nee, ernsthaft jetzt, als Mann kannst du dir das gar nicht vorstellen.

Doch, kann ich.

Ja, kann sein, vorstellen vielleicht schon. Aber du weißt nicht, wie sich das anfühlt.

Doch, ein bisschen weiß ich das.

Bullshit.

Gar kein Bullshit. Ich habe so was selbst auch mal erlebt, da war ich neunzehn Jahre alt.

Und dann begann ich diese Geschichte zu erzählen, was ich überhaupt nicht geplant hatte, seit vielen Jahren schon hatte ich nicht mehr an diese Episode aus meinem Leben zurückgedacht, ich hatte sie ganz tief unten in meinem Gedächtnis verborgen, über zwanzig Jahre lang, und jetzt war sie durch all die Erzählungen der Frauen plötzlich nach oben geschwemmt worden. Und als ich sie nun erzählte, merkte ich, dass ich sie auf einmal ganz anders bewertete. Ich hatte das damals einfach als Peinlichkeit VON MIR abgetan, als Versagen. Nie war ich auf die Idee gekommen, dass nicht ich, sondern dieser Mann damals etwas Falsches getan hatte. Immer wenn ich ihn in den Jahren danach gesehen hatte, war ich froh, wenn er mich grüßte und in den Arm nahm, OBWOHL ich damals so eine ENTTÄUSCHUNG IM BETT gewesen war.

Dieser Mann war damals Regisseur oder Aufnahmeleiter oder irgendwas jedenfalls sehr Wichtiges bei einer großen Musik-Fernsehshow. Der durfte da alles und hatte alles, was ich auch wollte, er kam in jedes Konzert hinein, konnte jederzeit unbehelligt in den ersehnten Backstage-Bereich gehen, wurde von allen Musikern hofiert. Und an seiner Seite beachteten sie sogar mich, auch ich durfte – in seinem Windschatten – mit hinter die Kordeln und Absperrgitter kommen, durfte vom Catering essen und Champagner aus dem Backstagekühlschrank trinken, die Auftritte unbedrängt von der Bühnenseite aus anschauen. Und was eigentlich brachte damals ICH mit zur Party? Nur mich selbst. Wenig genug also, und selbst das dann noch eine Enttäuschung. Nach einer Aufzeichnung, die ich mir angeschaut hatte, weil ich ein Porträt schreiben wollte über einen Sänger, den ich sehr bewunderte, nahm mich dieser Typ mit in sein Hotelzimmer. Wir hatten den Abend zusammen mit dem Musiker in einer Karaoke-Bar verbracht, es war das Paradies. WIE SELBSTVERSTÄNDLICH war ich dabei, der Abglanz des Sängers ließ auch mich erstrahlen, ich war glücklich. Ich durfte mitkommen in das Hotel, in dem alle Bands und die ganzen Fernsehleute übernachteten, wir marodierten durch sämtliche Zimmer, er hatte verschiedenerlei Drogen dabei, ich kannte mich noch überhaupt nicht aus mit so was, nahm einfach alles und hoffte, dass diese Nacht nie zu Ende geht. Auch als er mich schließlich mitnahm in sein Zimmer, in sein Bett, begriff ich noch immer nicht, worum es ihm ging, ich war einfach froh, dass es noch weiterging. Er begann dann umstandslos, mich zu befummeln, ich lag einfach da und ließ das alles geschehen, doch seine LIEBKOSUNGEN und versuchsweisen Stimulationen erzeugten in meinem Genitalbereich nicht die offensichtlich erwartete freudige, zustimmende, sondern eine, nun ja, eher zurückhaltende, introvertierte Reaktion. Und DAS, ausschließlich das war mir unangenehm gewesen. Ich empfand das als sehr undankbar von meinem Genitalbereich. Wohl fühlte ich mich nicht, aber die Schuld dafür suchte und fand ich bei mir selbst, ich war eine Enttäuschung gewesen. Hinterher habe ICH mich geschämt. Ich hatte Angst, dass er sich lustig macht über mich, anderen spöttisch erzählt von dieser Enttäuschung, die ich wohl für ihn gewesen war – und dass er mich deshalb vielleicht künftig nicht mehr mitnehmen würde zu den Shows. Völlig erstarrt lag ich in diesem Hotelbett, konnte mich nicht bewegen, schlafen sowieso nicht. Aber es war toll, in einem Hotel zu sein. Und immer, wenn ich diesen Typen später traf, war mein Gefühl ihm gegenüber: Du hast noch was gut bei mir.

Klassische Täter-Opfer-Umkehr, sagte eine Frau.

Oh boy, fühl dich gedrückt, sagte eine andere und formte ihrer beiden Hände Daumen und Zeigefinger zu einem Herzen, ganz nah an der Kamera. Ich find's immer wieder krass, wie normal das ist. Die meisten Leute denken ja, dass eigentlich alles, was keine Vergewaltigung ist, völlig in Ordnung ist.

Jetzt bloß nicht zu ergriffen sein. Ich schlug den Frauen vor, ihre Erzählungen zusammengefasst und ohne Namensnennungen meinem Freund zu unterbreiten, auf dass der endlich handeln würde, weil er dann ja praktisch müsste – aber sie schauten mich nur mitleidig an, spöttisch beinahe. Den SELBSTREINIGUNGSKRÄFTEN des Senders vertraute keine der Frauen, jeder Form der Beschwerde über den Chefredakteur könne man erfahrungsgemäß gleich das eigene Kündigungsschreiben beilegen, das ginge niemals gut aus, sie hätten das ja oft genug mitbekommen, die einzigen Folgen, die so was in dem Sender hätte, seien Einschüchterung, Strafversetzung oder gleich Entlassung. Zwar sei es ja schön, dass ich meinem Freund weiterhin vertraute, sie jedoch täten das nicht, er sei einfach ZU ENG mit dem Chefredakteur und wisse zwar vielleicht nicht alles, gewiss aber genug, das ihn eigentlich zum Handeln zwingen müsste, doch er ließe das ja nun schon seit Jahren einfach so weiterlaufen, warum auch immer.

Nein, nein, die Frauen waren überzeugt, sie müssten diese Zustände im Sender schnellstmöglich publik machen, das sei das einzige Mittel. Verschiedene mediale Formen wurden diskutiert, Interviews, Protokolle, Talkshow, Bonobo-Gruppen-Account auf Instagram, Podcast, anonyme Briefe, offener Brief und so weiter. Ich probierte sogar kurz, ob die ja in meinem digitalen Schlüsselbund gespeicherten Zugangsdaten meines Freundes noch stimmten und ich somit unter seinem Namen LIVE GEHEN konnte – und tatsächlich, es funktionierte. Folglich hätte ich, hätten wir uns ALS ER an die Belegschaft des Senders wenden können. Um dann aber was genau zu sagen? Als die Debatte gerade vollends ausfranste in Erörterungen eines geeigneten Hashtags, intervenierte glücklicherweise Sophia mit dem ihr eigenen Pragmatismus:

– Lasst uns einfach auf dumm und hübsch machen, darauf läuft es doch sowieso raus. Wir werden medial eh geraped, also sollten wir uns den Medien-Sexismus wenigstens zunutze machen. Nervt, aber dann funktioniert es wenigstens. Einfach scheiß ÄSTHETISCHE Schwarz-Weiß-Fotos, superclean alles, traurig gucken, große Augen, schüchterne Betroffenenbeichten, einmal durchgereicht werden als geile Opfer – ERSTAUFSCHLAG optimalerweise in *SZ, SPIEGEL, TransAtlantik* oder *ZEIT Magazin*, das ist wenigstens etwas würdevoller als in *BUNTE* oder gleich in *BILD*, da dann aber sowieso auch, ob wir wollen oder nicht, und dann wird safe auch *RTL Exclusiv* AUF DEN ZUG AUFSPRINGEN. Woche drauf, wenn es gut läuft, Einladung zu Lanz, vielleicht eigener Podcast, ganz okayer Sachbuchvertrag – und der Vorschuss reicht dann hoffentlich aus für die möglicherweise fälligen Gerichtskosten. Fuck. Andere Möglichkeit ist, dass wir nicht public gehen, uns aber wenigstens vom Sender unser Schweigen bezahlen lassen. Wäre ja nicht das erste Mal in dem Kackladen.

Die Gelegenheit schien mir günstig, ins Heitere zu wechseln: Lasst uns mal ein bisschen lachen – vielleicht lest ihr mir einfach ein paar von seinen Nachtnachrichten vor?

»Dein Auftritt heute in der Konferenz war atemberaubend.«

»Ich will dich mit jeder Faser deines Körpers spüren.«

»Du bist so schlau und schön.«

»Heute um 22 Uhr in meinem Büro? Du warst großartig heute in der Schalte, ich bin so stolz auf dich!«

»Du hast eine große Karriere vor dir, du bist das größte Talent von allen.«

»Komm doch einfach mit heute Abend. Danach zu mir. Du bist die eine, die ich will.«

»Dein Live-Aufsager war ganz großes Tennis. Die Kamera liebt dich fast so sehr wie ich.«

»Du hast mein Herz gebrochen. Nee, Scherz. Aber wo bist du, im Urlaub? Jeder Tag ohne dich eine Qual.«

»Zähle die Stunden, bis wir allein sind.«

»Du hast die schönsten Beine.«

»Ich habe heute Nacht von dir geträumt. Will dich überall berühren. Schick mal ein sexy pic!«

»Du bist die eine! Wir sind seelenverwandt!«

»Still up, still out?«

»Du, ich, der Mondschein auf meinem Balkon – jetzt! Träume.«

»Ich war noch nie vorher so verliebt und hätte nicht gedacht, dass mir das überhaupt mal passieren kann.«

»Du hast den schönsten Mund, will jetzt nur bei dir sein, bist zu weit weg.«

»Ich will dich küssen, dich berühren.«

»Melancholisches, schlafloses, sehnsüchtiges Andichdenken.«

»Sehe gerade deine heutige Sendung. Hänge an deinen Lippen – leider nur im übertragenen Sinne. Du hast eine große Karriere vor dir.«

Die Frauen hatten einen ganz guten Abstand mittlerweile zu all dem, schien mir. Angeekeltes Aufheulen zwischen den einzelnen Nachrichten, die sie im Wechsel vorlasen, ein amüsantes Durcheinander, ein Spiel jetzt auch, alle durchsuchten mit wachsendem Eifer ihre Telefone nach möglichst unangenehmen Nachrichten des Chefredakteurs, wenigstens in dieser Situation würde, so schien es nun, die Frau gewinnen, die die widerwärtigste Nachricht vorweisen konnte. Die Konkurrenz war groß, der Fundus unerschöpflich. Es machte Spaß.

Moment kurz, Telefon.

In der Vergangenheit hatte mein Freund mich oft erstaunt mit seinem Gespür, mich genau dann anzurufen, wenn ich mich in einer für mich schwierigen Situation befand – und jetzt also, da wir uns doch deutlich entfernt hatten voneinander, reichte dieses Gespür immerhin noch aus dafür, mich genau in dem Moment anzurufen, da ich mich gerade in einer für IHN schwierigen Situation befand. Sein Anruf passte jetzt natürlich nicht so gut, weil er viel zu gut passte – obwohl natürlich interessant gewesen wäre, wer sich mehr erschrocken hätte, die Frauen oder er. Ihn aber WEGZUDRÜCKEN, das erschien mir auch zu dramatisch, also tippte ich auf die Nachrichtentaste, und das eröffnete verschiedene »Antworten mit«-Möglichkeiten, »Ich kann gerade nicht sprechen« zum Beispiel oder »Kann ich später anrufen?«. Und dann gab es noch die Option »Eigene …«, das jedoch war mir jetzt zu schwatzhaft, wobei es ganz lustig gewesen wäre, ihm zu schreiben: Mein Lieber, gerade passt es nicht gar so gut, weil ich just mit mehreren Frauen aus deinem Alarm-Puff spreche, die von deinem großartigen Chefredakteur auf die eine oder andere Art sexuell ausgenutzt worden sind, EINVERNEHMLICH natürlich, und Jenny und Marlene wollten sich eigentlich auch noch zuschalten. Aber sonst alles schubi, bei dir auch alles juti, Beauty?

Stattdessen wählte ich jene aus den vorgefertigten Automatikantworten, die mir besonders geeignet schien, meine aktuelle Verfasstheit abzubilden:

Ich bin auf dem Weg.

Wir können ja alle mal ne Nacht darüber mit ihm schlafen, sagte eine Frau nun, richtig Bock, mir sein Geflenne anzuhören.

Die anderen lachten, und nachdem wir uns alle verabschiedet hatten und ein Videoquadrat nach dem anderen erloschen war, rief Sophia mich noch mal an: Weißt du, woran ich eben bei dem ganzen Bums da mit den anderen denken musste, wie du da komplett on fire, aber auch deeply lost mitgeschrieben hast, also, woran mich das erinnert hat? Ich mag so gern diese Stelle bei Kafka, wenn in »Der Prozess« da der Typ einfach so rumläuft, und dann plötzlich ist er auf dem Dachboden und weiß nicht, wie er da hingekommen ist.

Er sagt / Sie sagen (besser nichts)

Stop, stop, stop, stop, stop! Mein Anwalt streckte seinen Zeigefinger aus und hielt ihn mir vor den Mund, berührte fast meine Lippen und zog mich dann weg von der Studentengruppe, mit der ich im Garten der Potsdamer Universität auf ihn gewartet hatte. So, jetzt, sagte er, als wir weit genug weg waren von den anderen und uns niemand mehr hören konnte. Ihm als meinem Anwalt könne ich das alles ja erzählen, aber bitte niemand sonst dürfe das hören, sonst bekäme ich möglicherweise Schwierigkeiten. Das war ein bisschen schade, weil es lustig gewesen war mit den Studenten, ich hatte phantastische Sätze gehört und mir die besten sofort notiert:

Man wundert sich doch immer wieder, was man mit Artikel 1 alles wegballern kann.

Wenn du eh am Strugglen bist, ist ne Verfassungsbeschwerde eher nicht dein Freund.

Artikel 5 ist deine Super-Power – irgendwas aus Artikel 5 geht immer, da steht so krass viel drin.

Mein Anwalt hatte gerade seine Antrittsvorlesung für eine weitere Honorarprofessur gehalten, es war um »Die Paris-Bar-Entscheidung Wowereit« gegangen, um »Das Einkaufswagen-Urteil Wulff«, »Das Balkonblumengieß-Urteil Joschka Fischer« und »Das Tim-Bendzko-Urteil des BGH«, um interessante Unterscheidungen zwischen Sozialsphäre, Intimsphäre und Geheimsphäre. Und jetzt hatten die Studenten ihm eigentlich noch allerlei Fragen stellen wollen, denen man allerdings anmerkte, dass die Studenten weniger an den Antworten interessiert waren als daran, mit diesen sehr genau formulierten Fragen Eindruck zu machen bei ihrem neuen Professor. Er würde ja auch gleich noch mal zurückkommen und ihre die Antworten schon ungefähr kennenden Schmuckfragen loben, aber nun musste er erst mal mich davor bewahren, ins Gefängnis zu kommen, so schien es mir, jedenfalls hatte er mich sehr entschlossen fortgezogen von den anderen und meinen Redefluss so unterbrochen. Mein Anwalt rauchte fast nie, jetzt aber bat er mich um eine Zigarette, was er immer nur dann tat, wenn es ernst wurde – oder aber abends mal besonders lustig. Jetzt jedoch war Tag, soweit man das im Berliner Winter sagen konnte, und besonders lustig war es ja nun auch gerade nicht.

Also bitte noch mal von vorn: Wer hat wen gefickt? Ach, DIE Geschichte wieder.

Jaja, immer noch.

Wie alle mir näherstehenden Menschen, so hatte ich auch meinen Anwalt in dieser LEIDIGEN ANGELEGENHEIT immer mal wieder um Rat gefragt oder auch einfach nur meine Ratlosigkeit vor ihm ausgebreitet – wie lang ging das jetzt alles schon? Ich wusste es selbst nicht mehr. Ich versuchte mich an einer Kurzfassung der neuesten Windungen, doch selbst die dauerte schon wieder so lang, bis auch die letzten der noch wartenden Studenten Richtung S-Bahn verschwunden waren.

Sag mal, DU ALS ANWALT kennst doch bestimmt ein anderes, nicht gar so dramatisches Wort, das ich benutzen kann anstelle von »Opfer«, oder? Die Frauen finden den Begriff so unangenehm, verständlicherweise. Und auch ich komme mir doof vor, immer zu sagen, ich habe mit Opfern gesprochen – das klingt so selbstherrlich, hey Leute, ich spreche total oft mit Opfern und spende auch sehr viel. Furchtbar.

Sag doch Belastungszeuginnen.

Au ja, das klingt schön paragraphig, angenehm technisch,

auch ein bisschen bedrohlich – und irgendwie auch so, als sei man automatisch im Recht und enorm sachkundig. Belastungszeuginnen, sehr gut.

Wir waren jetzt ganz allein im Garten der Universität, spazierten ein bisschen umher, immerhin war ich in meinem Erzählstrom jetzt schon bei der Videokonferenz mit all den Frauen angekommen, die sich ja jetzt an die Öffentlichkeit wenden wollten mit ihren Geschichten, weil sie keine andere Möglichkeit mehr sahen, eine Veränderung der FÜHRUNGSKULTUR in diesem verschissenen Sender herbeizuführen. Und bevor sie das aber taten, wollte ich wenigstens einmal kurz meinen auf Medien- und Persönlichkeitsrecht spezialisierten Anwalt dazu befragen, weil es da ja bestimmt so einiges zu beachten gab. Mit dieser Einschätzung lag ich nicht falsch, merkte ich nun, als er alarmiert ausrief: Sag mal, seid ihr wahnsinnig? Schon diese Videokonferenz, so mein Anwalt jetzt sehr streng, sei juristisch HOCHPROBLEMATISCH gewesen, und wenn er dieses Wort benutzte, erschrak ich immer sehr, was natürlich auch sein Ziel war. Wenn mein Anwalt etwas als »hochproblematisch« einstufte, war das immer so wie dieses energische Berliner Straßenbahnklingeln, bei dem man sofort weiß, okay, jetzt mal lieber ganz schnell rundum alles prüfen und keine falsche Bewegung, sonst tot.

Ich müsse ihm jetzt gut zuhören, das sei wirklich wichtig: Ihm dürfe ich das zwar alles unterbreiten, aber bitte niemandem – hörst du: NIEMANDEM! – sonst, denn für die Weitergabe aller Anwürfe, die ich nicht ausreichend beweisen könne, würde ich unter Umständen HAFTBAR GEMACHT werden können, Verleumdung und so weiter. Und auch die Frauen selbst müssten das dringendst beachten, das solle ich ihnen sehr deutlich machen, bitte.

Na gut. Dass auch – sogar! – der Chefredakteur Persönlichkeitsrechte hatte, obwohl er die anderer Menschen Tag um Tag schändete, fand ich zwar VOM PRINZIP HER natürlich super, RECHTSSTAAT und so weiter, aber jetzt im Detail doch ein bisschen hinderlich. Und ja, dass dieser Gedanke verlogen war, das war mir schon auch klar. Es war natürlich wie mit der Meinungsfreiheit: Ist immer leicht, sich als deren Anhänger und Verfechter zu stilisieren, solange man nicht aushalten muss, dass alles für alle gilt, und dass sonst alles nichts ist; erst da erweist sich, wie ernst es einem ist mit dem Bekenntnis. ABER TROTZDEM.

Nee, nee, nee, beharrte mein Anwalt. GANZ DÜNNES EIS! Er hatte, wie Anwälte das eben tun, schon alle Seiten solcher Fälle vertreten und kannte sich also bestens aus damit, jedenfalls gut genug, um mich zu überzeugen: alles sehr, sehr schwierig. VORWÜRFE DIESER ART seien nun mal ihrem Wesen nach kaum je eindeutig beweisbar, und dann stünde da einfach Aussage gegen Aussage, Fall erledigt.

Aber wenn es doch ein MUSTER VON FEHLVERHALTEN gab, wandte ich ein, diese Formulierung einer der Frauen aus der Videokonferenz hatte mir so gut gefallen. Das wäre dann ja nicht Aussage gegen Aussage, sondern: Aussage gegen Aussagen. Ha! Ich selbst immerhin war kurz doch sehr beeindruckt von dieser Formel, die mir da just eingefallen war, Aussage gegen Aussagen!, er sagt/sie sagen!, das war doch schon wieder gerichtssaaltauglich – eine CONCLUSIO, nach der Stille herrscht, bevor dann Applaus aufbrandet und der Richter mich zum Mittagessen einlädt, um mit mir die Details seiner Urteilsverkündung durchzugehen, ob er noch was vergessen hat. Meinen Anwalt aber ließ das ganz unbeeindruckt. Nein, bringt das nicht irgendwie was, dass es so viele sind? Also, er könne das so aus der Ferne wirklich kaum beurteilen. Wovon er aber doch dringend abraten würde, sei impulsives Vorgehen, bei allem Verständnis für die Lage, wir müssten da jetzt DIE EMOTIONEN RAUSNEHMEN. Sollten diese Frauen jetzt unberaten und ungeordnet an die Öffentlichkeit gehen, das würde in einem Desaster enden. Wenn er mich richtig verstanden hätte, wollten diese Frauen ja jetzt unbedingt AKTIV WERDEN, nun, dann gäbe es eine vergleichsweise nicht ganz so riskante Lösung, und zwar ein Compliance-Verfahren, auch wenn er – das müsse er gleich dazusagen – kein großer Anhänger sei von so was. Aber bevor sie sich an die Öffentlichkeit wandten, also wenn das unsere beiden Optionen seien, dann würde er eher zu einem solchen Verfahren tendieren.

Was heißt denn noch mal Compliance?

Die Compliance-Abteilung hat dafür Sorge zu tragen, dass in einem Unternehmen Gesetze, Richtlinien und spezifische Unternehmensregeln eingehalten werden.

Dann haben die in dem Sender offenbar keine, so, wie es da zugeht.

Natürlich haben die eine, müssen sie ja. Ich kenne den Herrn da sogar, der diese Abteilung bei denen leitet. Undurchsichtige Person, aber was heißt das schon in dem Laden. Trotzdem, der ist zuständig. Und der muss und wird das auch vertraulich behandeln, wenn man sich das ausbedingt – wozu ich wirklich dringend rate.

Also, was genau sollen sie sich ausbedingen, gibt es da einen Terminus?

Ihr müsst sagen, der Sender soll die Frauen freistellen von zivilrechtlichen Ansprüchen, die Dritte gegen sie erheben könnten.

DRITTE, das ist toll! Klingt extrem überzeugend, auch mit dem Konjunktiv danach, perfekt, das muss ich mir sofort aufschreiben.

Aber sicher ist das alles nicht. Ich vertraue diesem Sender einfach nicht. Auch wenn einzelne Leute dort in Ordnung sein mögen, es ist und bleibt, was es immer war – ein Haus des Schmutzes.

Rauchend standen wir da. Mein Telefon klingelte, 089, das ist jetzt bestimmt die Frau von der *TransAtlantik.*

Du sprichst mit niemandem.

Ein Student hatte noch am Fahrradständer gewartet, jetzt kam er auf uns zu. Er hatte in der einen Hand sein Fahrradschloss, in der anderen einen großen Ordner, den er sich jetzt unter den Arm klemmte, um meinem Anwalt die Hand geben zu können, da fiel der Ordner runter, er bückte sich, um ihn aufzuheben, ich auch, wir stießen mit den Köpfen zusammen, er sagte:

Upsi, alles gut? Eine Frage hätte ich noch. Also in Mark Zuckerbergs Metaverse, wenn wir da dann alle einen Avatar haben oder einer sind oder was weiß ich, was der Kollege da genau vorhat, wie ist denn das dann eigentlich da mit den Persönlichkeitsrechten? Hat ein Avatar auch welche?

Mein Anwalt lobte die Frage sehr und sagte, die sei sogar so gut, dass er sich deren Beantwortung aufheben werde für eine der kommenden Vorlesungen.

Dann fuhr der Student davon, sichtlich froh, noch gewartet zu haben und für seine Frage gelobt worden zu sein.

Also gut, ein Compliance-Verfahren, aber schön aufpassen dabei. Mein Anwalt schaute auf seine »Abbey Road«-Sondereditionsarmbanduhr und machte ein terminehabendes Leistungsträgergeräusch. Wir umarmten uns, er ging zu seinem Auto, ich Richtung S-Bahn-Haltestelle. Gerade als ich meine Kopfhörer aufsetzen wollte, rief mein Anwalt mir noch etwas hinterher, ich drehte mich also um, da stand er und sagte mit seinem gemeinsten Lächeln:

Eines noch, letzte Woche hat dein lieber Freund mich abends bei einer Premierenfeier mal wieder zu umgarnen versucht. Weißt du, wie er mich angesprochen hat? »Sie als Organ der Rechtspflege«, hat er gesagt, und dass er DEN GRÖSSTEN RESPEKT habe vor meiner PROFESSION. Was soll denn das bedeuten? Alles bisschen unappetitlich, was mein Haus Ihren Mandanten fortlaufend antut, aber wir können doch abseits dieser Niederungen zivilisiert ein Tässchen

Tee trinken und über Heinrich George debattieren, oder was? Dazu muss man wissen, das war derselbe Tag, an dem ich fünf Abmahnungen an seine Hetzmanufaktur geschickt und vor Gericht in letzter Instanz erwirkt hatte, dass diese amoralischen Widerlinge nichts mehr über den Freitod der Ehefrau eines Fernsehmoderators berichten. Die haben seinen Müll durchsucht und seine Kinder beschattet! Mit so was verdient er sein Geld, dein Freund – und mehr muss man über diesen Mann auch gar nicht wissen. Organ der Rechtspflege, den größten Respekt, jaja, klar. Lächerlich! Wirklich, du irrst dich vollständig in ihm, es gibt kaum einen bigotteren Menschen in diesem Land, aber das sage ich dir ja seit vielen Jahren, vergeblich. Na ja, ruf mich an, wenn's brennt. Wie immer.

Er drehte sich um, winkte weiter, als er sich schon umgedreht hatte, wie ein Sänger nach einem Konzert. Ich mochte ihn sehr gern, und mit ihm befreundet zu sein, war in vielerlei Hinsicht schön, unter anderem auch, weil man dadurch sicher war, nicht sein Gegner zu sein, denn das war wirklich nicht zu empfehlen. In seinen Briefen und erst recht VOR GERICHT war er derart respekteinflößend, dass man eigentlich präziser dazu sagen müsste: respekteintrichternd. Am brutalsten wurde es, wenn er scheinfreundlich bat: Erlauben Sie mir abschließend noch eine persönliche Bemerkung. Was danach kam, war immer derart vernichtend, es waren laserzielfernrohrgenaue Charaktervermisstenanzeigen, gegen die das Jüngste Gericht wahrscheinlich eher so sein würde wie das Einchecken in einem Duz-Hostel. Es gab nur eine einzige Möglichkeit, ihn sprachlos und verlegen zu machen, aber das war sehr aufwändig für seine Gegner vor Gericht und die Empfänger seiner gefürchteten Briefe, denn dafür brauchte man Paul McCartney, und wer hatte den schon griffbereit. Mein Anwalt nämlich war MUTMASSLICH der größte McCartney-Fan mindestens Europas, er wusste und sammelte alles über ihn, und als er ihm einmal leibhaftig begegnet war, da war er an dieser Überforderung auf die liebenswerteste Weise gescheitert. So vieles hatte er McCartney sagen und fragen wollen, doch als er nun unverhofft die Gelegenheit dazu hatte, brachte er nur einen Satz hervor, und zwar den rührendsten, kümmerlichsten überhaupt: »I like your music.« Seither mochte ich meinen Anwalt nicht nur gern, seither liebte ich ihn. McCartney hatte sehr humorvoll und dabei auch nur ein ganz kleines bisschen demütigend reagiert: »Oh, das hat mir noch nie jemand gesagt, vielen Dank!«

Tja, dachte ich, mein Freund müsste, um Frieden zu schließen mit diesem ORGAN DER RECHTSPFLEGE, einfach nur Paul McCartney kaufen, aber dafür war wahrscheinlich nicht mal er reich genug. Da müsste er schon seinen Freund Elon um Hilfe bitten, Hochhauskonzert auf dem Mars oder so, warum auch nicht? Wäre doch toll für die Meinungsfreiheit.

Let it be, let it be, let it be, let it be – nichts gegen Potsdam, aber als ich endlich wieder IN DIE STADT, also nach Berlin zurückfuhr, hatte ich einen nicht mal mit Gegenmusik aus dem Kopfhörer besiegbaren »Let it be«-Ohrwurm, es war unmöglich, mit meinem Anwalt zu sprechen, ohne anschließend stundenlang irgendwelche Beatles-Lieder im Hinter-, oft sogar im Vorderkopf zu haben. When I find myself in times of trouble – ja, das konnte man wohl singen. Wie ja jeder Mensch weiß, war mit »Let it be« hier nicht »Lass es sein«, im Sinne von »Lass es bleiben« gemeint, sondern »Lass es (alles) so sein, wie es ist«. Also im Grunde Buddhismus; jedenfalls nicht Lennon-Verneinung, sondern McCartney-Umarmung. Das kam aber natürlich – beides! – überhaupt nicht infrage: weder Kapitulation noch Akzeptanz. Deshalb rief ich schnell Sophia an, endlich gab es jetzt eine Form, einen Begriff, eine Richtung: ein Compliance-Verfahren. Dafür brauchten wir natürlich aussagewillige BELASTUNGSZEUGINNEN und eine Garantie des Senders für, Moment, ich hatte es ja genau notiert: Freistellung von zivilrechtlichen Ansprüchen, die Dritte gegen sie erheben könnten! Eine Formulierung WIE DONNERHALL. Knallharte Bedingungen! Ich fühlte mich sehr juristisch. Auch Sophia hatte unterdessen einen Anwalt befragt, der ihr mal geholfen hatte, aus einem Mietvertrag herauszukommen oder so, eine weitere David-Steinschleuder der Bonobo-Gruppe, aber irgendwie mussten wir ja weitermachen. Dieser Anwalt hatte ebenfalls abgeraten, sich direkt an die Öffentlichkeit zu wenden, und auch er hatte ein Compliance-Verfahren als zwar nicht perfekte, aber doch sicherere Alternative empfohlen.

Wir hielten unser Telefonat kurz, weil wir uns ja sowieso gleich sehen würden, ich musste nämlich kurz in meine Wohnung, um von dort endlich ein paar Wintersachen mit ins Hotel zu nehmen, noch immer kleidete ich mich ja mit den Sachen aus meinem L.A.-Gepäck, und es war mittlerweile wirklich zu kalt geworden, so schön meine Lila-metallic-Lakers-Jacke auch war. All die Sommerjacken, die taschentuchdünnen Hosen, die eher kühlenden als wärmenden Unbeschwertheitssommerkaschmirpullover, die Leinenschuhe und Badehosen, zwischen denen ich allmorgendlich irgendwas halbwegs Winterprobates suchte, raunten mir Tag um Tag höhnisch zu, dass dieser Berlin-Winter ein Fehler war.

Als wir aufgelegt hatten, war der »Let it be«-Ohrwurm besiegt. Alles so belassen, wie es ist, pah, so weit kommt's noch! Mein zitatesüchtiger Freund, dachte ich, würde dazu passend nun ganz gewiss ein beschissenes BONMOT einflechten, das er fälschlicherweise immer Johannes Gross zuschrieb, obwohl ich ihm schon hundertmal gesagt hatte, dass Gross es bloß – leicht modifiziert – geklaut hatte von Marie von Ebner-Eschenbach; ungeachtet dessen sagte mein Freund ungefähr einmal pro Abend, dazu (zu irgendwas) könne er jetzt nur DEN GIGANTEN Johannes Gross zitieren: »Der Klügere gibt nach? Ja, wo kämen wir denn da hin?«

Als ich in meine Wohnung kam, erschrak ich kurz, denn Sophia fing schon wieder an, Zettel an die Wände zu kleben. Diesmal aber war sie nüchtern, und anders als beim letzten Mal wirkte diese Zettelhängung auch außerhalb von Sophias Kopf verständlich, zum Beispiel in meinem. Auf jedem Zettel das Foto einer BELASTUNGSZEUGIN, Telefonnummer und Mailadresse, dazu kurz skizziert die jeweilige Geschichte – und ein neonfarbener Klebestreifen. Es gab fünf Farbkategorien, und die waren sogar noch AUFGESCHLÜSSELT in einer über dem Lichtschalter klebenden LEGENDE:

safe dabei / dabei, wenn … / überlegt noch / Angst / no chance

Jetzt beginne unsere Arbeit, erklärte Sophia, ich müsse mir das so vorstellen wie bei einem GESETZESVORHABEN, wenn also Politiker in ihrer eigenen Fraktion lauter Einzelgespräche führen müssten und in kleine bis mittelschmutzige Tauschgeschäfte einwilligen, um eine Abstimmungsmehrheit herbeizuführen. Zwar trage bislang ausschließlich der Zettel mit ihrem eigenen Gesicht drauf den »safe dabei«-Farbklebestreifen, und ja, die »no chance«-Sektion sei überproportional vertreten, aber jetzt komme es eben auf unser Verhandlungsgeschick und unsere Überzeugungskraft an. Wir würden die Zettel gerecht aufteilen, für jeden von uns beiden ein paar Härtefälle, aber auch jeweils ein paar leichter umzustimmende Frauen. Und die würden wir dann also ABTELEFONIEREN. Ach so, und der Anwalt habe ihr noch gesagt, am besten müsse sich den Fall oder die Fälle AUCH MAL EIN ARBEITSRECHTLER ANGUCKEN, aber wir kannten beide keinen, und jetzt sollte es ja auch endlich mal losgehen. Mir gefiel die Geschwindigkeit der Vorgehensweise, aber musste nicht irgendwer jetzt auch noch den Sender dazu bewegen, dieses Compliance-Verfahren überhaupt einzuleiten? Ach, das hätte ich noch gar nicht getan? Na, dann los!

Also schrieb ich meinem Freund:

Es gibt noch viel mehr Opfer bei euch im Haus, habe mit vielen weiteren gesprochen. Du musst da jetzt endlich eingreifen.

Ich schickte die Nachricht ab, las sie dann Sophia vor, die sich enttäuscht zeigte, viel zu lasch, fand sie, außerdem hätte ich ja nun doch wieder »Opfer« geschrieben und nicht »Belastungszeuginnen«, noch dazu den Begriff Compliance-Verfahren gleich ganz weggelassen – also die nächste Nachricht an meinen Freund wolle sie aber bitte vor dem Absenden prüfen. Zwei graue, dann zwei blaue Haken zeigten, dass mein Freund die Nachricht bekommen und auch bereits gelesen hatte. There will be an answer – let it auf gar keinen Fall so bleiben, wie es ist. Das ist ein Test, sagte ich, eine Zweistufenrakete, lass uns ein bisschen warten. Du kannst mich währenddessen beraten beim Zusammensuchen meiner Winterkleidung, eine Reisetasche voll, mal das Nötigste. Jacken, Mäntel, Schals, Mützen, und wenn wir zwei zueinander passende finden: sogar Handschuhe.

Das Durchsuchen meiner Schränke mit Sophia als Kuratorin machte Spaß, ihre Geschmacksurteile über meine Winterkleidung waren sehr entschieden und mitunter auch auf amüsante Art verletzend. Es war auch ein bisschen absurd, weil wir ja Gepäck zusammensuchten für eine Reise, die längst begonnen hatte. Die Tasche ging schon kaum mehr zu, aber ein TEIL, wie Sophia natürlich sagte, ein Teil müsse ich trotzdem noch mit ins Hotel nehmen: Dieses sick voluminöse Schlafsackdaunenteil muss noch mit, erstens, weil es bald superugly wird draußen. Und zweitens für unser Entertainment, damit diese Ich-spreche-fließend-sarkastisch-Birgit aus der Selbsthilfegruppe dann sagt, du sähest aus WIE EIN MICHELINMÄNNCHEN, voll Bock drauf. Läuft ja übrigens super, deine Testrakete.

Eine halbe Stunde war vergangen, keine Antwort von meinem Freund, aber das war ganz im Sinne meines Tests, gleich käme ja Stufe zwei. Wir setzten uns auf den Boden und rauchten. Sophia schaute auf die BELASTUNGSZEUGINNEN-Wand und erzählte mir von dem Gespräch mit ihrem eigentlich ja auf Mietrecht spezialisierten Anwalt. JURISTISCH HOCH SCHWIERIG sei das alles, habe der gesagt, das läge an der aktuellen unzureichenden Rechtslage und so weiter. Wir müssten unbedingt so viele Beweise wie möglich von den Frauen erbitten, Nachrichten vom Chefredakteur, Fotos, Videos, Tonaufnahmen, alles könne helfen. Genau wie mein Anwalt habe auch ihrer dringend geraten, dass alle Frauen auf einer Anonymisierung ihrer Aussagen im Abschlussbericht bestehen sollten. Aber das habe eben den Nachteil, dass der Chefredakteur dann immer weiter lügen könne, es sei doch klar, wie das dann abliefe: Alles viel zu allgemein, würde er sagen, ohne Namen und konkrete Vorwürfe sei es ihm ja auch gar nicht möglich, sich im Detail zu verteidigen, alles nur Gerüchte, Fiktion, Lügen. Und dann? Die Aussagen der Frauen abzuwägen gegen seine Lügen, das liege dann IN DER HAND des Senders, habe ihr Anwalt gesagt. Und ob es da mal bloß gut läge? Nicht dass die uns verarschen!

Können sie nicht, werden sie nicht – ich klang jetzt wahrscheinlich etwas überzeugter als ich war, aber es brachte ja nichts, wenn wir beide gleichzeitig zweifelten; es war besser, wenn wir uns damit abwechselten. Warte mal, ich mache ihm jetzt Angst, nächste Eskalationsstufe! Es ist so trostlos, aber ich glaube, darauf wird er sofort reagieren, pass auf, ich schreibe:

Ganz kurz mal, hat dich auch schon die *TransAtlantik* angerufen wegen der Sache?

Acht, vielleicht sogar zehn Sekunden dauerte es, da rief mein Freund auch schon an. Was da los sei, ob ich etwa mit der *TransAtlantik* gesprochen hätte? Eine der Frauen? Bloß nicht! Das sei nämlich eine Falle! Ach so? Jaja, eine Kampagne. Es sei doch nun mal so, der Chefredakteur verkörpere einfach das Feindbild dieser selbstgerechten, gleichgeschalteten, regierungshörigen, linksgrünversifften Bubble. Man müsse es in dieser Klarheit ja auch einfach mal sagen. Eine der wenigen Stimmen, die sich noch traue, GEGEN DEN ZEITGEIST anzusenden, da sei es doch völlig klar, dass nach irgendwas gesucht werde, um ihm zu schaden. Der Chefredakteur sei nun mal UNBEQUEM, er POLARISIERE und mache sich mit jeder Sendung unbeliebt bei den Mächtigen, und deshalb müsse man solche Anwürfe immer sehr genau auf ihren wahren Absender und dessen Motivation hin überprüfen. Das sei ein ABGEKARTETES SPIEL.

Ja, lieber Michael Wendler, das ist ja alles sehr interessant, aber ich glaube, Sie haben sich verwählt, sagte ich. Doch mein Freund wusste natürlich gar nicht, wer Michael Wendler ist.

Die Zahl der BELASTUNGSZEUGINNEN, mit denen ich mittlerweile gesprochen hatte, beeindruckte ihn dann allerdings doch. Eben noch auftrumpfend, welterklärend, von ganz oben im Turm herab, wurde er nun sehr nervös, wie von mir beabsichtigt, und das gab mir die Gelegenheit, ein bisschen eklig zu werden. Klar, das seien viele, aber die *TransAtlantik* sei ja andererseits auch, soweit ich wüsste, MIT VIER LEUTEN AN DER GESCHICHTE DRAN, die würden das schon bewältigen können. Endlich, nach all den Monaten, in denen ich versucht hatte, ihn dazu zu bewegen, sich dieser Sache ernsthaft anzunehmen, hatte ich jetzt erstmalig das Gefühl, tatsächlich zu ihm DURCHZUDRINGEN. Was kann ich tun, fragte er, und endlich klang das einmal so, als würde meine Antwort ihn wirklich interessieren. Es gäbe eine Möglichkeit, eventuell, sagte ich und zögerte die Auflösung heraus, um seine Panik und damit hoffentlich seine Aufklärungsbereitschaft noch zu vergrößern. Alles nicht sehr sympathisch von mir, ABER WER HATTE DENN ANGEFANGEN? Vielleicht zerbrach in diesem Moment unsere Freundschaft.

Jetzt war es ein MACHTSPIEL, zumindest agierte ich nun taktisch, was mir nicht gefiel, gerade weil es zu funktionieren schien.

Alles, was du willst oder was ihr wollt, bitte, du kannst mich jetzt nicht im Stich lassen, barmte er.

Dir ist schon klar, dass ich dich genau vor dieser Situation monatelang habe bewahren wollen, oder?

Das weiß ich doch.

Also, diese Frauen, mit denen ich gesprochen habe, die arbeiten für deinen Scheißsender und vertrauen doch der *TransAtlantik* mehr als euch. Das kannst du jetzt Kampagne nennen oder sonstwie abtun, aber du könntest es auch einfach mal hinnehmen als Befund. Ich schreibe dir zum tausendsten Mal etwas über die Opfer bei euch im Haus – du antwortest nicht, ist dir alles egal. Doch, ist es, lass mich weiterreden. Dann erwähne ich die *TransAtlantik*-Recherche – und plötzlich meldest du dich innerhalb von Sekunden. Öffentlichkeit bringt also Schwung rein, gut. Dann gibt es jetzt zwei Möglichkeiten: Entweder ermutige ich jetzt alle, die das nicht sowieso schon tun, mit der *TransAtlantik* zu sprechen, denn wenigstens die scheinen diese Sache ernst zu nehmen. Oder du initiierst jetzt sofort ein Compliance-Verfahren, aber ein vernünftiges. Das muss jemand machen, der diesen Schwachkopf siezt. Jemand, der keine Angst vor ihm hat und vor dir auch nicht. Also jemand von außen.

Eine EXTERNE KANZLEI, flüsterte Sophia.

Eine externe Kanzlei, sagte ich BEKRÄFTIGEND. Es war deprimierend, wie einfach es plötzlich zu werden schien, diese Art Spiel jetzt also, die ich verachtete – eine angedeutete Drohung, Erpressung ja fast, und sofort änderte mein Freund seinen Ton, seine Haltung, die jetzt zu einer OPERETTENHAFTEN Dienstbotenbeflissenheit schmolz:

Das ist die beste Idee, die du jemals hattest. Natürlich! Deshalb haben wir ja eine externe Kanzlei, die spezialisiert ist auf genau so was, das wird ultrakorrekt ablaufen. Hervorragend, genau richtig jetzt. Sobald wir aufgelegt haben, leite ich das in die Wege. Kannst du denn, äh, also könntest du denn – ich meine, die Frauen, die machen da dann auch mit?

Ich kann es versuchen, sie dazu zu bringen, ja. Aber du musst mir wirklich versprechen, dass du damit verantwortungsvoll umgehst.

Das ist doch klar.

Ja, weiß ich nicht, wie klar das ist. Ab jetzt keinen Scheiß mehr. Ich möchte diese Frauen nicht enttäuschen – und du darfst sie nicht enttäuschen. Letzte Chance jetzt.

Du hast mein Wort.

Gut. Dann los.

Danke dir, du bist ein wahrer Freund. I'll keep you posted.

Als wir aufgelegt hatten, fragte Sophia mit einigem Recht, was DAS denn jetzt war. Krasse Scheiße, als der am Anfang so verschwörungsmäßig abging, analysierte sie weiter, ich meine, ausgerechnet er unterstellt der *TransAtlantik* eine politische Kampagne – was macht denn sein eigener Sender den ganzen Tag lang? Und das duldet er ja nicht nur, er gibt das ja teilweise sogar durch. Kampagne, yo, Alder, stabile PROJEKTION. Geil auch, wie unterwürfig der plötzlich wird, wenn er Schiss hat. Ich glaube, der macht das jetzt echt. Und wir können den anderen diesen Zaubersatz sagen, der eigentlich immer funktioniert in dem fucking Turm: DAS KOMMT VON GANZ OBEN. Hehe. Wirklich nicht so schlecht, dein geiler Trick da vorhin. Dann lass mal jetzt die BELASTUNGSZEUGINNEN aufteilen. Das Wort hast du übrigens schon wieder nicht benutzt, ich sag's nur.

Ich schrieb noch auf jeden Belastungszeuginnenprofilzettel diesen Satz von meinem Anwalt, damit wir den nicht vergaßen, der Sender müsse sie freistellen von zivilrechtlichen Ansprüchen, die Dritte gegen sie erheben könnten.

Dann musste ich los, Palina Rojinski hatte mich für diesen Abend als Gast ihres Podcasts eingeladen, ich freute mich darauf, war überhaupt plötzlich fast schon beängstigend gut gelaunt, jetzt also mit einer Tasche voller Winterkleidung (dazu noch der riesigen Daunenjacke, die nicht reingepasst hatte) und einem Plan, mit dem sich schließlich doch noch alles zum Guten würde wenden können. Hallo Schneeregen, ich liebe auch dich, Berlin, meine Stadt – dann sind wir Helden, für eine Nacht.

In Palinas Studio lagen weihnachtliche Tannenzweige, die ich beim Sprechen sorgfältig entnadelte, so dass gen Gesprächsende vor mir auf dem Tisch die geschändet aussehendenen Zweige lagen und die Nadeln separat, es wäre leicht gewesen, mir per Blickdiagnose eine mittlere Zwangserkrankung zu attestieren, aber Palina überging das höflich. Wir sprachen eine gute Stunde lang, es war alles sehr angenehm, und am Ende der Aufnahme kam noch Palinas berühmtes Tarotkartenlegen, von dem ich mir natürlich gar nichts versprach, aber das wurde auch gar nicht verlangt.

Ich hatte im Sommer nach meinem Abitur mal ein paar Wochen für eine Kartenlegerin gearbeitet, meine Aufgabe war es da gewesen, auf Volksfesten und Marktplätzen Kunden in ihr lilafarbenes Samtzelt hinein zu überreden, ich bekam zwanzig Prozent der Einnahmen und war gar nicht mal so schlecht darin. Und weil ich eben so viele Stunden lang vor dem Zelt der Kartenlegerin zugebracht hatte, glaubte ich recht bald, ihren Trick durchschaut zu haben: Sie stellte geschickte Fragen, die sie dann, bei positiver Reaktion, mitten im Satz in Aussagen umformte. Und die Kunden merkten sich vor allem die paar Zufallstreffer, während sie die Fehlzuschreibungen viel eher vergaßen, und so verließen sie zumeist beeindruckt das Zelt, erzählten den vor dem Zelt Wartenden irgendein ganz unglaubliches Detail, immer versehen mit der Kopfschüttelformel: Das KONNTE die gar nicht wissen! Na ja, es roch immer sehr gut nach Räucherstäbchen, die Kartenlegerin war sehr nett – und ich bekam eben zwanzig Prozent. Diese Erfahrung, addiert mit den Jahren des düsteren Schreckensregimes in meinem christlichen Elternhaus, all das hatte mich natürlich für alle Zeit extremsäkularisiert und mit geradezu allergischen Abwehrreaktionen auf alles Übersinnliche ausgestattet – aber dann kam Palina Rojinski mit ihren Tarotkarten, und es war eine so einnehmende Prozedur, dass ich meine Hokuspokusskepsis ausblenden konnte. Ihr war es offenkundig egal, ob ich nun DARAN GLAUBTE oder nicht, und wahrscheinlich deshalb LIESS ICH MICH DARAUF EIN.

Palina breitete vor mir auf dem Tisch zig verdeckte Karten aus und sagte, ich möge mir ruhig Zeit lassen, eine auszusuchen, doch, doch, ich würde dann schon genau wissen, welche die richtige sei. Ich erwartete gar nichts und spielte aber mit, weil nicht mitspielen ja immer langweilig ist. Also ließ ich meine rechte Hand eine Weile lang wie einen Scanner über die Karten schweben, und auch wenn es mir nicht behagte und ich mich immer noch in einem milden Ironiemodus befand, bereit zu allem, auch zum Gläserrücken oder so, wenn es denn Spaß machen würde, aber tatsächlich hatte ich plötzlich das Gefühl, dass es genau diese eine Karte da, links oberhalb der Mitte, sein musste, ja, die und nur die. Sonderbar.

Links oben ist gut, das ist Empfang, sagte Palina, was ich nicht zu deuten wusste, aber es klang ja erst mal nicht schlecht. Ich durfte die von mir ausgewählte Karte umdrehen. Im Stil eines düsteren Märchencomics gehalten, war darauf ein brennender Turm abgebildet, in den ein Blitz einschlug, zwei Menschen sprangen oder fielen aus diesem Turm, mit ihnen stürzte eine übergroße Königskrone aus der Turmspitze, dazu Wolken, Funken, ziemlich viel los also auf dieser tatsächlich »Der TURM« betitelten Karte, die mir schon wegen ihrer Nummerierung gefiel, XVI, also sechzehn, gut teilbar durch meine Lieblingszahl, die Acht.

Palina fixierte mich und die Karte, die ich neben mein Gesicht halten musste, sie schaute und schaute, machte Grübelgeräusche, es war alles ein bisschen seltsam, aber nicht unangenehm, irgendwie waren wir gerade ganz woanders. Dann durfte ich die Karte ablegen, und Palina begann mit der Deutung:

Stell es dir so vor, du hast erkannt, dass das, woran du geglaubt hast und was dir anerzogen wurde, wo du herkommst, das müssen nicht unbedingt die Eltern sein, es können auch andere autoritäre Personen sein in deinem Leben – also das ist so ein ganz altes Herrschaftsprinzip, das nicht mehr funktioniert. Und du räumst da jetzt gehörig auf. Aber so richtig. Du schmeißt Sachen raus, ohne Wenn und Aber. Es ist auf jeden Fall eine gewisse Turbulenz dahinter, aber nach dem Turm kommt der Stern. Es sind noch Wolken da, aber du siehst schon das Licht. Du musst es jetzt wirklich schaffen, diesen dunklen Part abzuschütteln. Loslassen. Und das kannst du aber erst machen, wenn diese zwei Menschen raus sind aus dem Turm. Davor geht es nicht.

Jetzt wusste ich auch nicht so recht weiter – einerseits war es schwierig, wenn nicht gar unmöglich, diese Turmkarte nicht auf meine gegenwärtige Lage zu beziehen, doch andererseits fürchtete ich, dann nicht mehr weit entfernt zu sein von dem Dummkopfsatz »Ich glaube nicht an Zufälle«. Aber es ging schon los, und ich konnte nichts dagegen tun. Zwar hatte ich eine wohlbegründete Abneigung gegenüber allem Metaphysischen, zumindest so Religionskram, dafür immerhin war mein schauderhaftes Elternhaus ja nützlich gewesen – niemand hat diesen Schwachsinn wohl je schöner zusammengefasst als die Komikerin Cathy Ladman: »Alle Religionen laufen auf dasselbe hinaus: Schuldgefühle mit unterschiedlichen Feiertagen.« Doch natürlich ist man in einem Moment der Schwäche immer besonders anfällig für so was. Wenn man gar nichts mehr weiß, fängt man an zu glauben. Da wird es schnell ein bisschen dümmlich, aber jetzt war es wohl so weit. So, wie man den Drang zu niesen immer erst bemerkt, wenn sich das Niesen schon nicht mehr verhindern lässt, spürte ich eine »Eigentlich …, ABER«-Argumentation sich in mir verfestigen. »Normalerweise glaube ich ja nicht an so was, ABER« ist natürlich eine grauenhafte Unfugsouvertüre, vergleichbar mit der sagenhaften Schrottschleuse »Ich sage das jetzt nicht, weil ich breit bin«. Und natürlich hätten auch viele, viele andere Menschen das zufällige Ziehen dieser Turmkarte FÜR EIN ZEICHEN GEHALTEN, und jeder von ihnen natürlich für ein anderes, ganz individuelles Zeichen – Uwe Tellkamp beispielsweise wäre ja bestimmt auch GEFLASHED von dieser Karte. Und da wäre ich dann sehr gerne nicht dabei. ABER! Aber egal, die Turmkarte MACHTE WAS MIT MIR. Was genau, wusste ich noch nicht, aber auf jeden Fall war es viel. Und Palina wirkte auch nicht so, als ob sie mich gerade veralbert hätte. Ohnedies hatte ich sie betreffend ein starkes Grundvertrauen, seit wir mal zusammen in der Kantstraßen-Karaoke-Bar »Daylight in Your Eyes« von den No Angels und »Du trägst keine Liebe in dir« von Echt gesungen hatten. So jemand verarscht einen nicht. Ich fotografierte die Karte, dieses Bild vom brennenden Turm und den beiden herausstürzenden Alt-Herrschern würde ich möglicherweise noch gut gebrauchen können. Ich dankte Palina, umarmte sie und stellte ihr schnell noch die entscheidende Frage:

Gehen wir bald mal wieder singen?

Auf jeden Fall. Sowieso, du kommst jetzt in eine gute Phase, ich sag's dir, in der Turmkarte liegt für dich sehr, sehr, sehr viel Kraft. Es geht vor allem um Kraft, und die Kraft ist aber da. Du weckst jetzt sozusagen den Gorilla in dir. Es ist, als ob jetzt eine Revolution passiert.

Angstfreie Speak-up-Kultur

Wir brauchen mehr Frauen!, schrieb mein Freund mir, und über diesen Satz lachte ich etwa einen halben Tag lang, dann machte ich einen Screenshot und SCHICKTE IHN IN DIE GRUPPE. Die Reaktionen zeigten einmal mehr, wie viele Emojis es doch gibt. Wenn Sprache endet – doch was sollte man dazu auch noch SAGEN? Mein Freund aber verstand die Ironie gar nicht, er meinte das tatsächlich so: mehr Frauen! Es müssten noch viel mehr Frauen teilnehmen an dem Compliance-Verfahren, und vor allem MIT KLARNAMEN, sonst könne man damit kaum etwas anfangen, ich müsse denen bitte deutlich machen, dass der Sender hier jetzt angewiesen sei auf ihre Kooperation, er begreife gar nicht, warum die Frauen so wenig Vertrauen hätten in DAS HAUS, sagte mein Freund ungeduldig, er sagte das wirklich. Und leider war sein Ton schon wenige Tage nach Beginn des Compliance-Verfahrens wieder gar nicht mehr so zugewandt. Und wenn er dann seine auswendig gelernt wirkenden Automatiksätze absonderte, »Ich gehe dem mit Hochdruck nach, wir nehmen solche Vorwürfe sehr ernst«, so sagten jedoch zugleich sein Ton, seine Augen, sein im Selbstverteidigungsmodus versteifter Körper: Lass mich in Ruhe damit, du störst meine Fiktion, wir sind nämlich verdammt noch mal die modernste Multimediabude Europas!

Mehr Frauen also, die sich nicht feige hinter der Anonymität versteckten – na ja, ob aus dieser Zurückhaltung nun tatsächlich Feigheit sprach oder nicht doch eher Erfahrung? Ich erinnerte meinen Freund an den Fall jener Redakteurin, die in irgendeiner Wahlnacht die Tür zum Büro des Chefredakteurs geöffnet hatte, um ihm Ausdrucke neuester Stimmauszählungsergebnisse zu bringen, und ihn dort in einer KOMPROMITTIERENDEN SITUATION angetroffen hatte.

Er schreckte hoch, schaute sie an, sie stand da und sagte, um einfach irgendwas zu sagen, äh, Die Linke schafft's wohl nur über Direktmandate, schloss dann schnell die Tür und ging zurück zu ihrem Schreibtisch. Noch bevor sie den erreicht hatte, rief der Chefredakteur sie an und drohte, wenn sie irgendwem erzählen würde, was sie da gerade zuvor gesehen hätte, dann werde er sie VERNICHTEN. So, und dieser Frau also zum Beispiel solle ich jetzt sagen, sie möge sich doch bitte mal nicht so anstellen und gefälligst ihre Aussage vollständig freigeben, ohne albernes Pseudonym, was habe sie schon zu befürchten, sie könne doch diesem Sender nun wirklich vertrauen? Ach, das sei doch jetzt REINE POLEMIK, sagte mein Freund, so wie er das immer sagte, wenn ihm in einer Auseinandersetzung nichts mehr einfiel. Nicht mal mit einer wunderbaren Grundsatzfrage, die ich von Sophia übernommen hatte und die man viel öfter stellen sollte, kam ich weiter: Sag mal, bist du dumm, oder was?

Ein paar Frauen von unserer Liste hatten Sophia und ich zwar schon zur Aussage überreden können, aber sie alle hatten, dem anwaltlichen Rat folgend, darum gebeten, anonym auszusagen. Die EXTERNE ANWÄLTIN konnte also alles fragen, sie konnten alles sagen, schließlich war die Anwältin zur Verschwiegenheit verpflichtet, wenn nichts Anderes vereinbart wurde. Für den späteren Abschlussbericht müssten diese Aussagen dann eben anonymisiert werden und so vernebelnd umgeschrieben, dass die Identität der Frauen nicht herauszulesen wäre. Das machte es zwar etwas komplizierter, aber es ging offenbar trotzdem, die meisten Gespräche dauerten jeweils mehrere Stunden, und die Anwältin, berichteten die Frauen hinterher, sei sehr freundlich und verständnisvoll gewesen. Diese Aussagen fanden per Videotelefonat stand, die Frauen sahen sich jener Anwältin gegenüber, flankiert von zwei Anwälten, die manchmal auch etwas fragten, zumeist aber bloß mitschrieben und, laut Sophia, so guckten, als ob sie sich vorgenommen hatten, ganz besonders EMPATHISCH RÜBERZUKOMMEN, was ihnen wohl auch gelang. Zwar fragten sie jede Frau, ob sie deren Aussage namentlich kenntlich machen dürften, drängten aber niemanden dazu; auch anonym seien die Aussagen wertvoll, um nämlich EIN GESAMTBILD ZU ZEICHNEN. In den Befragungen ging es zunächst immer etwas genant um DAS ARBEITSKLIMA, der Hauptteil der Fragen aber zielte dann auf zwei recht spezifische SUJETS: Frauen und Machtmissbrauch.

Das so mehr und mehr ausgemalte GESAMTBILD, von dem diese externe Anwältin in jeder Befragung sprach, ergab in unseren Hochrechnungen schon bald einen prunkvollen Klappaltar des Fehlverhaltens – oder, wie Sophia es kunstgeschichtlich einzuordnen wusste: Dieses Gesamtbild da, das wird eine verfickte Hieronymus-Bosch-Hölle, in full effect, Alder.

Bislang war noch keine BELASTUNGSZEUGIN aus den Sophia-Kategorien »Angst« und »no chance« dabei, aber wir sprachen täglich mit fast allen: Wenn die aussagt, bin ich auch dabei; wenn jene aussagt, bin ich nicht dabei, denn die wird lügen; wenn ich das erzähle, müsste eigentlich er seinen Job los sein, aber wie ich den Laden kenne, bin am Ende nur ich meinen Job los, weil er dann nämlich jenes behauptet. Na gut, dann sage ich eben aus – einfach nur, damit ihr beiden mir nicht mehr aufn Zeiger geht, ihr seid ja echt penetranter als die Lidl-Werbung bei YouTube.

Es war komplexer als das Erstellen einer Hochzeitstischordnung für eine infernalisch zerstrittene Großfamilie. Und obwohl ich ja Sophias Zettel mit all den Namen, Fotos und Kurzbeschreibungen immer zur Hand hatte, wusste ich oft mitten in den Gesprächen plötzlich nicht mehr, mit welcher der Frauen ich gerade sprach – es waren einfach zu viele und ihre Erzählungen einander zu ähnlich. Ja, das berühmte Muster, das MUSTER VON FEHLVERHALTEN. Das war in jeder einzelnen Geschichte erkennbar, aber mit wem sprach ich da nun gerade noch mal?

Und dann hat er dies und dann hat er das, aber was sollte ich denn machen, ich war doch noch in der Probezeit.

Ach so, die mit der Probezeit. Hinzu kam, dass mich nun auch noch Frauen anriefen, die noch gar nicht auf unserer Liste waren. Offenkundig hatte es sich im Senderturm herumgesprochen, dass man mir alles erzählen könne – was sie dann leider auch alle taten. Ich war komplett überfordert, aber die Frauen ja erst recht, also wäre es lächerlich gewesen, meine Überforderung zu formulieren, und so gab ich den ERST MAL ZUHÖRENDEN Vertrauenslehrer, nein, du störst nicht, natürlich kannst du mir das erzählen, und es ist doch überhaupt nicht schlimm, dass du eben kurz mal weinen musstest, ich an deiner Stelle würde auch weinen, das kann ja auch helfen, Katharsis und so weiter. Und sag mal, magst du das alles nicht vielleicht einfach auch noch mal dieser EXTERNEN ANWÄLTIN erzählen?

Ein bisschen war es auch so wie damals, als ich vor dem Zelt der Kartenlegerin in Hannover die Passanten überredete, doch mal eine Lebenswettervorhersage in dem lila Zelt zu buchen, ohne genauer zu wissen, was da in dem Zelt passierte (irgendwas mit Zukunft, auf Basis der Vergangenheit).

Unterdessen hatte mein Freund den Chefredakteur über den Beginn des Compliance-Verfahrens informiert, informieren müssen, wie er sagte, und der Chefredakteur habe ihm gegenüber glaubhaft versichert, so mein Freund, dass all diese Behauptungen falsch seien, erfunden, erlogen, und er habe auch angeboten, REINSTEN GEWISSENS eine eidesstattliche Versicherung zu unterschreiben, dass er niemals seine Macht missbraucht hätte.

Ach wirklich? Eine eidesstattliche Versicherung hat er dir unterschrieben? Das klingt ja zunächst mal super, aber du bist ja, soweit ich weiß, kein Gericht, und dann hat so was ziemlich genau die juristische Wucht eines Sheriffsterns aus einer Cornflakespackung. Das ist doch BAUERNTHEATER.

Es gilt die Unschuldsvermutung!

Jetzt ist es wirklich Bauerntheater.

Also, er habe jetzt auch nicht viel Zeit, er müsse IN EIN MEETING, aber die Frauen müssten sich schon die Frage gefallen lassen, warum sie jetzt so zaghaft agierten, dieses Compliance-Verfahren sei doch schließlich unsere Idee, unser Wunsch gewesen. Gerüchte flüstern, anonyme Anschuldigungen VENTILIEREN, das könne jeder, aber wenn man so was behaupte, so mein Freund, DANN MUSS MAN AUCH DAZU STEHEN!

Ach, ist das so?

Nein, wirklich, das ginge so nicht, beharrte er, und er gab also schon wieder Befehle, jetzt auch mir. Wenn er sagte, »Wir müssen jetzt«, meinte er damit, ich solle jetzt bitte endlich mal; wenn er behauptete, »Wir werden uns das dann in Ruhe ansehen«, bedeutete das, in seiner Blackbox war er der Kapitän, und zu erwarten hätten wir von ihm rein gar nichts. Es gäbe Abläufe! Hierarchien! Regeln! Jetzt nämlich plötzlich doch. Ach, was verstünde ich schon davon. Sein Stress, das war unmissverständlich, sollte meiner werden, meine Forderungen sollten sein Problem nicht werden, ich sei jetzt GEFORDERT und müsse diese Frauen umgehend dazu bewegen, all ihre Aussagen namentlich zu kennzeichnen und MIT OFFENEM VISIER ZU KÄMPFEN.

Ich wurde immer wütender auf ihn, unsere Gespräche

verliefen von Tag zu Tag unangenehmer. Er blieb dabei, wir bräuchten mehr Frauen; ich fand die Formulierung immer noch grotesk in diesem Zusammenhang, zumindest lustig. Und warum eigentlich »wir«? Wer waren denn jetzt diese Wir schon wieder? DIE GROSSE MEHRHEIT UNSERES LANDES ja wohl ausnahmsweise mal nicht. Ich verstand es so: DIE brauchten wohl noch mehr unanonymisierte Zeugenaussagen – und ICH sollte mich darum kümmern. Es waren also einmal mehr die MUTMASSLICHEN (er nannte sie, nachdem ich das mehrfach GERÜGT hatte, jetzt immerhin auch nicht mehr »die angeblichen« oder »die vermeintlichen«) Opfer, die so allerlei mussten, während der wutmaßliche Chefredakteur weiterhin praktisch alles durfte – zum Beispiel: während der Untersuchung im Amt bleiben. Und weiter rumschreien, bloßstellen, verhöhnen, hetzen, jetzt erst recht. Ein guter Arbeitstag in diesem Sender zeichnete sich dadurch aus, so hatte eine Frau es mir erklärt, dass man diesen Tag überstanden hatte, ohne dass der Chefredakteur einen fertiggemacht hatte. Sein Verhalten und seine schiere Präsenz schüchterten natürlich die BELASTUNGSZEUGINNEN fortlaufend ein, dennoch gab es Mutige, die voranschritten, woraufhin andere es ihnen gleichtaten. Es wurden täglich mehr.

Offiziell war es noch nicht bekanntgegeben worden, aber natürlich hatte es sich im Senderturm sehr schnell herumgesprochen, dass es dieses Verfahren gab, und selbstverständlich versuchte in den Tagen der Untersuchung jeder dort herauszufinden, wer wohl die Rädelsführer und Konspirateure dieses Aufstands waren, das war schließlich die GELERNTE Denkrichtung: Wenn es Vorwürfe gab gegen den Sender oder dessen Chefredakteur, meistens ja korrekterweise beides, galt es seit jeher, dies vor allem als Gefährdung des eigenen Arbeitsplatzes aufzufassen und dementsprechend zu bekämpfen – üblicherweise, indem man die Vorwurfsurheber identifizierte und dann flugs diskreditierte. Eine Schmutzkampagne! Ein Anschlag auf unsere Freiheit! Unter der Gürtellinie! Das allerdings. Und auch wenn genau das doch die KERNKOMPETENZ des Senders war, dies war etwas Anderes, hier handelte es sich ja um eine Kampagne der selbstgerechten LINKSGRÜNVERSIFFTEN BUBBLE. Ach so? Weil – warum noch mal? PSEUDOFEMINISMUS! Und so passte doch wieder alles.

Wo die Dummheit regiert, ist es natürlich einfach, klüger zu sein. Eine der BELASTUNGSZEUGINNEN beschrieb mir, wie es ihr gelungen war, weiterhin unverdächtig zu wirken und dennoch auszusagen: Ich habe einfach, wie seit Tag eins in dem Laden, das Game mitgespielt. »Die wollen uns schaden? Boah, ja, echt, total krass, wer das wohl war? Ja, genau das habe ich auch gehört, irgendwo, weiß gar nicht mehr, von wem.« Am besten fährst du da, indem du dich einfach komplett dumm stellst. Meine Vertragsverlängerung steht ja auch gerade noch aus, also muss ich besonders aufpassen.

In den Fahrstühlen des Senderturms, so berichtete es mir Sophia, schauten neuerdings immer alle sehr genau, wer welchen Etagenknopf drückte: Zwanzigste Etage konnte alles Mögliche bedeuten, denn da war das Büro meines Freundes, aber übergangsweise, bis zum Umzug in den Neubau, auch die Reisekosten-Erstattungsstelle – also konnte DIE ZWANZIG Hochverrat bedeuten oder aber ganz harmlos sein: Rückerstattung Auslagen Duft-Award. Sehr, sehr verdächtig war auf jeden Fall das achte Stockwerk, denn dort befand sich die Abteilung mit dem klingenden Namen HUMAN RESOURCES und auch der Erfüllungsort des Compliance-Beauftragten. »Soundso ist eben in die Acht gefahren«, hieß es dann mit hochgezogenen Augenbrauen (oder schriftlich: gefolgt von drei Punkten, dem Satzzeichen also für hochgezogene Augenbrauen). Wer in die Acht fuhr, wurde fortan vorsichtshalber gemieden. Sophia verbrachte nun immer ihre komplette Mittagspause in einem dieser Fahrstühle, eine halbe Stunde lang fuhr sie hoch, runter, hoch, runter, um herauszufinden, ob auch jemand, den nicht wir angestiftet hatten, in die Acht fuhr. Und wieder hoch.

Jeden Tag telefonierte ich nun mit dem Compliance-Beauftragten IN DER ACHT, an den mein Freund mich verwiesen hatte: Ab jetzt alles nur noch über den, bitte, das muss alles GANZ SAUBER LAUFEN. Das sei ein HOCHFORMALER VORGANG, man dürfe sich jetzt keinerlei Fehler erlauben. Ob ich mich noch erinnere an unsere Gespräche damals über diesen Vorfall im Springer-Verlag? Dieser Vorfall am See? Das sei ja sogar NOCH VOR #METOO gewesen, aber der fragwürdige Umgang des Springer-Verlags mit dieser Anschuldigung und vor allem mit dem mutmaßlichen Opfer sei ihm für alle Zeit als warnendes Beispiel dafür in Erinnerung, wie man als Konzern in einer solchen Lage eben nicht agieren dürfe: Die hätten das damals, so mein Freund, GEZIELT RUNTERGESPIELT und vernebelt, statt es vernünftig aufzuklären, um dann die vorübergehend große öffentliche Aufmerksamkeit für die Arbeitsbedingungen von Frauen in dem Verlag durch ein, so er, erstaunlich dreistes Ablenkungsmanöver zu befrieden, indem sie nämlich einfach einen ganz anderen Mitarbeiter gefeuert hätten, der zwar einer weniger massiven Übergriffigkeit beschuldigt, aber innerhalb eines halben Tages fristlos entlassen worden war, wohl auch, um zu dokumentieren, dass man in solchen Angelegenheiten vorgeblich sehr entschieden vorgehe. ZYNISCHES TAKTIEREN sei das gewesen, so mein Freund, und erschreckenderweise, also das habe ihn wirklich angewidert, seien die damals ja tatsächlich durchgekommen damit – aber zu welchem Preis, nicht wahr? Selbstergriffen durchschwieg er die gewünschte Ruhe nach dieser rhetorischen Frage. Wie so oft, wenn alles gegen ihn sprach, war es ihm gelungen, mit nur ein paar Sätzen zumindest sich selbst (und meistens auch alle um ihn herum) unumstößlich davon zu überzeugen, dass er nicht nur sämtlichen moralischen Standards entsprach, sondern vielmehr der moralische Standard höchstselbst war. Mister Rechtsstaat, Mister Verfassung, Mister Gleichbehandlung, Mister Pressefreiheit, seine Hoheit Verfahrenskorrektheit. Er war für die großen Linien zuständig, für das große Ganze – und sogar für Elon Musk. Die Drecksarbeit hatten derweil andere zu erledigen, jetzt zum Beispiel ich.

Bei mir meldeten sich mittlerweile sogar Männer. Einer, der auch irgendeine sehr hohe Position im Sender innehatte und zu den vielen INFORMANTEN zählte, die mir in dieser Zeit ungefragt, befallen von einem für sie offensichtlich gewissensentlastenden Geständniszwang, WEITREICHENDE VERFEHLUNGEN des Chefredakteurs unterbreiteten, hatte seinen Korrespondentenbericht aus der Hölle abgeschlossen mit der unmissverständlichen Schlussfolgerung: »Meine eigenen Töchter jedenfalls würde ich hier niemals arbeiten lassen.« Nach so einem Satz müsste man den ganzen Laden doch eigentlich sofort dichtmachen, um nicht verklagt zu werden wegen moralischer Insolvenzverschleppung, schrieb ich meinem Freund, aber der antwortete nicht.

Der Compliance-Beauftragte immerhin schien ganz nett zu sein, und er war auch viel leichter erreichbar als mein Freund – nicht nur telefonisch, sondern auch argumentativ. Zumindest kamen von ihm keine Beschwichtigungen und Relativierungen, und das war ja schon mal ein Fortschritt. Eine Art Objektivitätsbeamter mit Brotdose und Facebook-Account, warum auch nicht, immerhin musste ich ihn nicht bei jedem Anruf überzeugen, dass die IN REDE STEHENDEN Vorwürfe monströs waren und aufgeklärt gehörten.

Zuversichtlich stimmte uns auch, dass er als WhatsApp-Profilbild ein Wandgraffito des türkischen Hashtags #sendeanlat (»Erzähle auch du deine Geschichte!«) verwendete, mittels dessen sich der Protest gegen sexuelle Belästigung und Gewalt gegenüber Frauen in der Türkei organisiert hatte. Und da er also dergestalt immerhin seine Solidarität MIT DEN FRAUEN IN DER TÜRKEI bekundete – wem, wenn nicht ihm war in diesem Sender zuzutrauen, auch dortselbst AUF DER SEITE DER FRAUEN zu stehen?

Sobald Sophia und ich eine weitere Frau überzeugt hatten auszusagen, rief ich ihn an, gab ihm die Nummer durch und eine Kurzbeschreibung des jeweiligen Falles. Mit einigen sprach er dann zunächst auch selbst, aber bald schon gab er die Fälle immer gleich direkt weiter an die Anwältin der externen Kanzlei. Das wirkte und klang doch alles sehr PROFESSIONELL und jedenfalls dem Machtmoloch des Senders enthoben. Glücklicherweise, denn dort formierte natürlich der Chefredakteur die Gegenwehr. Für ihn war es möglicherweise ein paradiesischer Zustand, zumindest sein HABITAT, endlich der Krieg, in dem er sich doch ohnehin immer wähnte, feindliche Linien, Frontverläufe, Aufklärungsspähzüge, Warnschüsse, Alliierte, Überläufer, der Feind in seinem Feldbett – es fehlte nicht viel, dass er auch noch Sandsäcke um seinen Schreibtisch türmte. Weil auch jemand aus seinem Sekretariat sich unserer Gruppe angeschlossen hatte, erfuhren wir viel, für mein Empfinden zu viel über seine Abwehraktivitäten. Noch mal deutlich paranoider als sonst, berief er mehrmals täglich seinen INNER CIRCLE zur Lagebesprechung ein, diese paar besonders armseligen Loyalisten also, die von den Frauen als ZÄPFCHEN oder METASTASEN bezeichnet wurden. Mit denen wurde stundenlang erörtert, von wem oder was Gefahr ausgehen könnte. Wer war heute verdächtig fröhlich oder auch still? Hat irgendwer geheult? Von wem gab es neuerdings keine LIKES mehr unter den Brüllkommentarpostings des Chefredakteurs? Irgendwer plötzlich im Urlaub? Und wer folgt eigentlich seit wann Margarete Stokowski? Heute jemand in die Acht gefahren?

Die Gegenveranstaltung dazu fand beinahe allabendlich als Videokonferenz statt, der Pink Tank, der jetzt ja Bonobo hieß, was ich aber immer wieder vergaß. Wer hatte schon ausgesagt, wer würde noch, was wird denn da gefragt, kann man denen trauen – und habt ihr was von Henrike gehört? Zwar hatte ich was von Henrike gehört, das aber durfte ich, auf Weisung von ihr, den anderen nicht sagen. Es war mittlerweile so kompliziert, wem alles ich was genau nicht sagen durfte und wem aber ich was trotzdem gesagt hatte, unter der Bedingung, dass es nicht weitergesagt werden dürfe – und wem hingegen ich was zwar sagen durfte, sogar sollte, allerdings nur, wenn ich verschwieg, wer mir das gesagt hatte. Ein paarmal hatte ich versucht, diese Vorgabenverknotung unter Zuhilfenahme verschiedenfarbiger Filzstifte zu skizzieren, aber die Ergebnisse sahen aus wie vielbenutzte Stiftausprobierzettel in einem Schreibwarengeschäft.

Henrike jedenfalls fand die Gruppe furchtbar, wollte aber trotzdem aussagen. Oder hatte sie schon? Durfte ich ja nicht sagen. Was sie uns Wochen zuvor anvertraut hatte, war in der Gruppe lange als WICHTIGER MOSAIKSTEIN gehandelt worden. Henrike war niemals auf irgendwelche Avancen des Chefredakteurs eingegangen, hatte kein einziges Mal auch nur irgendwas geantwortet auf dessen davon unbeirrt sie regelmäßig erreichenden ROMANTISIERTEN NACHRICHTEN (diesen poesiealbumartigen Terminus verwandte die Compliance-Anwältin). Doch dann hatte Henrike plötzlich die Gruppe gemieden, wollte nur noch mit mir sprechen, so ab und zu, und als sie dann ausgesagt hatte, gab sie sich danach seltsam indifferent, jaja, sie habe alles gesagt, also, fast alles. Ja, nee, ach, keine Ahnung, sagte sie, das sei ihr plötzlich so unverhältnismäßig vorgekommen, so als ob sie davon völlig traumatisiert worden sei, das sei sie aber ja gar nicht, es gehe ihr doch gut. Da müsse man jetzt ja auch NICHT SO EIN FASS AUFMACHEN. Er habe sie ja nicht vergewaltigt oder so. Und sie habe jetzt auch wirklich keine Lust, SO AUF HÄNGENGEBLIEBENES OPFER ZU MACHEN. Außerdem habe sie Angst, eine allzu genaue Aussage könne ihrer Karriere schaden. Ob ich das nicht verstünde?

Tja, wieder so eine Geschichte, aber was sollte ich nun damit anfangen – noch so ein loses Ende, ein Fragezeichen mehr. Sie sagte, dass sie gehört hätte, jaja, ach wirklich, das ist ja unglaublich, nein, ich sage niemandem, dass du mir das gesagt hast. Und weiter. Danach sprachen Henrike und ich nie wieder miteinander, was mir zunächst aber gar nicht auffiel, weil ich in diesen Wochen wirklich mit genug BELASTUNGSZEUGINNEN sprach. Und war ich zunächst etwas erbost, dass sie sich für diesen Ausweg entschieden hatte, so merkte ich doch schnell, dass mein Vorwurfsgedanke ganz unangebracht war. Natürlich, sie hatte die anderen alleingelassen, die Gruppe und deren Vorgehen und Zielsetzung nicht gestärkt, ja möglicherweise sogar geschwächt – aber auch das war doch ein vollkommen legitimer Umgang mit der Sache. Zwar verstand ich durchaus die Enttäuschung der Mutigeren, dass andere es sich leichter machten, aber war nicht auch das schon schwer genug? Der Aggressor war niemand anderes als der Chefredakteur, das ging manchmal etwas unter in all unseren aufgeregten Koalitionsgesprächen, Hoffnung hier, Enttäuschung dort, Gruppenzwang jetzt, Rückzug kurz danach, Ermutigung heute, Ernüchterung morgen, und hast du schon gehört? Wie auch immer, keine der Frauen hatte es sich ausgesucht, in dieser Lage zu sein. Und wie auch immer sie sich daraus befreien oder zumindest damit umgehen konnten, sei es mit AUSPACKEN oder aber Schweigen, sei es mit einer Klage, einer Kündigung, einer Kampagne oder einer Therapie, durch Aushandeln eines Schweigegelds oder wie auch immer sonst – alles war vertretbar und in Ordnung. Opfer müssen gar nichts.

Täter leider auch nicht, wie ich dann erfuhr. Nicht nur, dass der Chefredakteur während der Untersuchung seines FEHL-VERHALTENS weiterhin dröhnend seine Mitarbeiter drangsalierte und Stunde um Stunde seine laut Marktforschung vor allem bei Männern mittleren bis höheren Alters und auffallend geringer Bildung beliebten Die-da-oben-Lamenti übers Land kotzte, deren Einfluss auf die deutsche Gemütsverfassung wohl treffend bezeichnet werden konnte als SCHMIERINFEKTION, nein, er fand zwischendurch auch noch Zeit und wurde von niemandem daran gehindert, sehr direkt Zeuginnen einzuschüchtern. Meine Nummer schien mittlerweile als so eine Art BETROFFENEN-HOT-LINE zu gelten, jedenfalls rief mich plötzlich die Mutter einer der Frauen aus der Bonobo-Gruppe an und erzählte mir, soeben habe der Chefredakteur sich bei ihr gemeldet und ihr versichert, dass ihre Tochter sich nicht zu fürchten brauche. Was natürlich ein Satz ist, der bei einer Mutter das genaue Gegenteil des Gesagten auslöst, aber das schien durchaus beabsichtigt zu sein. Nein wirklich, habe der Chefredakteur gesagt, es gäbe da jetzt ja diese AN DEN HAAREN HERBEIGEZOGENE Untersuchung gegen ihn, und weil er – wie sie ja wisse, da sie ihn doch kennen würde – ein vollkommen reines Gewissen habe, wolle er ihr nur versichern, dass er ihrer Tochter und auch ihr selbst niemals etwas zuleide tun würde, vollkommen unabhängig davon, ob oder was die Tochter gegebenenfalls aussagen würde. Darauf könne sie sich verlassen, sie hätte hiermit sein Wort. Das werde sich alles aufklären, er sei bereits mit einem Anwalt dabei, das alles niederzuschlagen, all diese infamen Lügen über ihn, nichts werde bleiben davon, eine politisch motivierte Kampagne sei das, auf dem Rücken der Frauen, widerlich, WIRKLICH UNTERSTE SCHUBLADE, aber die Frauen – und dafür sei ihre Tochter doch das beste Beispiel – seien ja gottlob klug genug, das auch so und nicht anders einzuordnen. Niemand müsse sich fürchten, der die Wahrheit sage. Die Lügner hingegen, die würden sich noch wundern, und zwar bald. Das werde ein Massaker, aber sie hätten es ja so gewollt. Ihre Tochter jedoch, die müsse wirklich nichts befürchten, das sei ihm ganz wichtig, dass die Mutter das wisse, auch weil ihm doch die gesamte Familie so am Herzen liege.

Ich hörte, wie die Mutter sich eine Zigarette anzündete, also tat ich das auch. Das habe sie mir nur mitteilen wollen, ich möge damit tun, was ich für richtig hielte, sie vertraue mir, nach allem, was ihre Tochter ihr so erzählt habe. Nur eines noch, bevor wir auflegten, sagte sie, und ab dieser Frage wünschte ich mir, dass sie auch meine Mutter wäre: Die Frage ist jetzt nur, bringst du ihn um – ich darf doch du sagen? – oder muss ich das wieder machen?

Am selben Abend noch rief mich Basketballs aus Los Angeles an und berichtete mir, jemand aus der Chefredaktion habe einen Bekannten von ihr behelligt, dieser möge ihr doch bitte dringendst abraten, an dieser HEXENJAGD teilzunehmen. Da liefe eine ganz üble Kampagne gegen den Chefredakteur, und es sei doch bestimmt gar nicht gut für Basketballs, sich daran zu beteiligen, auch SO SEELISCH, könne er sich vorstellen. Man müsse doch die Vergangenheit auch mal ruhen lassen, zwar möge es schon sein, dass das manchmal ETWAS UNRUND GELAUFEN sei alles, also zwischen dem Chefredakteur und ihr, aber ehe sie da jetzt mit hineingezogen werde und ihre ja an sich völlig harmlosen Erlebnisse dann aus dem Zusammenhang gerissen würden, also, er denke da vor allem auch an sie, so als Freund, der er ja auch sei auf eine Art, immer für sie da und so, aber er habe sie jetzt bewusst nicht direkt kontaktiert, um das mal unter Männern AUSZUKASPERN, wirklich, sie sollten ihm vertrauen, einfach nichts sagen, das sei für alle am besten, man wolle doch auch künftig unbelastet miteinander arbeiten, da jetzt irgendwelche Anwälte mit hineinzuziehen oder gar die Öffentlichkeit, das bräuchten sie alle doch wirklich WIE EIN LOCH IM KOPF.

Es war mir jetzt egal, wem ich das alles wieder nicht erzählen durfte, ich rief sofort meinen Freund an. Es war mir alles zu viel geworden, ich fühlte mich vollkommen alleingelassen, ich musste da raus. Mein Freund verstand, endlich verstand er mich mal wieder, so schien es mir, ich war vollkommen außer mir, weinte unverständliches Wortdurcheinander ins Telefon, es war alles so furchtbar, ich war überfordert und wollte nur noch, dass das alles aufhört. Er kam sofort zu mir ins Hotel, so schnell war er noch nie irgendwo gewesen, er ließ ALLES STEHEN UND LIEGEN – und brachte mir sogar Zigaretten mit. Er nahm mich in den Arm, ich versank in seinem Jackett, weinte Creme auf sein Hemd, alles egal, er streichelte mir den Kopf und sagte immerzu nur beruhigend: Ich weiß, ich weiß, komm, es wird alles gut.

Bestimmt eine halbe Stunde hingen wir da so auf meinem Hotelbett, dann klatschte ich mir kaltes Wasser ins Gesicht und machte Musik an, ein Lied, das mal UNSERES gewesen war und vielleicht ja auch immer noch war und immer sein würde: »Keep on Dancing« von Parov Stelar. Mein Freund lächelte, ich auch, dann nahmen wir uns noch mal in den Arm, er drehte lauter, wir tanzten in meinem Zimmer, das Lied in der Wiederholungsschleife. Das Lied basierte auf Marvin Gayes »Got to Give it Up«, allein deshalb schon liebte mein Freund es, er hörte ja – das zu betonen wurde er, anders als die, die ihm öfter zuhörten, niemals müde – ausschließlich SCHWARZE MUSIK; oder war sogar das eine einstudierte

Pose, damit alle dächten, na ja, sein Sender mag schon einen erheblichen Rechtsdrall haben, zumindest er aber könne ja gar kein Rassist sein, schließlich missbillige er so offensiv WEISSE MUSIK? Mittlerweile wusste ich immer weniger, was er wirklich dachte und meinte, und was er einfach nur so dahersagte. Vielleicht wusste er selbst das auch gar nicht mehr. Dieses Lied also, »Keep on Dancing«, das hatte uns viele Jahre zuvor als unverwüstliche Trotzdem-Discokugel durch einen extrem düsteren Winter geleitet, dieses Lied war damals unsere Rettung gewesen. Ich hatte es schon sehr lange nicht mehr gehört, mit meinem Freund zusammen sowieso nicht, aber jetzt waren wir wieder zusammen und in diesem Lied, es war noch immer genauso gut. Und es war schön, mal wieder mit meinem Freund zu tanzen. MACHT MAN VIEL ZU SELTEN! Wenn das alles vorbei ist, dann, ja dann, diese gängige Krisendurchhalteformel also mal wieder, wenn das alles vorbei ist – aber nichts ist ja je vorbei, alles macht weiter. Dennoch versprachen wir uns so allerlei, und mein Freund stimmte mir zu, dass es bedenklich war, wie lange wir schon kein neues Lied mehr als unser gemeinsames erlebt und definiert hatten, »Keep on Dancing«, meine Güte, wie lang war das schon wieder her. Kommt alles wieder. Wenn das alles vorbei ist!

Ach so, mein Freund wollte gerade los, hielt dann aber inne – ob wir noch kurz ÜBER DIE SACHE sprechen wollten? Am liebsten nicht, aber ja. Müssen wir ja wohl, Musik mal kurz leiser. Also, diese Anrufe bei der Mutter der einen und dem Bekannten der anderen BELASTUNGSZEUGIN, dem werde er nachgehen, er müsse und werde sich AUCH DIE ANDERE SEITE ANHÖREN, aber natürlich ginge so was nicht, selbst wenn nur der Anschein erweckt würde von Zeugenbeeinflussung, sei das verheerend. Wenn sich das tatsächlich so wie von mir geschildert zugetragen habe, dann werde das KONSEQUENZEN HABEN, darauf könne ich mich verlassen. Es handele sich um ein offenes Verfahren, er wolle nicht vorgreifen, aber er habe mittlerweile einige Dinge über die Zustände in seinem Sender erfahren, die so oder so erschreckend seien und, wenn sie sich bewahrheiteten, SOFORTIGEN HANDLUNGSBEDARF bedeuteten. Ich wandte ein, dass ich doch ein wenig das Vertrauen in seinen Beschwichtigungsklassiker »Ich bin da mit Hochdruck dran« verloren hätte, woraufhin er sagte, dass er das sehr gut verstehen könne, aus meiner Perspektive, aber ich möge ihm vertrauen und Geduld haben – und diese Geduld auch von den Frauen erbitten. Es sei alles AUF EINEM GUTEN WEG, er habe ganz aktuell Hinweise bekommen auf eine SMOKING GUN, und nein, er werde mir nicht erzählen, worum es sich dabei handele, aber wenn sich diese Hinweise VERDICHTETEN, dann sei der Fall sowieso gelaufen und er müsse ABBITTE LEISTEN bei mir, aber eins nach dem anderen. Ja, er verstünde auch die Sorgen der Frauen, SEHR ERNST nehme er die, also die Sorgen wie auch die Frauen, es wäre jedoch wegen der AUSSENWIRKUNG nicht möglich, den Chefredakteur zumindest für die Dauer der Untersuchung zu beurlauben, wie es die Frauen forderten, nein, das würde SOGAR KONTRAPRODUKTIV sein, er könne da aber jetzt nicht ins Detail gehen. Überhaupt müssten wir jetzt sehr aufpassen, so mein Freund, fortan dürften er und ich überhaupt nicht mehr sprechen und einander schreiben, bis zum Abschluss des Verfahrens, so seltsam das auch sei, aber die HAUSJURISTEN hätten ihm das praktisch befohlen, es sei IM SINNE DER SACHE. Alles, was ich beizutragen hätte, bitte ab sofort ausschließlich an den Compliance-Beauftragten weitergeben. Alles, wirklich alles? Ja, komplette TRANSPARENZ, keine Rücksichten, alles offenlegen, das sei wichtig, wer mit wem, wer gegen wen, alles. Also auch die Teile unserer Korrespondenz, die ich für relevant halte? Natürlich, er habe nichts zu verbergen, ab jetzt kein Kontakt mehr zwischen uns dazu. Zwar hatte ich es ja deutlich leiser gedreht, aber noch immer lief »Keep on dancing«. Und als wir uns umarmten, war ich mir sicher, dass unser Lied niemals verstummen würde.

In den folgenden Tagen sagten weitere Frauen aus, die meisten anonym, aber nicht alle. Den mir überlieferten Reaktionen der externen Kanzlei zufolge schien sich allmählich doch alles zu fügen, wiederholt berichteten mir Frauen nach ihren Aussagen, die Anwältin habe entgeistert zugehört, sich zuweilen entsetzt gezeigt, fassungslos über das Gehörte. MEHR FRAUEN wurden möglicherweise doch nicht benötigt, dachte ich, nachdem mir zwei Frauen frohgemut berichtet hatten, dass die Anwältin mitschreibend und kopfschüttelnd gesagt habe: Allein, was Sie mir hier erzählt haben, reicht eigentlich.

Vielleicht kannte mein Freund einfach den aktuellen Ermittlungsstand gar nicht, durfte es eventuell sogar gar nicht, jetzt wurde ja alles sehr genau genommen. Der Abschlussbericht würde es dann weisen, vielleicht war unser Misstrauen in den Sender doch etwas voreilig gewesen. Das deute alles in eine sehr klare Richtung, so viel immerhin könne sie sagen, hatte die Anwältin, die ja auch nichts sagen durfte, einigen Frauen eben doch gesagt. Am Ende des Verfahrens würde sie eine Empfehlung aussprechen, und die werde wohl recht eindeutig ausfallen. Aber das jetzt nur unter uns! Natürlich, wo denn sonst. Ermutigt von der zusehends hoffnungsvollen Stimmung in der Bonobo-Gruppe, erwogen nun sogar einige BELASTUNGSZEUGINNEN aus den Härtefall-Kategorien »Angst« und »no chance«, vielleicht doch noch auszusagen. Klang alles gut. Endlich!

Bis es dann wieder nicht gut klang: Eine der eher zögerlichen Frauen rief mich an, atemlos und silbenverschluckend, es dauerte lange, bis ich in Umrissen verstand, was vorgefallen war. Soeben hätte der Chefredakteur sie mit diesem ganz bestimmten Ton in sein Büro gerufen, bei dem man immer schon wisse, jetzt wird es schlimm. Er habe die Tür geschlossen und sie dann sehr kühl, gefährlich ruhig gefragt, warum sie ihn ZERSTÖREN wolle – ihn mit LÜGEN (wie er ihre wahrheitsgemäßen Aussagen nannte, die er irritierenderweise zu kennen schien) so zu belasten, nach allem, was er für sie getan habe, das sei wirklich sehr enttäuschend. Sie stritt natürlich alles ab, wie, was, nein, das könne sie sich nicht erklären und so weiter – er aber erklärte ihr das gern: Man habe ihm einige Passagen vorgelesen aus diesem Bericht genannten LÜGEN-PAMPHLET, mit dem man ihn ZUR STRECKE BRINGEN wolle. Und trotz Anonymisierung sei sie für ihn leicht erkennbar gewesen als eine der Zeuginnen. Na ja, das müsse sie nun selbst ausmachen mit sich, AUF WELCHER SEITE DER GESCHICHTE sie sich wiederfinden wolle, er jedenfalls sei sich einig mit meinem Freund, all das habe nichts, ABER AUCH GAR NICHTS zu tun mit #MeToo, alles vorgeschoben, alles Lüge. Ach ja, und mein Name sei übrigens auch gefallen – ich sei nämlich Teil dieser KAMPAGNE gegen den Chefredakteur. Sie könne ja noch mal IN SICH GEHEN, habe der Chefredakteur ihr dann tyrannisch lächelnd nahegelegt, und sich sehr genau überlegen, ob sie der Arbeit im Sender wirklich gewachsen sei oder ob sie nicht vielleicht doch besser BULLERBÜ-AKTIVISTIN werden wolle und weiterhin mit #METOO-MÄRCHEN ihre berufliche Inkompetenz AUFHÜBSCHEN. Und jetzt raus hier, er habe zu tun.

Ich wollte ihr gern etwas Erbauliches sagen, aber das wäre ja alles gelogen gewesen. Die Frau hatte sich während unseres Gesprächs etwas beruhigt und fand beeindruckend schnell zurück zu einer gut grimmigen Widerstandshaltung: In mich gehen, ich glaube, es hackt. Na, wenigstens wollte er nicht in mich gehen, das ist ja schon mal ein Fortschritt.

Wenn ich die wäre, hätte ich Angst vor uns, sagte ich und glaubte mir das kurz sogar selbst. Lang allerdings nicht. Der

Chefredakteur wurde also während des Verfahrens gegen ihn selbst über den Ermittlungsstand informiert, und im HAUS schien man Strategien zu erdenken, wie damit umzugehen sei, damit alles einfach so weitergehen könne in ihrem kaputten Turm. Hier war jetzt ein Ende erreicht. Was jetzt – Anruf oder Nachricht, Schreien oder Schreiben? Ich öffnete UNSEREN CHATVERLAUF und sah dort die letzte Nachricht meines Freundes vor unserer von ihm angeordneten Kommunikationspause: »Wenn Dir an der Aufklärung von Missständen und dem Schutz der Opfer liegt, dann ermutige die mutmaßlichen Opfer, aktiver und konkreter zu werden. Melde mich später.«

Tust du nicht, weil ich dich jetzt BLOCKE, du Heuchler, dachte ich, schrieb oder schrie es aber nicht – sondern tat es einfach. Ende einer Dienstfahrt: »Du hast diesen Kontakt blockiert.«

Irgendwen zu beschimpfen, würde aber jetzt schon guttun. Und was jetzt? Ach so, abschließend noch mal den Compliance-Heini quälen, die Sache mit den Töchtern, gut, dass ich mir das noch aufgehoben hatte: die Bemerkung eines RANGHOHEN Mitarbeiters, dass er seinen Töchtern niemals erlauben würde, für diesen Sender zu arbeiten. Und natürlich doch mal fragen, ob die Frauen und auch ich jetzt nicht doch besser endlich mal die *TransAtlantik* zurückrufen sollten, weil das mit dem Schutz der Zeuginnen ja ganz offensichtlich nicht außergewöhnlich gut klappte. Der Compliance-Mann war jetzt fällig. In unseren bisherigen Gesprächen hatte er für einen LEITENDEN ANGESTELLTEN dieses Senders ungewöhnlich feinfühlig gewirkt, er klang leicht depressiv und schien mit dem gesamten Vorgang durchaus zu hadern. Natürlich musste er durchgängig Objektivität ausstrahlen, aber ich meinte, in seiner Wortwahl und zwischentonal herausgehört zu haben, dass er angewidert war vom Chefredakteur und dessen Verhalten (außerdem, nicht zu vergessen: immer auf der Seite der Frauen in der Türkei!), aber das konnte natürlich auch bloße Pose sein – für mich war er jetzt MITTÄTER, ja, ich war mittlerweile etwas großzügiger in der Wortwahl.

Schon nach einmaligem Klingeln ging er ans Telefon: ICH GRÜSSE SIE.

So, was ich jetzt nicht hören wolle, begann ich das Telefonat geradezu schwungvoll, seien die Sätze »Ich verstehe ja Ihren Unmut«, »Mir sind die Hände gebunden« und »Ich will doch helfen«. Sie sind so hilfreich wie einer, der jemanden bei der Suche nach dessen verlorenem Haustürschlüssel zu unterstützen glaubt mit der wohlerwogenen Nachfrage: »Kann es sein, dass du den irgendwo hast liegen lassen?«

Der Compliance-Mann hatte sich inzwischen an meine Beschimpfungen gewöhnt und ließ mich auch meistens zu Ende schimpfen, an diesem Nachmittag aber war er in Eile und unterbrach meine Suada, täte ihm leid, aber er müsse noch nach Hause und sich umziehen, weil der Sender doch heute Abend den NACHHALTIGKEITSPREIS verleihe, ob wir uns dort sähen? Ganz sicher nicht. Wie schade, na gut, fünf Minuten, dann müsse er aber wirklich los, noch bei der Reinigung vorbei und so weiter, aber es sei gut, dass ich anriefe, SIE STANDEN EH NOCH OBEN HIER AUF MEINER LISTE, er habe nämlich Neuigkeiten zu diesem ETWAS UNGLÜCKLICH VERLAUFENEN Anruf dieses einen Mitarbeiters bei dem Bekannten einer der BELASTUNGS-ZEUGINNEN – da habe es sich wohl einfach nur um ein Missverständnis gehandelt, trotzdem werde so was nicht mehr vorkommen. Dieser Mitarbeiter habe eingesehen, dass er das nicht hätte tun dürfen, sein Ansinnen aber sei eigentlich ein gutes gewesen, und zwar habe er aus Sorge um die PSYCHE dieser Frau gehandelt, die er ja kenne und sehr schätze. Er habe sie nicht einschüchtern wollen, sondern einfach nur verhindern, dass sie RETRAUMATISIERT würde durch die

Erinnerung an mögliche unangenehme Erfahrungen, so habe der das geschildert. Diese Interaktion sei also durchaus gut gemeint gewesen, aber natürlich könne so was missverstanden werden, DA BIN ICH GANZ BEI IHNEN. Ein Kommunikationsproblem!

Ein bitte was? Ein KOMMUNIKATIONSPROBLEM? Die Titanic hatte auch kein Kommunikationsproblem, die hatte ein scheiß Eisbergproblem!

Ich verstehe ja Ihren Unmut.

Nicht mehr diesen Satz, bitte. Gar nichts mehr. Und Sie sind auch nicht bei mir, ich bin nicht bei Ihnen – ICH BIN JETZT RAUS.

Aber dann helfen Sie uns ja gar nicht, den Sender besser zu machen!

Sind Sie auf Crack, oder was? Den Sender BESSER MACHEN? Warum sollte ich das denn bitte tun?

Es gibt aber doch ein klares Reglement, und nun warten Sie doch bitte einfach mal den Ausgang des Verfahrens ab. Wie sollte denn der Arbeitgeber Ihrer Meinung nach hier gegenüber den Mitarbeiterinnen agieren?

Einfach kontaktlos bezahlen! Wie auch immer, ich werde die Frauen jetzt eher ermutigen, an die Öffentlichkeit zu gehen, als an ihrem Witzverfahren hier teilzunehmen.

Nein, bitte tun Sie das nicht! Wenn das jetzt unkontrolliert abläuft, das wäre für alle Beteiligten schädlich, dann können wir den Laden dichtmachen.

Jaja, aber es gäbe bestimmt auch negative Folgen.

Ach, so kommen wir doch nicht weiter.

Sie offenbar schon. Haben Sie eigentlich Kinder?

Ja, drei sogar, zwei Töchter und einen Sohn.

Wie schön. Dann stellen Sie sich doch einfach mal vor, das wären Ihre Töchter, über die wir hier sprechen. Und viel Spaß heute Abend beim NACHHALTIGKEITSPREIS, Sie lächerlicher Befehlsempfänger. Oh, wissen Sie was, bei mir KLOPFT ES GERADE AN, 089, das könnte die *Trans-Atlantik* sein, ich glaube, da gehe ich jetzt besser mal ran.

Nein!

Doch. Anruf beenden & annehmen – JETZT REDE ICH! Musste ich aber gar nicht. Also, das glaube sie ja jetzt gar nicht, sagte die Frau von der *TransAtlantik*, dass ich tatsächlich mal ans Telefon ginge, dass sie mich mal ERWISCHE. Sie wolle mich nur informieren, soeben sei der Artikel über dieses Compliance-Verfahren in Druck gegangen. Und bei den Recherchen sei immer mal wieder MEIN NAME GEFALLEN, anscheinend verfügte ich ja über allerlei Informationen, und falls ich doch noch mit ihnen sprechen wolle und mir nach Lektüre noch Ergänzendes einfalle für ein FOLLOW-UP – immer gern. Das scheine ja eine sehr komplexe Geschichte zu sein, jetzt aber hätten sie mal erste Erkenntnisse ZUSAMMENGETRAGEN, auch schon nicht wenig sei das, käme in der nächsten Ausgabe dann, online könne man den Text schon in ein paar Stunden lesen, so etwa um halb neun am Abend.

Die Aussicht darauf, live im Fernsehen beobachten zu können, wie die Veröffentlichung dieses *TransAtlantik*-Artikels hineinexplodieren würde in den NACHHALTIGKEITS-PREIS-Galaabend des Senders, versetzte mich in tänzerische Laune. Keep on dancing – und jeder stirbt für sich allein.

Verdachtsberichterstattung

Wir schauten ohne Ton, so war es natürlich viel lustiger, wir konnten uns dabei unterhalten und die peinsamsten FERNSEHMOMENTE mit verteilten Rollen vertonen. Die Coaching-Frau hatte uns alle zu sich nach Hause eingeladen – IHR MÖGT DOCH ASIATISCH? Wir alle mochten asiatisch. Und so saß ich mit neun Frauen aus der Bonobo-Gruppe auf oder doch eher in der SOFALANDSCHAFT der Coaching-Frau, wir wollten uns das gemeinsam anschauen, wie die Würdenträger des Senders mitten in der Live-Übertragung dieser ja ohnehin schon so lachhaft verlogenen Preisverleihungsgala zu Bürdenträgern werden würden in dem Moment, in dem der *TransAtlantik*-Artikel sich im Auditorium WIE EIN LAUFFEUER verbreiten würde. Sophias wohl turmbedingte 9/11-Obsession verleitete sie zu der Hoffnung auf eine ikonische Szene, die vergleichbar wäre mit George W. Bushs Grundschulklassenbesuch am 11. September 2001 in Florida, dieser Moment, als ihm sein Stabschef ins Ohr flüsterte, dass das mit dem ersten Turm wohl doch kein Unfall gewesen und soeben ein weiteres Flugzeug in den zweiten Turm gekracht war – während die Kinder dem Präsidenten gerade eine Geschichte über eine Hausziege vorlasen. Vielleicht konnte ich Sophia diese ewigen 9/11-Referenzen abgewöhnen, indem ich ihr doch mal von meiner Turm-Tarotkarte erzählte. Bislang hatte ich mich noch zu sehr geschämt, dass ich der so viel Bedeutung beimaß.

Die Gastgeberin hatte uns in ihrer so kurzfristigen Einladung am späten Nachmittag den »Dresscode: Abendgarderobe« verordnet, und wir alle hatten das lustig und angemessen gefunden, Sophia hatte mir aus meiner Wohnung einen Smoking mitgebracht, die Kleider der Frauen waren durchaus als ROBEN zu bezeichnen, wir sahen toll aus. Die anderen tranken Wein, sehr viel Wein, Sophia und ich BLIEBEN BEIM WASSER. Wer eigentlich mit der *TransAtlantik* gesprochen hatte, blieb vage, durchaus mit Bedacht, wie mir schien, also fragte ich nicht weiter nach. Es hieß aber, dass unter den Informanten auch Männer gewesen seien, FÜHRUNGSKRÄFTE wohl gar, na, wir würden es ja gleich lesen können. Im Fernseher sang gerade ein multinationaler Kinderchor – natürlich, Kinder, die Zukunft! Auf der Bühne standen BÄUME, es war unfassbar abgeschmackt. Mindestens im Minutentakt aktualisierten wir auf unseren Telefonen die *TransAtlantik*-App, jetzt müsste der Artikel doch bald kommen.

Ah, endlich mal eine lange KAMERAFAHRT entlang der ersten Reihe, da saßen sie und schauten selbstbegeistert, mein Freund, der gesamte Vorstand, der Aufsichtsrat, all die FÜHRUNGSKRÄFTE, selbstverständlich auch der Chefredakteur, der die ganze Zeit auf sein Handy schaute – das war natürlich noch besser. Gerade hatte Elon Musk einen der zehn an diesem Abend verliehenen NACHHALTIGKEITS-PREISE in Form einer kleinen Weltkugel aus was denn auch sonst als aus Recyclingglas überreicht bekommen von meinem Freund, ob nun wegen der Elektroautos oder wegen der wiederverwertbaren Marsraketen, war ohne Ton schwer auszumachen, aber es spielte ja auch keine Rolle – Musk war ja nicht wegen des Preises gekommen, sondern er war sowieso gerade in Berlin und bekam deshalb den Preis, wie die mit vielen amüsanten Hinterbühneninformationen vertrauten Frauen mir erklärten. Die von ihm verantwortete fabrikbaubedingte Grundwasserabsenkung in Brandenburg jedenfalls wurde höchstwahrscheinlich nicht gewürdigt. Mein Freund wollte Musk umarmen nach der Weltkugelübergabe, und das war ein toller Moment, denn Musk schien eine Umarmung unbedingt vermeiden zu wollen, wand sich los und trat meinem Freund dabei auf den Fuß. Man einigte sich dann auf ein seltsam ineinander verkeiltes Schulterklopfen. Eigentlich, so erfuhr ich weiter, hatte die Laudatio auf Musk der in diesem Deppensaal da natürlich allseits SEHR GESCHÄTZTE Sebastian »So einen brauchen wir auch« Kurz halten sollen, aber der hatte wohl am Nachmittag wegen einer lästigen Hausdurchsuchung kurzfristig absagen müssen, und so war eben mein Freund eingesprungen. Der Freunderlwirtschaftsbasti, der Weltwirtschaftselon, mein Freund – die feine Gesellschaft.

In einem Einspielfilm sah man nun den in einen orangen Schneeanzug gewandeten Chefredakteur auf einem Hundeschlitten durchs ja leider doch nicht so ewige Eis fahren. Eisbären müssen nie weinen, aber jetzt vielleicht doch? Es war phantastisch. Man sah ihn mit einem NOTIZBUCH zwischen Schneerobben stehen, NACHDENKLICH natürlich, vielleicht interviewte er die Schneerobben, vielleicht maßregelte er sie auch, dass sie gefälligst nicht nach Deutschland fliehen mögen? Wer weiß, wir hatten ja den Ton ausgestellt. Und weil sowieso alles egal zu sein schien, stand der Chefredakteur nach dem Erderwärmungseinspielfilm auf der Bühne und hielt anklagend ein mit Plastikflaschen gefülltes Fischernetz hoch. Zwar hatte er ein paar Abende zuvor noch in einem seiner Fernsehsendung genannten Wutanfallvideos sehr erzürnt KLIMAAKTIVISTEN als ÖKOTERRORISTEN bezeichnet und ein etwaiges Tempolimit als grünfaschistischen Impfzwang oder so ähnlich, aber wen kümmerte das schon, warum sollte dieser Typ ausgerechnet heute damit anfangen, sich zu schämen? Andererseits war vielleicht doch genau dies der Abend dafür – nur noch wenige Minuten bis halb neun!

Aufregung, Geschrei, Weinflaschen fielen um – der Artikel war da, sogar ein paar Minuten zu früh, auf jeden Fall im perfekten Moment, denn der Chefredakteur stand noch immer auf der Bühne. Wir waren viel zu aufgeregt, um den *TransAtlantik*-Artikel zu lesen, Überschrift sah gut aus, das AUFMACHERFOTO war adäquat eklig, der Text lang – eine Lobeshymne würde es schon nicht sein, Rest später. Wir durften jetzt keine Sekunde der Nachhaltigkeitspreis-Fernsehübertragung verpassen. Wann würden im Saalpublikum erste Buschfeuer aus PUSH-MITTEILUNGEN auflodern? Würde vielleicht gar ganz plötzlich die Sendung unterbrochen werden? Es war der beste Horrorfilm der Welt. Wir wussten ja die ganze Zeit, gleich passiert was (und wir wussten auch was), und umso spannender war das eigentlich ja dezidiert Unspannende, hier in Form des unerträglichen Kitschidylls einer BESSEREN WELT mit Kinderchor. Noch immer der Chefredakteur mit seinem Plastikflaschen-Fischernetz, im Vordergrund der Halbtotalen sah man nickende Hinterköpfe: Stimmt, die armen Delphine / Vielleicht echt mal einen SODASTREAM kaufen / Das Berliner Leitungswasser soll ja wirklich sehr gut sein / Habe ich auch gehört / Du, es sind die kleinen Schritte / Bei uns zu Hause sowieso nur noch vegetarisch / Aber Fisch esst ihr schon noch, oder?

Da, die oberste Pressesprecherin des Senders, gebückt zwischen Bühne und erster Reihe zu deren Mitte eilend, wie im Kino, wenn jemand kurz auf dem Klo war und so besonders stört mit dieser Ich-will-nicht-stören-Pantomime. Sie reichte meinem Freund ihr Telefon, der schaute kurz drauf, folgte ihr dann, jetzt beide gebückt, noch eiliger, ganz anders jedenfalls als George W. Bush damals, der sich nach der Benachrichtigung, dass da noch mal was mit einem Turm passiert war, noch sieben Minuten lang vor einer Schiefertafel mit der Aufschrift »Reading makes a country great« sitzend diese Ziegengeschichte angehört hatte, um die Kinder nicht zu verschrecken. WOBEI ICH DAS JETZT NICHT VERGLEICHEN WILL. Jedenfalls machte es den Anschein, dass sich mein Freund jetzt gerade nicht MEHR FRAUEN wünschte, sondern ein paar weniger, zumindest in diesem Artikel. Der Chefredakteur indessen war noch immer tief verstrickt in das Fischernetz und seine diesbezügliche Einwegflaschenphilippika.

Alle Frauen telefonierten jetzt und redeten laut durcheinander, keine war in der Lage, den *TransAtlantik*-Text komplett zu lesen, auch ich nicht, wir ÜBERFLOGEN ihn nur. Wie ist er denn nun? Komplette Vernichtung. Echt? Ich finde den Artikel noch viel zu harmlos. Nee, der ist hart genug, das war's für Mister Plastikflasche. Oh, Kathie hat wohl auch mit denen gesprochen, krass. Wie sick ist das denn, ich heiße »Antonia Wegner« in dem Text. Ruhe jetzt mal, lasst uns das doch später lesen, guckt mal alle, jetzt wird es doch erst so richtig prall!

Der Chefredakteur kam von der Bühne, Kameraschwenk auf den Saal, Applaus, doch wenn man sich diese Asterixheft-Landkartenlupe dazudachte, sah man mehr: Der ganze Saal ist von Nachhaltigkeitsgedanken beseelt? Nein, die erste Reihe klatschte nicht. Die erste Reihe hatte sich geschlossen Lesebrillen aufgesetzt und las, jeder auf seinem Handy, die Gesichter eine Galerie der Erschütterung. Der Chefredakteur war nun wieder an seinem Platz angekommen, er wusste ja alles, ahnte aber offenkundig nichts, winkte noch mal ausgiebig ins Publikum und fühlte sich erkennbar persönlich gemeint vom irgendwie abstoßenden Applaus FÜR DIE GUTE SACHE.

Ja, genieß den Beifall, Wichser, dürfte für längere Zeit der letzte sein, pöbelte Sophia den Fernseher an, während der Chefredakteur opernballschmierlappig eine Verbeugung andeutete und sich dann endlich hinsetzte. Wie man das nach Reden so macht, beugte er sich zu seinem Sitznachbarn, um irgendwas sagend DIE SITUATION ZU ÜBERBRÜCKEN, auf dass ihm versichert würde, dass sein Auftritt unglaublich gut gewesen sei, doch der Sitznachbar war gerade nicht zu sprechen, er las noch, drehte sein Handy aber nun so, dass der Chefredakteur mitlesen konnte. Musik!

Ein wiederverwertbarer Deutschpopmusiker, einer von diesen gefühligen Bärtigen, die immer viel zu große Wörter benutzen im Refrain, Zeit und Himmel, Herz, Welt, Liebe, Sehnsucht und so. Jedenfalls waren natürlich Streicher dabei, vielarmige Kerzenständer, tief bewegte, schmerzerfüllte Sängerblicke, wahrscheinlich ging es darum, dass wir nur eine Erde haben oder so, ohne Ton war es auf jeden Fall besser als mit.

Ich ging mit der Gastgeberin auf den Balkon. Ihr ein bisschen ins Gesicht rauchen aber sollte ich gar nicht, und zu meiner Erleichterung wollte sie mir auch nicht noch mal genauer erklären, was sie vorhin gemeint hatte, als sie vom INNEREN KIND gesprochen hatte – sie wollte jetzt selbst eine rauchen, die erste Zigarette seit fünfzehn Jahren, sagte sie, das sei jetzt der perfekte Abend dafür. Ob ich mal Ulrich Beck gelesen hätte? »Verbale Aufgeschlossenheit bei weitgehender Verhaltensstarre«, das fiele ihr ein zu den jahrelangen, doch immer bloß geheuchelten KULTURWANDEL-Beteuerungen des Senders. Aber jetzt müssen sie ja wohl, sie wollten es anscheinend auf die harte Tour lernen, tja, Pech gehabt, sagte sie und hustete ein bisschen. Vielleicht habe sie zu früh aufgegeben. Na, wie auch immer, sie freue sich enorm für die Frauen. Sie umarmte mich. Tut mir leid, das mit deinem Freund, aber – ach, egal, komm, wir gehen wieder rein und feiern die Ladys.

Am nächsten Tag war er weg: FREIGESTELLT für die weitere Dauer des Compliance-Verfahrens, das der Sender ERGEBNISOFFEN zu Ende führen wollte, wie es in einer Pressemitteilung hieß, die am frühen Morgen verbreitet worden war – freigestellt natürlich AUF EIGENEN WUNSCH. Er habe, so wurde der Chefredakteur in der Mitteilung des Senders zitiert, VOLLSTES VERTRAUEN in die Aufklärung des Sachverhalts, am wichtigsten sei ihm jetzt, dass das alles SAUBER ABLÄUFT. Darüber haben wir dann alle sehr gelacht.

Das war's, sagten alle – na ja, fast alle. Mir fiel eine gewisse KORRELATION auf, je länger nämlich eine Frau schon für den Sender gearbeitet hatte, desto pessimistischer fiel ihre Prognose aus. Diese Bedenken allerdings schienen dann auch wieder unbegründet zu sein, nachdem eine Frau aus der Sophia-Kategorie »Angst«, ermutigt durch die Beurlaubung des Chefredakteurs, schließlich doch noch ausgesagt und uns hinterher berichtet hatte, die Anwältin habe ihr gesagt, sie müsse keine Angst mehr vor dem Chefredakteur haben, allein ihre Aussage schon mache, ohne vorgreifen zu wollen, seine Entlassung nahezu unausweichlich. Zwar entscheide sie das natürlich nicht, so die Anwältin, aber ihre Empfehlung werde das ganz gewiss nahelegen. Machen Sie sich keine Sorgen!

Und, kam jetzt der von Sophia schon so lang erhoffte DOMINOEFFEKT? Wohl immer noch nicht so ganz, denn auch wenn es gewiss angenehm war, nicht mehr jeden Tag angeschrien zu werden, so war der Chefredakteur trotz körperlicher Abwesenheit doch stets gegenwärtig, so berichtete Sophia es mir, mehr denn je war jetzt jeder jedem verdächtig, der Redaktionsbetrieb wurde bis auf Weiteres geleitet von den ZÄPFCHEN und METASTASEN, denen nur in einer Hinsicht zu trauen war, nämlich dass sie dem Chefredakteur zweifellos ganz genau durchgeben würden, wer des Königsmordes zu verdächtigen war und wer sich LOYAL verhielt. Sie rekrutierten Mitarbeiter, diese KAMPAGNE abzuwehren und stattdessen die Wahrheit – also die Lüge – zu unterstützen, dass dieser Chefredakteur ein TEAMPLAYER von Gnaden sei und niemals irgendwen ausgenutzt habe, schon gar nicht Frauen, ganz im Gegenteil, er habe speziell Frauen immer selbstlos unterstützt und gefördert, und deshalb sei es nun vor allem an den Mitarbeiterinnen, sich für ihn einzusetzen. Und so dauerte es nicht lang, bis KADAVERGEHORSAME Frauen in internen Chatgruppen dazu aufriefen, POSITIVES FEEDBACK ZU SAMMELN, entlastende Stimmen, vor allem bitte von den vielen Frauen, die diesen *TransAtlantik*-Schmutz doch wohl zu widerlegen wüssten.

Die BELASTUNGSZEUGINNEN erzählten mir, dass eigentlich alle für den Sender arbeitenden Frauen, die jemals näher zu tun gehabt hatten mit dem Chefredakteur, mittlerweile unter GENERALVERDACHT stünden, im Turm selbst genauso wie in der Öffentlichkeit. Entweder galt man als Profiteurin und Komplizin – oder aber als FRUSTRIERTE EX und deshalb potentielle Anführerin des Aufstands. Sich als Opfer zu bezeichnen, wurde als Effekthascherei bewertet – sich nicht als Opfer zu bezeichnen, nahm einem offenbar das Recht, sich zu beschweren. Alle im Sender beäugten einander misstrauisch, auch musste man sich ja in Stellung bringen für die nachrevolutionäre Ordnung, allerdings wusste niemand, wie die überhaupt aussehen würde. IN DIE ACHT FAHREN, das taten nun viele, manche beinahe demonstrativ, denn jetzt konnte es ja beides heißen: stürzen oder stützen. Das Meldebataillon des Chefredakteurs registrierte vorsichtshalber nahezu jede Bewegung, und kam man AUS DER ACHT, wurde man spätestens an der Kaffeemaschine abgepasst und gefragt, was man denn so ausgesagt habe. Und der Chefredakteur rief auch selbst weiterhin Frauen an, die bislang geschwiegen hatten, sie mögen sich doch bitte freiwillig melden und aussagen, was die Wahrheit sei, und als besondere Serviceleistung führte er seine Idee von Wahrheit auch genau aus: alle Anschuldigungen reine Erfindungen, Lügen, alle Vorwürfe nur Teil eines POLITISCHEN FELDZUGES. Sie aber, so der Chefredakteur zu diesen Frauen, wüssten doch, wie er WIRKLICH sei. Das brachte die Frauen, die mir von solchen Flehanrufen erzählten, in eine herausfordernde Lage; gemeint sein konnte ja kaum, wie er wirklich war, sondern vielmehr: wie er, KNICK-KNACK, »wirklich« war.

Aber selbstloser Frauenförderer, der er war, ließ er sie natürlich mit dieser ambivalenten Aufgabenstellung nicht im Stich und gab Handreichungen zum besseren Verständnis des Wortes »wirklich« – die schönste unter all den mir überbrachten Selbstbeschreibungen des Chefredakteurs war diese:

Meine FEINDE wollen mich zerstören! Ich bin doch so ein guter Mensch, du weißt doch genau, ich habe einem krebskranken Stabsoffizier einen Aufsitzmäher geschenkt – so einer bin ich!

Was für einer er nun wirklich, angeblich, vorgeblich oder vermeintlich war, das wurde nach Erscheinen des *TransAtlantik*-Artikels natürlich allüberall öffentlich diskutiert. Offensichtlich hatten viele schon lange darauf gewartet. Das Geraune war ja nicht nur im Turm, sondern auch in der ganzen Stadt und ganz gewiss IN DER BRANCHE schon seit Jahren eines jener Geheimnisse, die so offen sind, dass sie als Gewissheit kursieren. Es hatte nur bislang der öffentliche Erzählanlass gefehlt, doch der schien ja nun endlich gegeben zu sein. Boulevardzustände beim Boulevardsender! MIT DEN EIGENEN WAFFEN GESCHLAGEN! Kurzum, ein unwiderstehliches Gossengeschwätzsujet, und das bereitete vielen die allergrößte Freude. Die Zutaten waren ja auch unschlagbar: Sex, Schönheit, lange Nächte – erst dadurch wurde das ganze eine STORY, eine Story, die jeden interessierte. Schwiemelig, doppeldeutigkeitssatt und geifertriefend geriet das Gerede und Geschreibe darüber, und das nahm leider der eigentlichen Geschichte ihre Wucht. Immer neue Details über die Zustände im Turm, klang doch alles recht lustig, fast harmlos, erstrebenswert, Krawall und Remmidemmi. Wirklich kurz vor: Machtmissbrauch LOL.

Es ging um IHN. Und um meinen Freund. Manchmal auch um mich und all diese angeblichen HINTERMÄNNER. Sophia fasste es so zusammen: eine männerige Männergeschichte. Um die Frauen jedenfalls ging es kaum – tja, selbst schuld, wollten ja anonym bleiben, nicht wahr?

Verständlicherweise waren die Bonobo-Frauen mit dem *TransAtlantik*-Artikel und dessen Weiterungen sehr unzufrieden. Zwar hatte er Bewegung hineingebracht, der Chefredakteur war sofort beurlaubt worden und kaum jemand rechnete damit, dass er noch mal zurückkehren würde. Aber trotzdem! Sie würden dargestellt als inkompetente, naive FLITTCHEN, ereiferten sich die Frauen, in anderen Zeitungen würde jetzt spöttisch, lüstern fast, von BÜROSEX gesprochen, sei doch alles freiwillig gewesen, EINVERNEHMLICH. In der Online-Konkurrenz-Spielart Spontanjournalismus florierte eine befremdliche Begriffsschlampigkeit: Missbrauch, Belästigung, Übergriffigkeit, Flirt, Affäre, irgend so was in der Art eben, ist doch egal, Machtmissbrauch hier, Karrieregeilheit dort, Einvernehmlichkeit ja mal sowieso, und schließlich, beinahe enttäuscht und jedenfalls den Chefredakteur scheinbar entlastend: Ist ja nicht Weinstein!

Die Belastungszeuginnen bereuten, je nachdem, sich der *TransAtlantik* offenbart zu haben oder auch: sich der *TransAtlantik* nicht offenbart zu haben. Oder zu verklausuliert. Ob denn eigentlich immer noch keiner verstanden hätte, wie Machtmissbrauch funktioniere? Voyeuristisch sei die Berichterstattung, VIEL ZU JUICY, die Bebilderung sensationistisch, »dumm, aber hot«, so würden sie da porträtiert. Auch wenn die meisten von ihnen ja gar nicht mit der *TransAtlantik* gesprochen hatten, aus vollkommen einleuchtenden Gründen, juristischen Erwägungen etwa oder persönlicher Angst oder Scham, trotzdem aber sollte der SACHVERHALT bitte ganz genau so dargestellt und aufgeklärt werden,

WIE ES WAR. Sich offen als Zeugin zu präsentieren, barg viel zu viele Risiken und Nachteile, man würde das ja auch nie wieder loswerden. Kurzzeitig wäre man vielleicht das von allen bemitleidete und für seinen Mut gefeierte Opfer – kurz darauf und fortan für alle Zeit aber wäre man: Ach die, die hat doch zwecks Beförderung mit diesem Chefredakteur gevögelt. Kein so guter Generalbass künftiger Bewerbungsgespräche. Verräter sind, wie jeder weiß, viel unbeliebter als der Verrat. Also hatte die *TransAtlantik*-Redaktion sich begnügen müssen mit dem, was sie bekommen und erfahren konnten. Zwar war das eine ganze Menge gewesen, aber was sie davon auch veröffentlichen durften, waren naturgemäß nur Bruchteile, Umschreibungen, viel Konjunktiv. Nicht mal ich wusste ja alle in dem Text angedeuteten Fälle zuzuordnen, das allzu detaillierte Beschreiben von Einzelfällen hätte die Identität der Frauen preisgegeben und die Anonymisierung aufgehoben. Ich verstand leider mal wieder beide Seiten, die der Frauen und die der *TransAtlantik*-Leute, und weil ich immer alle verstehe, muss ich ja auch dauernd zur Therapie.

Natürlich versuchten nach Erscheinen des *TransAtlantik*-Textes auch sehr viele andere Journalisten, die Zustände im Senderturm näher zu ergründen. Die meisten von ihnen hatten ja sowieso schon mal Recherchen IN DIESER RICHTUNG angestrengt, die sie jetzt nur wiederaufnehmen mussten. »Ein bissl Geld, ein bissl Sex, ein bissl Tragik … und ein bissl Perversion« – diese ewiggültige, von Helmut Dietl einst essentialisierte »ideale Mischung« an Zutaten einer vielversprechenden Geschichte war hier zweifelsohne gegeben. Ausweislich des Berichterstattungsfeuerwerks gab es in der FÜHRUNGSETAGE des Senders, und ich liebte diese Formulierung: UNDICHTE STELLEN. Jedenfalls kursierten unter Journalisten auch allerlei Beweismittel aus dem Verfahren, die von wem auch immer, von den Frauen selbst jedenfalls ganz gewiss nicht, weitergegeben worden waren. Verständlicherweise war dieser weitere Vertrauensbruch für sie speziell unangenehm, Sophia beschrieb dieses Unbehagen anschaulich so: Jetzt holen sich irgendwelche Creeps in so HAUPTSTADTBÜROS da einen drauf runter!

Zwei Wochen vergingen, dann war das Verfahren abgeschlossen. Eine Mitarbeiterversammlung mit dem frischwärts verblödeten Untertitel ALL HANDS ON DECK wurde einberufen, die auch all jene, die gerade nicht im Turm waren, auf einem senderinternen Kanal verfolgen konnten, Sophia hatte mir den Link geschickt. Ich saß in meinem Hotelzimmer, und wenn ich noch saufen würde, hätte ich mir jetzt eine Flasche Irgendwas aufgemacht, nicht bloß zur Feier des Tages, nein, größer: zur Feuerung des Jahrzehnts. Der Hintergrundgeräuschpegel ließ ein sehr großes Vorortpublikum erahnen, niemand in diesem Senderturm ließ sich jemals eine zünftige Hydraenthauptung entgehen, allein schon um zu erfahren, über wessen unlustige Witzversuche man künftig besser sehr laut zu lachen und wess' Lied man fortan zu singen hätte. TOWNHALL-FORMAT, Silicon Valley, Transparenz und so weiter, und da, hinter einem Stehpult, stand also mein Freund, für dessen Gesichtsausdrucksernst in diesem Moment das Wort »staatstragend« noch untertrieben gewesen wäre, man musste wohl sagen, mein Freund blickte kontinenteschulternd drein. In der Bonobo-Gruppe hatten wir seit der selbstlos-freiwilligen Zwangsbeurlaubung des Chefredakteurs einige Wetten abgeschlossen, wer wohl seine Nachfolgerin werden würde – dass es eine Frau sein würde, ja sein müsste, bezweifelte niemand aus der Bonobo-Gruppe, auf diese Organigrammheuchelei würde der Sender keinesfalls verzichten. Am geringsten war die Wettquote für die Option »JEMAND VON AUSSEN«, irgendeine Frau, die bei Continental, SAP oder etwas ähnlich Rätselhaftem EINEN VER-

DAMMT GUTEN JOB GEMACHT hatte. Wogen glätten, Kulturwandel, all so was.

Wir haben zugehört, wir haben genau hingeschaut – und ich will euch versichern, wir haben verstanden, hörte ich meinen Freund schon sagen, diese Art Krisenbeschwichtigungsgelall aus der Tüte eben, das er so gut beherrschte, DEMUT vortäuschend, es würde ein phantastisches Schauspiel werden; ich war jetzt in der Stimmung, in der Leute gern Popcornschachtel-Emojis posten. Aber bevor er irgendwas sagte, pustete mein Freund jetzt erst mal ins Mikrophon, ja, funktionierte. Könnt ihr mich alle gut verstehen?, fragte er, und über diesen Satz hätte ich natürlich gern eine Stunde lange gelacht, aber ich musste ja zuhören. Überraschenderweise war auch der Chefredakteur zu sehen, am Bildrand, dass der sich überhaupt noch da hintraute, erstaunlich. Er hatte ein Blatt Papier in der Hand, wahrscheinlich ja seine Abschiedsrede, sehr unsicher wirkte er, zitterten nicht sogar seine Hände? Er hielt den Kopf gesenkt, so weit gesenkt sogar, dass man die Kopfhautinsel sah, die er fürs Fernsehen immer mit STREUHAAR überdeckte. Um Entschuldigung würde er zwar wahrscheinlich nicht bitten, EINFACH NICHT SO SEIN DING, aber es wäre ja schon herrlich genug, ihn lügen zu hören, dass er sich freue AUF NEUE BERUFLICHE HERAUSFORDERUNGEN. Kehrte mein Freund ihm nicht geradezu demonstrativ den Rücken zu? Kalte Schulter! Jedenfalls kein Blick, kein Flüstern, es wirkte alles sehr kühl; um Form bemühte Peinlichkeit. Das sah doch alles sehr, sehr gut aus. Stille jetzt in der TOWNHALL. Eine Stille, über die am nächsten Tag bestimmt mindestens eine Zeitung vermelden würde, sie hätte Stecknadelfallhörbarkeitsausmaße gehabt. Was hatte mein Freund noch mal geschrieben in dieser Nachricht, die mich so besonders wütend gemacht hatte? Ah, genau, dass er ein guter Verlierer sein würde, wenn es denn sein müsse. Musste es ja nun wohl. Ob sie gar diese

Entlassung jetzt gleich zur einer IN BESTEM BEIDERSEITIGEN EINVERNEHMEN schminken würden? Mit Einvernehmlichkeit kannten sie sich ja aus. Jetzt aber, er umfasste das Stehpult.

Können wir?, fragte mein Freund, und als linksgrünversifftem Wokebubbleinsassen oblag es nun mir, YES WE CAN! zu rufen, zwar ganz allein vor meinem Computer sitzend, dennoch geradezu in Fanmeilenausgelassenheit – es hatte sich also doch gelohnt alles, der Kampf war nicht vergeblich gewesen, es war gut, dass wir nicht aufgegeben hatten.

Nachricht von Sophia: Wirecard-Vibes!

EIN PAAR EINLEITENDE WORTE, natürlich, wie immer. Mein Freund sprach also seine notorischen paar einleitenden Worte, schwere Wochen für den gesamten Sender liegen hinter uns, schwerwiegende Anschuldigungen, Belastungsprobe für uns alle, Druck von außen, Prinzipien herinnen, alles genauestens geprüft, keinen Stein auf dem anderen gelassen, externe Kanzlei, mehr als achtzig TEILWEISE SEHR INTENSIVE Gespräche geführt, danke noch mal an alle, die sich daran beteiligt haben, angstfreie Speak-up-Kultur und so weiter.

JETZT SAG SCHON!

Unterschied zwischen legal und legitim, strafrechtlich nichts zuschulden kommen lassen, Fehler gemacht, keine unverzeihlichen Fehler, sind alle nur Menschen, Einsicht, Besserung gelobt, außerdem einer der besten Journalisten unseres Landes, so viel für das Haus geleistet, muss man auch sehen, er wird sich weiter verbessern, so wie wir alle ständig noch besser werden müssen, viel Feind, viel Ehr', hochgefährlicher Zeitgeist, moralinsaures Meinungskartell, neue Prüderie, schlimmer als in Amerika, zweite Chance, Rechtsstaat, deshalb haben wir uns entschlossen – hä, was?

Nachricht von Sophia: Er ist wieder da, wieder hier / Und er läutet nicht an meiner Tür (hopefully!)

Noch immer begriff ich es nicht so ganz, auch weil mein Freund sich plötzlich in eine vollkommen bizarre Paranoiarhapsodie verirrte. Um eine politische Kampagne habe es sich gehandelt, Verleumdung, Rufmord, linkswoke Meinungsmafia, CANCEL CULTURE, alles GESTEUERT von HINTERMÄNNERN, gegen die jetzt rechtliche Schritte eingeleitet würden und immer so weiter.

Hintermänner? EXCUSE ME? Was war denn bitte mit den Vorderfrauen? Und was REDETE der denn da überhaupt – politische Kampagne? Hatte er den Verstand erst verloren, und dann geglaubt, ihn in einer Telegram-Chatgruppe wiedergefunden zu haben?

Ich schrieb meinem Anwalt: Es ist völlig grotesk, der Chefredakteur wird hier gerade reinstalliert. Strafrechtlich sei da nix gewesen, hieß es. STRAFRECHTLICH? Das ist ja wie in dieser Derrick-Variation von René Pollesch: »Was, erschossen? Aber er war doch ein so guter Schwimmer!«

Es wurde aber immer noch besser. Plötzlich hörte ich meinen Namen, ein Mitarbeiter hatte nach meiner Rolle gefragt, man habe da ja so dies und das gehört. Und hier zeigte sich nun, was wahre Freundschaft ist – Moment mal, also da müsse er mich jetzt schon auch EIN STÜCK WEIT in Schutz nehmen (gegen WAS denn eigentlich?), führte mein Freund aus, ja, ich hätte wohl durchaus ganz gute Absichten gehabt anfangs, sei dann aber ETWAS ÜBERS ZIEL HINAUSGESCHOSSEN, so was käme ja vor. Ah so. Aber genug davon, jetzt gehe der BLICK NACH VORN, man habe schon viel verbessert, müsse sich aber jetzt NOCH BESSER AUFSTELLEN und diese kleine Krise als was denn auch sonst denn ALS CHANCE BEGREIFEN.

Tja, der gute alte Blick nach vorn – nur ist da vorne ja gar nichts. Meine Sonnenbrillenerinnerung an die Inschriften amerikanischer Autorückspiegel hatte mein Freund wohl schon wieder vergessen, vielleicht auch nie begriffen: OBJECTS IN MIRROR ARE CLOSER THAN THEY APPEAR.

Besseres Miteinander! Streiten lernen! Keine DENKVERBOTE! AWARENESS-STRUKTUREN! Und wisst ihr eigentlich, wie viele aller Ehepaare unseres Landes sich am Arbeitsplatz kennengelernt haben? Gut, er selber gerade auch nicht, aber so viel könne er doch sagen: viele! Und das sei dann ja wohl auch nicht #MeToo, denn das sei DAS LEBEN. Und sowieso: Zukunft! Er habe gerade letztes Wochenende wieder mit seinen Vorstandskollegen ein Seminar absolviert, da sei es um DIVERSITY und INKLUSION gegangen, HOCHSPANNEND sei das gewesen, und solche Lehrgänge würden nun auch alle anderen leitenden Angestellten DURCHLAUFEN.

Na also, GEHT DOCH, und warum nicht auch mal wieder einen Auffrischungskurs Erste Hilfe buchen, dachte ich, oder ein ADAC-Fahrsicherheitstraining – Tetanus-Auffrischungsimpfung irgendwer? Wäre doch auch gut alles, nur was hatte das jetzt bitte mit der Sache zu tun – oder hatte ich irgendwas verpasst? Diversity, Inklusion, 360-Grad-Feedback – es waren einfach nur Blendvokabeln, durch deren Gebrauch in diesem Zusammenhang mein Freund ungewollt offenlegte, dass ihn nichts von alledem kümmerte. Setzt man sich eben für ein Video eine Regenbogenperücke auf, um einen NACHDENKLICHEN PRIDE-MONTH auszurufen, und hält noch am selben Abend eine reaktionäre Kaminzimmerrede mit GENDER-Witzen aus dem Discounter, man muss flexibel sein. Pressefreiheit unbedingt, aber wenn Recherchen anderer für das eigene HAUS allzu unangenehm werden, kann man ja wohl trotzdem mal kurz, so von Chef zu Chef, da GANZ OBEN irgendwo anrufen und fragen, ob das denn eigentlich alles sein müsse. Man kennt sich, man schätzt sich, kurzer Dienstweg. Sowieso alles völlig einerlei jetzt, denn schon flog er argumentativ zum Mars, mein Freund, den ich ab diesem Moment wohl endgültig als meinen Ex-Freund bezeichnen musste: Weichenstellungen, Meilensteine, Leuchttürme, UNSER EHRGEIZIGES ZIEL ist es, bald schon WELTWEIT FÜHREND zu sein als internationaldigitaler, inklusivdiversgleichgestellter Superduperkonzern oder so, ich konnte nicht folgen, aber anders als die bedauernswerten Mitarbeiter, auf die er da komplett enthemmt einphraste, musste ich das ja auch nicht. Mein Ex-Freund litt augenscheinlich echt unter akutem Musk.

Nachricht von meinem Anwalt: STRAFRECHTLICH nichts dabei? Ja, so kennen wir den Sender. Die Wahrheit sagend lügen oder mit der Wahrheit lügen. Niemand hatte strafrechtlich relevante Vorwürfe erhoben. Hierum ging es auch überhaupt nicht in dem Compliance-Verfahren, das eine privat beauftragte Anwältin durchgeführt hat. Für Strafrecht wäre die Staatsanwaltschaft zuständig gewesen. Aber auch damit werden sie wieder durchkommen.

Ja, sah ganz so aus. Sogar für alle seine Angestellten dort in der TOWNHALL, selbst für die schlichtesten und LOYALSTEN (häufig in Kombination) unter ihnen war klar erkennbar, dass mein Ex-Freund gerade sehr vieles verschwiegen hatte und das stattdessen Gesagte durchwoben mit Lügen. Und noch inmitten dieser Jauchegrube seiner UNTERNEHMENSKULTUR stehend, schwang er sich schon wieder auf in groteske Größenwahnideen. Weltweit führend wollte er gleich morgen schon wieder sein in genau den Disziplinen, in denen sein vollständiges Versagen doch gerade erst deutschlandweit bestaunt geworden war. Komm mal runter, du Blödmann, vielleicht erst mal, als Zwischenschritt, die Arbeitsbedingungen für Frauen in deinem Höllenturm an die Gegenwart anpassen, bereits das wäre doch ein extremer Fortschritt. Nicht gleich schon wieder durchdrehen. Weltweit führend! Ja, mach nur einen Plan, sei nur ein großes

Licht – und in einem Ende-zu-Ende-verlogenen Götterdialog mit Elon regierst du dann das Universum.

Seine Eingangsfrage, »Könnt ihr mich alle gut verstehen?«, die müsste er genau jetzt noch mal stellen. Die Publikumsreaktion darauf wäre wirklich interessant.

Alle paar Sekunden leuchtete mein Telefon, ich hatte es leise stellen müssen während der Zeremonieübertragung, weil im Bonobogruppenchat einfach zu viel los war. Ich würde es später alles nachlesen, aber mein Verdacht war, dass der Ausgang des Verfahrens dort etwas kontroverser diskutiert wurde als in der TOWNHALL. Dort trat jetzt der Chefredakteur ans Pult.

Ich gebe euch mein Ehrenwort, dass die gegen mich erhobenen Vorwürfe haltlos sind, sagte er in die Stille. Niemand lachte. Dann las er von seinem Zettel ab. Es habe ihm IM HERZEN weh getan, nicht verhindert haben zu können, dass die Redaktion für kurze Zeit so in Unruhe versetzt worden sei, AUFRICHTIG ENTSCHULDIGEN wolle er sich dafür bei seinen Mitarbeitern, für die er doch durchs Feuer ginge, so ganz generell und jetzt konkret eben durch dieses Feuer seiner, aber sicher doch, politischen Gegner. Er schmierlappte Wörter wie DEMUT und ZUHÖREN ins Auditorium, LERNEN und VERÄNDERN. EMPATHIE!

So!, sagte mein Ex-Freund zustimmend, er trat neben den Chefredakteur und legte ihm einen Arm um die Schulter. Dieses »So!« – im Sinne von »Hört, hört!« oder »Gut gesagt!« – war ja das neue »Genau!«. So. Sache erledigt also? Nicht vielleicht noch kurz gemeinsam die Nationalhymne singen? Beinahe verwunderlich, dass mein Ex-Freund sich nicht selbst noch schnell einen Preis verlieh, den Nachhaltigkeitspreis für die Wiederverwertung eines TOXISCHEN Chefredakteurs.

Nachricht von Sophia: Muss ich mich denn erst umbringen, damit was passiert?

Abschließend vielleicht noch was Persönliches, sagte mein Ex-Freund. Ah, die menschliche Seite, natürlich. Es sei ein brutales Geschäft, ja, aber manches gehe doch entschieden zu weit. Und deshalb werde es am Nachmittag eine Sonderausgabe geben von »Was macht das mit mir?«, in der er selbst als Gastmoderator auftreten werde und den Chefredakteur befragen, wie er DIESE GANZE SITUATION erlebt habe, wie er umgehe mit dem doch immensen Druck, mit all den unfairen, TEILWEISE UNMENSCHLICHEN Angriffen. Der Chefredakteur lächelte und sagte, er wolle nicht zu viel verraten, aber klar, das gehe ANS EINGEMACHTE, sei schon hart alles, doch sei er GEGENWIND gewohnt – mit reinem Gewissen stehe man so was durch, dieser Job sei schließlich KEIN BELIEBTHEITSWETTBEWERB.

Applaus. Na also, was stellten sich die Frauen denn so an, sagte der Applaus, ist doch überhaupt nicht schwer, sich als Opfer zu bezeichnen, mein Ex-Freund und der Chefredakteur hatten es doch gerade vorgemacht.

Die Veranstaltung war beendet, mein Ex-Freund eilte davon, der Chefredakteur blieb noch stehen, eine kleine Gesandtschaft seiner Zäpfchen und Metastasen stieg zu ihm aufs Podium, Schulterklopfen, Lachen, Umarmungen – und vielleicht war es Subversion, vielleicht auch nur Unachtsamkeit des Technikers, jedenfalls war das Ansteckmikrophon des Chefredakteurs noch eingeschaltet und der Tonregler noch oben, und so konnten es alle hören:

Ich weiß gar nicht, wofür ich mich da eben entschuldigt habe, aber das war nun mal DER DEAL.

Heute jedoch nicht

Sie sitzt auf dem Thron, und er ist tot. Wie sein Tod wohl erklärt und ERZÄHLT werden würde? Sie war jetzt die Präsidentin. Seine inoffizielle Todesursache kannte ja nun jeder: #MeToo. Wie sie herabsah auf uns, auf den Sunset Boulevard und auf DIE GANZE WELT, es war furchterregend – ihr Blick war gletscherkalte Verachtung. Und rann da nicht sogar Blut aus ihrer rechten Hand, die Thronlehne hinab? Das Letzte, was wir von ihr gehört hatten, und das war ja noch, bevor wir all das über ihn erfahren haben, war die Feststellung: »Jetzt bin ich dran.« Und im Vergleich zu ihr wirkte da sogar ihr hernach umständehalber, aber ohnedies auch folgerichtig VERSTORBENER Mann, dieses zigbödige Machiavellimonster, wie ein emotionsgesteuerter Hippie. Mehrfach hatte er versucht, sie anzurufen, aber sie hatte IHN WEGGEDRÜCKT. Ein halbes Jahr danach waren die BELÄSTIGUNGSVORWÜRFE publik geworden, er wurde gefeuert, und noch mal ein Jahr später, jetzt nämlich, ging es ohne ihn weiter.

Meinst du, er guckt sich das an?, fragte Basketballs. Wir lagen am Pool des Chateau Marmont, Robin Wright schaute streng zu uns herunter von dem großen Billboard, das früher jahrelang von Gucci dauergemietet worden war, nun aber ja schon eine ganze Weile von Netflix. Die finale Staffel von »House of Cards« würde also bald anlaufen, ohne Kevin Spacey. ERLEDIGT war er nach dem Bekanntwerden der Vorwürfe ja auf jeden Fall. Auch im, falls es das gab, ECHTEN Hollywood. »Für mich ist der gestorben«, wurde gesagt über ihn, am liebsten aber sprach man gar nicht mehr von ihm, er wurde buchstäblich ausradiert aus laufenden Produktionen, STILLSCHWEIGEND ersetzt in der Nachbearbeitung, als hätte es ihn nie gegeben. Diese letzte Staffel würde nur ihr gehören.

Ich glaube, ich habe das mit der Realität erst jetzt verstanden, sagte ich, und Basketballs lachte völlig zu Recht laut auf, auch weil ich das offenbar ernst gemeint hatte – an einem Pool in WEST HOLLYWOOD liegend.

Nein, echt jetzt, wie würdest denn du den Unterschied definieren zwischen Realität und Wirklichkeit – oder auch zwischen Realität und Wahrheit?

Basketballs rauchte formvollendete Kringel in die Spätnachmittagsluft und deutete auf das »House of Cards«-Billboard: So.

Sie sprach's und schwieg – und ich begriff, dass ihre Antwort sehr viel klüger war als ich.

Im Chateau Marmont war ein Manager entlassen worden, weil er auf der Oscar-Party von Beyoncé sich allzu langatmig Ryan Gosling vorgestellt hatte. Endlich wieder solche Unsinnsinformationen jeden Tag, wie schön. Obwohl ich ein ganzes Jahr lang fort gewesen war, kam es mir und auch den anderen so vor, als sei ich nur kurz mal draußen gewesen, vielleicht am Strand oder so, es war ja auch völlig egal, ich war wieder hier, es ging weiter – und hatte nie aufgehört. Im Bungalow neben mir wohnte wieder Drew Barrymore, bei der an diesem Nachmittag viel los war, erst war ihre HUNDETRAINERIN da, direkt danach kam eine Frau, die Barrymore mir vorstellte als ihre INTIMITÄTS-KOORDINATORIN. Deine WAS? Tja, wir leben im Zeitalter nach Weinstein, vor jedem Dreh wird jetzt immer genau besprochen, wie weit Berührungen gehen dürfen und all das. Ah, okay.

Die Foucault-Forscherin stand im Pool, am Rand, ein Buch vor sich auf dem Ziegelboden, sie las »Foucault in California«. Kaum, dass sie mich begrüßt hatte, fragte sie mich, ob es stimme, dass mein Verlag die Veröffentlichung dieses Buchs in Deutschland verschoben habe. Ja, hatte ich auch gehört. Es waren wohl Anschuldigungen bekannt geworden, dass da irgendwas gewesen sein könnte mit Foucault und minderjährigen Jungs in Tunesien, Ende der sechziger Jahre, AUF EINEM FRIEDHOF. Manche sagten, die Jungs seien erst acht oder neun Jahre alt gewesen und von Foucault für Sex bezahlt worden, andere sagten, die Jungs seien bereits siebzehn oder achtzehn Jahre alt gewesen und hätten sich ihrerseits Foucault angeboten – beweisen ließ sich weder das eine noch das andere. Mein Verlag wollte mit der Veröffentlichung der deutschen Übersetzung wohl warten, bis sich das GEKLÄRT hatte (was oft genug ja nur bedeutete: bis es vergessen war), die neue Behutsamkeit, bloß keinen Fehler machen. Die Foucault-Forscherin empfand das als übertrieben: Seid ihr in Deutschland etwa noch sensibler und hysterischer als die Leute hier seit #MeToo? Ist das bei euch etwa alles sogar noch strenger?

Nein, übersensibel war mir das in Deutschland zuletzt nicht vorgekommen.

Wir schwammen ein bisschen, sie berichtete mir, was alles so nicht los gewesen war hier. Lana Del Rey habe in der Silvesternacht oben, an der Hotelbar, betrunken Country-Lieder gesungen, das sei lustig gewesen, war aber ja nun auch schon wieder fast ein Jahr her. Was war eigentlich aus Rose geworden, kam die noch an den Pool? Lange schon nicht mehr, nein, Rose sei momentan mit Brandon in Mexiko, angeblich. Sie schreibe an einem Buch, hieße es, oder mache Musik oder so. Auf dem Liegestuhlpolster der Foucault-Forscherin, unter ihrem großen Sonnenhut, den sie sich nach dem Schwimmen sofort wieder aufsetzte, obwohl die Sonne längst hinter dem

Hotel verschwunden war, lag eine CD von Bill Cosby. Die habe sie aus Mitleid mitgenommen, sagte sie, aus Mitleid und aus Spaß, vor der Haustür ihres Nachbarn nämlich stünde seit Wochen unberührt ein kleiner Karton, gefüllt mit CDs und DVDs von Bill Cosby, auf dem Karton sei handschriftlich vermerkt: »zu verschenken«. Ich war froh, wieder in Los Angeles zu sein.

Hier läuft das echt alles ein bisschen anders seit Weinstein, sagte Basketballs.

Ein halbes Jahr war vergangen seit Beendigung des Compliance-Verfahrens, längst war alles wieder wie zuvor, wenn nicht schlimmer. Nach dem Skandal, der IM HAUS nur noch hüstelnd als DIE SACHE bezeichnet wurde und am liebsten gar nicht mehr thematisiert, benahm sich der Chefredakteur im Senderturm sogar noch unangenehmer als zuvor – so wie der Velociraptor in »Jurassic Park«, als er schließlich begriffen hatte, wie er die Küchentür öffnen konnte.

Strafrechtlich nichts zuschulden kommen lassen, jaja – und völkerrechtlich bestimmt auch nicht, wahrscheinlich sogar keinerlei Verstöße gegen die Straßenverkehrsordnung. Auf den Ausgang des Verfahrens, das wurde immer deutlicher, hatten sie sich im Senderturm verständigt, bevor es überhaupt begonnen hatte. Bitte gehen Sie weiter, es gibt nichts zu sehen. Wir drehten das um: Bitte sehen Sie weiter, es gibt nichts zu gehen. Die Bonobo-Gruppe hatte nicht vorschnell aufgegeben, das nun wirklich nicht, einige der Frauen kämpften noch immer. Monatelang hatte ich das und sie begleitet, auch weil es sonst keiner tat. Jede Woche trafen sie sich – manchmal allein, manchmal mehrere zusammen – mit Journalisten, ab und zu war ich dabei. Immer wieder erzählten sie ihre Geschichten. Es waren mitunter agentenfilmhafte Szenen, Treffen in Parks oder auf Spielplätzen, kurz mal aufs Klo gehen und vorher scheinbar versehentlich das Handy auf dem Tisch eines Oma-Cafés liegen lassen mit geöffnetem Mailverlauf. Es erschien mal hier, mal dort, so dies und das, doch flugs gab es Gegendarstellungen oder ein »Wir bleiben bei unserer Darstellung«, und das war's dann auch schon wieder. Mein Ex-Freund indessen bestand darauf, all das habe »nichts zu tun mit #MeToo«, und seinen Chefredakteur ließ er ungehindert weiterbehaupten, es handele sich um LÜGENSCHMUTZ, der außerdem sein PRIVATLEBEN betreffe, wiewohl doch die Vorwürfe ganz genau auf die Vermischung von Privatleben und Beruf abzielten. Den meisten Journalisten erschloss sich bald, dass man dem Chefredakteur wie auch meinem Ex-Freund wirklich alles glauben konnte, was sie nicht sagten.

Die eine große Geschichte jedoch, in der endlich alles aufgeklärt, eindeutig bewiesen und festgestellt wurde, alle Lügen widerlegt und die Schuldigen ein für allemal benannt – diese Geschichte kam irgendwie nie. Obwohl es oft, elendig oft, endlich zu passieren schien, aber dann kam doch immer irgendwas dazwischen. Rechtliche Bedenken, eingeschüchtert zurückgezogene Zeugenaussagen, Unterlassungsklagen, neue Lügen – und wieder nichts. Aber bald, diesmal bestimmt, denn längst lief ja die nächste Recherche, die nächste Zeitung oder Zeitschrift, ein Podcast, ein Fernsehmagazin, ein Crowdfunding-Kollektiv, alles Mögliche, es hörte nicht auf. Und jedes Mal klang es zunächst gut, neue Informationen, neue Zeugen, neue Beweise, neue Ungeheuerlichkeiten, neuer Mut, und immer wieder dachten wir, jetzt aber wirklich, jetzt hieven wir das Boot über den Berg – um oben angekommen festzustellen, wir waren doch wieder bloß Sisyphos gewesen. Immer wieder das Gleiche zu tun und sich davon irgendwann mal ein anderes Ergebnis zu erwarten, das gilt nicht völlig zu Unrecht als eine Definition von Wahnsinn.

Natürlich waren wir alle immer wieder gewarnt worden,

uns MIT DENEN ANZULEGEN. Meinen Namen auf einer von Journalisten enthüllten FEINDESLISTE zu finden, die mein Ex-Freund und der Chefredakteur in ihrer Argumentationsnot offenbar erstellt hatten, das fand ich ja beinahe noch lustig. Als ich aber erfuhr, dass mein Ex-Freund verschiedentlich verbreitete, die ganze Angelegenheit ginge nur auf eine Kampagne von mir zurück, angeblich ausgelöst durch einen ERSCHÜTTERNDEN DROGENRÜCKFALL, nun, da war dann doch ein Ende meiner Langmut erreicht. Wie mittlerweile von fast allem, so hatte ich auch von dieser Hinterzimmertolldreistigkeit eine Tonaufnahme: »Das ist wirklich eine Tragödie, er war ja wie ein Sohn für mich. Aber dann habe ich ihn doch wieder verloren ans Reich der Substanzen. Und so erklärt sich diese wahnhafte Kampagne.« Mein erster Impuls war gewesen, an die Öffentlichkeit zu gehen damit: einen gemeinsamen Langzeitdrogentest einzufordern, unter fachärztlicher Aufsicht und natürlich kamerabegleitet anzutreten gegen meinen Ex-Freund. Aber stattdessen hatte ich dann einen Flug nach Los Angeles gebucht. Nein, nicht beteiligen an dieser Männer-Ranküne, das wollten sie ja bloß, DAS NARRATIV von den HINTERMÄNNERN durchsetzen, mittels eines – natürlich – Männermachtspiels. Ciao.

Es war dunkel geworden am Pool, Basketballs und ich lagen noch immer dort, das mit hellstem Licht bestrahlte Billboard ließ den eisschneidenden Geringschätzungsblick von Robin Wright jetzt noch diabolischer erscheinen. Wir hatten uns vorgenommen, nicht mehr so viel über all das zu sprechen. Aber jetzt wollte mir Basketballs doch etwas zeigen.

Hast du diesen neuen Spot gesehen, mit dem sie Mitarbeiterinnen suchen? Den packst du nicht.

Nee, ich versuche, das alles nicht mehr so genau zu verfolgen, es macht mir nur schlechte Laune.

Musst du dir trotzdem angucken. Da sind auch drei Frauen aus der Gruppe dabei, die loben den Sender als perfekten Arbeitgeber für Frauen – das moderne Arbeitsklima, die großen Chancen und so. Sophia übrigens auch. Sie hat jetzt wieder ganz glatte Haare.

Ja, ich weiß. Sie wollte ja kündigen, aber sie findet wohl so schnell nichts Anderes und will jetzt lieber doch gefeuert werden, wegen der Abfindung. Noch mal zu dieser Sache mit der Realität. Mein scheiß Ex-Freund hat mir doch damals geschrieben, als das alles gerade herauskam, Moment, ich lese es dir vor: »History will tell, wer hier an der Realität vorbeisieht«. Und die tiefere Bedeutung habe ich eben jetzt erst verstanden – damals habe ich Realität verwechselt mit Wahrheit. Aber von Wahrheit war da ja gar nicht die Rede, sondern von Realität. Und die Realität ist das, was wir danach erlebt haben. Es geht alles genauso weiter. Realität also im Sinne von: Du weißt doch, wie das läuft, SEI MAL REALISTISCH, SCHÄTZCHEN.

Ja, kann sein. Wir haben getan, was wir konnten – aber die haben eben gekonnt, was sie taten. Großer Unterschied.

Tja. Also, wenn schon an der Realität vorbeisehen, dann doch besser mit Ausblick auf einen Pool. Ich freue mich so auf die Zeit hier, endlich mal wieder kleinere, egalere Themen besprechen.

SO GERNE! Ich finde zum Beispiel das Wort »Frühstücksei« so eklig.

Ja, sehr gutes Thema. Da haben alle einen vergleichbaren Wissensstand, jede Meinung ist gerechtfertigt, je genauer die Begründung und je deutlicher die Parteinahme, desto lustiger – wunderbar. Frühstücksei also, ja, bin dabei. Das LEGT EINEN SO FEST, wann man das Ei essen soll. Solche Themen! Merken wir uns: Frühstücksei. Und ich würde zum Beispiel gerne mal über Abkürzungen sprechen: DOKU, BIO, INFO, KOMBI, QUALI, DEKO, ORGA, EMO, KONFI,

TELKO – was soll der Scheiß? Was macht ihr denn bitte mit der so gesparten Zeit, ihr manischen Abkürzer? Darüber würde ich gern mal ein paar Nächte lang reden.

Später am Abend kam Kimberly vorbei, um mich zu begrüßen, sie hatte Mentholzigaretten und Zimtmilchreis dabei. Ich hatte meine Koffer noch nicht ausgepackt, außerdem standen acht große Kartons in meinem Zimmer, all die Sachen, die ich hier EINGELAGERT hatte, aus all dem musste ich mir nun heraussuchen, was ich in den nächsten Wochen brauchen würde, der Rest würde dann erneut eingelagert werden, die Kleiderschränke im Chateau sind viel zu klein, und wohin nur mit all den Büchern? Basketballs und Kimberly saßen auf dem Sofa und berieten mich bei der Garderobenauswahl. Dann gingen wir zurück zum Pool, dort war niemand mehr, es war schon dunkel, die von Palme zu Palme gebundenen Glühbirnengirlanden schimmerten dunkelgelb, der Pool leuchtete streng und doch sympathisch hellblau.

Ob wir uns erinnern würden an diese unschöne Orgie, in die sie im letzten Jahr hier geraten war im Bungalow 2, fragte Kimberly. Das Leben sei so seltsam, sie arbeite jetzt für einen von diesen Bademantel-Typen. Es sei sehr einträglich, irgendein TECH-START-UP, von dem wir ja bestimmt schon gehört hätten – hatten wir aber natürlich nicht. Na, wie auch immer, sie sei zunächst misstrauisch gewesen, aber DAS PRODUKT habe ihr so gut gefallen, und es habe auch alles SEHR PROFESSIONELL gewirkt, eine Traumposition sei ihr da angeboten worden. Sie habe sich gefragt, ob der Typ sich an ihren versehentlichen Kurzauftritt bei dieser Orgie erinnern würde und sie vielleicht nur aus solchen Na-ihr-wisst-schon-Gründen anwerben wollte, aber dann hätte sie sich mit ihm so nerddetailliert über Software-Probleme dieser Firma unterhalten, es schien tatsächlich und ausschließlich UM DIE SACHE zu gehen, also habe sie die Stelle angenommen. Und die ersten Monate seien auch problemlos verlaufen, aber jetzt seit ein paar Wochen sei es schwierig, weil dieser Typ ihr dauernd privat schreibe und sie zum Essen einlade und so weiter. Gerade letzte Woche erst habe er ihr gesagt, dass sie ein WELTWUNDER sei, eine gute Programmiererin mit SO TOLLEM KÖRPER, wo gäbe es denn so was – ein Wort von ihr würde genügen, schon würde er für sie seine Frau verlassen, er meine es ernst. Und jetzt wisse sie eben nicht, wie sie sich verhalten solle. Sie wolle ja diesen Job nicht aufgeben. Ob wir Rat wüssten? Bei meinem letzten Besuch hier, da hätten doch Basketballs und ich uns über einen ähnlichen Fall unterhalten, oder nicht?

Basketballs setzte sich auf, nahm Kimberlys Hand, zog sie zum Rand des Pools, sie setzten sich auf den Boden und ließen ihre Beine ins Wasser gleiten, ich blieb auf meinem Liegestuhl, die beiden im Blick, und ganz hinten, am Gartenrand, über den Palmen: das beleuchtete Billboard, dieser Blick von Robin Wright. Ich dachte über das Wort GLEITSICHTBRILLE nach und hörte den beiden zu:

Du kannst nichts machen. Wenn du dich beschwerst, wirst du verleumdet, angegriffen oder gefeuert. Meistens sogar alles davon, in der Reihenfolge. Und dann suchst du dir einen Anwalt, aber die haben zehn Anwälte, und anders als du haben die dafür auch genug Geld. Wenn du dich beschwerst und an die Öffentlichkeit gehst, dann verlierst du deinen Job und findest kaum einen neuen, du bist dann die Verräterin.

Aber irgendwas muss man doch machen!

Jaja, das hätte ich auch immer gesagt, aber nach einem Jahr Praxis sehe ich das ein bisschen anders. Egal, was da war, was du sagst und was du beweisen kannst – am Ende heißt es, du bist verrückt oder eine Schlampe oder beides.

Dafür gibt es hier sogar ein Wort: Nuts- and Sluts-Defence.

Deshalb, wenn du mich jetzt ehrlich fragst, was ich dir rate: Mach besser nichts. Lass dir alles gefallen. Das darf man natürlich nirgends so sagen, weil das SO HART klingt und so opportunistisch. Aber es ist so.

Also kündigen – oder Augen zu und essengehen. Gut, dass ich studiert habe.

Beides scheiße, aber: ja. Wird dir natürlich beides vorgehalten werden als Feigheit. Als unfeministisch oder antifeministisch oder so. Aber davor bist du nicht mal sicher, falls du doch irgendwas machst, schließlich hast du ja nicht sofort was gemacht. Also bist du Komplizin oder Profiteurin oder so. Auch wieder kein guter Feminismus. Und lass dir auf gar keinen Fall von einem Mann helfen bei der ganzen Scheiße, das ist nämlich GAR NICHT COOL, von dir nicht und von ihm nicht, weil: PATERNALISTISCH. Diese Diskussionen kannst du dann auch alle noch führen mit irgendwelchen Instagramaktivismus-Emilys – und die Macht lacht sich tot dabei. Und dann geht es eben alles so weiter. Du kannst nichts machen.

DAS ist eure Botschaft?

Nein, das ist unsere Erfahrung.

Das klingt aber sehr, sehr abgefuckt.

Ja, na klar, das ist dann die nächste Runde: WIR sind das Problem.

Yeah, das jeden Monat ein paar Tage blutende Problem.

Keine Ahnung, vielleicht ist das hier inzwischen auch alles besser als bei uns, das kann natürlich sein.

Basketballs zeigte auf das »House of Cards«-Billboard und lachte.

Die Alte ist so geil, die blutet nicht, die lässt bluten.

Ja, Königin. Frank Underwood ist tot, Kevin Spacey erledigt, Weinstein vor Gericht – aber das sind ja doch die Ausnahmen. Glaub mal nicht, dass es hier auf einmal keine sexuellen Übergriffe und so was mehr gibt. In Amerika ist alles viel weiter, viel besser? Blödsinn.

Du musst vor allem auf dich aufpassen. Wie im Flugzeug,

da sagen sie es ja vor jedem Start, wenn sie einem die Sicherheitsmaßnahmen erklären: Helfen Sie zunächst sich selbst – und erst dann anderen, die Hilfe brauchen. Ich meine, geht es irgendeiner Frau so richtig gut, die mit so was an die Öffentlichkeit gegangen ist?

Darüber habe ich kürzlich auch mal nachgedacht, als ich gesehen habe, dass Rose ihr Haus verkauft hat. Mit ihrem ganzen Krempel. Das Leben, die Karriere, die Würde einer GEFALLENEN Schauspielerin als Ramsch-Liste: »Tons of designer shoes, handbags and clothing.«

Wow, HOLLYWOOD ENDING in Scheiße. Langfristig wirst du bei #MeToo-Kämpfen immer einmal öfter hinfallen als aufstehen.

Andersrum, oder?

Nein, genau so rum.

Klingt super.

Yo.

Danke. Echt. Weil – alle, die mich jetzt so toll EMPOWERN, die haben so was eben noch nie selbst erlebt. Und von denen, die das selbst durchgemacht haben, sagt original keine: Musst du machen!

Glaub mir, ich habe dir damit einen Gefallen getan. Und den ganzen Empowerment-Leuten kannst du gerne ausrichten: Beschwer dich nicht bei uns, beschwer dich bei der REALITÄT.

Und so ging es dahin. An irgendeinem Abend, die Wochentage verschwammen schon, es war endlich wieder alles wie früher, besuchte uns Anderson, unser Freund von der *Washington Post*. Er recherchierte gerade zu Vorwürfen gegen das Hotel-Management: Mitarbeiter hatten sich über das ARBEITSKLIMA beschwert, Rassismus, cholerische Personalführung, mieseste Arbeitsbedingungen, auch sexuelle Übergriffigkeiten.

Das KANN ich mir nicht vorstellen – dieser Satz fiel schon mal weg. Ich konnte mir mittlerweile natürlich alles in dieser Richtung vorstellen. Aber bemerkt, mitbekommen? Nein. Nur die Entlassungswetterfahne, die aus dem Mund des Hotelbesitzers kam, von der hatte ich gehört. Wenn er zwischendurch mal nüchtern war, entließ er immer ganz viele Leute. Wenn er aber, wie meistens, vollkommen betäubt hier ankam, waren die Angestellten sicher. Oder zumindest ihre Jobs. Wenn er sein Kommen ankündigte, postierten sich immer ein paar Mitarbeiter entlang des Sunset Boulevards, um dann Alarm oder Entwarnung ins Haus zu melden, je nachdem, in welchem Zustand der Hotelbesitzer anreiste. Einmal hatten sie besonders viel Angst, weil sie gehört hatten, dass er wochenlang in irgendeiner Klinik in der Wüste gewesen war, aber als dann seine Limousine erspäht wurde, guckten oben aus dem Schiebedach die nackten Beine des Hotelbesitzers heraus, und da waren dann alle sehr erleichtert. Aber sonst? Nee. Hier ist doch immer alles so friedlich.

Das könne doch gar nicht sein, insistierte Anderson, ob uns denn wirklich gar nichts aufgefallen sei? Überhaupt nichts jemals von all dem gehört, gesehen, bezeugt? Wir schauten uns kurz an, dann auf den Pool. Es wurde Abend, die Poollichter gingen an, das helle Türkis des Pools, die Glühbirnengirlanden, die Palmen – jetzt auch noch dieses letzte Paradies beschmutzt?

Nein, sagte ich. Auch Basketballs schüttelte den Kopf. Nein, das hörten wir jetzt zum ersten Mal. Wir waren so oft hier, manchmal über Monate, aber: Nein. Wir haben nichts mitgekriegt.

Aber das war hier, jeden Tag, allgegenwärtig!

Ach, echt? Seltsam. Das hätten wir doch bemerken müssen. Anderson blätterte durch seine Notizen. Er schüttelte den Kopf und war nicht zufrieden mit unserer Wahrnehmungsträgheit. Wenn man hier jahrelang immer wieder monatelang gewohnt habe, so er, könne einem das doch nicht entgangen sein. Es sei schlechterdings unmöglich, dass wir von alldem nichts mitbekommen hätten, beharrte er.

Nein, uns war nichts aufgefallen.

Songtextzitate

City of Stars | S. 20: Ryan Gosling & Emma Stone, Musik: Justin Hurwitz, Text: Benj Pasek, Justin Paul, © WARNER CHAPPELL MUSIC, INC.

Nightswimming | S. 39: R.E.M., Musik/Text: William Berry, Peter Buck, Mike Mills, Michael Stipe, © WARNER BROS.

Rape me | S. 113: Nirvana, Musik/Text: Kurt Cobain, © GEFFEN RECORDS INC.

L. A. Woman | S. 166: The Doors, Musik/Text: Jim Morrison, John Paul Densmore, Raymond D. Manzarek, Robert A. Krieger, © DOORS MUSIC COMPANY, O/B/O CAPASSO / ELECTRA RECORDS

Break on Through | S. 163: The Doors, Musik/Text: Jim Morrison, © ELECTRA RECORDS

Search and Destroy | S. 240: Iggy and The Stooges, Musik/Text: Iggy Pop, James Robert Williamson. Produziert von David Bowie und Iggy Pop. © COLUMBIA RECORDS

Das Buch

Berlin: Eine junge Frau erzählt von ihrem neuen Job bei einem großen Fernsehsender, von ihrem neuen Chef, ihrem neuen Leben. Sie wirkt glücklich, beseelt, hoffnungsfroh, es klingt gut. Zu gut?

In Los Angeles geht derweil eine Welt unter. Ein Mann, der damit prahlt, als Berühmtheit könne man sich gegenüber Frauen alles herausnehmen, wird Präsident der Vereinigten Staaten. Im Garten des legendären »Chateau Marmont«, diesem Nachtspielplatz verwöhnter Hollywood Kids jeden Alters, vertreibt sich eine illustre Bande auf der Flucht vor der Realität die Zeit. Auch der Erzähler ist hier – und Rose McGowan, die Schauspielerin, der man nachsagt, neuerdings irgendwie anstrengend geworden zu sein.

Kurz darauf erschüttert der Weinstein-Skandal Hollywood, und Rose McGowan ist eine der ersten Frauen, die sexuelle Belästigung durch den bis dahin von ganz Hollywood hofierten Filmproduzenten öffentlich gemacht hat. Rose verschwindet, aber sie hinterlässt dem Erzähler eine kryptische Nachricht – oder ist es vielmehr ein Auftrag? Wieso wendet sie sich ausgerechnet an ihn?

Von Hollywood aus verbreitet sich die #MeToo-Bewegung um die ganze Welt. Doch die alten Machtstrukturen sind widerständiger, als man in der ersten Euphorie vielleicht denken mochte.

Zurück in Berlin findet sich der Erzähler nicht mehr nur als Liegestuhlbeobachter, sondern nun als Akteur mitten in einem unübersichtlichen Geschehen wieder, das ihn in einen tiefen persönlichen Konflikt stürzt.

»Noch wach?« ist ein Sittengemälde unserer Zeit, ein typischer Stuckrad-Barre. Literarisch brillant, humorvoll und kompromisslos erzählt dieser Roman von Machtstrukturen und Machtmissbrauch, Mut und menschlichen Abgründen.

Der Autor

Benjamin von Stuckrad-Barre, 1975 in Bremen geboren, ist Autor von »Soloalbum«, 1998, »Livealbum«, 1999, »Remix«, 1999, »Blackbox«, 2000, »Transkript«, 2001, »Deutsches Theater«, 2001, »Festwertspeicher der Kontrollgesellschaft – Remix 2«, 2004, »was.wir.wissen«, 2005, »Auch Deutsche unter den Opfern«, 2010, »Panikherz«, 2016, »Nüchtern am Weltnichtrauchertag«, 2016, »Udo Fröhliche«, 2016, »Ich glaub, mir geht's nicht so gut, ich muss mich mal irgendwo hinlegen – Remix 3«, 2018 und »Alle sind so ernst geworden« (mit Martin Suter), 2020.

»Nüchtern also. Sollte man lesen. Klug, witzig, voller Barre-Worte und Stuckrad-Gedanken.« *Spiegel Online*

»Man muss sich Stuckrad-Barre wie einen Ethnografen vorstellen, der die Expedition ins Alkoholreich mit einer Heinz-Sielmann-Kamera einfängt.« *Die Welt*